BLUE BOOK

智 库 成 果 出 版 与 传 播 平 台

上海蓝皮书
BLUE BOOK OF SHANGHAI

上海奉贤经济发展分析与研判 (2020~2021)

ECONOMY OF SHANGHAI FENGXIAN : ANALYSIS AND FORECAST (2020-2021)

主　编／张兆安　朱平芳
副主编／张　淼　邸俊鹏

社会科学文献出版社
SOCIAL SCIENCES ACADEMIC PRESS (CHINA)

图书在版编目（CIP）数据

上海奉贤经济发展分析与研判 . 2020 - 2021 / 张兆安，
朱平芳主编 . -- 北京：社会科学文献出版社，2021.1
（上海蓝皮书）
ISBN 978 - 7 - 5201 - 7774 - 0

Ⅰ. ①上… Ⅱ. ①张… ②朱… Ⅲ. ①区域经济发展
- 经济分析 - 研究报告 - 奉贤区 - 2020②区域经济发展 -
经济预测 - 研究报告 - 奉贤区 - 2021 Ⅳ. ①F127. 513

中国版本图书馆 CIP 数据核字（2021）第 007687 号

上海蓝皮书
上海奉贤经济发展分析与研判（2020~2021）

主　　编／张兆安　朱平芳
副 主 编／张　淼　邸俊鹏

出 版 人／王利民
责任编辑／谢蕊芬
文稿编辑／李吉环　李　璐　李小琪　王　娇

出　　　版／社会科学文献出版社·群学出版分社（010）59366453
　　　　　　地址：北京市北三环中路甲 29 号院华龙大厦　邮编：100029
　　　　　　网址：www. ssap. com. cn
发　　　行／市场营销中心（010）59367081　59367083
印　　　装／天津千鹤文化传播有限公司

规　　　格／开　本：787mm × 1092mm　1/16
　　　　　　印　张：23. 75　字　数：360 千字
版　　　次／2021 年 1 月第 1 版　2021 年 1 月第 1 次印刷
书　　　号／ISBN 978 - 7 - 5201 - 7774 - 0
定　　　价／158. 00 元

编委会名单

主要编撰者简介

张兆安 男，1959 年 1 月出生，汉族，博士学位，研究员，博士生导师，全国人大代表，上海社会科学院原副院长，上海社会科学院区县研究中心主任，上海国际经济交流中心副理事长，《中国宏观经济运行研究》创新团队首席专家。兼任中国民主建国会中央委员会委员、民建中央经济委员会副主任、民建上海市委副主委。曾经长期担任上海市政府发展研究中心咨询部主任，《上海经济年鉴》主编，民建上海市委专职副主委。还是第十届上海市政协委员，第十一、第十二、第十三届全国人大代表，以及上海交通大学、上海市委党校、上海对外经贸大学、华东政法大学、上海海洋大学等高校的兼职教授等。长期以来，一直在上海社会科学院、上海市政府发展研究中心以及民建上海市委从事经济理论、决策咨询、新闻出版、参政议政等工作，个人和合作出版著作 20 部，个人译著 1 部，发表论文和文章 300 余篇；自 1997 年起连续主编过 18 年的《上海经济年鉴》，并主持了 120 余项国家及省市级的重大决策咨询课题，荣获了 20 多项各类奖项。曾经分别在 2015 年 3 月 5 日和 2017 年 3 月 5 日，就上海自贸区建设和崇明世界级生态岛建设两大主题，面对面向习近平总书记提出一些意见建议。

朱平芳 男，1961 年 9 月出生，汉族，博士学位，研究员，博士生导师，上海社会科学院研究生院院长，数量经济研究中心主任。享受政府特殊津贴，"上海市领军人才"。从事计量经济学教学工作，主要研究方向为计量经济学理论与方法、宏观经济预测分析与政策评价等。目前，研究专长为计量经济学、宏观经济预测分析与政策评价、科技进步评价与分析。在国内外经济学权威学术刊物《经济研究》、《统计研究》和 *Journal of Business & Economic Statistics* 等经济学权威杂志上发表论文 20 多篇。主持多年上海市政府发展研究中心和上海市科学技术委员会软科学项目，对2007～2016 年上海主要经济指标的预测与分析取得了较好的预测效果。

张　淼　女，1976 年 4 月出生，汉族，硕士学位，副教授、会计师、经济师，中共上海市奉贤区委党校经济与区域发展研究中心副主任。长期从事经济领域的教学和科研工作，主要研究方向为区域经济学、金融学。先后在国家、省级刊物公开发表论文 20 余篇；参编教材、论著 4 部，20 余万字；主持、参与多项省部级、市级科研课题，获不同层次奖励，并形成咨政成果。

邱俊鹏　女，1980 年 8 月出生，汉族，博士学位，上海社会科学院经济研究所、数量经济研究中心副研究员。曾主持国家自然科学基金青年项目、上海市哲学社会科学一般项目、上海市科学技术委员会软科学项目等，在权威期刊《统计研究》《数量经济技术经济研究》《教育研究》等刊物上发表学术论文 10 余篇。

摘　要

2020 年是全面建成小康社会决胜之年，也是"十三五"规划收官之年。2020 年初以来，受新冠肺炎疫情影响，国际形势发生深刻变化，世界正经历"百年未有之大变局"。奉贤坚持新发展理念，在新发展格局下紧紧围绕"奉贤美、奉贤强"的战略目标，全力打造"四个奉贤"。本书分别从农业、工业、服务业、固定资产投资、消费品市场、对外经济形势、财政形势、房地产发展形势等角度对奉贤经济进行深入研究，同时还对疫情常态化防控下优化奉贤营商环境、"东方美谷"和未来空间双引擎高质量发展，以及奉贤国家级中小企业科技创新活力区建设、奉贤城郊型乡村融合发展、奉贤打造上海养老产业集聚区、奉贤智慧城市建设情况、奉贤生态园林城区建设、奉贤文化创意产业发展等特色经济做了详尽的专题分析。全书共有总报告 1 篇，分报告 8 篇，专题研究 9 篇，分别从不同角度对奉贤区经济运行情况进行了回顾与总结，并做了相应的分析与研判。

首先，本书对奉贤区 2020 年前三季度经济运行的总体情况进行解读，自新冠肺炎疫情暴发以来，奉贤区积极推进疫情防控和经济社会发展，经济呈稳步恢复态势。全区经济第一季度开局触底，第二季度呈现明显复苏迹象，第三季度在上半年的基础上生产生活秩序进一步恢复，经济活跃度不断提升。2020 年奉贤经济发展总体呈现三大特征：经济全面加快复苏，经济增长韧性十足；工业投资逆势增长，网络消费引领新消费；财政资金较为紧张，住房保障逐步完善。结合国际国内经济形势，展望 2021 年以及"十四五"时期，奉贤经济发展将进入高质量发展的关键阶段。从长期来看，随

着长三角一体化的推进，临港自贸区的加快发展，可以预期奉贤的旅游、文化、健康、养老等产业仍有较大的发展空间。

其次，本书分别从生产、支出、收入的角度出发，对奉贤区的经济发展情况进行了分析与研判。研究表明：从生产的角度来看，产业结构调整逐渐加快，农业产值降幅进一步收窄，现代化农业发展加速推进，工业经济负面冲击有待消化，战略性新兴产业率先恢复增长，服务业保持快速发展态势，税收收入首次超过工业；从支出的角度来看，固定资产投资充分发挥"六稳、六保"的作用，工业投资逆势快速增长，消费降幅持续收窄，网络零售迅速反弹，疫情影响外贸振幅加大，进口表现相对亮眼，房地产市场总体平稳运行，受疫情影响较小。

最后，本书对奉贤区经济发展亮点与特色进行回顾与展望。奉贤与自贸区新片区积极对接，抢抓南上海"未来空间"发展新机遇。"东方美谷"驱动力不断增强，打造"爱宠经济"新高地，产业政策持续升级，生物医药产业加速发展。国家级中小企业科技创新活力区建设成效显著，企业创新主体地位不断增强。疫情防控常态化，营商环境迎来新的发展阶段。以医养结合为重点全力打造成为上海养老产业集聚区。智慧城市建设各领域都取得了较大进展，在基础设施建设、数字慧民、智能网联汽车产业等方面形成了自身发展特色。奉贤生态空间格局不断拓展，生态文明建设取得新进展。奉贤着力推动商旅文融合发展，努力打造上海文化品牌。

关键词： 奉贤经济　高质量发展　临港新片区

目 录 ⤴

Ⅰ 总报告

Ⅱ 分报告

Ⅲ 专题篇

皮书数据库阅读**使用指南**

总 报 告
General Report

B.1

2021年上海奉贤经济形势分析与预测

朱平芳　邸俊鹏[*]

摘　要： 2020年以来，受新冠肺炎疫情以及全球经济形势波动影响，
国际形势正在发生深刻变化，世界正经历"百年未有之大变
局"。2020年奉贤经济全面加快复苏，经济增长韧性十足。具
体来看，农业产值降幅进一步收窄，战略性新兴产业率先恢
复增长；服务业发展迅速，税收收入首次超过工业；工业投
资逆势增长，网络消费引领新消费；财政资金较为紧张，住
房保障逐步完善。结合国际国内经济形势，预计2020年第四
季度奉贤区经济继续保持第三季度的增长态势，全年将实现
小幅增长。但受国际疫情反复、世界经济下行风险加剧、逆
全球化趋势抬头等因素影响，外部不确定性风险加大，奉贤

---

* 朱平芳，上海社会科学院研究生院研究员，博士生导师，主要研究方向为计量经济学理论与
方法、宏观经济预测分析与政策评价、科技进步评价与分析；邸俊鹏，经济学博士，上海社
会科学院经济研究所、数量经济研究中心副研究员，主要研究方向为宏观经济形势分析、计
量经济学理论及政策评估。

区经济向上向好的基础仍需巩固。未来在全球疫情冲击叠加国家贸易环境变局中，奉贤区须防范人口老龄化风险，加快城市数字化转型。建议奉贤区抓住南上海"未来空间"发展新机遇，继续做强做大"东方美谷"产业，持续提升中小企业创新活力。通过扩大有效投资规模，提振消费信心，实施商旅文融合发展等举措，助推奉贤经济在危机中育新机、于变局中开新局。

关键词： 奉贤经济　未来空间　复苏动能

一　2020年奉贤经济发展状况

2020 年是全面建成小康社会决胜之年，也是"十三五"规划收官之年。2020 年以来，受新冠肺炎疫情以及全球经济形势波动影响，国际形势正在发生深刻变化，世界正经历"百年未有之大变局"。国内进入高质量发展的新阶段，进入新时期，经济发展"危"中有"机"，新冠肺炎疫情及其引发的一系列问题迫切要求各国企业在竞争与合作中共同发挥巨大的协同作用，为经济复苏创造有利条件，推动全球贸易和经济走出困境。2020 年奉贤区经济开局严峻，下行压力较大。奉贤区迅速实施疫情常态化防控，大力推动复工复产复商，战略性新兴产业率先恢复增长，服务业税收收入首次超过工业，固定资产投资保持较高增速，工业投资逆势加大，网络消费引领新消费，进口表现亮眼，经济呈现明显复苏迹象。但截至 2020 年 10 月，全球疫情尚未完全结束，国内仍有小区域反弹，全球疫情持续蔓延，奉贤区稳增长、稳就业、稳需求压力仍然较大。

（一）经济全面加快复苏，经济增长韧性十足

经济全面加快复苏，彰显经济增长韧性。2020 年前三季度，奉贤区实

现地区生产总值842.02亿元，同比增长1.2%，比上月收窄3.3个百分点，实现了转正。随着疫情消退，奉贤生产需求加快恢复，经济活跃度上升，经济呈现明显复苏迹象。从表1中主要经济指标的情况来看，2020年1~10月，奉贤区实现工业总产值1842.9亿元，同比增长0.4%，基本恢复至上年同期水平；战略性新兴产业工业总产值（规模以上）为512.1亿元，实现正增长（6.4%），彰显出奉贤区工业发展的强大韧性；固定资产投资总额为442.1亿元，同比增长11.1%。投资规模持续扩张，在"新基建"政策推动下，工业投资增长迅猛；商品销售额和社会消费品零售总额均有不同程度的下降，疫情对消费品市场冲击较大，下行压力较大；外贸出口负增长，增速绝对值高于进口额增速；财政收支平衡压力较大；全区居民人均可支配收入稳步提升，增速有所放缓。

表1　奉贤区2018年至2020年10月主要经济指标对比

单位：亿元，%

社会主要经济指标	2020年1~10月	增长	2019年	2018年
全区工业总产值	1842.9	0.4	2287.8	1981.6
其中：规模以上工业总产值	1501.9	0.4	1864.5	1763.2
"东方美谷"规模以上工业总产值	318.0	-2.7	363.0	251.5
战略性新兴产业工业总产值（规模以上）	512.1	6.4	583.2	405.2
固定资产投资总额	442.1	11.1	466.4	440.5
其中：工业投资	94.9	19.4	91.0	84.3
房地产投资	261.4	7.2	278.7	227.2
商品销售额	1017.2	-6.7	1327.9	1811.1
社会消费品零售总额	425.1	-4.2	531.5	580.2
进出口总额	642.6	0.4	851.7	876.1
其中：出口总额	321.2	-6.4	457.8	488.6
进口总额	321.4	18.4	393.9	387.6
财政收入	4455.0	0.2	484.6	492.2
区级地方财政收入	149.4	2.9	155.0	151.2
财政支出	223.5	5.1	432.5	375.7
城乡居民人均可支配收入	37429.0	3.5	47396.0	43586.0

资料来源：历年《上海奉贤统计年鉴》《奉贤统计月报》。

产业结构调整继续深化。从三次产业的角度来看，2019年奉贤区三次产业产值占经济总量的比例分别为1.0%、52.8%、46.2%，第一产业和第二产业占比继续下降，第三产业的占比持续上升。奉贤区第二产业的经济主导地位不变，第三产业保持快速发展态势，产业结构调整逐渐加快。不同于全市的情况，"十三五"期间，上海注重对制造业产业的转型升级，不断向创新链、产业链、价值链高端迈进，因而近几年第二产业的占比有小幅回升（见图1）。

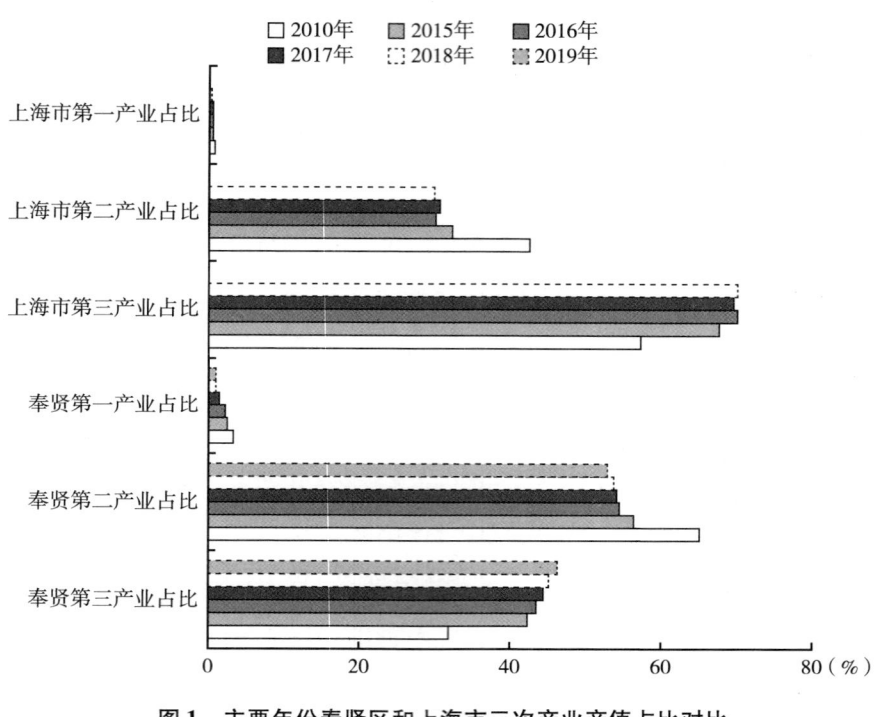

图1　主要年份奉贤区和上海市三次产业产值占比对比

资料来源：《奉贤统计月报》；上海市统计局。

农业产值进一步收窄，现代化农业发展加速推进。2020年1～10月，奉贤区实现农业总产值13.7亿元，同比下降了5.7%。受疫情冲击，奉贤区农业总产值进一步收窄，其中夏粮总产量为254吨，相比上年同期下降47.5%。主要统计的农副产品产量中，仅油菜籽总产量相较上年同期有所增长（33%），总产量达到 137 吨。奉贤区通过建立农业农村委疫情防控工作领导小组，积极对接农资门店和生产企业，发放绿色菜生产保供应奖补资金，搭建农产品线上宣传平台等有效措施，在切实保障疫情期间地产农产品有效供应的同时，也加快了奉贤区探索农业新产业、新业态、新模式的进程。

工业经济受疫情负面冲击有待消化，战略性新兴产业率先恢复增长。2020 年 1 ～ 10 月，奉贤区 1050 家规模以上工业企业中有 302 家出现亏损，销售额为 1501.9 亿元，同比增长 1.8%，出口交货值为 216 亿元，降幅为8.3%。实现营收 1477 亿元，同比降低 0.5%，降幅进一步收窄；实现利润总计达到 143 亿元，同比增长了 10.9%。在全区 1501.9 亿元的规模以上工业总产值中，食品制造业，酒、饮料和精制茶制造业，造纸和纸制品业，石油加工、炼焦和核燃料加工业，化学原料和化学制品制造业，医药制造业，专用设备制造业，汽车制造业，计算机、通信和其他电子设备制造业等多个制造行业出现增长，其余行业总产值出现不同幅度的下降。战略性新兴产业（规模以上）累计产值为 512.1 亿元，同比增长 6.4%。其中高端装备、新材料、数字创意产业得到较快发展；"东方美谷"规模以上工业企业数为 169 家，累计产值达到 318 亿元，累计税收为 30.78 亿元。新冠肺炎疫情对工业经济的负向冲击仍有待消化，外部环境变化及内部高质量发展对企业科技创新提出新的要求。

服务业发展快速，税收收入首次超过工业。2020 年 1 ～ 10 月，服务业实现税收收入 226 亿元，同比增长 20%，占全产业比重为 53%，这是近年来服务业税收比重首次超过工业税收比重。服务业固定资产投资为334 亿元，同比增长 11.6%，占全产业比重为 75.6%，在全产业中占据主导地位。从服务业内部行业来看，税收贡献率排名前三的行业分别为批发和零售业（71 亿元）、租赁和商务服务业（56 亿元）、房地产业（51 亿元），同比分别增长 8.8%、40.9%、22.2%，三者为服务业贡献了 42% 的税收。从服务业内部行业占比来看，2019 年各细分行业增加值在服务业中所占比重与 2018 年基本一致，比重最大的依旧是批发和零售

业，增加值为 106.29 亿元，占比约为 26%；第二是金融保险业，增加值为 52.60 亿元，占比为 13% 左右；排名第三的是房地产业，增加值为 48.97 亿元，占比约为 12%。住宿和餐饮业所占比例依旧最小，增加值占服务业的比重仅为 3%。

（二）工业投资逆势增长，网络消费引领新消费

固定资产投资充分发挥"六稳、六保"的作用，工业投资逆势增长。2020 年 1~10 月，奉贤区完成固定资产投资 442.1 亿元，同比增长 11.1%。从工业投资来看，2020 年 1~10 月奉贤区工业投资完成 94.9 亿元，同比增长 19.4%，比上年同期增加了 5.7 个百分点。主要原因在于 2020 年计划总投资 10 亿元以上的 9 个大项目释放了较多投资量。同时，奉贤在疫情防控方面取得了积极成效，优先抓好土地出让、项目审批、方案设计等受疫情影响不大的关键环节，采取优化出让条件、定向推介土地、落实建设条件、保障项目资金等创新举措，项目前期工作加快，疫情结束后第一时间启动集中开工。第三产业投资完成 334.1 亿元，同比增长 11.6%。其中，房地产业投资完成额为 261.4 亿元，同比增长 7.2%，与同期上海市 9.9% 的增速相比有较大差距，房地产投资增长速度放缓，房地产以外的第三产业投资大幅增加，涉及公共设施管理、水利管理、文化艺术、教育、卫生、居民服务、商务服务等行业领域投资的增加，将持续改善百姓生活，提高城市总体能级，加快实现人民群众美好生活的目标。

消费降幅持续收窄，网络零售迅速反弹。2020 年 1~10 月，全区实现商品销售额 1017.2 亿元，同比下降 6.7%，与上半年相比降幅有较大程度收窄；累计实现社会消费品零售总额 425.1 亿元，同比下降 4.2%；前三季度通过公共网络实现的商品销售零售额为 41.7 亿元，同比增长 33.8%。2020 年在疫情和国际贸易形势严峻双重压力下，商品销售额和社会消费品零售总额增速均出现负增长，表现不及全市，社会消费品零售总额累计增速情况第三季度开始略优于全市。但在疫情冲击下，产业转型发展的动力明显

增强，以互联网经济为代表的新动能逆势增长，在助力疫情防控、保障居民生活、促进经济增长方面都发挥了非常积极的作用。2020年3月陆续复商复市以来，许多企业转变经营策略，开辟或拓展线上销售，使得奉贤区网络零售额节节攀升。

受疫情影响外贸振幅加大，进口表现相对亮眼。2020年奉贤对外贸易受到新冠肺炎疫情的影响，2020年前10个月奉贤进出口总值达到642.6亿元，上海进出口总值在8月转正，相较于2019年有小幅回升。尽管2020年奉贤在对外贸易上的表现不及上海的平均水平，但与2019年相比距离上海平均水平的差距在缩小。疫情对奉贤的冲击要大于对上海的平均冲击。2020年前10个月，奉贤出口与进口各占一半，但表现差异较大，进口的恢复速度与程度要明显高于出口。2020年前10个月奉贤出口总值为321.2亿元，同比下降6.4%。从进口数据的情况来看，2020年前10个月奉贤进口总值为321.4亿元，同比增长18.4%，而2019年同期的增速为1.4%，2月奉贤进口即迅速恢复，基本未受疫情太大的影响，3月奉贤的进口已经转正，同比增长3.5%，而上海前8个月的进口同比增速仅从上年同期的−2.2%回升至−0.1%，奉贤的进口表现要明显好于上海的平均水平。

房地产市场总体平稳运行，疫情冲击影响规模扩张。2020年前10个月的房地产开发经营情况逐渐恢复，经济长期向好的基本面和内在向上的趋势没有改变。复工复产后，房地产开发投资与经营建设的局面打开，1～10月奉贤区完成开发投资261亿元，同比增长7.2%，明显好于上半年；同时新增固定资产投资大幅提高，增长41.7%。但是房屋建筑和施工面积大幅下降，分别下降17.3%和18.3%。受疫情后调控政策影响，预期奉贤区房地产整体投资增量规模扩张，经营性存量受抑。

（三）财政资金较为紧张，住房保障逐步完善

财政收支较为紧张，收入增长惯性逆转。2020年1～10月，奉贤区累计实现财政收入4455亿元，同比实现小幅增长0.2%。其中，税务收入为

428 亿元，同比下降 0.9%，占财政收入的比重为 94.3%，税收收入的比重相较上年同期有所下降。受疫情影响，来自中央级的财政收入小幅下降（-1.5%）。财政支出方面，2020 年 1~10 月，奉贤区财政（预算）支出为223.5 亿元，累计增长 5.1%，财政支出规模高于上年水平。2020 年受疫情影响，上海财政收支平衡压力持续增大。奉贤区在一般公共服务、教育、住房保障、节能环保方面的财政支出进一步扩大，继续延续了上年同期的增长态势；而在社会保障和就业以及城乡社区事务方面的支出大幅缩减。2020年财政支出的重点方向较 2019 年有较大不同。

住房保障进入常态化供应阶段，住房基础设施逐步完善。近年来，奉贤区城市建设理念发生转变，进行存量房屋的更新与修缮，促进了新城、老城的融合发展。2019 年奉贤持续推进老旧小区综合改造，完成 127 万平方米小区的修缮，1.8 万户天然气、100 万平方米二次供水设施等改造工程，为1287 个楼道加装扶手。截至 2020 年上半年，奉贤已推进 35 个小区共 106 万平方米的旧住房综合改造，已有 17 个小区进场施工，累计实施 1561 个老旧楼梯加装扶手，从而改善居民居住环境、不断增强民生福祉。在公共租赁房方面，共完成收储房源 208 套，配租 161 套；在廉租房方面，发放租金补贴457 户，补贴资金共计 391 万元，截至 2020 年上半年累计受益的家庭达到1791 户。2020 年上半年，奉贤区再生能源综合利用中心建设工程（计划总投资 7.6 亿元）已提交入库材料，交能集团的大叶公路、金海公路、浦卫公路等已陆续开工。奉贤区拥抱"三大机遇"，其基础设施建设与城市竞争能级正逐渐提升。

二 2020年奉贤经济运行展望

（一）重要机遇

1. 南上海"未来空间"发展新机遇

与自贸区新片区积极对接，抢抓南上海"未来空间"发展新机遇。

2019 年，南上海"未来空间"被纳入奉贤的规划当中，成为继"东方美谷"之后再次举全区之力重磅打造的区域经济"新引擎"。临港新片区成立1 年多以来，通过空间扩容与制度创新、功能创新、产业创新的联动，正逐步形成一个服务能级更高、辐射半径更长、带动领域更广的空间极核。对于奉贤而言，新片区的溢出效应将为推进奉贤战略性新兴产业升级提供重要机遇。一是先行启动区内的临港奉贤园区，着力打造临港新片区高端制造产业基地，聚焦"4 + X"产业导向，如生命科技、智能网联汽车及高端配件、高端智能装备，园区产业能级不断提升，有利于形成新的经济增长点。二是释放东部五镇发展红利，为奉贤东部区域转型发展带来新的变量，为推动奉贤区域协调发展提供更多的选择与机会，有助于改变奉贤区域发展"西强东弱"的现状，真正做强上海南部城市中心功能。"未来空间"如果能在国内经济更新换代、全球经济秩序重构阶段主动蓄势、抢先一步规划产业并行动，必将在下一个发展阶段率先抢占高地。随着奉贤临港招商引资陆续落地，如何充分与自贸区新片区对接，将政策红利充分释放并转化为产业发展的实际优势，促进"未来空间"产业更高水平发展，引领奉贤经济，甚至成为上海经济发展的亮点，值得重点关注。

2. "东方美谷"产业溢出效应逐渐显现

"东方美谷"驱动力不断增强。"美丽经济"引领产业发展。截至 2019年底，"东方美谷"产业规模以上工业企业达 131 家，总产值为 363 亿元，相关企业利润总额为 66.7 亿元，完成税收 35.6 亿元。2020 年 1 ~ 6 月，"东方美谷"产业施工项目数为 69 个，同比增长 76.9%；累计完成投资22.7 亿元，同比增长 73.3%。共有"东方美谷"相关企业 2839 家，其中实体型企业 700 家。

开拓"宠物经济"新蓝海。2020 年 7 月，奉贤"打造'爱宠经济'新高地"的产业发展新蓝图，从关注人的美丽健康向关注爱宠的美丽健康拓展，推动"爱宠经济 + 制造""爱宠经济 + 营销""爱宠经济 + 旅游""爱宠经济 + 服务"四大工程，以"一核两翼一区"为重点，打造爱宠经济核心区，赋能千亿级产业。奉贤将宠物经济业态和新电商、新经济相结合，通

过平台化、国际化、品牌化建设运营，打造一个全场景爱宠经济综合体。这颗"种子"将率先开拓"宠物经济"新蓝海，打造"东方美谷"新的增长极，为奉贤"在危机中育新机，于变局中开新局"孕育新领域、新天地。

政策持续升级，生物医药产业加速发展。2017 年 9 月，《关于推进上海美丽健康产业发展的若干意见》中，将美丽健康产业作为上海大健康产业发展的重要支柱，授予奉贤"设计之都、时尚之都、品牌之都"称号。2019 年奉贤区生物医药产业规模以上企业已有 59 家，生物医药产业产值已达到 177.7 亿元，同比增长 4.7%，占规模以上总产值的比重从 2015 年的 7.0% 提升至 2019 年的 9.7%。2020 年 4 月，奉贤区接连发布《上海市奉贤区生命健康产业发展规划（2019—2030)》和《上海市奉贤区加快生命健康（生物医药）产业高质量发展行动计划（2019—2021 年)》，明确"构建全球最强生命健康创新生态、打造全球生命健康产业创新高地"的战略目标。

3. 国家级中小企业科技创新活力区建设成效显著

创新主体不断增强，创新载体建设持续推进。市级以上科技企业孵化器、市级工程技术研究中心以及院士专家工作站数量稳步增加，其中，国家级孵化器已达 3 家，市级以上孵化器数量和众创空间面积也逐步增长。奉贤区科技企业数量显著增长，从 2014 年的 655 家上升到 2018 年的 898 家，公开上市的企业累计数量自 2016 年的 13 家稳步增加到 2019 年的 18 家，经认定的高新技术企业存续数为 972 家，远高于 2019 年目标值 800 家、接近 2020 年目标值 1000 家，市级科技小巨人（培育）企业留存数也快速增长，由 2013 年的 51 家快速增长至 2019 年的 111 家，超额完成 2019 年的预定目标值（106 家）。

创新支撑环境得以逐步优化，创新要素在区内渐趋集聚。全区人均地区生产总值、人均可支配收入双双提升，每万人拥有专任中小学教师数、每万人拥有医护人员数、人均城市道路和公路面积、人均绿化面积以及空气质量优良率等指标都显著提升，人才公寓供给更加充分、从业人员培训机会大幅增加，奉贤正努力使自身更加宜居、宜业。此外，奉贤区加大院士专家引进力度，充分重视科技创新中人力资本要素的作用；全区 R&D 投入强度逐渐攀升，区财政科技投入稳步增长，科技金融发展态势良好，加速促进创新的人力资本、资金等要素在区内实现集聚。

创新产出成效日益显现，多项产出指标态势喜人。2019年战略性新兴产业以高于目标产值的成绩收官，达到583.2亿元，2020年前10个月，累计达到512.1亿元，全年有望超过上年水平。知识产权工作取得突破，10家企业被评定为市级专利试点企业。商标有效量达145040件、马德里国际商标总量为139件，分别位居全市第三、第五位。专利有效量为25745件，同比增长23%。2020年第一季度，商标申请量、注册量更是首次双双超越浦东新区，位居全市第一；专利申请量、授权量分别同比增长34%和21%，体现了良好的增长势头和市场活跃度。每万人发明专利拥有量从2016年的12.9件增加到2019年的20.14件。每万元增加值能耗从2016年的0.456吨标准煤下降到2019年的0.374吨标准煤，结构调整、绿色发展成效显著。

4. 经济社会发展环境持续优化

疫情防控常态化，营商环境迎来新的发展阶段。近年来，奉贤区优化营商环境工作以进一步增强市场主体集聚度、活跃度、感受度，全面提升城市软实力，提高营商环境整体水平为目标，奉贤区政府部门主动变身"店小二"，以服务和解决企业、群众切实的痛点、难点为最终目的，积极放下身段，主动以问题为导向，推进"放管服"改革，努力优化提升政务服务水平。2019年奉贤区在全市"一网通办"工作考评中名列前茅，服务质量显著提高。疫情期间，奉贤区内各行政审批部门在深化落实更严更实更细的防疫要求，坚决打赢疫情防控阻击战的同时，千方百计推出政务服务利企便民新举措，努力打造法治化营商环境，加快推动审批服务不断优化，助力企业复工复产，为实现疫情防控和经济社会"双发展"做出了前所未有的努力。

生态空间格局不断拓展，生态文明建设取得新进展。近年来，奉贤区委、区政府深入贯彻"绿水青山就是金山银山"的理念，以创建生态园林工作为主线，全面加强生态环境保护，大力推进区域生态文明建设，把生态资源转化为生态优势和发展优势，奋力打造新时代"奉贤美、奉贤强"的新高峰、新奇迹。奉贤区以构建"核、园、廊、林"相结合的区域绿化生

态网络为目标，大力推动绿林地建设，形成了"达江通海"的特色城市生态系统，构建了宜居、有活力的高品质绿地环境；构建了系统化的生态管理体系及制度，推进生态和生活系统修补修复，着力建设生态宜居城市；开展"水天一色"行动，市政基础设施逐渐改善，生态环境质量得到了显著提升。奉贤区生态格局不断拓展，生态文明建设取得新进展、新成效，为全区经济社会事业的发展提供了有力保障。

（二）风险挑战

1. 全球疫情冲击叠加国际贸易环境变局

2020 年，新冠肺炎疫情成为影响最大、最深远的事件，在全世界范围内引发了一系列医疗、民生、社会、政治事件和问题。博鳌亚洲论坛 2020 年 6 月发布的《疫情与变化的世界》专题研究报告认为，新冠肺炎疫情是百年来最严重的传染性疾病之一，是冷战结束以来最严重的突发性全球危机，疫情对世界经济的冲击超过 2008 年国际金融危机，影响全球经济发展与安全态势，将加速国际关系和国际秩序演变，对全球治理体系改革提出了新要求，推动全球化进程深入调整。中国对新冠肺炎疫情蔓延及时有效的遏制，为重启经济创造了有利条件。第二季度有序复工复产复商以来，我国经济持续稳定恢复、温和上涨，经济社会运行有序，主要经济指标持续回升。工业生产在赶订单、补库存的大力追赶下，规模以上工业增加值累计增速转正，固定资产投资持续加码，大力促进消费市场活力复苏，千方百计扩大就业。但由于疫情在全球蔓延无法得到有效控制，我国面临较大的外部不确定性，防范输入性风险较高，进出口受到一定冲击。

疫情的冲击加深了国际贸易环境的变局。但长期来看中国的世界工厂地位短期内仍难被取代，但国际分工体系和部分供应链将会缩短。疫情给相关产业和国际贸易造成巨大损失。上海作为一个外向型经济城市，对国际产业链的依赖程度要远高于内陆地区，产业转移对经济的冲击必然会反映在整体区域经济上，外资企业撤离，配套内地企业订单减少利润下降，造成整体企业税收下滑。未来奉贤区在稳定经济发展的同时，应加快推进经济结构的转型，有效地应对突发公共卫生事件和已发生重大转变的外部环境带来的负面影响，为中国经济实现国内国际双循环贡献力量。

2. 人口老龄化风险

上海是全国最早进入人口老龄化且老龄化程度最深的城市之一。上海市老龄工作委员会办公室、市统计局最新数据显示，截至2019年12月31日，上海户籍60岁及以上老年人口518.12万，占户籍总人口的35.2%，较2018年末的34.4%又提高0.8个百分点。人口老龄化将带来劳动力不足、劳动生产效率降低、养老金供养系数上升、养老公共设施服务不足等一系列不利于经济社会发展的问题。截至2019年底，奉贤区常住人口108万，户籍人口54.2万，60岁及以上户籍老年人口17.8万，占户籍总人口的32.9%，其中城市老年人口约11万，农村老年人口约6万。人口的老龄化形势日趋严峻，对奉贤区经济社会的发展提出较大挑战。如何化危为机，顺应老龄化趋势做强做大养老产业，是"十四五"期间奉贤区顺应经济社会发展形势、提前谋篇布局，需要考虑的重要方向之一。此外，在临港新片区政策加持下加强做好青年人才培育与引进的同时，还需警惕临港新片区各类政策和制度创新对资金、人口、产业、商流、物流等资源要素的虹吸效应。

3. 智慧城市发展较为滞后

智慧城市总体水平不高且有掉队风险。根据上海市经济和信息化委员会发布的《2019上海市智慧城市发展水平评估报告》，奉贤在全市16个区中排名第15位，在8个郊区中排名第7位，排名比较靠后，而且相较上年均下降2位（2018年奉贤排全市第13位，郊区第5位）。虽然奉贤已上线多项涉及民生的信息化项目，但知晓度及应用率仍相对较低。此外，一些信息化项目设计大而全，实际上线后，一些功能的利用率不高，在用的功能同预期目标也有一定差距，难以体现整个信息化应用的作用和价值。而很多信息化项目建设目标不清，未能达到简化工作流程、提升工作效能的效果，造成财政经费的浪费。"十四五"期间奉贤还需抓住"新基建"提速推进的机遇，着力加强全区的5G和光网双千兆宽带建设，启动"5G＋

智慧应用先行示范点"遴选工作，推动奉贤区 5G＋智慧应用的发展，先行先试探索 5G 通信技术在产业园区建设和企业生产经营中的应用场景，总结示范经验予以推广，促进园区、企业、社区等加速向数字化、网络化、智能化发展。

（三）走势研判

新冠肺炎疫情发生后，在党的领导下，我国的疫情防控从中央到地方精准施策，铺设了一张从城市到社区和农村的疫情防控网，最大限度地保障了人民群众的生命健康安全。自疫情发生以来，奉贤区积极推进疫情防控和经济社会发展，经济呈稳步恢复态势。全区经济第一季度开局触底，第二季度呈现明显复苏迹象，第四季度在第三季度的基础上生产生活秩序进一步恢复，经济活跃度不断提升。

农业方面，2020 年前三季度农业总产值进一步减少，但提质增效明显，预计全年农业总产值表现仍不及上年，或将小幅下降。未来奉贤区需加快突破现代农业发展的瓶颈问题，做强做优农业产业链，加快推进城郊型乡村融合发展，同步利用好新片区制度创新带来的红利，促使奉贤尽快建立现代农业生产体系，不断提升奉贤农业的品牌影响力和区域竞争力。工业方面，自第二季度起工业生产稳步回升，预计第四季度生产将继续回升，全年规模以上工业产值或将与上年持平或微弱增长。当前内外风险和挑战共存，外部环境变化及内部高质量发展对企业科技创新提出新的要求，未来奉贤区需要主动作为，在营商环境和科技激励政策上下功夫，助推区内工业企业实现创新驱动的结构性转变。服务业方面，随着复工复产复商的有序推进，奉贤区批发和零售业加快恢复，房地产市场开发投资稳步增长，房地产业逐步回暖，银行存款和贷款余额快速增长，证券交易市场屡创新高，预计第四季度将继续保持增长态势。

消费方面，随着疫情得到控制，大量促消费活动对消费需求进行了刺激和释放，奉贤区社会消费品零售额降幅稳步收窄，但疫情的影响尚未完全消除，居民还抱有审慎心态，预计年内消费无法恢复至上年水平，或将小幅下降3%。投资方面，疫情得到控制后投资项目快速恢复进度，固定资产投资最先转降为增，工业投资拉动明显，预计全年固定资产投资将延续增长态势，实现9.0%的增长。外贸方面，由于全球疫情尚未得到有效控制，外需大幅减弱，情形较不乐观。

综合判断，2020年奉贤区经济总量将小幅增长，预计全年将实现小幅增长达到1.8%~2.3%。但受国际疫情反复、世界经济下行风险加剧、逆全球化趋势抬头等因素影响，外部不确定性风险加大，奉贤区经济向上向好的基础仍需巩固。展望2021年以及"十四五"时期奉贤区固定资产的投入力度仍然可以予以期待。尽管国内疫情已经得到较好的控制，但是疫情对经济的影响仍将长期持续，固定资产投资拉动经济平稳增长的作用仍有待进一步发挥。奉贤区较为良好的交通区位是未来固定资产投资持续投入的保障，且人流、物流、资金流仍有加快流入本区的趋势，预计奉贤仍有较大规模的固定资产投资需求。

从长期来看，随着长三角一体化的推进，临港自贸区的加快发展，《上海市奉贤区总体规划暨土地利用总体规划（2017—2035）》的进一步推进，城市基础设施的加快升级，可以预期奉贤区的旅游、文化、健康、养老等产业仍有较大的发展空间，这将进一步拉动相关产业固定资产投资。在国内外经济形势、相关政策环境不发生重大改变的前提下，未来奉贤区固定资产投资有望实现持续相对较快的增长，为全区经济社会的高质量发展提供有效的支撑。

三 对策建议

随着国内经济社会秩序的稳步恢复，新冠肺炎疫情带来的冲击正被逐步消化，但国际疫情形势仍然较为严峻、全球经济下行风险仍然较大，中美贸易摩擦不确定性犹存、逆全球化趋势滋生造成外部不确定性增强，年内补足新冠疫情冲击造成的缺口仍是较大挑战。但风险与机会往往并存，奉贤区应把握好当前国际国内新形势，积极培育产业发展的新动能，抓住新基建、在线新经济、扩大内需、浦东改革 30 周年、临港新片区等政策机遇，迈上经济发展新阶段。

（一）扩大有效投资规模，提振消费信心

目前，拉动经济增长的三驾马车仅投资保持增长，消费和净出口仍呈下降态势，促投资仍是拉动经济的主力。加强项目用工、用地、融资等多重保障，加快施工进度。一方面加快基础设施等民生项目建设，另一方面进一步鼓励智能制造、新能源汽车等新兴产业项目建设。

为积极应对疫情冲击，顺应在线新经济、新型消费逆势上扬，提振消费者信心，释放消费需求，上海市于 2020 年 5 月全新推出大规模的消费节庆活动——"五五购物节"。购物节期间奉贤区线下消费得到较大复苏，尽管总体仍低于上年，但消费者信心得到了极大的提振。未来，奉贤区还需在线上线下协同发展上提前布局，积极主动把握消费特征的变化，在继续做强做大直播经济的基础上，盘活现有优势资源，动态调整经营策略，提前谋划第二届"五五购物节"期间奉贤的特色活动，为实现奉贤区消费的长久增长增添新动力。

（二）开拓宠物经济新蓝海，拓宽美丽健康产业内涵

宠物经济是"东方美谷"开拓出的新领域、新天地。奉贤将宠物经济业态和新电商、新经济相结合，通过平台化、国际化、品牌化建设运营，打造一个全场景爱宠经济综合体。建议奉贤宠物经济发展可从品牌化、平台化、圈层化、融合化方向深耕。这颗"种子"将率先开拓"宠物经济"新蓝海，打造"东方美谷"新的增长极，为奉贤"在危机中育新机，于变局中开新局"孕育新领域、新天地。

当前奉贤区美丽健康产业已初具规模，但基础制造占比仍然较高，建议进一步丰富美丽健康产业内涵，引进科创型企业、美丽健康企业的研发中心，将护肤、美容、美妆与新兴科技结合起来，打造"美丽黑科技"，形成独特优势，融合产业发展，增强奉贤区产业魅力和吸引力，推动美丽健康产

业升级优化。乘着临港新片区的东风，进一步强化美丽健康产业发展，为形成精细高端产业蓄力。

（三）推动商旅文融合发展，努力打造上海文化品牌

新冠肺炎疫情对我国经济产生了较大的冲击，但同时也促进了数字经济和在线经济的发展。数字经济的发展可以弥补奉贤相对于市区的交通劣势，奉贤可以借助在线直播等平台打造网红地标，建设对应的物流通道，线上推广和宣传奉贤文化产品。推动商旅文融合发展，打造消费新模式，释放消费潜力。积极引进、扶持文创产业，将文化创意与奉贤独有的乡村、老街、海滨风光结合起来，打造独一无二的文创产品，用产品助力商业发展。

近年来，奉贤始终坚持文化自信，努力打造上海文化品牌，大力发展文化创意产业，积累了深厚的红色文化和传统文化底蕴，这些文化基因在文化园区中生根发芽，对应的文化创意产业已经初具格局，多个文化地标逐渐完善。然而，奉贤的文化创意产业发展之路才刚刚起步，奉贤当以"东方美谷"为基础，进一步集聚文化创意产业，打造文化创意各领域特色产品，加强奉贤文化创意成果的品牌竞争力，让奉贤文化产品和服务名扬上海和长三角、享誉全国乃至全世界。

（四）继续深化改革，促进外贸回稳

奉贤在2019年全市营商环境评价中处于领先水平。在新冠肺炎疫情期间，奉贤区努力打造法治化营商环境，为实现疫情防控和经济社会"双发展"做出了前所未有的努力。未来奉贤还需聚焦政务服务，营造高效便捷的营商环境，加大对中小企业的扶持力度，强化政企沟通机制，进一步完善监管体制机制，打造法治化国际化营商环境，加大知识产权执法力度，提高知识产权侵权违法成本，为"东方美谷""未来空间"的各类品牌、知识产权保驾护航，把奉贤区从知识产权创造、保护和应用的"洼地"建设成"高地"。

　　自 2019 年以来，奉贤区外贸出口处于下降态势，2020 年的全球新冠肺炎疫情进一步影响外贸出口情况，但危与机并存，趁全球经济重整之机，奉贤区应着力落实稳外贸的政策措施，进一步推动外贸高质量发展；多措并举帮助企业巩固传统市场，开拓新兴市场，把握自贸区新片区的政策优势，保住市场份额，稳住外贸基本盘。

分 报 告

Analytical Studies

B.2
2020~2021年奉贤区农业经济形势分析与研判

张鹏飞　吴康军*

摘　要：　截至2020年，奉贤以现代绿色农业作为重点，逐步提升农业科技创新能力，使农业结构不断优化，农村生态宜居水平显著提升，农业产业效能逐渐增强，农民生活水平稳步提高。2020年初新冠肺炎疫情为奉贤农业发展带来了挑战，奉贤采取措施积极应对，保障了农产品的有效供给。临港新片区对奉贤农业的溢出带动效应持续扩大，奉贤需要持续聚焦于现代农业区域总部经济发展和农产品对外贸易桥头堡建设。未来，奉贤现代都市农业仍需以绿色田园、美丽家园、幸福乐园为重点，全面提升奉贤现代化水平和核心竞争力。

---

* 张鹏飞，上海社会科学院世界经济研究所助理研究员，主要研究方向为区域经济学；吴康军，讲师，中共上海市奉贤区委党校经济与区域发展研究中心主任，主要研究方向为区域经济与农村经济。

关键词： 现代农业　新冠肺炎疫情　临港新片区　上海奉贤

　　截至 2020 年，奉贤紧紧围绕乡村振兴总要求，深化"三区"划定成果，进一步调整优化农业产业结构，加强农业科技创新，积极构建现代农业的生产体系、经营体系、产业体系，推进农村三次产业深度融合，培育农业新产业、新业态、新模式，大力发展都市现代绿色农业，全力做好新冠肺炎疫情防控工作，加强农产品供应保障。

一　以提质增效为核心，以现代农业为重点，农业发展跨上新台阶

（一）农业生产总体情况

　　2019 年奉贤农业总产值下降幅度减缓，为 3.5%（2018 年下降幅度为 18.3%）（见图 1）。其中奉贤林业产值下降幅度最大，同比下降 33.5%（2018 年增幅为 26.2%），同时其占农业总产值的比重从 2018 年的 6.5% 下

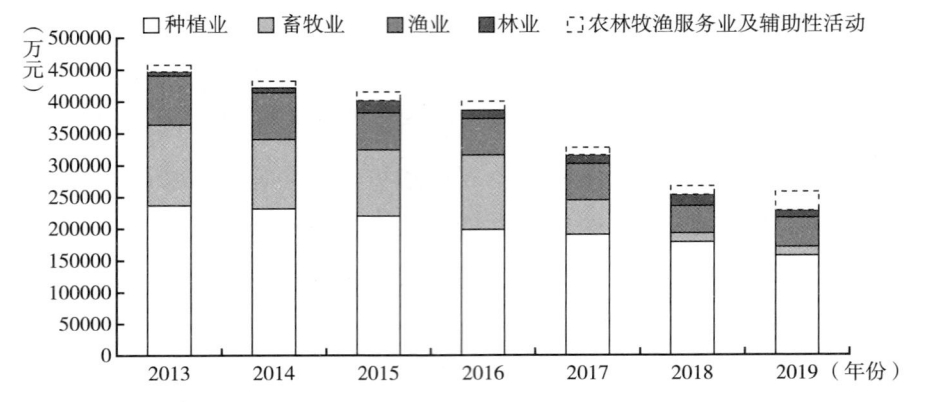

图 1　2013~2019 年奉贤区农业生产总体情况

资料来源：历年《上海市奉贤区统计年鉴》。

降为4.5%。其次，种植业增加值下降幅度也较大，相比2018年5.9%的下降幅度，2019年下降幅度高达12.3%，占农业总产值的比重由67.3%下降为61.2%。与之相反的是，畜牧业产值和渔业产值为近三年来首次实现正增长，分别为11.1%和1.9%。农林牧渔服务业及辅助性活动产业持续大幅度增加，2019年增幅为119.1%。这些都表明奉贤在稳定粮食生产的基础上，以提质增效为核心，促使农业生产结构持续优化，推动现代都市农业更高质量发展。

（二）传统种植业

2020年，随着"藏粮于地"战略继续稳步实施，尤其是耕地季节性轮作休耕养地，2019年秋冬绿肥种植面积为15.3万亩，深翻0.64万亩，完成年度10万亩轮作休耕任务的159.4%，使得奉贤区农业土地的利用效率不断提升，粮食单产持续增加，从2018年的8427千克增加到2019年的8528千克（见表1）。此外，奉贤共有14个农田列入市级计划，其中2019年7个高标准农田项目已完成招投标并进入建设阶段。2020年7个高标准农田项目正在开展招投标并于11月启动建设，年内启动14000余亩高标准农田建设。奉贤继续推广蔬菜绿色防控技术，示范基地达1.19万亩，推广水肥一体化技术3189.2亩次。还抢抓16.8万亩优质水稻种植，完成16.1万亩水稻种植任务的104.3%。

表1   2015～2019年奉贤区种植业主要作物基本情况

年份	粮食			夏熟谷物		
	播种面积（公顷）	单产（千克）	总产量（吨）	播种面积（公顷）	单产（千克）	总产量（吨）
2015	14612.3	7052	103039	5392.8	4042	21796
2016	12427.3	7406	92036	3141.8	3316	10418
2017	9967.7	8045	80192	968	3911	3787
2018	10844.8	8427	91391	623.7	4912	3064
2019	10731.1	8528	91517	108.5	4500	483.5

续表

年份	粮食			夏熟谷物		
	播种面积 （公顷）	单产 （千克）	总产量 （吨）	播种面积 （公顷）	单产 （千克）	总产量 （吨）
2015	4990.9	4066	20292	9219.5	8812	81243
2016	2753.4	3285	9046	9285.5	8790	81618
2017	797.9	3964	3163	8999.4	8490	76405
2018	582.3	4911	2860	10211	8642	88326
2019	82.6	4700	388	10389	8619	89544

年份	水果		蔬菜		西甜瓜	
	果园面积 （公顷）	总产量 （吨）	播种面积 （公顷）	上市量 （吨）	播种面积 （公顷）	总产量 （吨）
2015	2935.4	53543	15794.3	377731	1125.5	35528
2016	2620.2	40319	14900.9	326031	894.2	30761
2017	2240.6	45739	12546.5	331969	868.6	28712
2018	1848.3	41127	10520.5	296803	487.4	14140
2019	1685.3	36037	7995.3	227187	475.4	13642

资料来源：历年《上海市奉贤区统计年鉴》。

（三）畜牧业

2019年以来，奉贤持续加大了对不规范畜禽养殖的整治力度，同时还扎实做好猪肉等保供稳价工作。目前已对现有畜禽养殖废弃物资源化利用设备实现100%配备，规模化畜禽养殖场粪污处理和资源化利用率达95%，秸秆综合利用率达98%。与此同时，生猪出栏数量小幅回升，从2018年的0.13万头增加到2019年的0.15万头，2020年第三季度就已经出栏5000头。2018～2019年鲜蛋产量从4499吨增加到4713吨，增加了214吨（见表2）；而家禽产量从62万羽减少到55万羽，减少了7万羽。

表2　2015～2019年奉贤区畜牧业产量情况

项目	2015年	2016年	2017年	2018年	2019年
生猪出栏数量(万头)	40.3	37.2	17.3	0.13	0.15
家禽产量(万羽)	282	507	292	62	55
鲜蛋(吨)	9618	9824	5539	4499	4713

资料来源：历年《上海市奉贤区统计年鉴》。

(四)水产养殖业和林业

随着奉贤创建国家生态园林城市工作的不断推进，"退渔还水"等相关工作的开展，奉贤水产养殖业逐步从数量型发展向质量型发展转变，目前成效已经非常明显，2019年奉贤水产养殖业产量达到1.1万吨，总产值达到4.4亿元，同比增长1.9%。2019年新增林地322公顷，年末实有林地面积达1.2万公顷。

二　农民生活富裕水平稳步提高，城乡差距增速持续减缓

2019年，奉贤深入实施资产"倍增计划"，农民人均可支配收入持续保持9.8%的增速，达到3.4万元。其中工资性收入占比最高，为67.29%，但相比2018年，下降了2.18个百分点；而转移性收入占比持续增加，为19.78%，增加了1.77个百分点（见表3）。从增长速度来看，2019年奉贤农民转移性收入增速最大，达到21.3%；其次是家庭经营性收入，增速为14.9%。截至2020年11月，奉贤完成年度培育新型职业农民400名的任务指标，完成率100%。其中2020年1～8月累计落户企业426家，税收合计约2.88亿元。2020年已开工公司总部16个，已建成公司总部14个。此外，奉贤还加快落实百村富民二期项目购置资金，签署购置协议，目前正在申请市级报备。

表3 2014～2019年奉贤区农民可支配收入占比

单位：%

分项	2014年	2015年	2016年	2017年	2018年	2019年
工资性收入	71.74	70.90	70.69	70.72	69.47	67.29
家庭经营性收入	11.51	12.23	11.80	10.82	9.95	10.41
财产性收入	2.48	2.17	2.38	2.14	2.67	2.52
转移性收入	14.27	14.70	15.13	16.31	17.91	19.78

资料来源：历年《上海市奉贤区统计年鉴》。

在可支配收入层面，2019年奉贤城乡人均可支配收入差距增速持续变缓，其中差距值为22927元，增速为6.5%，小于2018年7.7%的增速，表明奉贤城乡人均收入水平尽管有差距，但是差距扩大速度持续变缓，有助于推动奉贤城乡均衡发展（见图2）。

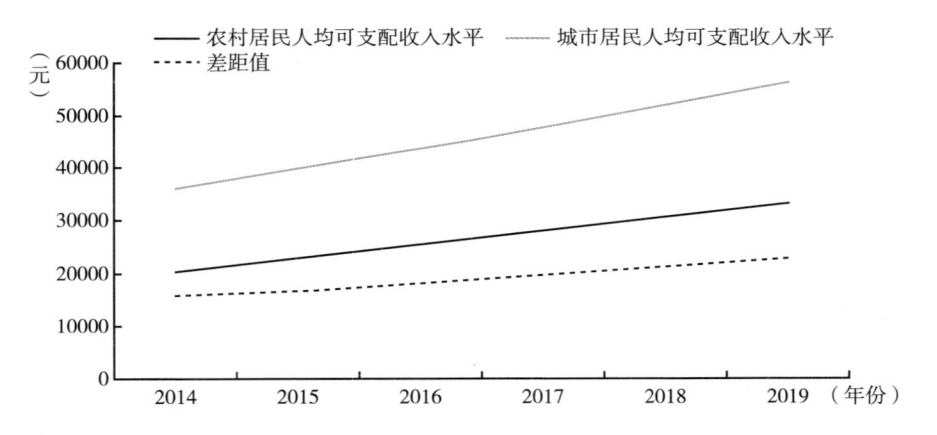

图2 2014～2019年奉贤区城乡居民人均可支配收入差距

资料来源：历年《上海市奉贤区统计年鉴》。

三 农村外来人口减少，农民文化结构更趋合理

截至2019年，奉贤区农村常住人口为48.5万人，其中外来人口为26.5

万人，占比为 54.6%。相比于 2018 年，奉贤区农村常住人口减少了 2.5 万人，占比减少了 4.9%，其中外来人口减少了 1.6 万人，主要是由于最近几年拆违建提高了在沪的生活成本，来奉贤的外来务工人员相应减少。

（一）奉贤区农村劳动力情况

由于奉贤区外来人口减少，2019 年农业劳动力人口总数减少幅度为 4.9%（2018 年为 8.4%），但是减少幅度有所收紧。从奉贤农村三次产业的就业人口结构来看，除了第三产业增加了 0.09 万人外，其他两大产业劳动力均呈减少状态，其中第二产业减少幅度最大，2019 年减少了 1.3 万人；另外，第一产业减少了 0.4 万人。但是相比 2018 年，这些减少幅度都在下降，表明基于政策带来的劳动力转移效应正在逐渐减弱（见表 4）。

表 4　2014~2019 年奉贤农村人口现状

单位：人

项目	2014 年	2015 年	2016 年	2017 年	2018 年	2019 年
农业常住人口	644360	619515	615363	557167	510432	485250
外来人口	383619	370454	362989	326461	281135	264796
劳动力总数	463545	445753	440446	384962	358865	342632
第一产业劳动力	537765	49655	48697	40115	37358	33418
第二产业劳动力	345598	334834	332476	291969	269547	256329
第三产业劳动力	64182	61264	59273	52878	51960	52885

资料来源：历年《上海市奉贤区统计年鉴》。

（二）奉贤区农民文化结构情况

2019 年，奉贤区农民文化结构更趋合理。根据奉贤区农村抽样调查结果，其中初中及以下文化程度人数占比持续减少，2019 年为 74.3%（而 2018 年为 75.1%），而高中文化程度人数和中专文化程度人数占比均出现比较明显的增长，增幅分别为 1.1 个百分点（从 17.6% 增长到 18.7%）和 0.3 个百分点（从 5.5% 增长到 5.8%）（见表 5）。

表5　2014～2019年奉贤区农民文化结构

项目	2014年	2015年	2016年	2017年	2018年	2019年
调查户数(户)	700	200	200	200	130	130
总调查人数(人)	1418	385	408	414	237	241
其中:文盲或者半文盲人数(%)	5.15	0.00	3.43	2.66	4.50	4.56
小学文化程度人数(%)	29.13	4.42	23.53	23.67	27.85	26.14
初中文化程度人数(%)	47.81	30.65	50.25	49.76	42.79	43.57
高中文化程度人数(%)	10.37	49.87	16.67	16.91	17.55	18.67
中专文化程度人数(%)	—	11.69	3.68	3.86	5.45	5.81
大专及以上文化程度人数(%)	7.55	3.38	2.45	3.14	1.69	1.24

资料来源:历年《上海市奉贤区统计年鉴》。

四　2019年奉贤乡村振兴中亮点众多

(一)大力发展都市现代绿色农业,做强农村农业主体

近年来,奉贤着力发展都市绿色农业,使绿色优质农产品供给持续增加,其中2019年绿色食品认证率达到16.9%,同比提高了11个百分点。青村镇以"黄桃+"产业为着力点,以"锦香、锦园、锦绣、锦花"等黄桃品种培育种植为重点,打造集休闲、旅游、住宿为一体的田园综合体,2019年入选全国"一村一品"示范镇。此外,奉贤在农业科技创新方面卓有成效,试点将农村湿垃圾堆肥还田,通过有机肥部分替代化肥模式,使得化肥使用量逐年减少,并严格控制农药的使用量,2019年奉贤化肥和农药亩均施用量同比下降4%。再者,奉贤进一步推进农村土地承包经营权能转尽转、应转尽转,2019年规范流转率达到91%,为农业适度规模经营奠定了良好的发展基础。最后,强化农业合作社分类管理,持续推动合作社社会发展从数量向质量转变,2019年,奉贤新增2家国家级农业龙头企业,共有农业龙头企业37家、农民专业合作社800多家、家庭农场近700家。

（二）以人居环境改善为重点，着力改善农村风貌

近年来，奉贤开展乡村振兴空间规划编制，在全市率先实现郊野单元（村庄）规划编制全覆盖，形成乡村目标愿景、村镇体系、功能格局等一张蓝图，2019年共创建6个市级美丽乡村示范村、16个区级美丽乡村示范村。此外，奉贤发布《关于迅速开展田间窝棚整治及有效落实农业大棚规范建设的通知》，在"大棚房"问题专项清理整治方面取得了一定的成效，在一定程度上改善了新农村生态环境。再者，奉贤持续推进《奉贤区农村人居环境整治村庄清洁行动方案》落实，深入开展城乡环境卫生整治行动，2019年共完成90个村人居环境整治工作，建成2.7万户农村生活污水处理工程等。最后，通过市、区两级政策保障，推出"上楼""平移""货币化退出"等多个选择方案，奉贤有力有序推进农民相对集中居住，2019年共签约农户1309户，全面完成市下达任务量。

（三）加快推进农村"三块地"改革，促进农村产业发展

为了切实改善农村风貌、壮大集体经济，2019年奉贤在"三块地"改革基础上，加快打造"三园一总部"，其中"三园"是由农村"三块地"构成，具体包括宅基地、农村公园、农村庄园等，通过修缮、建设、改造，将庭院、公园、庄园等变成企业的办公地，2019年共实现项目落户140个、税收2.1亿元。其次，在确保农民"离地不失地、离房不失房"的前提下，加快推动宅基地权益股权化改革，2019年南桥镇颁发首批宅基地股权证，实现了农房变资产、资金变股金、农民变股民，为集中居住过程的空置房产和结算剩余资金提供了有效的增收路径。深入推进新一轮农村综合帮扶，奉贤组建由94个薄弱村同股同权设立集体资产运营平台"上海百村富民经济发展有限公司"，构建"国集联动"帮扶新模式，2019年新增集体物业4.7万平方米，百村实业公司村均分红达到95万元，精准帮扶生活困难农户1.04万户。

五　新冠肺炎疫情给奉贤农业带来挑战

2020年初，突如其来的新冠肺炎疫情对奉贤农业的影响是全方位的，具体表现为，一是直接影响了春耕生产活动，受限于区域交通封堵等因素，农户很难买到农业生产物资，比如一些外地生产的化肥、种子、农药等农用物资难以进入奉贤，家禽和渔业养殖所需要的饲料和幼苗等也很难及时送到农民手中，等等。二是直接影响了农业产品的销售活动，农产品集市的关闭，导致农副产品出现滞销现象。三是直接影响了农村旅游市场，奉贤很多特色小镇，受2020年新冠肺炎疫情影响旅客数量大幅减少。

奉贤为应对疫情，采取了很多有效措施，目前成效明显。一是成立区农业农村委疫情防控工作领导小组，明确疫情防控派驻联系工作职责，由党政班子带队到联系村了解、督促疫情防控工作。二是要求全区宠物诊疗机构、屠宰场加强消毒，密切关注犬猫等动物疑似冠状病毒感染病例情况。三是确保防疫春耕两手抓，积极与全区114个农资门店、8个农资生产企业做好对接工作，加强对种子、肥料、农药等农资供需监测。四是确保农产品有效供给，发放了绿色菜生产保供应奖补资金250万元，并会同安信保险加大绿叶菜价格保险力度，实现抢种补种农户"愿保尽保"，简化承保手续，确保绿叶菜生产稳定。五是积极搭建产销对接平台，充分利用奉贤农业、企业微信等线上展销平台，将38家合作社的蔬菜、大米等农产品动态供应信息在这些平台上集中发布，帮助农民将农产品及时销售出去，还要充分发挥电商企业作用，鼓励合作社与叮咚买菜、每日生鲜等多家电商企业以及顺丰等配送企业合作，加大农产品推介销售力度，切实保障疫情期间地产农产品的有效供应。

六　新片区对奉贤现代农业的溢出效应持续扩大

自2019年《中国（上海）自由贸易试验区临港新片区总体方案》（以

下简称《总体方案》）公布以来，临港加快制度创新步伐。截至2020年8月，从《总体方案》中分解出的78项政策和制度创新任务完成已经过半，共计签约项目358个，发展效应逐步显现，高端资源要素加速集聚。未来奉贤需要依托新片区的地理优势，加快现代农业布局，需要重点聚焦于以下两方面发展。

一是加快农业区域总部经济的发展。奉贤农业需要充分借助全面融入新片区的战略契机，依托新片区在资金、技术、制度等方面的优势，同步对接长三角一体化战略，加速长三角地区农业创新资源向奉贤集聚，着力发展农业总部经济，成为引领长三角地区现代绿色农业发展的标杆。为此，奉贤需要做好以下几方面的准备。一是建设一批无人农场，主要采用人工智能技术，建立连片无人农场，进行机器种植和采摘、无人机杀虫和施肥等。二是借助上海在生物医药领域的技术，大力培育现代种业，致力于为长三角地区改善农产品种子质量提供解决方案。三是借助"东方美谷"产业基础，将奉贤农业与农村康养产业相结合，打造现代康养产业中心。

二是加快形成区域农产品贸易的桥头堡。奉贤需要充分利用自贸区在贸易投资便利化方面的政策优势，进一步扩大农业对外开放力度，加强与境外企业合作，一方面聚焦于长三角地区进口的高端花卉等高附加值农业的培育和种植，做强奉贤现代农业规模；另一方面注重农产品出口方面的政策创新，比如发展现代农业贸易保险，强化与共建"一带一路"国家合作，做强做大特色农产品出口的规模，发展农业外贸型总部经济。此外，还需要加强与以色列等农业科技强国合作，注重新型农产品和农业培育技术的开发，不断增强奉贤农业的核心竞争力。

七 2021年奉贤农业发展思路

截至2020年，奉贤农业提质增效明显，奉贤需要密切关注新冠肺炎疫情防控工作，加快突破现代农业发展的瓶颈，做强做优农业产业链，同步利用好新片区制度创新带来的红利，促使奉贤尽快建立现代农业生产体系，不

断提升奉贤农业的品牌影响力和区域竞争力。具体思路如下。

一是聚焦农业提质增效，全力打造绿色田园。奉贤需要坚持规模化、科技化、品牌化，以耕地保护为抓手，以粮食生产功能区和重要农产品生产保护区为重点，加快推进高标准农田建设，做大做强特色农产品品牌。持续实施化肥农药减量工程，一方面是扩大有机肥替代化肥的施用范围，另一方面是通过化学农药替代、精准高效施药、轮换用药等科学用药技术，来有效控制农药使用量，进一步提升绿色食品认证率。以打造网络对接平台为重点，同步加快推进现代农产品物流体系建设，实现产销高效、精准对接，着力拓展奉贤黄桃、庄行蜜梨等农产品销售渠道。以农业龙头企业和示范类专业合作社为核心，积极构建现代农业经营体系，切实提高农业全要素生产率和农业生产力水平。

二是聚焦美丽乡村建设，全力打造美丽家园。以郊野单元（村庄）规划为引领，统筹全地类全要素的综合性、实施性和策略规划性，聚焦"三高、两区、一点"，以困难农户危房为首要目标，以"上楼""平移"为主要方式，加快推进农民相对集中居住工作。持续推进美丽乡村创建，需要建立工作清单、明确标准、加强督查、做出亮点，努力建成一批乡村振兴示范村，争创一批市级美丽乡村示范村和区级美丽乡村示范村。要坚持外在"塑形"、内在"铸魂"，做到"塑形"与"铸魂"并重，在深入推进农村人居环境整治的同时，更要注重文明乡风的培育，在保护传承优秀农耕文化的基础上，创造性转化、创新性发展，不断赋予新时代乡村振兴的新内涵、新形式。

三是聚焦农民持续增收，全力打造幸福乐园。充分发挥奉贤的独特优势，实施好"倍增计划"、"双富"工程和"两个百万"工程，做好农业强、农村美、农民富的大文章，持续壮大农村集体经济，打造奉贤经济的新增长点、新亮点。推进农业三次产业融合发展，加强对新型职业农民的培育工作，大力提高农民非农就业能力，切实增加农民的收入水平。深化农村"三块地"改革，努力推进宅基地功能的多元化发展，进一步促使宅基地股权化、资产化、市场化改革，同步盘活集体建设用地，注重培育休闲农业、乡村旅游、乡村养老等新产业、新业态。以"三园一总部"为载体，完善优化配套服务，引导社会资本进入，集聚发展总部经济，打造奉贤生态商务带。进一步完善农村综合帮扶工作机制，充分利用资源优势，引进先进经营理念、管理手段和发展模式，以"百村系列"品牌为重点，建设一批具有长期稳定收益的"造血"项目。

参考文献

褚建平：《为打造"百村"品牌提供乡村振兴的奉贤方案》，《经济》2020年第9期。

秦云龙：《国际化视野下的发展大智慧——访上海市奉贤区委书记庄木弟》，《经济》2020年第7期。

黄颖：《党建引领乡村振兴的探索与思考——以上海市奉贤区青村镇为例》，《上海党史与党建》2020年第5期。

孙凌：《奉贤发展特色民宿　助力乡村振兴》，《上海农村经济》2020年第3期。

李怡、唐丽萍：《乡村振兴战略下农民的终结与新生——以上海为例》，《东华大学学报》（社会科学版）2019年第4期。

龚丽兰、郑永君：《培育"新乡贤"：乡村振兴内生主体基础的构建机制》，《中国农村观察》2019年第6期。

庞丽峰、文丽红：《新乡贤　乡村振兴生力军》，《山西日报》2018年11月13日。

汪婷：《上海奉贤：乡村振兴"三级跳"的创新实践》，《中国农村科技》2018年第8期。

B.3
2020~2021年奉贤工业
形势分析与研判

王永水*

摘　要： 2019年奉贤工业总产值及增加值基本延续前期增长态势，但增长率有所降低，资产负债率逐步降低、营业利润率稳步提升、单位产值能耗逐渐降低，工业经济总体运行相对平稳。进入2020年，经济社会发展中的不确定性陡增，内外风险和挑战共存，新冠肺炎疫情对工业经济的负向冲击仍有待消化，外部环境变化及内部高质量发展对企业科技创新提出新的要求，奉贤区需要主动作为，在营商环境和科技激励政策上下功夫、助推区内工业企业实现创新驱动的结构性转变。

关键词： 上海奉贤　工业经济　"东方美谷"　未来空间

2019年，我国面临的宏观环境发生重大变化，国内外风险和挑战不断上升，国际环境愈发复杂、外部不确定性陡增，内部经济社会发展过程中"稳增长、调结构、强基础"的压力日益显现。在"百年未有之大变局"下，党和政府领导全国各族人民真抓实干促发展、求真务实防风险，以实效献礼新中国成立70周年。

---

* 王永水，经济学博士，华东政法大学商学院副教授，上海社会科学院数量经济学科创新团队成员，上海市软科学研究基地——科技统计与分析研究中心研究人员，主要研究方向为人力资本、科技进步与经济增长、科技政策分析与评价。

宏观环境变化下上海经济仍然维持平稳发展，根据 2020 年上海市政府工作报告相关数据，2019 年上海全市实现生产总值增长 6%，地方一般公共预算收入增长 0.8%。经济社会发展的新动能不断涌现并持续增强，新产业、新业态、新模式继续维持高速增长，全社会研发经费支出占地区生产总值的比例达到 4%，每万人口发明专利拥有量提高到 53.5 件，新能源产业产值增长 17.7%，互联网业务收入增长 30% 以上，平均每个工作日新注册企业 1476 户，增长 12%。上海市产业结构能级不断提升，按三次产业划分，第三产业增加值占比达到 72.7%，战略性新兴产业制造业部分产值占规模以上工业总产值的比重提高到 32.4%，前述无疑为上海实现高质量发展奠定了坚实的基础①。

2019 年奉贤全区实现地区生产总值 892 亿元，相比 2018 年增长 6%。区级财政收入增长 2.5%，达到 155 亿元，增速位居全市各辖区第三。全社会固定资产投资增长 3.3% 至 455 亿元，其中工业固定资产投资增长 6.7% 至 90 亿元。在规模以上工业经济发展方面，实现总产值增长 1.1%，达到 1800 亿元，规模以上工业利润增长 10.7%，达到 163 亿元。尤其值得关注的是，战略性新兴产业实现工业产值 570 亿元，占全区规模以上工业产值的比重达到 32%②。

一　2020年以来奉贤工业经济运行基本态势

2020 年，新冠肺炎疫情这一重大公共卫生事件对经济社会各方面造成了严重冲击。在国家强有力的抗疫防疫指导工作下，经济社会发展迅速回归常态化运行态势。尽管目前疫情仍在世界范围内肆虐，但由于我国在抗疫防疫工作的成效显著，其对国内经济造成的不确定性正在降低，奉贤工业经济

---

① 《2020 年上海市政府工作报告》，人民网，http：// sh. people. com. cn/n2/2020/0122/c138654－33738117. html。

② 《（上海市）2020 年上海市奉贤区人民政府工作报告（全文）》，县情资料网，http：// www. ahmhxc. com/sxqgzbg/17146. html。

正是中国经济渐入升势的一个"缩影"。

2020年上半年，在规模以上工业经济方面，全区1049家规模以上工业企业累计完成工业总产值825.4亿元，与2018年相比，下降了4.8%，下降幅度相较第一季度收窄15个百分点。1~5月累计实现营业收入738.6亿元，同比下降9.0%，下降幅度与第一季度相比收窄14.3个百分点；累计实现利润总额61.6亿元，同比下降4.7%，降幅收窄36.6个百分点；亏损企业394家，数量较第一季度减少174家。按行业分类来看，除电、热、水等基本保障类工业行业外，有5个制造业在上半年实现正增长，分别为酒、饮料和精制茶制造业，医药制造业，专用设备制造业，汽车制造业和计算机、通信和其他电子设备制造业，分别累计增长25.2%、0.2%、12.2%、9.5%和1.3%。战略性新兴产业实现规模以上工业总产值增长5.4%，达到296.2亿元，战略性新兴产业进入2020年以来，在5月首度实现累计正增长，其第一季度同比下降15.3%。相比全市平均水平来看，奉贤区战略性新兴产业中的高端装备、新材料和数字创意等均高于上海市平均水平，分别增长8.6%、10.1%和14.2%，产值达到94.7亿元、56.8亿元和6.8亿元，增长率相比全市平均水平分别高出17.1个、6.5个和32.7个百分点。从固定资产投资来看，上半年已完成2020年度工业投资预定目标的56.1%，累计完成投资额56.13亿元，相比2018年同期增长13.43亿元，增长幅度为31.5%。其中，"东方美谷"产业项目投资完成额同比增长73.3%，达到22.69亿元，同比增幅提升了8.4个百分点①。

1~9月，在1049家规模以上工业企业中有301家出现亏损，销售额为1330.25亿元，同比增长0.8%，出口交货值为194.83亿元，降幅为7.7%。实现营收1267.04亿元，同比降低2.8%；实现利润总计121.61亿元，同比增长9.2%。按登记注册类型分，工业总产值累计降幅最大的为集体企业、外商及港澳台商企业。在全区1328.28亿元的规模以上工业总产值中，食品

---

① 《2020年上半年经济运行分析》，上海奉贤统计局网站，https://www.fengxian.gov.cn/tjj/tjfx/20200821/006_3300dc70-834d-42cb-a9d3-feec89434c75.htm。

制造业，酒、饮料和精制茶制造业，石油加工、炼焦和核燃料加工业，化学原料和化学制品制造业，计算机、通信和其他电子设备制造业等5个制造行业出现正增长，其余行业总产值出现不同程度的下降。战略性新兴产业累计产值为457.9亿元，同比增长6.8%；"东方美谷"规模以上工业企业数为169家，累计产值达到281.4亿元，累计税收为30.78亿元。

图1是2020年2~9月奉贤区规模以上工业总产值及其增长率的变化趋势，从中可以看到规模以上工业总产值增长率呈现显著回升之势，从2月的同比降幅24%缩窄至9月0.3%的降幅；规模以上工业总产值从2月的63.2955亿元增长到9月的174.6708亿元。工业税收总额1~9月有较大波动（见图2），6月以来工业税收逐渐下降，累计增长率在5月达到最低水平后逐步反弹，但与2018年同期相比仍均呈现负增长。除此以外，从《奉贤统计月报》数据中可以看到，工业税收仍然是奉贤区税收的主要来源，因此工业税收的负增长也同时使得区级财政收入承压。工业销售产值走势与工业总产值高度一致，工业销售产值从2月的68.36亿元稳步增长至9月的179.03亿元，累计增长率已从负增长转向正增长；出口交货值则仍然处于较大幅度的负增长区间（见图3、表1）。

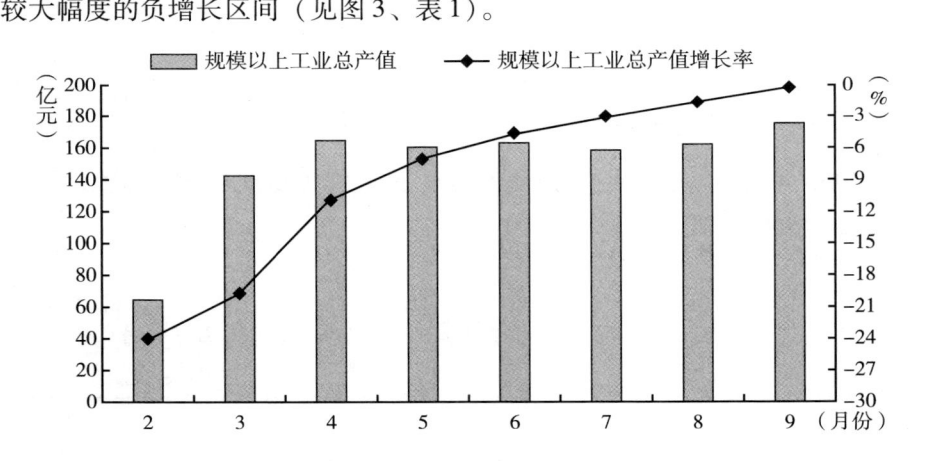

图1　奉贤2020年2~9月规模以上工业总产值及其增长率

资料来源：《奉贤统计月报》。

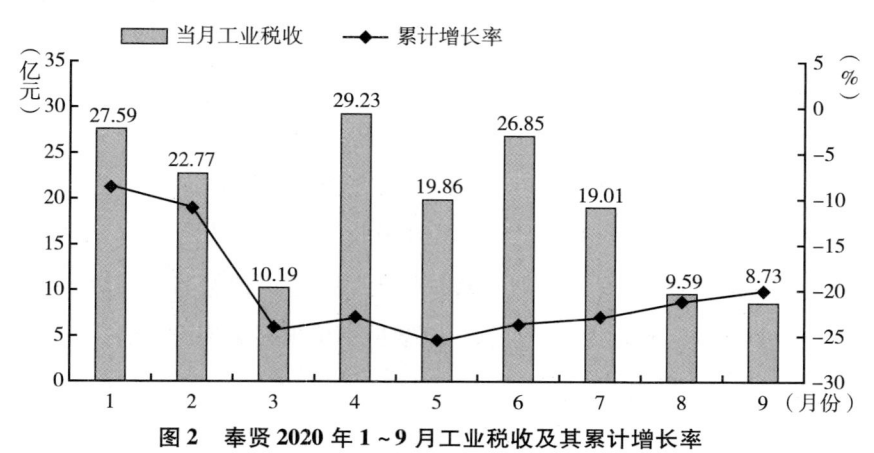

图2　奉贤2020年1～9月工业税收及其累计增长率

资料来源：《奉贤统计月报》。

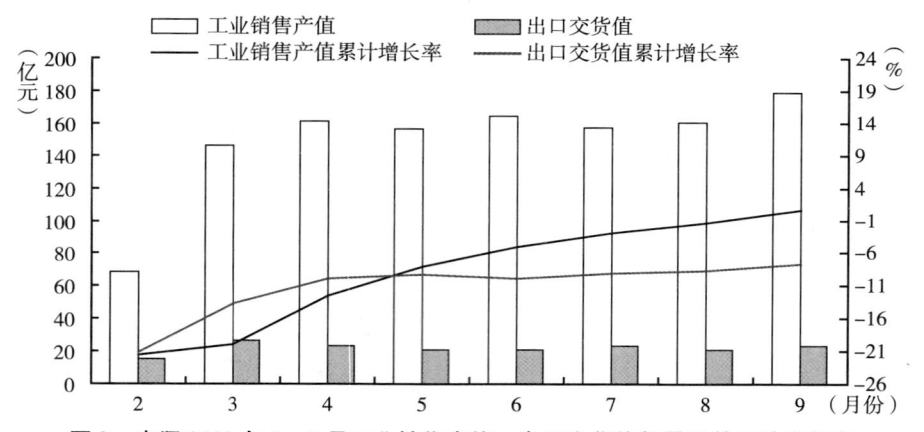

图3　奉贤2020年2～9月工业销售产值、出口交货值数量及其累计增长率

注：1月数据免报。

资料来源：《奉贤统计月报》。

表1　奉贤2020年2～9月工业销售产值、出口交货值数量及其累计增长率

单位：亿元，%

	2月	3月	4月	5月	6月	7月	8月	9月
工业销售产值	68.36	146.03	161.33	156.32	164.61	157.67	160.85	179.03
出口交货值	15.58	26.31	23.41	21.00	20.63	22.93	21.04	23.37
工业销售产值累计增长率	-21.50	-19.90	-12.50	-8.20	-5.20	-3.00	-1.40	0.80
出口交货值累计增长率	-21.10	-13.70	-9.90	-9.30	-9.90	-9.20	-8.70	-7.70

从奉贤区下辖各城镇情况来看，规模以上工业企业营收总额及增长率存在较明显的分化（见图4）。大多数城镇累计营收为负增长，仅在基数相对较小的海湾镇出现了正增长。而在实现利润方面（见图5），1~8月有奉城、金汇和海湾三镇累计实现正增长，其增长率分别为16.9%、23%和1.8%。

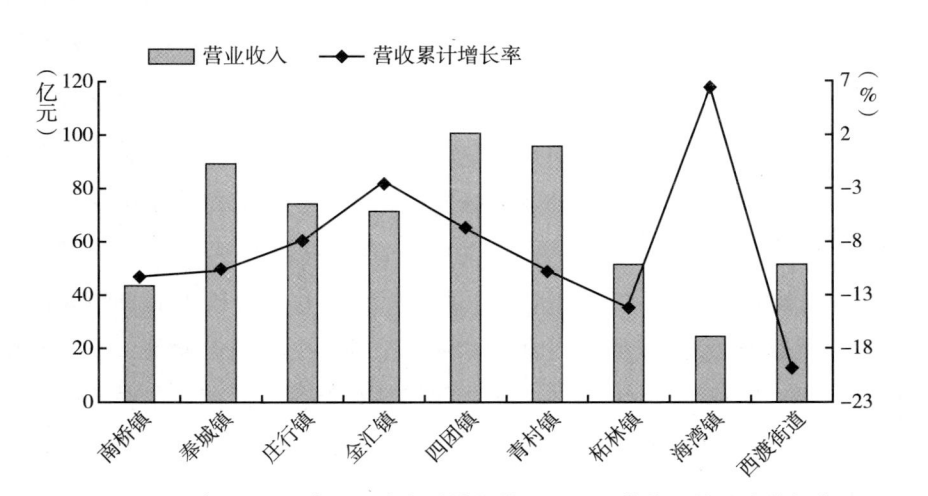

图4　2020年1~9月奉贤区内各城镇规模以上工业营收及其累计增长率

资料来源：《奉贤统计月报》。

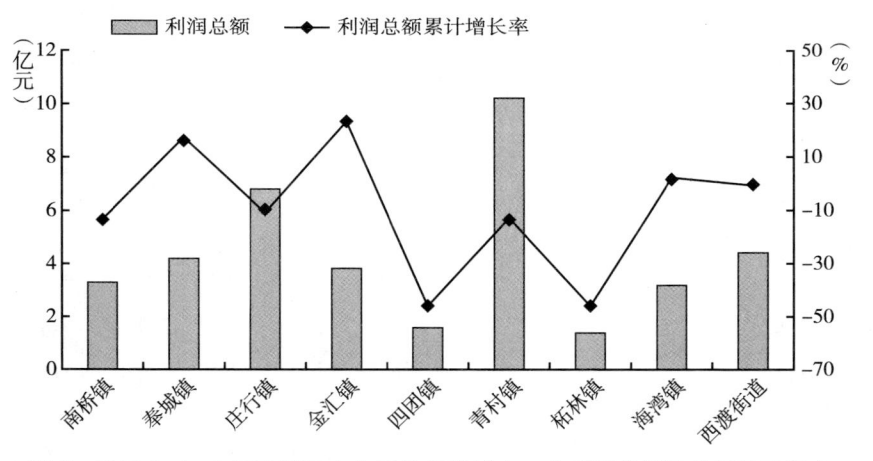

图5　2020年1~8月奉贤区内各城镇规模以上工业利润总额及其累计增长率

资料来源：《奉贤统计月报》。

二 按城镇分规模以上工业企业发展情况

表2是2016~2019年各城镇规模以上工业企业单位数量分布，从中不难看出2019年奉城、青村、柘林、庄行及金汇是奉贤工业企业主要集聚地。南桥作为奉贤区中心城镇，其工业企业数量正在急剧下降，从2016年的101家迅速减少到2019年的69家，这主要源自奉贤区对各城镇功能定位及规划的逐渐清晰，尤其是对南桥功能定位的调整使得较多工业企业迁至其他城镇。奉城和青村自2016年以来，规模以上工业企业数量快速增长，奉城从2016年的128家增至2019年的160家，青村从2016年的112家增长到2019年的130家。表3列出各城镇工业总产值占比，南桥工业总产值占比从2016年的28.51%降至2019年的8.41%；奉城、庄行、金汇、青村、柘林、海湾等工业总产值占比自2017年起保持相对稳定，而位于新片区的四团镇工业总产值占比正在迅速提升，西渡街道规模以上工业企业总产值占比在2019年陡增。

表2 2016~2019年各城镇规模以上工业企业单位数

单位：家

城镇	2016 年	2017 年	2018 年	2019 年
南桥	101	93	98	69
奉城	128	127	145	160
庄行	83	84	90	96
金汇	97	95	94	87
四团	50	51	54	56
青村	112	107	109	130
柘林	90	94	102	116
海湾	12	12	11	10
西渡街道	31	22	25	56

资料来源：历年《上海市奉贤区统计年鉴》。

表3　2016~2019年各城镇工业总产值占比分布

单位：%

城镇	2016年	2017年	2018年	2019年
南桥	28.51	17.79	17.72	8.41
奉城	15.30	19.20	18.90	18.68
庄行	9.47	11.84	12.88	12.89
金汇	12.11	13.49	12.34	12.37
四团	5.55	7.49	8.52	8.57
青村	14.92	15.51	15.25	16.32
柘林	7.96	8.44	8.56	8.81
海湾	3.59	3.74	3.54	3.59
西渡街道	2.59	2.48	2.30	10.36

资料来源：历年《上海市奉贤区统计年鉴》。

从2018年、2019年的工业总产值来看（见图6），南桥的工业总产值出现大幅下降，这与该镇工业企业外迁高度相关，导致其工业总产值从2018年的154亿元下降到2019年的77亿元。奉城、青村仍然是工业产值中的领头羊，奉城的工业总产值从2018年的164亿元增加到2019年的171亿元，青村则从2018年的133亿元增加到2019年的149亿元；此外，庄行、金汇、四团、柘林、海湾等工业总产值均出现不同程度的增加。工业产值增长尤为显著的是西渡街道，其工业总产值从2018年的20亿元攀升至2019年的95亿元，其增幅正与南桥工业产值降幅相当。

亏损企业数量及其占比在一定程度上反映了奉贤工业经济结构调整所面临的压力。表4是2016~2019年各城镇规模以上工业企业亏损数量，按照"亏损单位数/规模以上工业企业数量"计算了奉贤区各城镇规模以上工业企业亏损覆盖面。从表4中数据可以看到，南桥亏损工业企业数正在减少（但其规模以上工业企业数也在大幅减少），而奉城亏损工业企业则大幅增加，从2016年的11家攀升到2019年的31家，西渡街道亏损单位数从2016年的2家陡增至2019年的10家；类似的是青村亏损单位数历经2017年、2018年的减少后又出现反弹，到2019年达到22

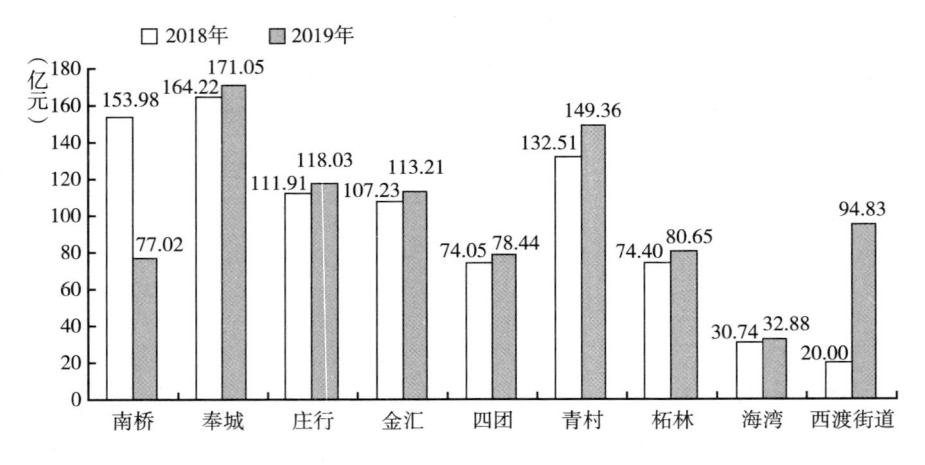

图6 2018年、2019年各城镇工业总产值

资料来源：历年《上海市奉贤区统计年鉴》。

家，柘林亏损单位数情况亦然。庄行亏损单位数相对稳定，而金汇2019年亏损单位数相比2018年减少了7家。从亏损覆盖面数据来看，2019年各城镇亏损企业占比均高于10%，多数高于15%（见表5）。长期亏损的工业企业占据和消耗大量经济社会资源，这也充分反映未来奉贤工业经济发展仍然面临较大的结构调整压力。

表4 2016~2019年各城镇规模以上工业企业亏损单位数

单位：家

城镇	2016年	2017年	2018年	2019年
南桥	13	12	14	10
奉城	11	9	17	31
庄行	11	7	13	12
金汇	13	22	21	14
四团	5	6	13	11
青村	17	13	13	22
柘林	14	11	11	19
海湾	2	3	3	2
西渡街道	2	3	4	10

资料来源：历年《上海市奉贤区统计年鉴》。

表5　2016～2019年各城镇规模以上工业企业亏损覆盖面

单位：%

城镇	2016 年	2017 年	2018 年	2019 年
南桥	12.87	12.90	14.29	14.49
奉城	8.59	7.09	11.72	19.38
庄行	13.25	8.33	14.44	12.50
金汇	13.40	23.16	22.34	16.09
四团	10.00	11.76	24.07	19.64
青村	15.18	12.15	11.93	16.92
柘林	15.56	11.70	10.78	16.38
海湾	16.67	25.00	27.27	20.00
西渡街道	6.45	13.64	16.00	17.86

资料来源：历年《上海市奉贤区统计年鉴》。

在各城镇工业经济效益指标方面（见图7、图8），2019年青村规模以上工业企业营业利润达到17.56亿元，其营业利润率也达10.27%，是奉贤工业利润创造的核心城镇，较高的利润率也充分说明其工业经济整体发展水平相对较高。营业利润率较高的还有海湾、庄行，分别达到10.62%和8.82%，其中庄行同时也是营业利润总额位居第二的城镇。

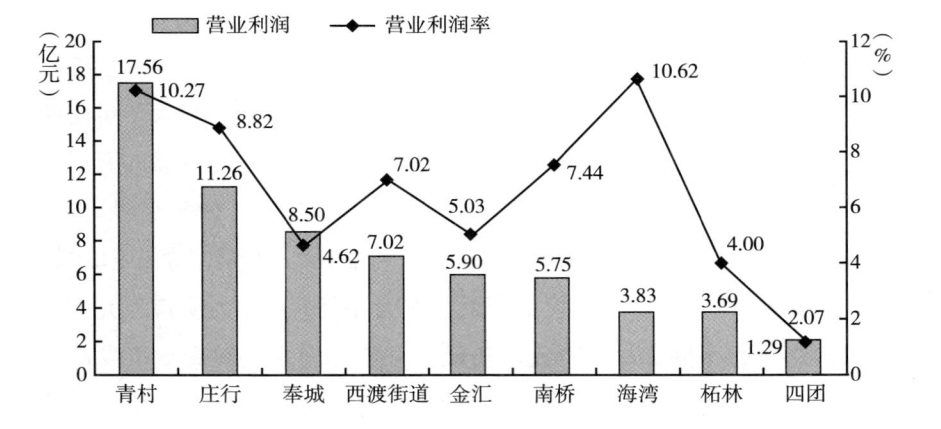

图7　2019年各城镇规模以上工业企业营业利润及营业利润率

资料来源：历年《上海市奉贤区统计年鉴》。

041

奉贤区各城镇规模以上工业企业缴纳增值税及盈利总额情况见图8，按照2019 年规模以上工业企业盈利总额进行排序后，不难发现其地区分布与营业利润一致，青村、庄行、奉城为奉贤规模以上工业企业主要盈利来源，其中青村规模以上工业企业盈利总额达到 19.03 亿元。而在缴纳增值税方面，奉城镇高居榜首，奉城规模以上工业企业 2019 年缴纳增值税 4.58 亿元。

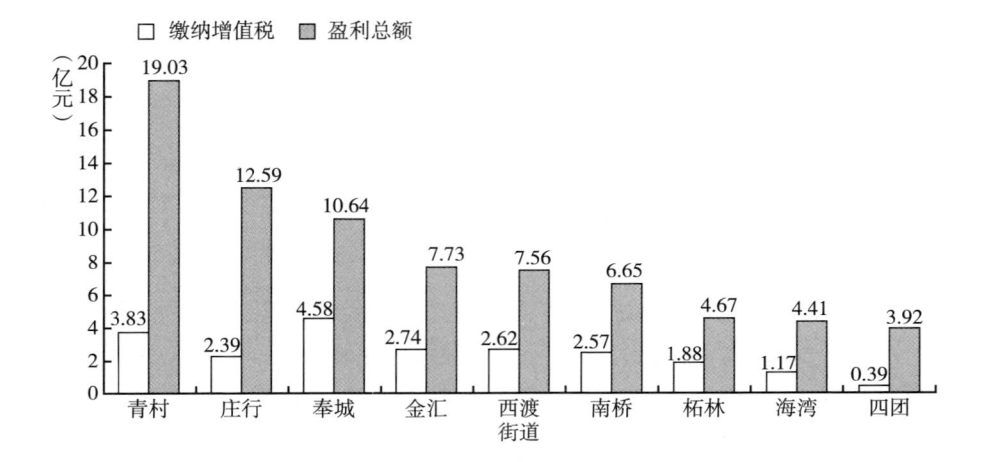

图8　2019 年各城镇规模以上工业企业缴纳增值税及盈利总额

资料来源：历年《上海市奉贤区统计年鉴》。

在能源消耗和绿色发展方面（见图9 和表6），综合能源消费量的分布与工业总产值的分布呈现高度一致，作为工业产出大镇的青村无疑也是能耗大镇，此后依次是四团、金汇、奉城和庄行等。从反映绿色发展的万元产值能耗数据来看，2019 年相比 2018 年万元产值能耗总体有抬头趋势。其中，南桥、庄行、金汇、四团、青村等镇万元产值能耗均出现不同程度的增加，其余各镇该指标均出现不同程度的降低，尤为显著的是西渡街道万元产值能耗在 2019 年大幅下降。尽管万元产值能耗并不能完全反映高质量发展，但是工业企业面临环保硬约束条件下的产出情况确实能够在很大程度上反映工业企业的技术特征及技术水平，这也预示着奉贤工业企业未来在进一步提升科技水平、实现高质量发展的道路上仍然任重道远。

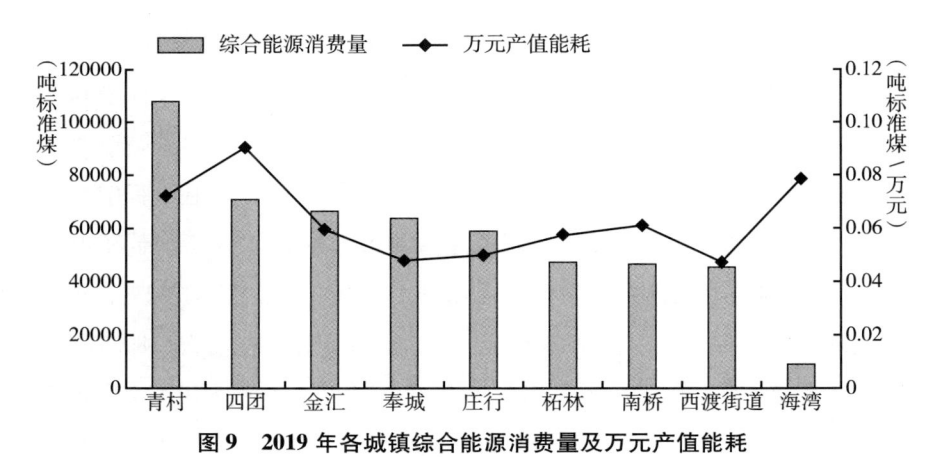

图9 2019年各城镇综合能源消费量及万元产值能耗

资料来源：历年《上海市奉贤区统计年鉴》。

表6 2016~2019年各城镇万元产值能耗

单位：吨标准煤/万元

城镇	2016年	2017年	2018年	2019年
平均	0.0547	0.0624	0.0581	0.0602
南桥	0.0326	0.0513	0.0488	0.0610
奉城	0.0503	0.0490	0.0470	0.0467
庄行	0.0622	0.0548	0.0487	0.0501
金汇	0.0572	0.0524	0.0570	0.0601
四团	0.1233	0.0977	0.0851	0.0902
青村	0.0584	0.0573	0.0699	0.0721
柘林	0.0683	0.0661	0.0588	0.0573
海湾	0.0563	0.0519	0.0790	0.0788
西渡街道	0.0779	0.0812	0.0719	0.0480

资料来源：历年《上海市奉贤区统计年鉴》。

三 按行业分规模以上工业企业发展情况

按照工业行业分类，表7列出的是2016~2019年制造业行业中工业总产值位居前十五的行业情况，除了绝对数值的动态特征外，表8还列出了这十五个行业工业总产值占全区工业总值之比例的情况。其中，化学原料和化学制品制造业、电气机械和器材制造业2019年工业总产值均在200亿元以上，工

业总产值在百亿元级别的行业还有专用设备制造业、交通运输设备制造业（尤其是其中的汽车制造业）、通用设备制造业、医药制造业以及橡胶和塑料制品业。从纵向变化来看，2016～2019年，化学原料和化学制品制造业工业总产值及其占比双双提升，电气机械和器材制造业工业总产值虽有增长但幅度较小，其工业总产值比重也逐步降低（从2016年的14.11%下降至2019年的11.56%）。特别值得注意的是专用设备制造业，该行业工业总产值和占比均快速上升，2016年工业产值仅为89.93亿元，到2019年则快速增加到189.54亿元，产值占比从2016年的6.32%上升到2019年的10.17%，这很大程度上得益于自贸区新片区部分大型企业入驻投产（如三一重工等）。工业总产值稳步增加的制造业还包括通用设备制造业，医药制造业，非金属矿物制品业，文教、工美、体育和娱乐用品制造业，纺织业等。而占据较为重要地位的汽车制造业在2019年受到行业景气度下降的影响，其产值和占比相较2018年均有所回落。

表7　2016～2019年主要工业行业总产值

单位：亿元

行业	2016 年	2017 年	2018 年	2019 年
全区合计	1421.83	1597.53	1763.18	1864.53
化学原料和化学制品制造业	177.70	204.69	263.08	272.63
电气机械和器材制造业	200.66	228.18	209.50	215.57
专用设备制造业	89.93	119.84	183.71	189.54
交通运输设备制造业	133.21	159.35	192.20	181.12
汽车制造业	125.01	149.19	182.44	163.22
通用设备制造业	121.84	140.24	138.67	163.06
医药制造业	93.80	109.90	116.77	130.72
橡胶和塑料制品业	102.85	115.72	106.28	101.70
金属制品业	73.00	74.95	89.14	91.28
有色金属冶炼和压延加工业	34.35	51.90	60.17	59.70
食品制造业	53.05	44.57	48.24	54.96
非金属矿物制品业	27.97	27.94	34.40	53.47
文教、工美、体育和娱乐用品制造业	34.81	36.31	42.50	49.20
纺织业	30.66	36.11	39.72	40.53
农副食品加工业	42.39	44.02	40.05	37.67

注："全区合计"为全部制造业行业总产值，下文同。
资料来源：历年《上海市奉贤区统计年鉴》。

表8 2016～2019年主要工业行业总产值占比

单位：%

行业	2016 年	2017 年	2018 年	2019 年
化学原料和化学制品制造业	12.50	12.81	14.92	14.62
电气机械和器材制造业	14.11	14.28	11.88	11.56
专用设备制造业	6.33	7.50	10.42	10.17
交通运输设备制造业	9.37	9.97	10.90	9.71
汽车制造业	8.79	9.34	10.35	8.75
通用设备制造业	8.57	8.78	7.86	8.75
医药制造业	6.60	6.88	6.62	7.01
橡胶和塑料制品业	7.23	7.24	6.03	5.45
金属制品业	5.13	4.69	5.06	4.90
有色金属冶炼和压延加工业	2.42	3.25	3.41	3.20
食品制造业	3.73	2.79	2.74	2.95
非金属矿物制品业	1.97	1.75	1.95	2.87
文教、工美、体育和娱乐用品制造业	2.45	2.27	2.41	2.64
纺织业	2.16	2.26	2.25	2.17
农副食品加工业	2.98	2.76	2.27	2.02

资料来源：根据历年《上海市奉贤区统计年鉴》测算。

同样，在各工业行业中按照缴纳增值税、营业利润进行排序后，将位居前十五的行业情况列在表9至表13中。其中，表9和表10是主要工业行业缴纳增值税情况，化学原料和化学制品制造业、医药制造业、通用设备制造业、电气机械和器材制造业在2019年缴纳增值税额度分别达到6.47亿元、6.22亿元、4.55亿元和4.02亿元，缴纳增值税占比分别为15.73%、15.12%、11.05%、9.78%，其中除化学原料和化学制品制造业缴纳增值税占比提升外，其他三个行业纳税占比均出现不同程度的下降。

表9 2016～2019年主要工业行业缴纳增值税

单位：亿元

行业	2016 年	2017 年	2018 年	2019 年
全区合计	37.60	42.14	37.83	41.12
化学原料和化学制品制造业	6.56	7.79	5.57	6.47
医药制造业	5.75	6.26	6.60	6.22
通用设备制造业	4.34	3.84	4.53	4.55

续表

行业	2016 年	2017 年	2018 年	2019 年
电气机械和器材制造业	2.25	4.20	3.89	4.02
专用设备制造业	2.07	2.66	1.05	3.15
橡胶和塑料制品业	2.16	2.08	2.44	3.00
交通运输设备制造业	2.35	2.50	2.26	2.07
汽车制造业	2.19	2.36	2.09	1.95
金属制品业	1.86	1.55	1.95	1.79
非金属矿物制品业	1.12	0.78	0.81	1.50
电力、热力生产和供应业	-0.64	1.30	-0.61	1.39
文教、工美、体育和娱乐用品制造业	2.12	2.06	2.10	1.19
食品制造业	2.91	1.84	1.70	1.10
纺织业	0.08	0.09	0.10	0.96
家具制造业	0.64	0.78	0.79	0.69

资料来源：历年《上海市奉贤区统计年鉴》。

表 10　2016～2019 年主要工业行业缴纳增值税占比

单位：%

行业	2016 年	2017 年	2018 年	2019 年
化学原料和化学制品制造业	17.45	18.47	14.71	15.73
医药制造业	15.29	14.85	17.45	15.12
通用设备制造业	11.54	9.10	11.97	11.05
电气机械和器材制造业	5.98	9.97	10.29	9.78
专用设备制造业	5.50	6.31	2.78	7.67
橡胶和塑料制品业	5.75	4.94	6.44	7.29
交通运输设备制造业	6.25	5.93	5.97	5.04
汽车制造业	5.83	5.59	5.53	4.75
金属制品业	4.95	3.68	5.15	4.36
非金属矿物制品业	2.99	1.85	2.13	3.64
电力、热力生产和供应业	-1.71	3.09	-1.61	3.37
文教、工美、体育和娱乐用品制造业	5.64	4.89	5.56	2.90
食品制造业	7.74	4.37	4.48	2.67
纺织业	0.21	0.20	0.28	2.33
家具制造业	1.69	1.86	2.10	1.67

资料来源：根据历年《上海市奉贤区统计年鉴》测算。

与2016年相比，2019年电气机械和器材制造业、专用设备制造业纳税额有较大幅度增加。其中，电气机械和器材制造业2016年缴纳增值税2.25亿元，占比为5.98%，而专用设备制造业2016年缴纳增值税2.07亿元，2019年上升到3.15亿元。

表11至表13列示的是各主要工业行业营业利润及其占比、营业利润率指标。各主要工业行业中营业利润居前的分别是化学原料和化学制品制造业，医药制造业，专用设备制造业，文教、工美、体育和娱乐用品制造业和通用设备制造业等，这些行业合计营业利润均在10亿元以上；电气机械和器材制造业、交通运输设备制造业、汽车制造业、橡胶和塑料制品业以及非金属矿物制品业等营业利润也都在5亿元以上。化学原料和化学制品制造业营业利润在2016年仅为18.95亿元，到2019年已经快速增长到43.19亿元（相比2018年有小幅下降），营业利润占比从2016年的17.19%上升到2019年的24.65%，营业利润率从2016年的8.30%提升至2019年的12.65%。医药制造业行业利润大幅扭亏，2018年行业营业利润亏损1.92亿元，2019年营业利润为27.26亿元，但营业利润占比从2016年的20.25%下降到2019年的15.56%，2019年营业利润率相比2016年也有所下降。

表11　2016~2019年主要工业行业营业利润

单位：亿元

行业	2016 年	2017 年	2018 年	2019 年
全区合计	110.23	144.43	142.47	175.23
化学原料和化学制品制造业	18.95	35.06	45.84	43.19
医药制造业	22.33	25.46	-1.92	27.26
专用设备制造业	7.07	12.17	17.69	19.91
文教、工美、体育和娱乐用品制造业	6.08	7.44	9.29	12.75
通用设备制造业	7.46	7.70	8.19	10.78
电气机械和器材制造业	8.27	9.45	10.36	9.55
交通运输设备制造业	9.47	13.29	13.17	8.91
汽车制造业	9.09	12.58	12.80	7.97

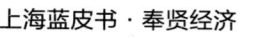

续表

行业	2016 年	2017 年	2018 年	2019 年
橡胶和塑料制品业	9.43	8.87	7.52	7.77
非金属矿物制品业	0.81	1.66	3.48	5.02
食品制造业	2.90	3.62	4.16	4.80
金属制品业	3.26	3.47	4.10	3.98
纺织业	1.87	3.06	3.62	3.77
农副食品加工业	3.47	3.54	4.09	3.72
有色金属冶炼和压延加工业	1.44	-1.18	2.89	2.98

资料来源：历年《上海市奉贤区统计年鉴》。

表 12　2016~2019 年主要工业行业营业利润占比

单位：%

行业	2016 年	2017 年	2018 年	2019 年
化学原料和化学制品制造业	17.19	24.28	32.18	24.65
医药制造业	20.25	17.63	-1.35	15.56
专用设备制造业	6.41	8.43	12.41	11.36
文教、工美、体育和娱乐用品制造业	5.51	5.15	6.52	7.27
通用设备制造业	6.76	5.33	5.75	6.15
电气机械和器材制造业	7.50	6.54	7.27	5.45
交通运输设备制造业	8.59	9.20	9.24	5.09
汽车制造业	8.25	8.71	8.99	4.55
橡胶和塑料制品业	8.55	6.14	5.28	4.43
非金属矿物制品业	0.73	1.15	2.44	2.86
食品制造业	2.63	2.50	2.92	2.74
金属制品业	2.96	2.40	2.88	2.27
纺织业	1.69	2.12	2.54	2.15
农副食品加工业	3.14	2.45	2.87	2.12
有色金属冶炼和压延加工业	1.30	-0.81	2.03	1.70

资料来源：根据历年《上海市奉贤区统计年鉴》测算。

表13　2016~2019年主要工业行业营业利润率

单位：%

行业	2016 年	2017 年	2018 年	2019 年
平均	6.80	7.87	6.88	8.49
化学原料和化学制品制造业	8.30	12.43	13.24	12.65
医药制造业	23.47	24.11	-1.70	21.55
专用设备制造业	7.44	9.48	9.64	10.09
文教、工美、体育和娱乐用品制造业	16.64	19.23	20.60	22.86
通用设备制造业	5.85	5.46	5.83	6.58
电气机械和器材制造业	4.13	4.15	4.59	4.22
交通运输设备制造业	7.15	8.27	6.75	4.83
汽车制造业	7.32	8.39	6.93	4.78
橡胶和塑料制品业	8.94	7.33	6.76	7.26
非金属矿物制品业	2.84	5.76	9.90	8.73
食品制造业	5.11	7.87	8.73	8.82
金属制品业	4.33	4.52	4.47	4.20
纺织业	5.92	8.38	8.97	9.65
农副食品加工业	7.11	6.87	9.90	9.47
有色金属冶炼和压延加工业	0.97	-0.70	1.22	2.19

资料来源：根据历年《上海市奉贤区统计年鉴》测算。

　　从统计数据中可以看到，专用设备制造业，文教、工美、体育和娱乐用品制造业、通用设备制造业的营业利润在 2016~2019 年稳步增加，尤其是专用设备制造业的营业利润从 2016 年的 7.07 亿元增加到 2019 年的 19.91 亿元，营业利润占比也从 2016 年的 6.41% 攀升至 2019 年的 11.36%（相较 2018 年略有降低）。

　　若以营业利润率衡量行业整体盈利能力，可以看到专用设备制造业，文教、工美、体育和娱乐用品制造业，通用设备制造业，非金属矿物制品业，食品制造业，纺织业，农副食品加工业，有色金属冶炼和压延加工业等各行业营业利润率在 2016~2019 年均有不同幅度的提升。当然也有部分行业如交通运输设备制造业中的汽车制造业营业利润率出现持续走低的态势，这主要受行业本身的周期性影响。

从工业能源消费来看（见表14至表16），2016～2019年全区工业行业综合能耗总量总体呈现增加的趋势，工业合计综合能耗在2016年为1666530.73吨标准煤，到2019年增至1760770.42吨标准煤；但是，万元产值能耗从2016年的0.1145吨标准煤下降到2019年的0.1038吨标准煤。从各行业能源消费情况来看，行业能耗与经济产出能耗的行业分布高度一致，例如，化学原料和化学制品制造业2016年综合能耗为845265.30吨标准煤，2019年为854674.14吨标准煤，综合能耗占制造业的比重从2016年的51.39%下降到2019年的49.59%，其万元产值能耗大幅下降，由2016年的0.4931吨标准煤下降到了2019年的0.3179吨标准煤。

表14　2016～2019年主要耗能行业综合能耗

单位：吨标准煤

行业	2016 年	2017 年	2018 年	2019 年
工业合计	1666530.73	1524838.40	1687004.89	1760770.42
制造业	1644908.60	1501989.91	1649071.05	1723566.26
化学原料和化学制品制造业	845265.30	741979.00	853738.42	854674.14
医药制造业	88626.21	90413.58	93393.70	99307.41
橡胶和塑料制品业	96233.21	96986.95	86604.97	93010.69
汽车制造业	66589.01	61842.60	70117.85	86109.00
非金属矿物制品业	49716.76	48810.24	63858.08	77059.23
通用设备制造业	63066.16	69236.85	69063.94	67685.94
电气机械和器材制造业	77647.41	67657.13	66334.64	60091.44
金属制品业	52525.18	48734.86	60125.97	55380.80
有色金属冶炼和压延加工业	31506.47	37932.59	40717.00	45477.27
专用设备制造业	25989.28	29548.20	45332.86	44196.74

资料来源：历年《上海市奉贤区统计年鉴》。

表15　2016～2019年主要耗能行业综合能耗占比

单位：%

行业	2016 年	2017 年	2018 年	2019 年
化学原料和化学制品制造业	51.39	49.40	51.77	49.59
医药制造业	5.39	6.02	5.66	5.76
橡胶和塑料制品业	5.85	6.46	5.25	5.40

续表

行业	2016 年	2017 年	2018 年	2019 年
汽车制造业	4.05	4.12	4.25	5.00
非金属矿物制品业	3.02	3.25	3.87	4.47
通用设备制造业	3.83	4.61	4.19	3.93
电气机械和器材制造业	4.72	4.50	4.02	3.49
金属制品业	3.19	3.24	3.65	3.21
有色金属冶炼和压延加工业	1.92	2.53	2.47	2.64
专用设备制造业	1.58	1.97	2.75	2.56

资料来源：根据历年《上海市奉贤区统计年鉴》测算。

表 16 2016~2019 年主要耗能行业万元产值能耗

单位：吨标准煤

行业	2016 年	2017 年	2018 年	2019 年
工业合计	0.1145	0.1050	0.1052	0.1038
制造业	0.1140	0.1045	0.1045	0.1033
化学原料和化学制品制造业	0.4931	0.3808	0.3304	0.3179
医药制造业	0.1257	0.1133	0.1098	0.1087
橡胶和塑料制品业	0.1030	0.0938	0.0948	0.0966
汽车制造业	0.0549	0.0434	0.0430	0.0465
非金属矿物制品业	0.1941	0.1824	0.2026	0.2143
通用设备制造业	0.0528	0.0535	0.0504	0.0510
电气机械和器材制造业	0.0252	0.0353	0.0366	0.0323
金属制品业	0.0782	0.0710	0.0739	0.0621
有色金属冶炼和压延加工业	0.0906	0.0746	0.0679	0.0768
专用设备制造业	0.0292	0.0253	0.0260	0.0229

资料来源：历年《上海市奉贤区统计年鉴》。

综合能耗总量位居第二位的医药制造业 2016~2019 年综合能耗总量逐渐增加，但是其万元产值能耗逐渐走低。此外，综合能耗总量相对较高的橡胶和塑料制品业、通用设备制造业、金属制品业、专用设备制造业等行业的万元产值能耗在 2016~2019 年均有不同程度的下降；而汽车制造业、非金属矿物制品业等行业的万元产值能耗略有上升，包括电气机械和器材制造业、有色金属冶炼和压延加工业在内的行业万元产值能耗变化趋势有待后续追踪关注。

四 按注册登记类型分规模以上工业企业发展情况

将按照注册登记类型划分的规模以上工业企业发展情况整理在表 17 至表 25 中，表中列出了主要注册登记类型规模以上工业企业数据，并根据 2019 年相应指标按从大到小排序，下文表中仅列出指标数值排在前十的注册登记类型数据，其他注册登记类型数据限于篇幅未一一列出，相关数据留存备索。其中，表 17 和表 18 分别列示了 2016～2019 年不同注册登记类型的规模以上工业企业单位数量及其占比。从规模以上工业企业数量变化情况来看，全区规模以上工业企业在 2019 年达到 1064 家，私营有限责任公司从 2016 年的 490 家上升至 2019 年的 622 家，外资企业则从 2016 年的 155 家下降至 2019 年的 141 家。其他有限责任公司、港澳台商独资企业、中外合资经营企业、股份有限公司以及与港澳台商合资经营企业等类型的企业数量保持相对稳定。

表 17　2016～2019 年分注册登记类型规模以上工业企业单位数

单位：家

注册登记类型	2016 年	2017 年	2018 年	2019 年
全区合计	947	939	987	1064
私营有限责任公司	490	487	534	622
外资企业	155	148	142	141
其他有限责任公司	77	83	82	84
港澳台商独资企业	56	53	53	55
私营股份有限公司	53	43	47	45
中外合资经营企业	48	44	48	44
股份有限公司	17	23	21	24
与港澳台商合资经营企业	20	23	23	21
国有独资公司	6	5	5	5
私营独资公司	6	8	7	5

资料来源：历年《上海市奉贤区统计年鉴》。

从企业单位数量占比来看，私营有限责任公司占比稳步上升，从 2016 年的 51.74% 提升到 2019 年的 58.46%；外资企业数量占比则逐渐下降，

2016年外资企业占比为16.37%，2019年降至13.25%，同样出现逐渐下降的还包括私营股份有限公司、中外合资经营企业、国有独资公司和私营独资公司等，其他有限责任公司占比保持相对稳定。2019年股份有限公司占比相比2018年小幅上升。

统计数据表明，私营企业是奉贤区规模以上工业企业的主要构成，外资和港澳台商企业在奉贤区占比稳中有降，这一趋势应该一分为二来看待：一方面奉贤区需要审视营商环境，注重营商环境塑造；另一方面，相对较低的外资依赖程度也为国内—国际双循环打下牢固基础，未来有望在不断提升内资企业科技创新水平的前提下顺利实现双循环发展。

表18 2016～2019年分注册登记类型规模以上工业企业单位数占比

单位：%

注册登记类型	2016年	2017年	2018年	2019年
私营有限责任公司	51.74	51.86	54.10	58.46
外资企业	16.37	15.76	14.39	13.25
其他有限责任公司	8.13	8.84	8.31	7.89
港澳台商独资企业	5.91	5.64	5.37	5.17
私营股份有限公司	5.60	4.58	4.76	4.23
中外合资经营企业	5.07	4.69	4.86	4.14
股份有限公司	1.80	2.45	2.13	2.26
与港澳台商合资经营企业	2.11	2.45	2.33	1.97
国有独资公司	0.63	0.53	0.51	0.47
私营独资公司	0.63	0.85	0.71	0.47

资料来源：根据历年《上海市奉贤区统计年鉴》测算。

表19和表20为不同注册登记类型规模以上工业企业总产值及其占比情况。与企业单位数匹配后，不难发现占据近60%数量的私营企业其工业总产值仅为31%（当然其占比在2016～2019年略有上升），而数量占比为13.25%的外资企业工业总产值占比达到22.28%，这在一定程度上反映了奉贤区私营有限责任公司规模仍然相对较小，如何做大、做强是未来奉贤私营企业发展中需要重点关注的问题。

表19　2016～2019 年分注册登记类型规模以上工业总产值

单位：亿元

注册登记类型	2016 年	2017 年	2018 年	2019 年
全区合计	1421.83	1597.53	1763.18	1864.53
私营有限责任公司	418.09	480.62	528.44	581.59
外资企业	396.56	390.70	407.32	415.48
股份有限公司	109.32	144.08	97.11	201.35
其他有限责任公司	157.48	171.59	184.04	199.06
中外合资经营企业	110.97	154.55	157.48	134.53
私营股份有限公司	57.18	51.57	65.60	103.85
与港澳台商合资经营	58.13	78.22	87.44	90.60
港澳台商独资企业	71.53	78.20	96.38	88.55
港澳台商投资股份有限公司	15.43	16.69	12.87	17.22
国有独资公司	8.73	9.94	10.96	9.24

资料来源：历年《上海市奉贤区统计年鉴》。

表20　2016～2019 年分注册登记类型规模以上工业总产值占比

单位：%

注册登记类型	2016 年	2017 年	2018 年	2019 年
私营有限责任公司	29.40	30.09	29.97	31.19
外资企业	27.89	24.46	23.10	22.28
股份有限公司	7.69	9.02	5.51	10.80
其他有限责任公司	11.08	10.74	10.44	10.68
中外合资经营企业	7.80	9.67	8.93	7.22
私营股份有限公司	4.02	3.23	3.72	5.57
与港澳台商合资经营企业	4.09	4.90	4.96	4.86
港澳台商独资企业	5.03	4.90	5.47	4.75
港澳台商投资股份有限公司	1.09	1.04	0.73	0.92
国有独资公司	0.61	0.62	0.62	0.50

资料来源：根据历年《上海市奉贤区统计年鉴》测算。

　　我们按照"规模以上工业总产值/企业单位数量"计算了不同注册登记类型的平均企业规模后发现，平均企业规模居前的主要是港澳台商投资股份有限公司、股份有限公司、外商投资股份有限公司，与港澳台商合资经营企业、其他外商投资、中外合资经营企业以及外资企业紧随其后，而私营股份有限公司、私营有限责任公司等平均规模确实相对较小。当然，从工业总产值的数量及占比变化趋势中可以看到，私营有限责任公司工业总产值在稳步增加，其占比相对稳定；而外资企业工业总产值相对稳定，其占比自 2016 年以来不断走低。

表 21 和表 22 是 2016～2019 年主要注册登记类型规模以上工业企业缴纳增值税及其占比情况。全区规模以上工业企业缴纳增值税自 2016 年的 37.60 亿元增长至 2019 年的 41.12 亿元，2019 年相比 2018 年有较大幅度的回升。在不同注册登记类型中，私营有限责任公司是增值税缴纳的最重要来源，其数额从 2016 年的 9.96 亿元增加到 2019 年的 13.26 亿元，其相应占比也从 2016 年的 26.48% 稳步攀升至 2019 年的 32.24%。缴纳增值税位居第二的为外资企业，但其数额从 2016 年的 7.34 亿元降至 2019 年的 5.35 亿元，相应比重从 2016 年的 19.51% 降至 2019 年的 13%。此外，股份有限公司、其他有限责任公司、私营股份有限公司、中外合资经营企业、港澳台商独资企业、与港澳台商合资经营企业等在 2019 年缴纳增值税总额均在亿元以上，但是其趋势变化各异，如股份有限公司、与港澳台商合资经营企业在 2019 年缴纳增值税出现较大幅度的下降。

表 21　2016～2019 年分注册登记类型规模以上工业企业缴纳增值税

单位：亿元

注册登记类型	2016 年	2017 年	2018 年	2019 年
全区合计	37.60	42.14	37.83	41.12
私营有限责任公司	9.96	11.82	11.71	13.26
外资企业	7.34	5.10	5.54	5.35
股份有限公司	7.48	9.82	6.08	4.83
其他有限责任公司	2.04	4.59	4.55	4.63
私营股份有限公司	1.75	0.70	1.67	4.33
中外合资经营企业	2.34	3.70	3.88	3.32
港澳台商独资企业	1.50	1.65	1.97	2.02
与港澳台商合资经营企业	3.06	3.32	3.52	1.93
港澳台商投资股份有限公司	0.89	0.33	0.27	0.42
国有独资公司	0.46	0.57	0.76	0.31

资料来源：历年《上海市奉贤区统计年鉴》。

表22 2016~2019年分注册登记类型规模以上工业企业缴纳增值税占比

单位：%

注册登记类型	2016年	2017年	2018年	2019年
私营有限责任公司	26.48	28.05	30.95	32.24
外资企业	19.51	12.11	14.63	13.00
股份有限公司	19.88	23.29	16.07	11.74
其他有限责任公司	5.42	10.88	12.02	11.25
私营股份有限公司	4.65	1.66	4.42	10.53
中外合资经营企业	6.23	8.78	10.24	8.07
港澳台商独资企业	4.00	3.92	5.20	4.90
与港澳台商合资经营企业	8.13	7.87	9.29	4.70
港澳台商投资股份有限公司	2.36	0.79	0.72	1.03
国有独资公司	1.22	1.36	2.00	0.75

资料来源：根据历年《上海市奉贤区统计年鉴》测算。

按照营业利润总额进行排序得到主要注册登记类型规模以上工业企业的营业利润及其占比、营业利润率，见表23至表25。数据显示，外资企业营业利润从2016年的32.20亿元增至2019年的40.28亿元（尽管相比2018年有较大幅度下降），是各类型企业中营业利润占比最高的企业，在2019年占比达22.99%；外资企业的营业利润率2016~2019年虽有所提升，但相比2017年、2018年，2019年营业利润率出现明显下滑。股份有限公司营业利润从2016年的15.14亿元陡增至2019年的35.90亿元，其占比也从2016年的13.74%迅速攀升至2019年的20.49%，大有赶超外资企业之势；在营业利润率方面，股份有限公司从2016年的12.41%提升至2019年的16.24%（相比2018年有所下降）。

表23 2016~2019年分注册登记类型规模以上工业企业营业利润

单位：亿元

注册登记类型	2016年	2017年	2018年	2019年
全区合计	110.23	144.43	142.47	175.23
外资企业	32.20	41.73	48.08	40.28
股份有限公司	15.14	27.14	19.89	35.90

续表

注册登记类型	2016 年	2017 年	2018 年	2019 年
私营有限责任公司	16.48	25.01	24.85	29.98
其他有限责任公司	7.88	6.78	14.23	18.02
中外合资经营企业	7.88	13.47	14.64	11.97
私营股份有限公司	5.19	4.34	5.36	10.60
与港澳台商合资经营企业	8.59	5.77	9.43	9.83
港澳台商独资企业	6.25	8.65	9.10	9.60
港澳台商投资股份有限公司	9.32	8.08	−17.46	6.03
外商投资股份有限公司	0.72	0.93	12.82	1.56

资料来源：历年《上海市奉贤区统计年鉴》。

表24   2016～2019年分注册登记类型规模以上工业企业营业利润占比

单位：%

注册登记类型	2016 年	2017 年	2018 年	2019 年
外资企业	29.21	28.89	33.75	22.99
股份有限公司	13.74	18.79	13.96	20.49
私营有限责任公司	14.95	17.32	17.44	17.11
其他有限责任公司	7.15	4.70	9.99	10.28
中外合资经营企业	7.15	9.32	10.28	6.83
私营股份有限公司	4.71	3.01	3.76	6.05
与港澳台商合资经营企业	7.79	4.00	6.62	5.61
港澳台商独资企业	5.67	5.99	6.39	5.48
港澳台商投资股份有限公司	8.45	5.59	−12.26	3.44
外商投资股份有限公司	0.65	0.64	9.00	0.89

资料来源：根据历年《上海市奉贤区统计年鉴》测算。

私营有限责任公司2019年营业利润为29.98亿元，与2016年的16.48亿元相比大幅增加，2019年营业利润占比为17.11%，与2017年、2018年相比略有下降；其营业利润率与2018年相比有所回升，较2016年有较大幅度提升。此外，其他有限责任公司、中外合资经营企业、私营股份有限公司营业利润均在10亿元以上，其中其他有限责任公司、私营股份有限公司营业利润占比均有不同程度的提升，它们的营业利润率逐渐攀升；而中外合资经营公司营业利润占比在 2019 年有较大幅度下降，其营业利润率维持相对稳定。

表 25　2016～2019 年分注册登记类型规模以上工业企业营业利润率

单位：%

注册登记类型	2016 年	2017 年	2018 年	2019 年
全区平均	6.80	7.87	6.88	8.49
外资企业	7.37	9.29	10.06	8.56
股份有限公司	12.41	16.14	17.94	16.24
私营有限责任公司	3.77	5.05	4.52	4.98
其他有限责任公司	4.89	3.66	7.10	8.61
中外合资经营企业	6.77	8.70	8.76	8.53
私营股份有限公司	8.82	7.10	7.22	8.89
与港澳台商合资经营企业	5.01	3.02	3.72	6.08
港澳台商独资企业	8.57	10.48	8.91	10.66
港澳台商投资股份有限公司	60.41	73.61	−190.41	43.14
外商投资股份有限公司	10.32	11.62	13.68	20.49

资料来源：根据历年《上海市奉贤区统计年鉴》测算。

五　奉贤工业经济总体运行展望

图 10 是 2011～2019 年奉贤区工业总产值及其增长率的动态数据。从总体来看，尽管存在波动，但全区工业总产值稳步增加的趋势并未改变，全区工业总产值增长率在 2015 年达到 2011～2019 年的阶段性低点，自 2016 年起工业总产值增长率逐步回升，但 2019 年又出现回落，增长率仅为1.89%。在工业增加值方面（见图 11），奉贤区工业增加值增长率在 2013 年探底回升，工业增加值在 2019 年增长 5.88% 达到 427.44 亿元。

根据相关数据统计，2019 年，全区规模以上工业企业共 1064 家，亏损单位187家，相比2018年亏损比例有所上升，达到17.58%，但是187家亏损单位的亏损总额从2018年的30.83亿元减少到2019年的20.33亿元。2019年全区规模以上工业企业实现营业收入2064.53亿元，相比2018年的2070.2亿元略有下降；其中主营业务收入为1957.5亿元，与2018年的1874.7亿元相比大幅增加。2019年全区规模以上工业企业实现营业利润175.23亿元，相比2018年的142.47亿元进一步提升；利润总额也从2016年的121.22亿元持续攀升至2019年的178.97亿元；盈利总额从2016年的137.66亿元大幅提升至2019年的199.30亿元。

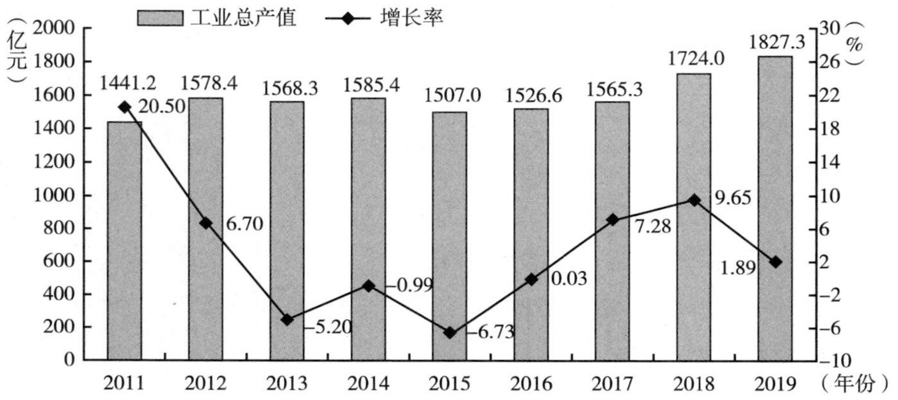

图10　2011～2019年全区工业总产值及其增长率

资料来源：历年《上海市奉贤区统计年鉴》。

从图12和表26中可以看到，全区规模以上工业企业在2019年缴纳增值税累计达到41.12亿元，2016年该指标为37.60亿元，2017年为42.14亿元。在营业利润率指标方面，从2016年的6.80%提升到2019年的8.49%，突破了2017年的高点。2011～2019年，全区规模以上工业企业资产负债率也持续降低，杠杆压力逐步释放。

图13显示了2011～2019年奉贤区规模以上工业消耗综合能源消费总量和万元产值能耗的动态趋势，从中不难看出全区工业能耗总量历经2012～2015年的向下调整以后，从2016年开始又重新回到上升轨道之中，规模

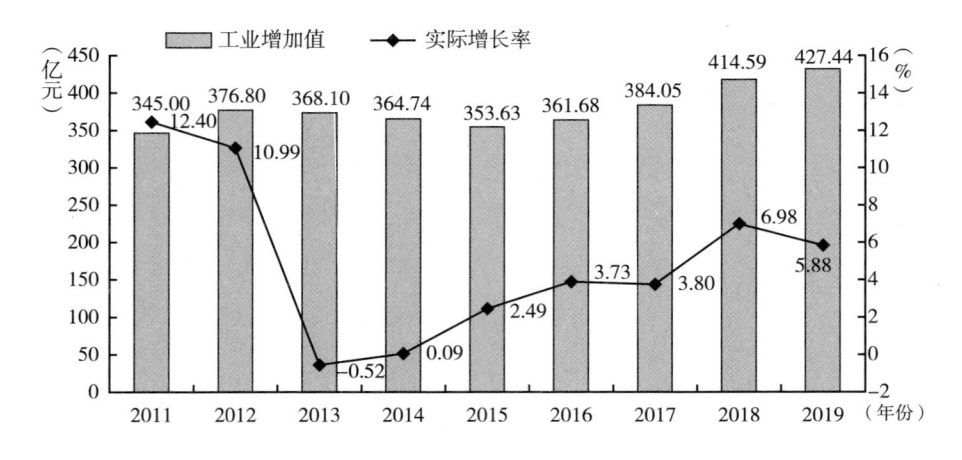

图11 2011～2019年工业增加值及其实际增长率

资料来源：历年《上海市奉贤区统计年鉴》。

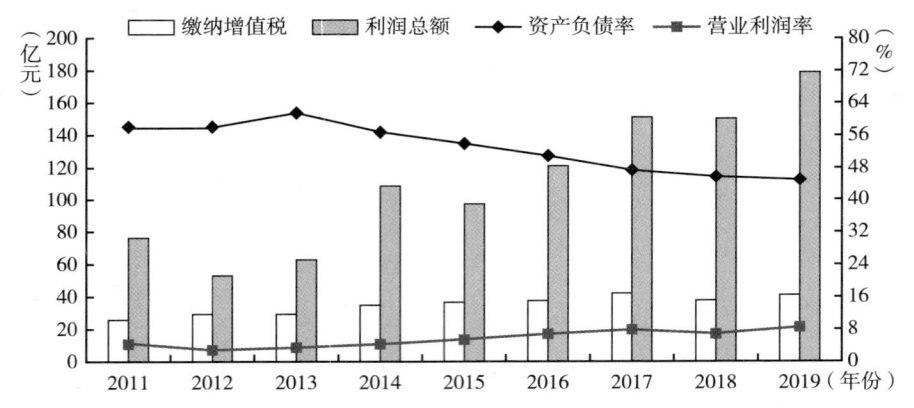

图12 2011～2019年奉贤区工业利税及资产负债率情况

资料来源：根据历年《上海市奉贤区统计年鉴》测算。

表26 2011～2019年奉贤区工业利税及资产负债率情况

	2011年	2012年	2013年	2014年	2015年	2016年	2017年	2018年	2019年
缴纳增值税（亿元）	25.89	29.38	29.36	34.89	36.63	37.60	42.14	37.83	41.12
利润总额（亿元）	76.26	53.04	62.81	108.59	97.08	121.22	151.00	150.14	178.97
资产负债率（%）	57.74	57.91	61.45	56.77	53.94	50.97	47.41	45.74	44.97
营业利润率（%）	4.54	2.88	3.47	4.32	5.49	6.80	7.87	6.88	8.49

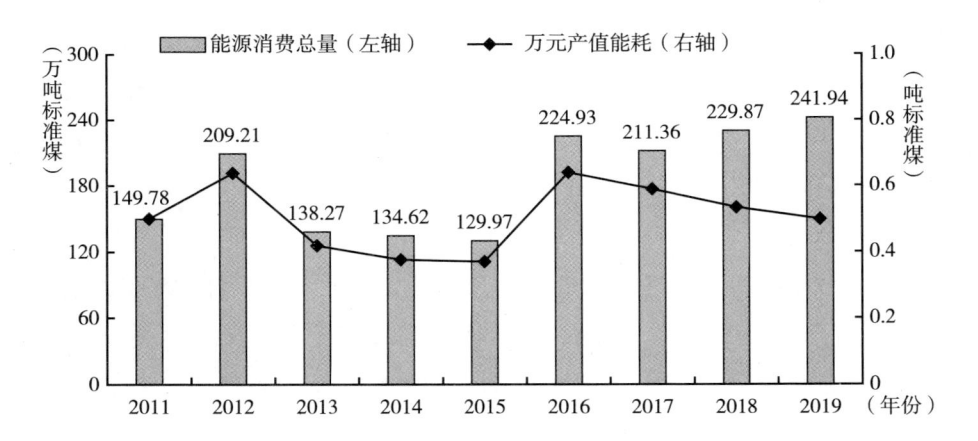

图 13　2011～2019 年全区规模以上工业消耗综合能源消费总量及单位增加值能耗

资料来源：历年《上海市奉贤区统计年鉴》。

以上工业能源消费总量从 2016 年的 224.93 万吨标准煤增加到 2019 年的 241.94 万吨标准煤。但是，我们同时能够观察到规模以上工业企业万元产值能耗自 2016 年起便逐步走低，环保硬约束下企业技术调整与升级效果日益显现。

六　研究总结

2019 年，我国面对的宏观环境发生重大变化，国内外风险和挑战不断上升，国际环境愈发复杂、外部不确定性陡增，内部经济社会发展过程中"稳增长、调结构、强基础"的压力日益显现。奉贤区砥砺前行、紧抓实干，全区规模以上工业企业共 1064 家，亏损单位 187 家，相比 2018 年亏损比例有所上升，达到 17.58%，但是 187 家亏损单位亏损总额从 2018 年的 30.83 亿元减少到 2019 年的 20.33 亿元。2019 年规模以上工业总产值增长 1.1%，达到 1800 亿元，尽管存在波动，但全区工业总产值稳步增加的趋势并未改变。值得关注的是，战略性新兴产业实现工业产值 570 亿元，占全区规模以上工业产值的比重达到 32%。

规模以上工业企业实现营业收入 2064.53 亿元，相比 2018 年的 2070.2

亿元略有下降；其中主营业务收入为 1957.5 亿元，比 2018 年的 1874.7 亿元大幅增加。全区规模以上工业企业实现营业利润 175.23 亿元，相比 2018 年的 142.47 亿元进一步提升；利润总额也从 2016 年的 121.22 亿元持续攀升至 2019 年的 178.97 亿元；盈利总额从 2016 年的 137.66 大幅提升至 2019 年的 199.30 亿元。

　　进入 2020 年，新冠肺炎疫情这一重大突发公共卫生事件对经济社会各方面产生了严重冲击。在国家强有力的抗疫防疫指导工作下，经济社会发展迅速回归常态化运行态势。奉贤区统计月报数据显示，2020 年 1~9 月，在 1049 家规模以上工业企业中有 301 家出现亏损，销售总额为 1330.25 亿元，增长 0.8%，出口交货值为 194.83 亿元，降幅为 7.7%。实现营业收入 1267.04 亿元，同比降低 2.8%；实现利润总计 121.61 亿元，同比增长了 9.2%。按注册登记类型划分，工业总产值累计降幅最大的为集体企业、外商及港澳台商企业。在全区 1328.28 亿元的规模以上工业总产值中，食品制造业，酒、饮料和精制茶制造业，石油加工、炼焦和核燃料加工业，化学原料和化学制品制造业，计算机、通信和其他电子设备制造业等 5 个制造行业出现正增长，其余行业总产值出现不同幅度的下降。2020 年 1~9 月，战略性新兴产业累计产值为 457.9 亿元，同比增长 6.8%；"东方美谷"规模以上工业企业数为 169 家，累计产值达到 281.4 亿元，累计税收为 30.78 亿元。

B.4
2020~2021年奉贤服务业
形势分析与研判

纪园园　朱嘉梅*

摘　要：　2020年，奉贤区服务业保持优势，在全产业中占比继续提升，
　　　　　为奉贤区经济发展发挥了举足轻重的作用。2019年，奉贤区
　　　　　服务业增加值为409.48亿元，同比增长6.90%，占全区增加值
　　　　　的比重为46.20%，与工业形成了"双轮驱动"的经济增长格
　　　　　局。2020年1~9月，服务业实现税收收入206.27亿元，同比增
　　　　　长19.20%，占全产业比重为51.48%；服务业固定资产投资为
　　　　　300.54亿元，同比增长8.70%，增速回落，占全产业比重为
　　　　　75.61%，在全产业中占据主导地位。从服务业分行业来看，
　　　　　批发和零售业加快恢复，房地产市场逐步回暖，金融市场快
　　　　　速发展。预计2021年，奉贤区消费品市场处于加快恢复阶段，
　　　　　房地产市场平稳上升，金融市场继续快速增长。

关键词：　服务业　固定资产投资　税收收入　上海奉贤

一　奉贤区服务业总体概况

（一）服务业蓬勃发展，占比持续增加

2019年，奉贤区服务业保持增长态势，增加值为409.48亿元，同比增

---

* 纪园园，经济学博士，上海社会科学院经济研究所、数量经济研究中心助理研究员，主要研
究方向为计量经济学与大数据分析、计量经济理论；朱嘉梅，讲师，中共上海市奉贤区委党
校教研室副主任，主要研究方向为区域经济和公共管理。

长 6.90%，增速比上年降低了 0.2 个百分点。同期，工业增速为 5.9%，农业增速为 -9.7%，均低于服务业。从各行业增加值占比来看，服务业增加值比重处于上升趋势，工业和农业增加值占比依然处于下降趋势，其中，服务业增加值占比为 46.20%，比 2018 年增加了 1.20 个百分点，工业增加值比重为 48.2%，下降了约 1 个百分点，农业增加值比重下降了 0.20 个百分点。2007~2019 年（见表 1 和图 1），奉贤区服务业主导地位越来越明显，服务业增加值占比从 30.29% 上升到 46.20%，同期工业增加值比重则从 62.16% 降至 49.30%，产业结构转型升级加速，经济进入高质量发展阶段。

表 1 2007~2019 年奉贤区服务业增加值情况

年份	增加值（亿元）	同比（%）	占总增加值比重（%）	比重增加（个百分点）
2007	97.50	19.91	30.29	—
2008	118.08	17.43	31.07	0.78
2009	134.49	14.53	31.34	0.27
2010	157.07	13.24	31.83	0.48
2011	183.50	12.62	32.05	0.22
2012	201.90	8.27	32.33	0.28
2013	231.18	11.85	35.85	3.52
2014	253.60	7.21	37.90	2.09
2015	282.67	9.76	41.20	3.27
2016	316.45	8.19	43.40	2.17
2017	347.05	7.20	44.50	1.11
2018	378.69	7.10	45.00	0.50
2019	409.48	6.90	46.20	1.20

资料来源：《上海市奉贤区统计年鉴》。

（二）服务业各分行业平稳增长，住宿和餐饮业逐步恢复

2019 年，奉贤区服务业细分行业均处于增长态势（见表 2）。其中，增速最快的是交通运输、仓储和邮政业，比上年同期增长 10.9%，其次是房地产业，同比增长 9.5%，金融保险业排名第三，同比增长 6.4%。在各门类服务业中，住宿和餐饮业增长幅度最大，由 2018 年的 -4.6% 增加至

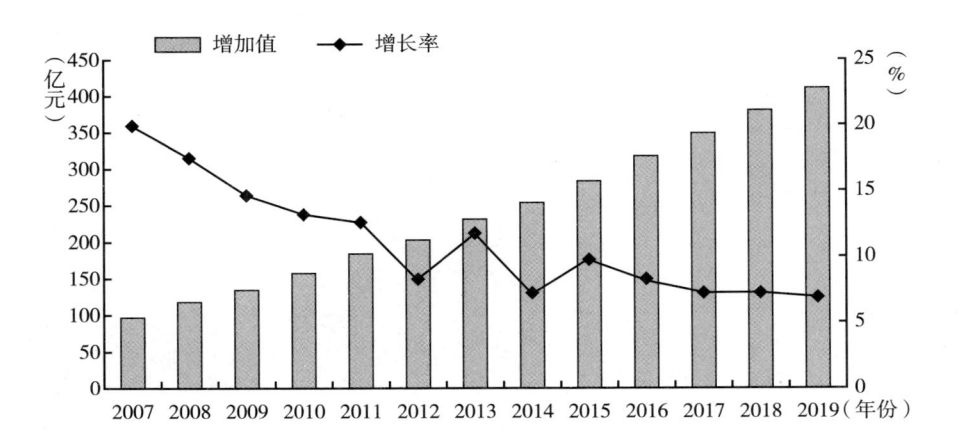

图1 2007~2019年奉贤区服务业增加值情况

资料来源:《上海市奉贤区统计年鉴》。

2019年的4.1%。从服务业内部行业占比来看(见图2),各细分行业增加值在服务业中所占比重与2018年基本一致,比重最大的依旧是批发和零售业,增加值为106.29亿元,占服务业比重约为26%;其次是金融保险业,增加值为52.60亿元,占服务业比重为13%左右;排名第三的是房地产业,增加值为48.97亿元,占服务业比重约为12%。住宿和餐饮业所占比重依旧最小,增加值占服务业比重仅为3%。

表2 2019年奉贤区服务业发展总体状况

行业	增加值 (亿元)	增长率 (%)	占总增加 值比重(%)	比重增加 (个百分点)
服务业	409.48	6.9	46.2	1.2
交通运输、仓储和邮政业	32.09	10.9	3.6	0.20
信息传输、计算机服务和软件业	42.52	5.2	4.8	0.06
批发和零售业	106.29	4.5	12.0	0.15
住宿和餐饮业	12.59	4.1	1.4	-0.03
金融保险业	52.60	6.4	5.9	0.18
房地产业	48.97	9.5	5.5	0.26
其他服务业	114.42	8.0	12.9	0.35

资料来源:《上海市奉贤区统计年鉴》。

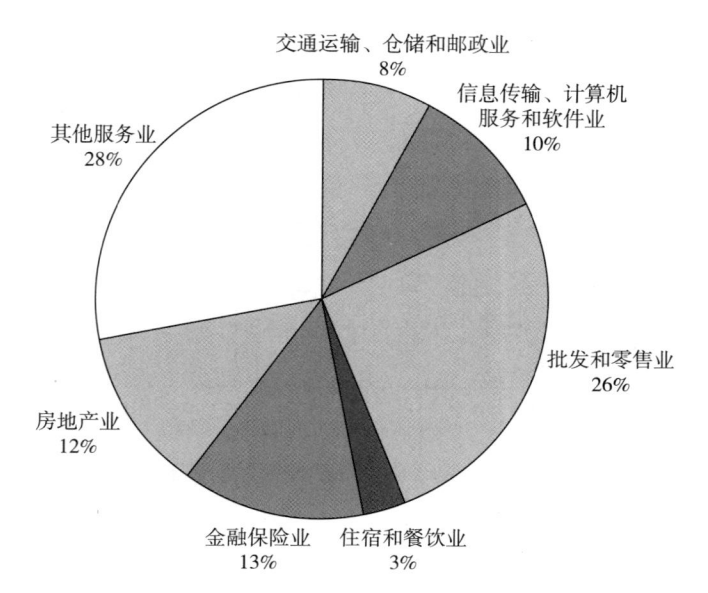

图 2　2019 年奉贤区服务业各门类分布

资料来源：《上海市奉贤区统计年鉴》。

（三）服务业固定资产投资持续增长，增速趋缓

奉贤区服务业固定资产投资呈持续增长态势，在第三产业中仍旧占据主导地位。2020 年 1～9 月，全区服务业固定资产投资为 300.54 亿元，同比增长 8.7%，增速回落，占全产业比重为 78.14%。同期，工业固定资产投资为 82.72 亿元，同比增长 17.3%，占全产业比重为 20.81%。其中，房地产开发投资在服务业中占据主导地位，为 238.58 亿元，占服务业比重为79.38%，比重比 2018 年略微下降。

2019 年，奉贤区服务业固定资产投资持续保持增长态势，但增速较 2018 年有所降低。服务业固定资产投资增加值为 346.79 亿元，比上年增长 5.2%，增速比 2018 年回落了近 20 个百分点。同期，工业固定资产投资为 90.99 亿元，比上年增长了 7.9%，增速降低了约 2 个百分点。从各行业在固定资产投资中的占比来看，服务业在第三产业中仍占主导趋势，但比重有所降低。具体来看，服务业在全产业中占比为 74.36%，比上年降低了约 5个百分点，工业所占比重为 19.51%，与 2018 年基本持平，农业占比依旧最低，仅为 0.01%。从服务业分行业来看，房地产业投资为 278.70 亿元，比上年增长了 22.7%，增速与 2018 年持平。

（四）服务业税收加速增长，比重超过工业

2020 年 1 ~ 9 月，服务业税收收入为 206.27 亿元，比上一年增长了 19.2%，占全产业比重为 51.48%，比 2019 年上升了约 9 个百分点，首次高于工业贡献率。同期，工业税收收入为 173.83 亿元，占全产业比重为 43.38%。从服务业内部行业来看，税收贡献率排名前三的行业分别为批发和零售业（64.74 亿元）、租赁和商务服务业（50.03 亿元）、房地产业（48.55 亿元），同比分别增长 8.3%、40.9%、20.8%，占服务业税收收入比重分别为 31.39%、24.25%、23.54%。

表3　2020 年 1 ~ 9 月奉贤区服务业分行业税收状况

行业	税收（亿元）	增长率（%）	占服务业税收收入比重（%）
批发和零售业	64.74	8.3	31.39
交通运输、仓储和邮政业	7.31	-0.2	3.54
住宿和餐饮业	0.26	-47.3	0.13
信息传输、计算机服务和软件业	6.64	112.1	3.22
金融保险业	4.93	64.9	2.39
房地产业	48.55	20.8	23.54
租赁和商务服务业	50.03	40.9	24.25
科学研究和技术服务业	16.36	14	7.93
居民服务和其他服务业	3.60	-27.1	1.74

资料来源：《上海市奉贤区统计年鉴》。

2019 年，服务业税收收入占比继续增加，工业税收收入占比呈下降趋势，二者占比越来越接近。其中，2019 年服务业实现税收收入 207.19 亿

元，比上年增长 20.6%，占总产业比重为 44.95%，比 2018 年下降了约 1 个百分点。同期，工业税收收入为 229.92 亿元，占比为 49.88%，仍旧高于服务业。从服务业内部细分行业来看，各行业税收贡献与 2018 年较为接近，其中，排名第一位的仍然是批发和零售业，占比为 34.83%，实现税收收入 72.15 亿元，增长幅度比 2018 年降低；排名第二的是租赁和商务服务业，占比为 21.42%，比 2018 年提高了 2 个百分点，实现税收收入 44.38 亿元，比上一年增长 11.3%；排名第三的是房地产业，占比为 21.27%，实现税收收入 44.05 亿元，比上年降低 5.2%。

二 奉贤区服务业城乡企业发展特点

（一）服务业户数稳中有升，批发和零售业户数最多

从城乡私营企业户数来看（见表 4 和图 3），2019 年服务业户数稳中有升，比上一年增长 26.76%，在第三产业中占比依然最多，占全产业比重稳中有升。2019 年，奉贤区城乡私营企业户数共为 362850 户，其中服务业 300753 户，占比高达 82.89%，比上年提高 1.52%。从服务业内部细分行业来看，批发和零售业户数最多，为 112308 户，同比增长 16.89%，占城乡私营企业中服务业比重为 37.34%；排名第二的是租赁和商务服务业，为 79521 户，同比增长 44.89%，占城乡私营企业中服务业比重为 26.44%；排名第三的是科学研究和技术服务业，为 59501 户，同比增长 29.85%，占城乡私营企业中服务业的比重为 19.78%；三者合计占比 83.56%。从增长速度来看，金融保险业户数依然处于下降趋势，同比下降 17.08%，其他行业大都处于增长态势，教育业增长速度最快，同比增长 119.70%，主要缘于其体例较小，仅 290 户。从区域分布来看，大部分城乡企业位于乡村，其中位于城镇的企业为 104964 户，占全区服务业的比例为 34.90%。

表4　2019年奉贤区服务业各行业城乡私营企业户数

单位：户，%

行业	户数	同比	占比	#城镇	城镇占全区比例
批发和零售业	112308	16.89	37.34	39920	35.55
交通运输、仓储和邮政业	12767	17.78	4.25	4087	32.01
住宿和餐饮业	1431	47.83	0.48	618	43.19
信息传输、计算机服务和软件业	11994	81.64	3.99	3640	30.35
金融保险业	199	-17.08	0.07	85	42.71
房地产业	7156	18.65	2.38	2590	36.19
租赁和商务服务业	79521	44.89	26.44	27429	34.49
科学研究和技术服务业	59501	29.85	19.78	21189	35.61
水利、环境和公共设施管理业	566	10.76	0.19	195	34.45
居民服务和其他服务业	3859	23.53	1.28	1356	35.14
教育业	290	119.70	0.10	116	40.00
卫生和社会工作	97	76.36	0.03	47	48.45
文化、体育和娱乐业	11063	45.24	3.68	3692	33.37
其他	1	0.00	0.00	0	0.00
合计	300753	29.13	100.00	104964	34.90

注："#"表示"其中"。

资料来源：《上海市奉贤区统计年鉴》。

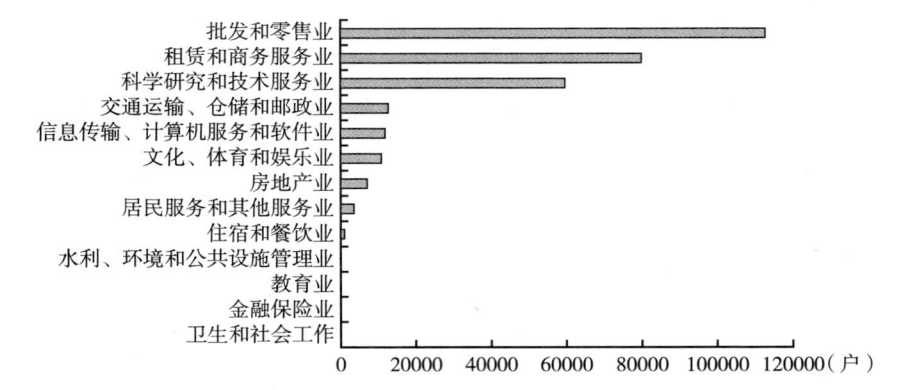

图3　2019年奉贤区服务业各行业城乡私营企业户数

资料来源：《上海市奉贤区统计年鉴》。

（二）服务业投资者人数持续保持优势

从城乡私营企业投资者人数来看（见表5和图4），服务业投资者人数在第三产业中持续保持优势，依旧处于主导地位。2019年，奉贤区共有投资者561299人，其中服务业投资者为465765人，占城乡私营企业投资人数的比重为82.98%，比上年增加1.5个百分点。从服务业分行业来看，批发和零售业投资者人数最多，为169774人；租赁和商务服务业排名第二，为122597人；科学研究和技术服务业排名第三，为97677人；三者占服务业投资者人数的比重分别为36.45%、26.32%、20.97%，合计占比高达83.74%，超过八成，其他行业投资者人数所占比例则较小。从增长速度来看，大部分行业均处于增长态势，其中批发和零售业同比增长14.73%，租赁和商务服务业同比增长35.43%，科学研究和技术服务业同比增长25.17%。

表5 2019年奉贤区服务业各行业城乡私营企业投资者人数

单位：人，%

行业	投资者人数	同比	占比	#城镇	城镇占全区比例
批发和零售业	169774	14.73	36.45	59859	35.26
交通运输、仓储和邮政业	18952	15.15	4.07	6090	32.13
住宿和餐饮业	2131	56.00	0.46	866	40.64
信息传输、计算机服务和软件业	18687	71.03	4.01	5718	30.60
金融保险业	363	-15.78	0.08	147	40.50
房地产业	10563	18.02	2.27	3793	35.91
租赁和商务服务业	122597	35.43	26.32	42930	35.02
科学研究和技术服务业	97677	25.17	20.97	35092	35.93
水利、环境和公共设施管理业	1002	7.51	0.22	348	34.73
居民服务和其他服务业	5671	20.22	1.22	1989	35.07
教育业	530	119.01	0.11	202	38.11

续表

行业	投资者人数	同比	占比	#城镇	城镇占全区比例
卫生和社会工作	168	97.65	0.04	84	50.00
文化、体育和娱乐业	17648	43.22	3.79	6045	34.25
其他	2	0.00	0.00	0	0.00
合计	465765	24.88	100.00	163163	35.03

资料来源:《上海市奉贤区统计年鉴》。

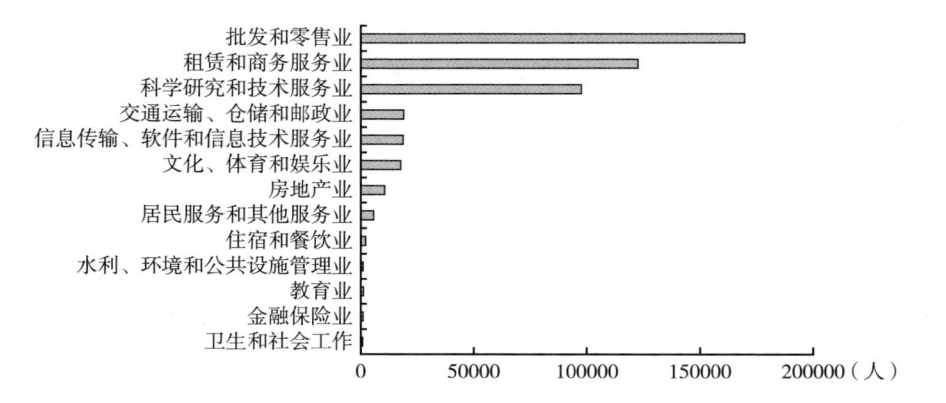

图4 2019年奉贤区服务业各行业城乡私营企业投资者人数

资料来源:《上海市奉贤区统计年鉴》。

(三)服务业吸纳就业能力持续增强

从城乡私营企业吸纳就业的人数来看(见表6和图5),奉贤区服务业吸纳就业能力持续增强,雇工人数在全产业中占比最多。2019年,奉贤区城乡私营企业雇工人数呈现持续上升态势,共吸纳就业数2458045人,其中服务业雇工人数为1998919人,占奉贤区城乡私营企业雇工人数的比重为81.32%,比上年提高了1.32个百分点。从服务业各细分行业来看,批发和零售业雇工人数最多,为765258人,同比增长12.38%,占城乡私营企业中服务业人数的比重为38.28%;排名第二的是租赁和商务服务业,吸纳雇

工人数为 507061 人,同比增长 31.76%,占城乡私营企业中服务业人数的比重为 25.37%;排名第三的是科学研究和技术服务业,吸纳雇工人数为 401114 人,同比增长 21.06%,占城乡私营企业中服务业人数的比重为 20.07%;三者合并占比 83.72%。从增长速度来看,教育业吸纳就业人数增速最快,为 114.83%,其次是卫生和社会工作,增速为 71.07%,信息传输、计算机服务和软件业排名第三,增速为 67.66%。

表6　2019 年奉贤区服务业各行业城乡私营企业雇工人数

行业	雇工人数	同比	占比	#城镇	城镇占全区比例
批发和零售业	765258	12.38	38.28	282463	36.91
交通运输、仓储和邮政业	87727	13.45	4.39	28627	32.63
住宿和餐饮业	8444	38.56	0.42	3791	44.90
信息传输、计算机服务和软件业	73604	67.66	3.68	23170	31.48
金融保险业	1344	-16.00	0.07	546	40.63
房地产业	48354	15.42	2.42	17751	36.71
租赁和商务服务业	507061	31.76	25.37	184946	36.47
科学研究和技术服务业	401114	21.06	20.07	147838	36.86
水利、环境和公共设施管理业	3957	7.00	0.20	1290	32.60
居民服务和其他服务业	26163	17.43	1.31	9221	35.24
教育业	1985	114.83	0.10	867	43.68
卫生和社会工作	674	71.07	0.03	359	53.26
文化、体育和娱乐业	73234	35.51	3.66	25612	34.97
其他	8	0.00	0.00	0	0.00
合计	1998919	21.20	100.00	726481	36.34

资料来源:《上海市奉贤区统计年鉴》。

(四)服务业注册资本持续增长,批发和零售业表现抢眼

从城乡私营企业注册资本来看(见表7和图6),服务业吸纳注册资本持续保持增长,在第三产业中占据主导地位,其中批发和零售业表现抢眼,居于首位。2019 年,奉贤区私营企业注册资本为 139701143 万元,其中服

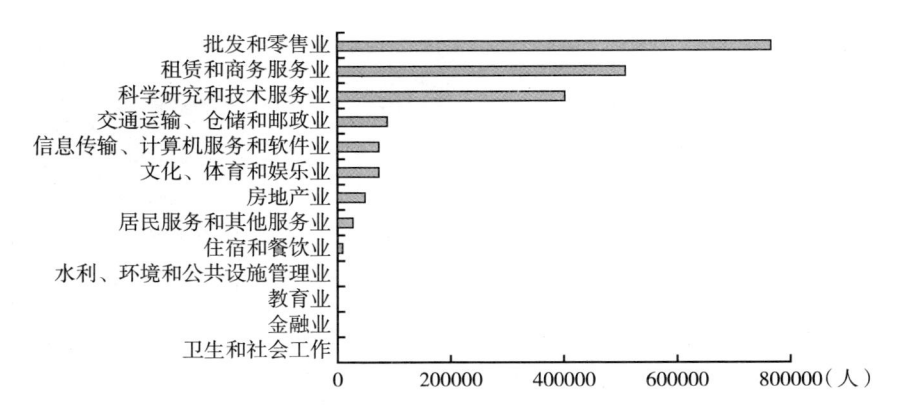

图5　2019年奉贤区服务业城乡企业各行业雇工人数

资料来源：《上海市奉贤区统计年鉴》。

务业为113313088万元，同比增长21.71%，占奉贤区城乡私营企业注册资本的比重为81.11%，比重与上年基本持平。从服务业细分行业来看，注册资本最多的是批发和零售业，排名由2018年的第二位升至第一位，注册资本35081176万元，同比增长20.65%，占城乡私营企业中服务业注册资本的比重为30.96%；排名第二位的是租赁和商务服务业，注册资本为32826693万元，同比增长15.12%，占城乡私营企业中服务业注册资本的比重为28.97%；排名第三位的是科学研究和技术服务业，注册资本为24293348万元，同比增长28.46%，占城乡私营企业中服务业注册资本的比重为21.44%；三者合计占比81.37%。在其他细分行业中，房地产业注册资本最多，为6538804万元，占比为5.77%，其他细分行业均体例较小。

表7　2019年奉贤区服务业各行业城乡私营企业注册资本

单位：万元，%

行业	注册资本	同比	占比	#城镇	城镇占全区比例
批发和零售业	35081176	20.65	30.96	12386288	35.31
交通运输、仓储和邮政业	4921877	20.69	4.34	1662674	33.78
住宿和餐饮业	307738	59.47	0.27	101562	33.00

续表

行业	注册资本	同比	占比	#城镇	城镇占全区比例
信息传输、计算机服务和软件业	4028750	53.27	3.56	1296587	32.18
金融保险业	691750	-14.28	0.61	172062	24.87
房地产业	6538804	15.59	5.77	2273258	34.77
租赁和商务服务业	32826693	15.12	28.97	12383051	37.72
科学研究和技术服务业	24293348	28.46	21.44	8892784	36.61
水利、环境和公共设施管理业	189235	28.08	0.17	66313	35.04
居民服务和其他服务业	858265	28.83	0.76	308677	35.97
教育业	48011	98.51	0.04	17820	37.12
卫生和社会工作	54566	160.55	0.05	14833	27.18
文化、体育和娱乐业	3472815	46.34	3.06	1162725	33.48
其他	60	0.00	0.00	0	0.00
合计	113313088	21.71	100.00	40738634	35.95

资料来源:《上海市奉贤区统计年鉴》。

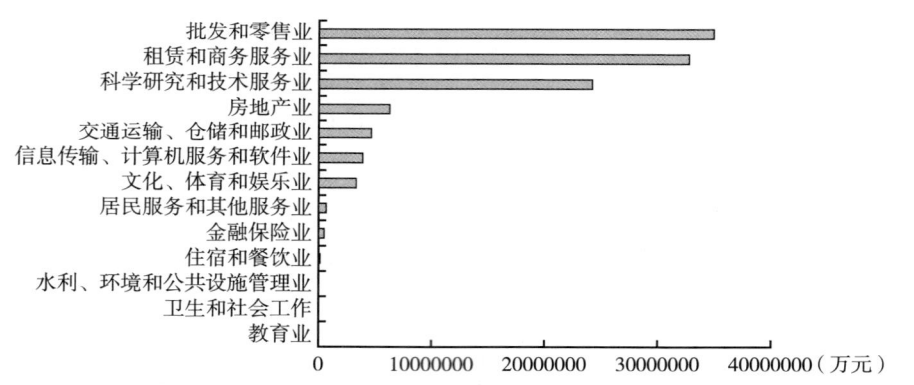

图6　2019年奉贤区服务业各行业城乡私营企业注册资本

资料来源:《上海市奉贤区统计年鉴》。

三　服务业主要行业发展特点

(一)批发和零售业加快恢复,消费品市场活力显现

2019年,奉贤区批发和零售业增加值处于上升态势,但增速继续回落。

具体来看，批发和零售业增加值为 106.29 亿元，同比增长 4.5%，增速比 2018 年下降了 3 个百分点，在服务业中占比为 25.96%，比上年略微下降。

2020 年，奉贤区社会消费品市场运行逐步加快恢复。2020 年，1~9 月奉贤区实现商品销售额 903.2 亿元，同比下降 8.3%，环比上升 5.5 个百分点；实现社会消费品零售总额 372.0 亿元，同比下降 5.7%，环比上升 4.5 个百分点。2019 年，奉贤区商品销售走势平稳，全年实现商品销售总额 1327.89 亿元，比 2018 年下降 11.9%。从消费品市场来看，2019 年，奉贤区消费品市场增长稳中趋缓，全年社会消费品零售总额为 531.47 亿元，比上年增长 7.3%，增速较上年回落 1.1 个百分点。其中，限额以上社会消费品零售额为 148.3 亿元，同比下降 2.2%，占全部社会消费品零售总额的比重为 27.9%。限额以上社会消费品按主要商品类别分为 10 类，主要商品零售额四升六降。其中，四类商品实现正增长，分别为服装鞋帽针纺织品类、日用品类、家用电器和音像器材类、文化办公用品类，分别实现商品零售额 18.6 亿元、12.2 亿元、7.5 亿元、1.3 亿元，对应增速分别为 11.3%、21.1%、21.2%、18.5%。六类商品零售额处于下降趋势，其中，汽车类和石油及其制品类下降幅度较大，同比分别下降 13.7% 和 15.7%。从销售途径来看，通过网络实现的商品零售额保持增长态势，累计为 29.9 亿元，同比增长 21.6%，成为增长的主动力。其中，限额以上批发和零售业网上零售额占全区限额以上批发和零售企业商品零售额的比重为 20.1%，占比较上年提高 7.1 个百分点，拉动限额以上社会消费品零售额增长 10.1 个百分点。

从总体趋势来看（见图 7），2013~2019 年以来，批发和零售业增加值处于稳步上升趋势，但增速处于逐步回落趋势，走势逐渐平稳。

（二）房地产业逐步回暖，恢复增长趋势

2019 年，奉贤区房地产业恢复性增长，增速由负转正，增加值为 48.97 亿元，同比增长 9.5%，占服务业增加值的比重为 11.96%。

房地产市场开发投资稳步增长。2019 年，奉贤区房地产开发完成投资

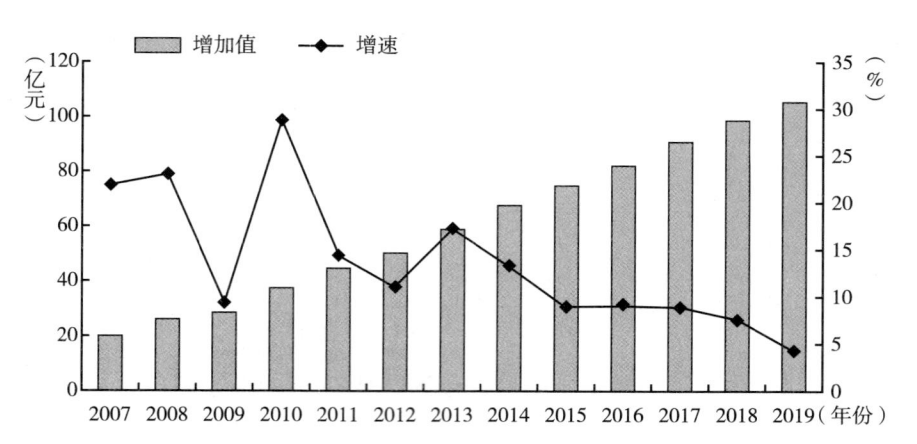

图7 2007～2019年奉贤区批发和零售业增加值和增速走势

资料来源：《上海市奉贤区统计年鉴》。

额278.70亿元，同比增长22.67%，与2018年基本持平。从房地产市场投资用途来看，住宅完成投资额201.11亿元，同比增长15.01%，占全年完成投资额的比重为72.16%；办公楼完成投资额10.94亿元，占全年完成投资额的比重为3.93%；商业营业用房完成投资额19.25亿元，占全年完成投资额的比重为6.91%；其他完成投资额47.40亿元，占全年完成投资额的比重为17.01%。从房地产市场投资构成来看，建筑工程完成投资额最多，为148.11亿元，同比增长7.05%，增速收窄，比2018年下降了约34个百分点，占房地产开发投资总额的53.14%，与2018年相比略微提升；其他费用完成投资额为87.42亿元，同比增长48.56%，增速比2018年上升了约40个百分点，占房地产开发投资总额的31.37%，其中，在其他费用中居于主导地位的是土地购置费，完成投资额124.90亿元，同比增长52.10%，占房地产开发投资总额的44.82%；安装工程费和设备购置费占比很小，合计占比仅为0.25%。

从施工面积来看，2019年奉贤区房屋施工面积为1337.57万平方米，同比增长9.55%，增速收窄了约6个百分点。其中，新开工面积为262.43万平方米，增速由正转负，同比下降14.60%。从竣工面积来看，2019年全区竣工房屋面积大幅度上涨，为211.0万平方米，增速由负转正，同比增长

98.4%。2019 年，全区商品房销售面积为 103.4 万平方米，同比增长 25.4%，其中，住宅销售面积为 98.2 万平方米，同比增长 24.4%。全区商品房销售额 237.5 亿元，同比增长 21.9%。全区空置房面积为 144.3 万平方米，同比增长 47.2%。

从总体趋势来看（见图8），近十年来，房地产业增加值总体处于上升趋势，但其增速变化幅度较大，2017 年房地产业大幅回落，出现负增长，经过一段时间的调整，2018 年房地产市场回暖，呈现恢复性增长。

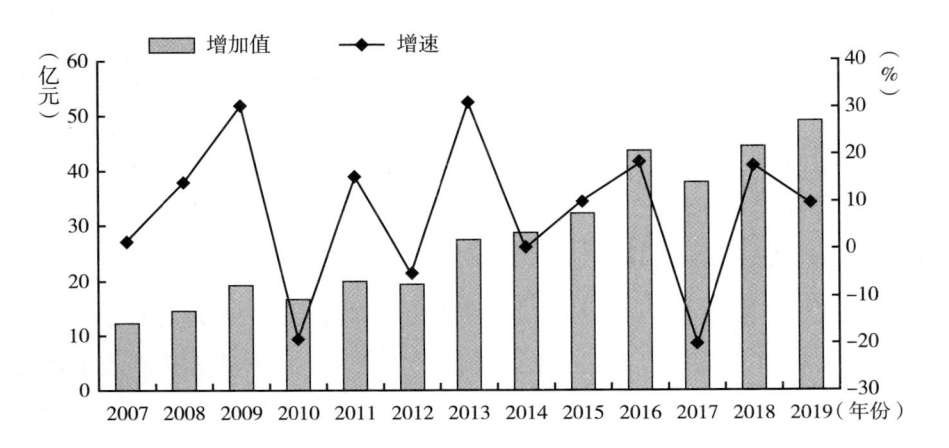

图8　2007~2019 年奉贤区房地产业增加值和增速走势

资料来源：《上海市奉贤区统计年鉴》。

（三）证券市场快速增长，金融保险业加快发展

2019 年，奉贤区金融保险业增加值为 52.60 亿元，比上年增长 6.4%，增速比 2018 年上升约 4 个百分点，占服务业总体增加值的比重为 12.84%，与上一年基本持平。截至 2019 年末，奉贤区共有银行分支机构 26 家，分布经营网点 141 个，证券业企业 15 家。

奉贤区银行存款和贷款余额快速增长。2019 年，银行存款余额为 1843.10 亿元，同比增长 14.77%，增速比上年上升约 12 个百分点。其中，企业存款和居民储蓄存款均处于上升趋势，企业存款为 860.20 亿元，增速

由负转正，同比增长 16.54%，上升了约 20 个百分点，占全区比例稳中有升，为 46.67%；居民储蓄存款为 982.89 亿元，同比增长 13.27%，增速比上年提高约 2 个百分点，占全区比例为 53.33%，超过一半。2019 年，银行贷款余额为 1291.46 亿元，增速由负转正，同比增长 5.14%，其中企业贷款和个人贷款均呈现上升趋势。从贷款对象来看，企业贷款 762.48 亿元，同比增长 1.18%，增速由负转正，上升了约 8 个百分点，占银行贷款余额的 59.04%，在企业贷款中，中小企业贷款 321.94 亿元，处于增长态势，增速为 24.93%，比 2018 年提升了 18 个百分点；个人贷款 528.98 亿元，同比增长 11.44%，占银行贷款余额的 40.96%，在个人贷款中住房贷款占据主导地位，为 433.21 亿元，占比高达 81.89%。从贷款的期限来看，短期贷款比 2018 年上升幅度较大，长期贷款与 2018 年基本持平。具体来看，短期贷款为 334.51 亿元，同比增长 19.85%，增速比 2018 年上升了 18 个百分点，占银行贷款余额的比例为 25.90%；中长期贷款为 956.95 亿元，同比增长 0.82%，占银行贷款余额的 74.10%。从存贷余额的地理分布来看（见表 8），南桥镇各项存贷款最多，均超过 50%，其中南桥镇的存款余额为 993.17 亿元，占比为 53.89%，各项贷款余额为 978.65 亿元，占比为 75.78%。

表 8　2019 年奉贤区各城镇存贷款余额

城镇	网点数（个）	各项存款余额（万元）	占全区比重（%）	各项贷款余额（万元）	占全区比重（%）
南桥镇	55	9931754	53.89	9786507	75.78
奉城镇	17	1614394	8.76	319666	2.48
庄行镇	6	486994	2.64	106248	0.82
金汇镇	8	1017100	5.52	208082	1.61
四团镇	6	664802	3.61	81466	0.63
青村镇	12	1026487	5.57	278020	2.15
柘林镇	9	699814	3.80	260552	2.02
海湾镇	4	209690	1.14	39674	0.31
西渡街道	7	689813	3.74	198994	1.54

城镇	网点数 （个）	各项存款余额 （万元）	占全区比重 （%）	各项贷款余额 （万元）	占全区比重 （%）
奉浦街道	13	1717141	9.32	1497664	11.60
海湾旅游区	2	104759	0.57	981	0.01
杭州湾开发区	1	125418	0.68	60584	0.47
"东方美谷"集团	1	142810	0.77	76168	0.59
全区总计	141	18430976	100	12914606	100

资料来源：《上海市奉贤区统计年鉴》。

2020 年 1~9 月，证券交易继续保持增长趋势，交易总额为 13802 亿元，同比增长 47.0%，增速比 2019 年提高了约 30 个百分点。2019 年，奉贤区证券交易市场规模回暖，股票交易增长幅度较大，证券交易总额为 11770.82 亿元，增速由负转正。其中，股票交易和债券回购交易的成交额占据主导，合计占比高达 96.35%。具体来看，股票交易成交额为 9426.22 亿元，同比增长 24.57%，占证券市场交易总额的 80.08%，其中 A 股成交 9423.95 亿元，同比上升 24.57%；债券回购交易成交额为 1915.97 亿元，增速由负转正，同比增长 8.97%，增速提高了约 50 个百分点，占证券交易市场交易总额的 16.28%。基金交易和基金交易成交额则体例较小，合计占比仅为 3.60%。

表9 2019 年奉贤区证券交易总额情况

单位：亿元，%

	2019 年	2018 年	同比	占比
股票交易	9426.22	7567.29	24.57	80.08
其中：A 股	9423.95	7565.32	24.57	80.06
B 股	0.97	1.13	-14.29	0.01
基金交易	218.91	224.98	-2.70	1.86
债券交易	205.18	60.30	240.26	1.74
债券回购交易	1915.97	1758.33	8.97	16.28
其他	4.54	2.58	75.94	0.04
合计	11770.82	9613.49	22.44	100

资料来源：《上海市奉贤区统计年鉴》。

从总体趋势看（见图9），2007～2019年，金融保险业增速总体处于下降趋势，2019年增速开始上升。这可能是与近年来我国采取的逐步紧缩的金融政策有关，使得金融保险业更多资金流向实体经济。

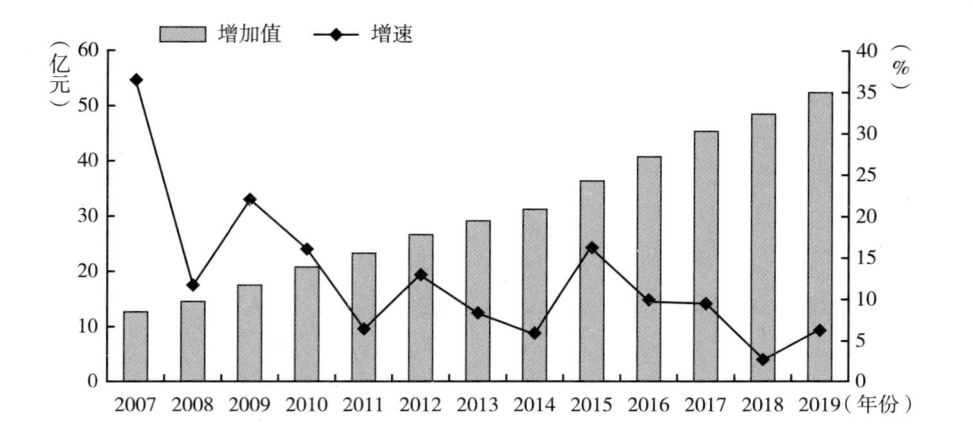

图9　2007～2019年奉贤区金融保险业增加值和增速走势

资料来源：《上海市奉贤区统计年鉴》。

（四）信息传输、计算机服务和软件业保持增长

2019年，信息传输、计算机服务和软件业增加值继续保持增长态势，实现增加值42.52亿元，同比增长5.2%，占服务业增加值比重为4.8%。2019年，奉贤区继续推进科技创新项目，引才聚智新高地构筑初具成效。2019年，奉贤区新增落户项目8个，其中4个千人专家项目，2个海外高层次人才项目，1个浦江人才项目和1个万人计划项目，总投资额约3.8亿元。涉及租赁厂房与办公面积约2万平方米，用地50亩，聚焦智能制造、生物医药、医疗器械、新材料等领域。截至2019年末，奉贤区累计引进项目84个，引进78位海外高层次人才，其中48位千人专家（包含30位国家千人计划专家、18位地方千人计划专家），1位万人计划专家。

从总体趋势来看（见图10），2007～2019年，信息传输、计算机服务和软件业增加值稳中有升，增速逐步回落，走势趋于平稳。

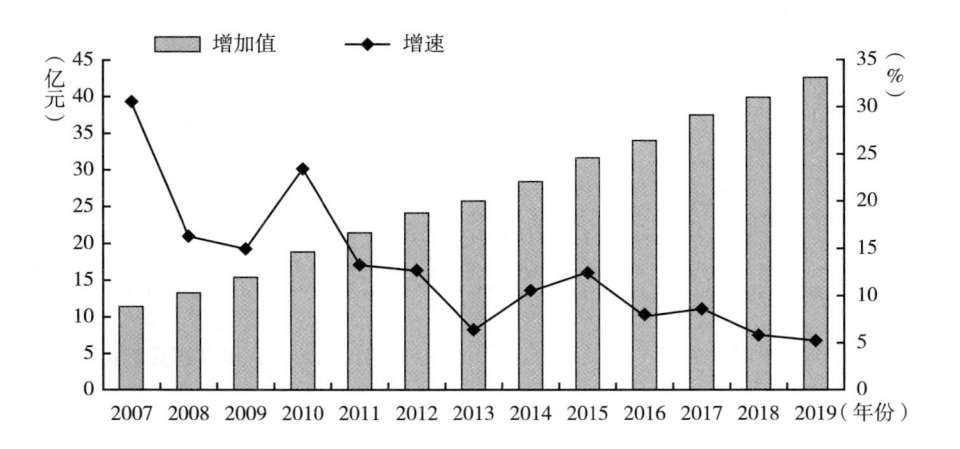

图10 2007～2019年奉贤区信息传输、计算机服务和软件业增加值和增速走势

资料来源：《上海市奉贤区统计年鉴》。

（五）交通运输、仓储和邮政业平稳增长

2019年，奉贤区交通运输、仓储和邮政业增加值平稳增长，增速上升。具体来看，交通运输、仓储和邮政业增加值为32.09亿元，同比增长10.9%，增速比2018年上升了4个百分点，占服务业比重为7.84%，与2018年基本持平。2019年，全区完成快递业务量1.72亿件，同比增长5.6%；业务收入为8.81亿元，同比减少8.4%。2019年全年共完成邮政业务总量3.70亿元，同比增长35.4%；投送各类邮件4424.8万件，同比增长14.2%；投送各类报纸、期刊2301.5万件，同比下降2.5%。

从总体趋势来看（见图11），2007～2019年，交通运输、仓储和邮政业增加值处于平稳增长趋势，虽然增速有升有降，但基本处于正增长状态。

（六）住宿和餐饮业逐步恢复

2019年，奉贤区住宿和餐饮业实现增加值12.59亿元，增速由负转

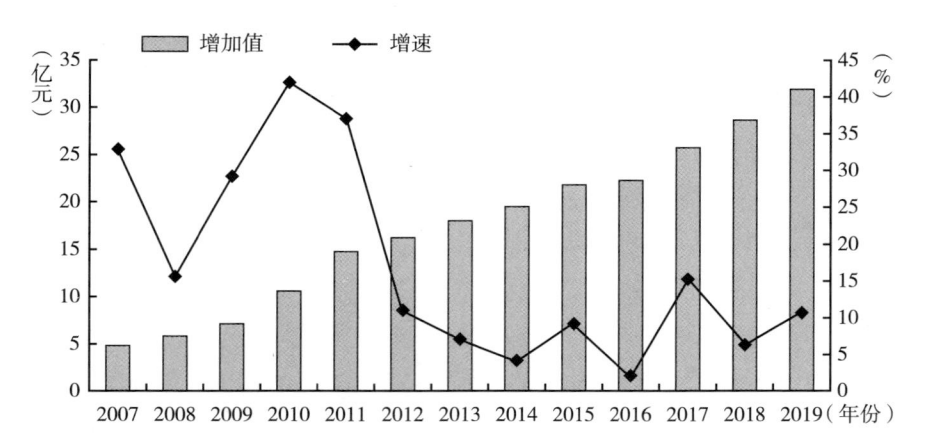

图 11   2007～2019 年奉贤区交通运输、仓储和邮政业增加值和增速走势

资料来源:《上海市奉贤区统计年鉴》。

正,同比上升 4.1%,占服务业增加值比重为 1.4%。奉贤区住宿和餐饮业的发展与旅游产业发展密切相关。2019 年,奉贤区政府进一步推进旅游产业发展,打造"生态休闲"品牌,青村吴房村、柘林迎龙村、金汇明星村和四团农展村成为奉贤区乡村旅游示范点。实现文旅融合,举办上海旅游节奉贤特色大型活动、世界老式汽车长三角公开赛暨国际汽车时尚中国盛典、奉贤花车巡游等 8 项旅游节活动,吸引 35 万人次参与。

2019 年,全区限额以上住宿和餐饮企业的经营额为 109542 万元,其中客房收入和餐饮收入占主导,合计占比近 87.93%。其中,客房收入为 19454 万元,餐费收入为 76864 万元,商品销售收入为 4523 万元,其他收入为 8700 万元,占比分别为 17.76%、70.17%、4.13%、7.94%。全区限额以上住宿和餐饮企业通过公共网络实现的累计客房收入和餐费收入均处于上升趋势,分别为 2308 万元和 324 万元,同比分别增长 78.13% 和 1.79%。

从总体趋势来看(见图 12),近年来,住宿和餐饮业增加值总体处于上升趋势,在 2018 年增速回落之后,2019 年增速又开始上涨。

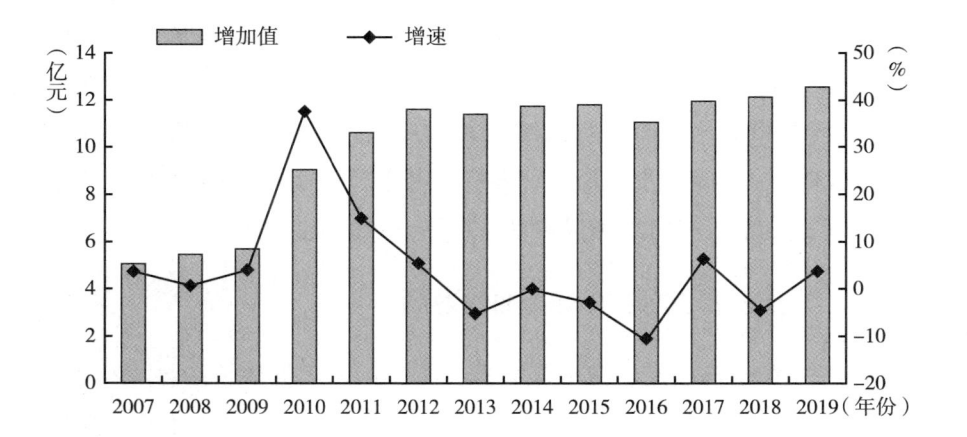

图12　2007～2019年奉贤区住宿和餐饮业增加值和增速走势

资料来源：《上海市奉贤区统计年鉴》。

四　2020年奉贤区服务业发展趋势判断

（一）消费品市场销售额下降，处于加快恢复阶段

受新冠肺炎疫情的影响，消费品市场销售额下降。2020年1～9月，商品销售额和社会消费品零售总额分别为903.18亿元和372亿元，同比分别降低8.3%和5.7%。奉贤区拓展新业务、挖掘新增长点效果显著，通过新经济、新业态实现的商品零售迅速占领消费品市场，成为消费品市场平稳运行的主动力。2020年1～9月，奉贤区通过公共网络实现的商品零售额为41.7亿元，同比增长28.2%。预计在2021年，消费品市场运行逐步加快恢复，居民的消费增长更多地来自与旅游、文化的联动效应。

（二）房地产市场处于回暖阶段，平稳上升

2019年，奉贤区房地产市场销售回暖，房地产市场恢复性增长。从房地产销售市场来看，2020年1～9月，奉贤区现房销售面积为71.76万平方

米，同比增长了 148.1%，其中住宅面积为 70.84 万平方米，同比增长162.7%；期房销售面积为 64.24 万平方米，同比增长 36.9%，其中住宅销售面积为 62.42 万平方米，同比增长 34.3%。可以看到，受疫情影响，居家隔离措施也在一定程度上增加了人们对房地产的需求。初步判断，奉贤区房地产市场在 2021 年将继续保持良好态势，处于回暖阶段。

（三）金融市场逐步升温，加快发展

2017～2018 年，证券交易市场交易额一直处于负增长态势，2019 年，这一下降趋势有所缓解，增速由负转正，并且在 2020 年，证券交易额继续保持增长态势，显示了奉贤区证券市场的潜力。2020 年 1～9 月，证券交易总额为 13802 亿元，同比增长 47.0%，增速比上一年提高了约 30 个百分点。其中股票成交额为 10531 亿元，同比增长 38.4%，比上一年提高了约 15 个百分点。这意味着，金融市场在经历过一轮降温调整之后开始蓬勃发展。预计 2021 年，证券交易市场将继续快速发展，增速进一步上升。

五　2021年加快奉贤区服务业发展的对策建议

（一）完善政策体系，落实资金支持

第一，制定政策实施细则，加大扶持力度。全面梳理上海市和奉贤区服务业发展相关政策措施，贯彻落实《奉贤区人民政府关于加快发展现代服务业的若干意见》精神，制定《奉贤区加快发展现代服务业实施细则》，围绕现代商贸、平台经济、生产性服务业、金融服务业、文化创意旅游休闲等重点产业领域，结合重点集聚区发展，对符合条件的企业和园区从财税扶持、用地保障、人才培育等三个方面加大扶持力度。第二，保障现代服务业发展专项资金，制定专项资金使用实施细则，逐步落实引导资金的逐年增长机制，发挥资金引导对产业发展的积极作用。以贴息、补助、注入资本金、

奖励等多种方式支持服务业的发展，重点支持现代服务业新兴产业、创新型企业和集聚区建设，引导社会资金加大对服务业的投入。

（二）加快领军企业培育和品牌打造工程

逐步加快区内领军企业培育和品牌打造工程。每年评选出一批奉贤区服务业的知名集聚区、知名项目、知名企业，重点给予扶持发展，形成长远的示范和辐射效应，打造服务业品牌领军企业和示范工程。

（三）加强协会建设，形成发展合力

发挥奉贤区商业联合会、奉贤区电子商务协会等服务业相关行业协会作用，建立政府引导促进、行业自律监督、企业守法经营的运行模式。建立健全行业标准，规范市场秩序，建立企业信誉档案，评定企业信用等级，提高服务质量。组织开展信息咨询、市场拓展、人才培训等工作。

参考文献

《奉贤统计月报（九月）》，上海奉贤统计局网站，https：//www. fengxian. gov. cn/tjj/tjsj/20201020/004001_ 83e53f69 - cb16 - 47d2 - b944 - c3caf19d5422. htm。

朱嘉梅：《推进乡村文化振兴的研究与思考——以奉贤区为例》，《上海农村经济》2020 年第 1 期。

B.5

2020~2021年奉贤固定资产
投资形势分析与研判

何雄就　伏开宝*

摘　要：　本报告以奉贤区固定资产投资为主要研究对象，从增速、结构和与上海郊区的对比等方面着手分析，研究了该区2009~2019年固定资产投资的发展历程。研究发现，该时期奉贤区固定资产投资保持较快增长速度，产业结构不断优化但仍有继续完善的空间，固定资产投资存在过于依赖房地产等问题。进一步，本报告分析了2020年1~9月奉贤区固定资产投资形势，利用结构分析、横向比较等方法，从多个角度呈现了该区固定资产投资的现状。同时，本报告通过将奉贤区与部分临沪县级市（区）进行对比研究，发现奉贤区"十三五"以来固定资产投资快速增长，总体高于其他临沪县（区）地区，投资吸引能力有所加强。综合研判，本报告认为2020年下半年固定资产投资将保持稳定增长，长期来看，人流、物流、资金流持续流入本区域的趋势依然存在，未来本区固定资产投资有望保持较快的增长速度。

关键词：　固定资产投资　工业投资　产业结构　上海奉贤

---

* 何雄就，经济学博士，申银万国期货研究所宏观研究员，主要研究方向为宏观经济政策与产业经济；伏开宝，经济学博士，上海交通大学安泰经济与管理学院助理研究员，主要研究方向为经济增长与产业经济。

2019年是中华人民共和国成立70周年，这一年也是中国小康社会能否全面建成、第一个百年奋斗目标能否实现的关键节点。面对国内外风险挑战明显增多的复杂局面，奉贤区围绕"奉贤美、奉贤强"的战略目标，全力打造"四个奉贤"，采取了多项措施。尽管外部环境不确定性加剧，但奉贤通过确定性的政策保证了经济发展稳中有进的总体形势，城乡一体化建设提速，"东方美谷"品牌全面打响，城市功能性项目加快建设。

2020年，"十三五"规划全面收官，中国小康社会即将全面建成，新一轮五年计划即将开启。但是，受新冠肺炎疫情以及全球经济形势影响，奉贤区经济开局严峻，下行压力较大。在此情况下，奉贤区迅速实施疫情常态化防控，大力推动复工复产复商，固定资产投资保持较高增速，工业投资逆势加大，经济呈现明显复苏迹象。不过，截至2020年10月，全球疫情尚未完全结束，国内疫情仍有小区域反弹，奉贤区稳增长、稳就业、稳需求压力仍然较大。奉贤区委、区政府充分发挥了固定资产投资的稳投资、稳增长的重要作用，多措并举加快固定资产投资项目的推进，从数据上看，2020年前三季度全区固定资产投资增长速度较快，为2020年经济稳定增长奠定了坚实的基础。

一 2009~2019年奉贤区固定资产投资分析

为了更好地从整体的角度了解奉贤区固定资产投资情况，本部分从第一、二、三产业投资占比和投资增速等多个角度分析近十年来本区固定资产投资情况，判断固定资产投资的总体发展趋势。自2017年11月起，奉贤区内的上海市属固定资产投资完成额被纳入区固定资产投资完成额，为了保持数据的一致性，本部分的奉贤区固定资产投资完成额数据剔除了市属项目的部分。

（一）2009~2019年奉贤区固定资产投资完成额和增速

从总量上看，2009~2019年奉贤区固定资产投资规模不断扩大，投

资完成额并未出现明显下降，与奉贤经济总量持续发展的趋势基本一致。分年度来看（见图1），2011～2012年固定资产投资完成额增速下降幅度较大，2013～2014年增速甚至进入了负区间，随后2015～2016年增速回正，但整体速度较低，2017年增长速度突破10%，2018年增速超过20%，2019年增长速度重新下降至5.8%左右。进一步与上海市固定资产投资增长速度进行对比（见图2），可以发现奉贤区固定资产投资完成额增速相对上海市增速波动较大，一些年份增速低于上海市（如2013～2016年），另一些年份则大幅高于上海市的增速（如2008～2012年及2017～2018年），原因在于地区固定资产项目数量的阶段性、不平稳等特征。2017年起奉贤区固定资产投资增速加快，再次超过上海市固定资产投资增速，到了2018年该项增速更是达到21.6%，比上海增速高出近16.4个百分点，但是2019年两者速度差距再次收敛，上海增速为5.1%，奉贤区仅比上海高约0.7个百分点。2019年奉贤区固定资产投资增速放缓原因在于工业投资和基建投资增速放缓，工业投资同比仅增长4.0%，下降5.8个百分点；城市基础设施投资同比下降50.4%，下降幅度高达60.4个百分点。

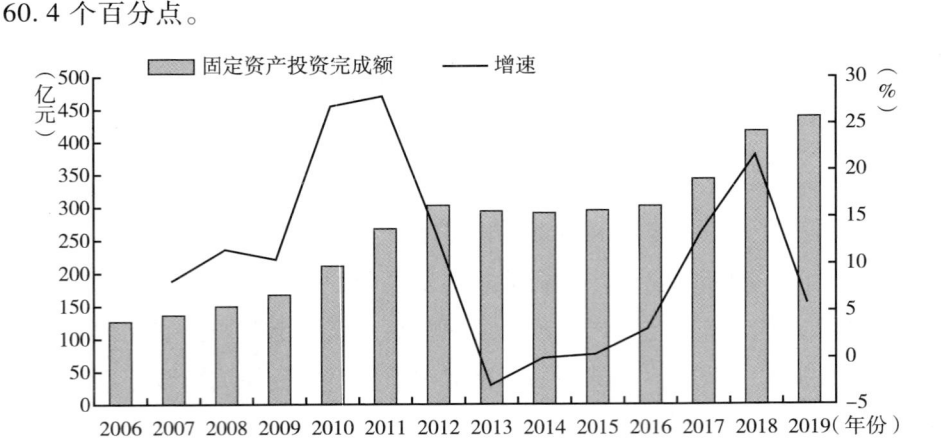

图1　2006～2019年奉贤区固定资产投资完成额与增速（不含市属项目）

资料来源：奉贤区统计局。

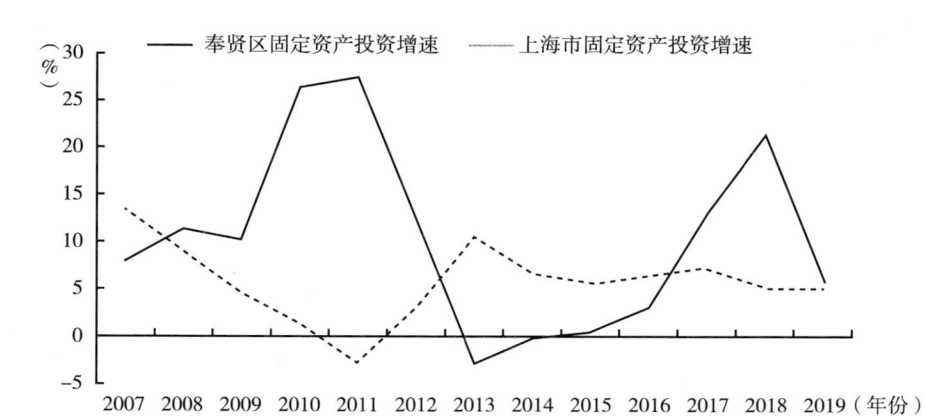

图2　2007～2019年奉贤区与上海市固定资产投资增速（不含市属项目）

资料来源：上海市统计局；奉贤区统计局。

（二）2009～2019年奉贤区固定资产投资产业结构

地区经济结构的转变，往往伴随着固定资产投资结构的变化。通过研究固定资产投资的产业侧重点的发展趋势，可以发现地区经济发展的形势，以及产业是否朝着高级化、合理化的方向发展。从过去十年奉贤区固定资产投资完成额的主要投向产业构成可以发现，本区经济发展结构持续不断地优化，产业结构更为合理，经济发展的高质量特征不断凸显。从图3中可以发现，2009～2019年第三产业固定资产投资比重总体保持上升趋势，与此同时第二产业所占比重则不断下降，2011年奉贤区第三产业固定资产投资完成额占比约53%，超过了第二产业所占比重。到了2019年，第三产业固定资产投资的比重高达79.20%，而第二产业占比则大幅下降到只有20.78%。2009～2019年房地产投资在全区固定资产投资完成额中扮演着越来越重要的角色，2019年房地产投资占比大幅增加8.76个百分点，达到63.65%，本时期奉贤区对房地产投资的依赖程度仍然较高。

值得注意的是，2012～2018年奉贤区的第三产业（非房地产）固定资产投资占比保持上升趋势，从2012年的9%左右迅速上升至2018年的24.7%，但2019年占比却大幅下降至15.55%。2017年第三产业（非房地

产）的固定资产投资占比超过第二产业，2018 年两者之间的差距进一步扩大，2019 年占比重新低于第二产业。

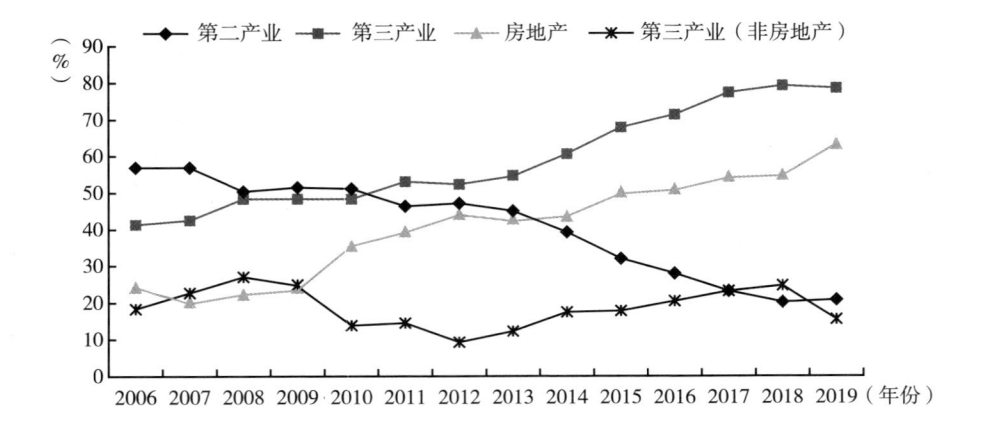

图 3　2006～2019 年奉贤区固定资产投资占比（分产业）

资料来源：奉贤区统计局。

　　第一、二、三产业增速的差异，是不同产业固定投资完成额比重变化的直接原因（见图 4）。2009～2019 年奉贤区第三产业的固定资产投资保持快速增长，增速基本均高于第一、第二产业的增速。第三产业投资的快速增长不只是房地产投资的拉动，可以看到，第三产业（非房地产）固定资产投资在 2016～2018 年的增速保持在两位数以上，分别为 2016 年的 18.5%、2017 年的 27.6% 和 2018 年的 30.5%，均高于房地开发投资增速。不过，第三产业（非房地产）投资增速在 2019 年投资总额大幅减少 1/3，原因在于 2019 年大型基建项目数量较少，城市基础设施投资同比下降 50.4%，下降 60.4 个百分点。

　　2009 年，奉贤区房地产开发投资额总量不大，只有 39.11 亿元，但经过了近 10 年的发展，到 2019 年该项投资完成额增长了近 6 倍，达到 278.70 亿元（见图 5）。2012 年以后，房地产开发投资增速相对 2008～2011 年有所放缓，但是房地产开发投资增长仍是全社会固定资产投资较快增长的主要贡献力量，2017～2019 年增速更有进一步加快的趋势，2017 年增速达

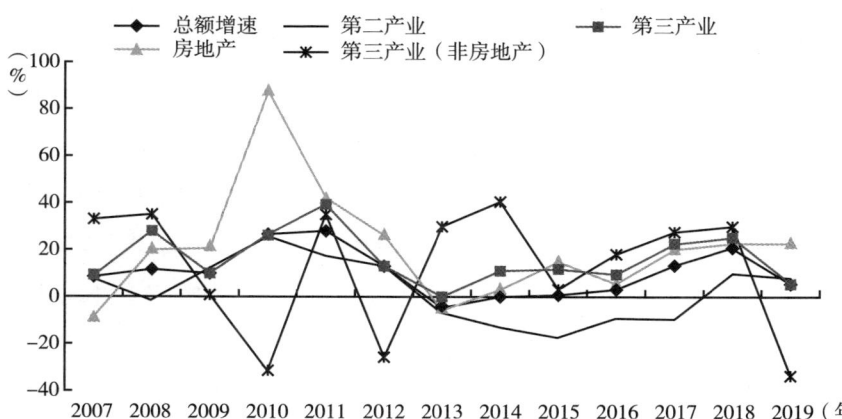

图4　2007~2019年奉贤区固定资产投资增速（分产业）

资料来源：奉贤区统计局。

20.4%，2018年增速进一步扩大至22.7%，2019年仍保持在20%的水平以上，增速为22.7%，房地产投资增速加快可能是由于奉贤区轨道、公路交通网络的完善，缩短了到上海市区的通勤时间，从而促使房地产企业加大对奉贤区的投资力度。

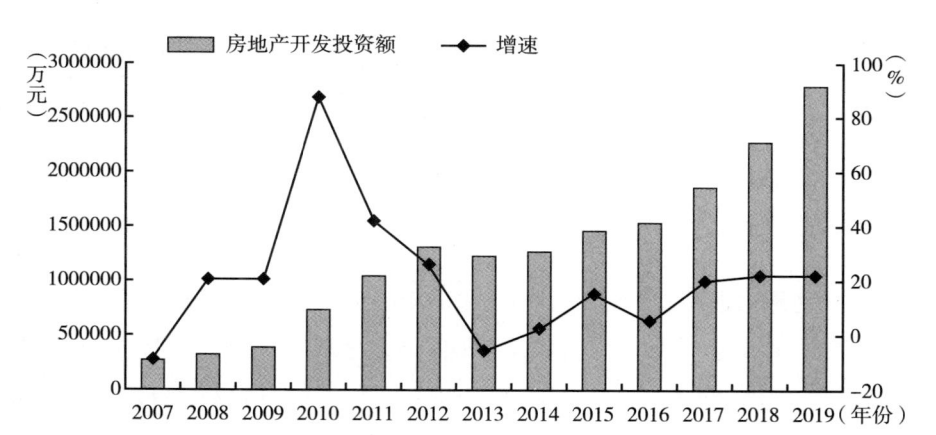

图5　2007~2019年奉贤区房地产投资变化趋势

资料来源：奉贤区统计局。

（三）2009~2019年上海郊区固定资产投资比较

前文从自身纵向的角度，分析了总量、增速及结构等内容，对奉贤区的固定资产投资完成额整体的发展趋势有了一定的了解。为进一步了解奉贤区固定资产投资发展的特点，有必要与上海各郊区进行横向比较。从图6中可以看到，2009~2019年上海各郊区固定资产投资均保持稳定增长，除嘉定区外其他区域的平均增速均高于上海市，奉贤区的平均增长速度为9.97%，是上海市郊区（包括闵行、嘉定、宝山、奉贤、松江、金山、青浦、崇明）中平均增速较快的郊区之一，远高于上海市的固定资产投资平均增速。

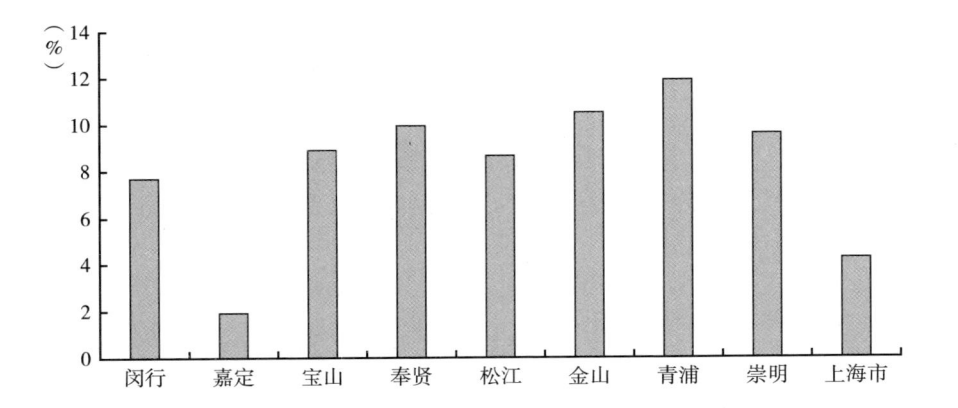

图6　2009~2019年上海市与各郊区固定资产投资平均增速

资料来源：上海市统计局；相关区统计局。

从投资结构数据看，在8个郊区中2019年奉贤区工业投资占全社会固定资产投资的比重为19.5%，排名第四；第三产业占全社会固定资产投资比重为74.4%，排名第五；房地产投资占全社会固定资产投资比重为59.8%，排名第三；房地产投资占第三产业投资比重为80.4%，排名第四。工业投资占全社会固定资产投资比重高于奉贤的依次是金山、嘉定、松江；第三产业占全社会固定资产投资比重高于奉贤的是崇明、青浦、闵行、宝山；房地产投资占全社会固定资产投资比重高于奉贤的是宝山、青浦；房地产投资占第三产业投资比重高于奉贤的是宝山、松江、嘉定（见表1）。

表1 2019年上海市郊区固定资产投资占比情况

单位：%

	工业投资占全社会固定资产投资比重	第三产业占全社会固定资产投资比重	房地产投资占全社会固定资产投资比重	房地产投资占第三产业投资比重
闵行	14.0	86.0	57.0	66.2
青浦	7.9	92.1	64.1	69.6
宝山	14.1	85.9	76.3	88.9
松江	29.3	70.7	59.3	83.9
奉贤	19.5	74.4	59.8	80.4
嘉定	29.8	70.1	58.3	83.1
金山	35.9	63.9	36.1	56.5
崇明	1.6	96.1	45.2	47.0

资料来源：上海市统计局；相关区统计局。

从经济体量的角度来看，部分上海郊区之间的可比性不强，如与奉贤区相比较，目前闵行区、松江区的体量相对较大，而崇明区的体量则相对较小。因此，有必要剔除这些经济体量不同的郊区，才能更好地进行横向比较。2009~2019年的固定资产投资完成额的平均增速，青浦区为11.96%，其次是宝山区的10.50%，奉贤区的增速仅次于上述郊区，增速为9.97%。从图7中可以看到，2009年奉贤区固定资产投资总额仅有164.02亿元，低于嘉定区的293.46亿元。2019年，奉贤区的固定资产投资完成额已大幅高于嘉定区。奉贤区的完成额为466.38亿元（含市属项目），嘉定区只有363.30亿元。与上海的这些郊区比较，奉贤区固定资产投资完成额平均增速保持着稳中较快的态势，表明奉贤区政府相关政策和措施均保持了一定的持续性和有效性。

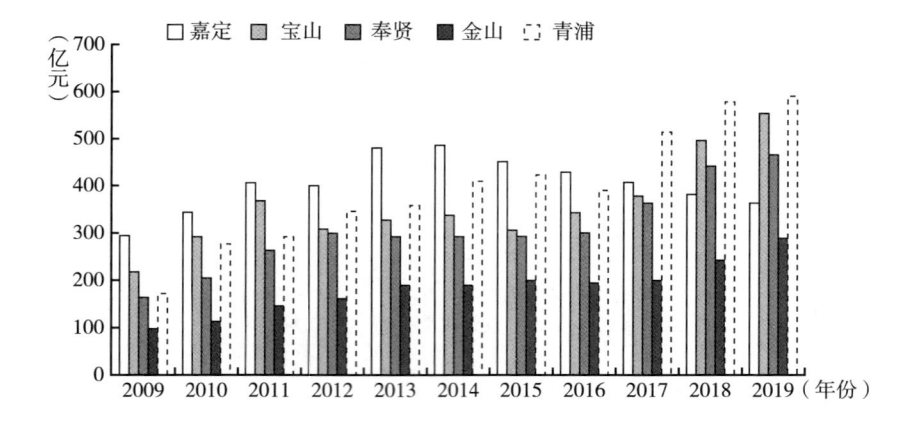

图7 2009~2019年上海部分郊区固定资产投资

资料来源：嘉定、宝山、奉贤、金山和青浦区统计局。

（四）2009~2019年奉贤与部分临沪县级市（区）固定资产投资比较

为了更好地分析奉贤区的固定资产投资情况，本部分将之与部分临沪县级市（区）进行比较，主要对比对象为嘉善、启东、太仓、海门。这样的比较有一定的意义，因为奉贤区的区位与临沪县级市（区）有一定的相似性，某种意义上临沪县级市（区）不断地发展壮大，将与奉贤区争夺从上海核心区域流出的各种资源。

从图8中可以看到，2009年，奉贤当年投资总额略大于嘉善，仅为启东的68.8%，太仓的57.3%，海门的69.1%。到了2019年，奉贤当年固定资产投资总额是嘉善的1.45倍，启东的63.4%，太仓的1.17倍，海门的63.2%。2019年奉贤区固定资产投资总额反超太仓，与嘉善的差距进一步拉大，与海门、启东的差距有所拉大。从2009~2019年奉贤与上述临沪县级市（区）固定资产投资平均增长速度（见图9）可以看到，奉贤年均增长约11.10%，高于嘉善的8.18%和太仓的3.47%，与同期启东、海门的平均约12%的增速也较为接近。数据表明，2009~2019年隶属于南通的临沪县级市（区）投资热度与奉贤处于相近水平，略大于奉贤，相关资源更快地流入这些地区。不过，进入"十三五"时期后，奉贤的固定资产投资总额快速增长，2015~2019 年奉贤的固定资产投资平均增速为 4.79%，高于同期嘉善、启东、太仓和海门，增长速度位列第一。

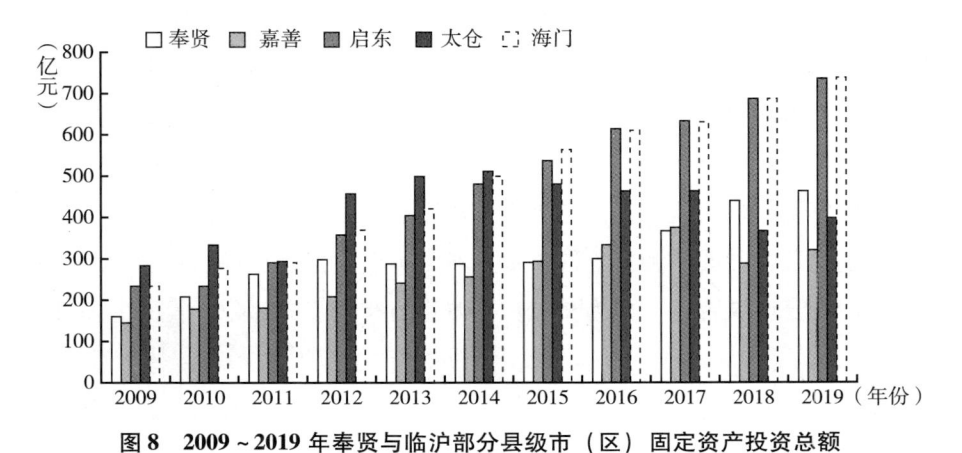

图 8　2009～2019 年奉贤与临沪部分县级市（区）固定资产投资总额

资料来源：奉贤、嘉兴、南通、苏州统计局。

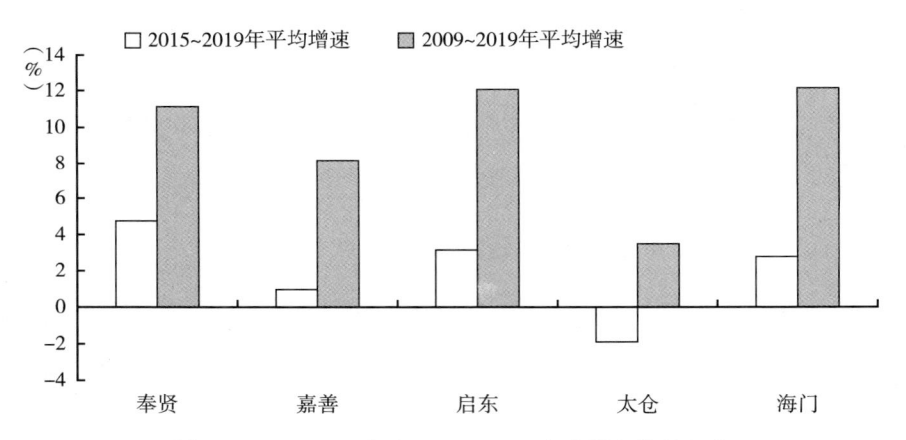

图 9　2015～2019 年和 2009～2019 年奉贤与临沪部分
县级市（区）固定资产投资平均增速

资料来源：奉贤、嘉兴、南通、苏州统计局。

从上述地区固定资产投资的发展表现中可以看到，2009 年后临沪地区，特别是隶属南通市的海门、启东地区的相关基础建设、工业投资、房地产投

资均得到了迅猛的增长，原因可能在于这些地区连接到上海的交通基础设施不断完善，上海对这些地区的辐射和带动能力有所增强。海门和启东等地得益于本时期苏通大桥、崇启大桥等建成通车，与上海之间的人、物、资金流动更为频繁，进一步刺激了地区投资的增长与经济的发展。2020年，沪苏通长江公铁大桥建成通车，同时南通新机场选址获得中国民航总局正式批复，成为上海多机场体系的重要一环，共同为长三角一体化打造更为坚实的基础设施体系。可以预期，下阶段上海对南通相关地区的辐射效应将会更强，相关资源将加快流入，固定资产投资完成额增长速度加快。但是，奉贤区与上述地区也并非零和竞争的关系，奉贤可以根据自身资源禀赋特点，形成和巩固自身区域特色，成为长三角一体化的有机组成部分，吸引更多投资进入本区域。

通过分析海门、启东的数据变化情况也可以发现，建设交通基础设施不仅能直接提升项目建设期间的固定资产投资完成额，还将在长期帮助地区吸引更多的投资。从奉贤区的情况来看，"十三五"以来，随着一些重大交通工程的完工，如地铁5号线南延线的投入运营，上海核心城区与奉贤之间的联系更加紧密。近年来临沪县级市（区）的固定资产投资增速普遍放缓，但是奉贤区却仍保持快速增长，正是由于基础设施优化所带来的持续性固定资产投资需求，预计这种领先状态将保持一段时间。

（五）2019年奉贤区固定资产投资特点

2019年，奉贤区全社会固定资产投资（包含市属项目）达到466.38亿元，同比增长5.9%，增速相比2018年有较大幅度的回落，但仍比上海全市增速高约0.8个百分点，为全上海经济稳定增长做出了贡献，也为本区更稳、更好、更协调的高质量发展打下了良好基础。

一是工业投资增量明显。奉贤区2019年完成工业投资90.99亿元，同比增长7.9%，净增6.65亿元。全年工业投资增幅明显，主要是7个大项目的拉动，上海君实生物工程有限公司的君实生物科技产业化临港项目、上海临港华平经济发展有限公司临港智造园六期项目、恩斯克华纳变速器零部件（上海）有限公司的汽车变速器零部件智能化生产基地、上海申能热电工程项目等7个项目合计带动工业投资30.59亿元，占工业投资的33.6%。

二是大项目增长持续拉动。奉贤区2019年在建计划总投资1亿元以上工业项目个数、投资额同比均有所提高，合计投资额为75.16亿元，同比增长27.5%，占全区工业投资总额的比重达82.6%，与2018年基本持平。在建计划总投资1亿元以上工业项目完成投资额同比增长7.4%；从项目个数上看，较上年同期增加22个；从占全区工业投资比重来看，占比有八成多，与上年同期基本持平，大项目对工业投资的拉动作用尤为明显。

三是房地产投资保持良好表现。全年房地产投资完成278.70亿元，同比增长22.7%。2019年房地产投资增幅较大，主要原因是房地产项目开工入库数量虽较2018年少但多为大项目，从房地产投资项目入库情况来看，全年完成11家房地产企业入库（同比减少7家）、22个房地产项目入库工作（同比减少4个）。涉及的大项目有南桥新城04单元15B-06地块、南桥镇25-01地块、南桥新城15单元35A-05A地块等。

四是非房地产行业的第三产业投资降幅较大。如果不计入房地产投资，奉贤区的第三产业固定资产投资完成额为68.09亿元，同比下降33.5%，占全社会固定资产投资的比重为15.6%，同比下降9.1个百分点，主要涉及的行业分类和投资项目是公共设施管理业的49条道路建设；文化艺术业的九棵树（上海）未来艺术中心新建项目、奉贤区青少年活动中心（暨奉贤区市民活动中心）建设工程及奉贤区城市博物馆新建项目3个项目；居民服务业的奉贤区殡仪馆迁建工程；教育方面的奉贤区肖塘小学迁建工程、奉贤区展园路幼儿园新建工程等16个项目；卫生方面的中国福利会国际和平妇幼保健院奉贤院区项目等5个项目；水利管理业的2019年奉贤区住宅小区雨污分流改造项目、奉贤区南桥镇朝阳新村等住宅小区二次供水设施改造工程、奉贤区泰青港等河道整治工程等22个项目。

五是"东方美谷"产业项目投资大幅增长。2019年"东方美谷"产业项目完成工业投资37.36亿元，增幅达103.4%。全年"东方美谷"产业涉及的大项目有上海君实生物工程有限公司的君实生物科技产业化临港项目、

上海药明生物医药有限公司的创新型生物医药工艺研发与生物制药合同生产基地、中国福利会国际和平妇幼保健院奉贤院区项目等6个当年完成投资超1亿元的投资项目，共计投资约17.81亿元，占"东方美谷"产业投资总额的47.7%。

六是基础投资增幅下降。2019年主要基建大项目投资量已释放，城市基础设施投资下降达五成。本年度奉贤区基建投资完成额同比下降近一半，占全社会固定资产投资比重仅为8.4%。全年公共事业基础设施完成投资17.02亿元，同比下降12.7%。基建大幅下降的原因在于上年同期如大叶公路奉贤段（千步泾—沪杭公路改线）改建工程（11.9亿元）、上海申能热电工程（11.8亿元）等大项目开工建设将投资额大量释放。城市基础设施投资主要涉及公共设施管理业的67个项目，共计27.55亿元的投资，占城市基础设施投资比重近八成，占比和项目个数与上年同期基本持平，但完成投资额较上年同期减少了31.19亿元。

七是民间投资增长有力。2019年奉贤区的民间投资同比增加近1/4，完成总额为195.35亿元，占全区固定资产投资完成额的比重高达44.6%。房地产领域对快速增长的贡献巨大，同比增加了48.4%，完成投资达134.04亿元。增长的主要原因是部分房地产项目本年完成投资额都较大，如上海泽翔房地产开发有限公司的奉贤南桥新城15单元05A-02A，完成投资20.70亿元；上海尧乾房地产开发有限公司的南桥新城04单元15B-06地块，完成投资18.46亿元。扣除民间投资完成的61.32亿元，房地产业的投资同比下降7.5%。①

二 2020年1~9月奉贤区固定资产投资分析

2020年1~9月，在突如其来的新冠肺炎疫情影响下，全国正常生产活动均受到了较大的影响，但是奉贤区委、区政府落实"既要防控也要发展"

---

① 《工业房产增幅明显 投资项目推进有力 ——2019年奉贤区全社会固定资产投资运行简析》，上海奉贤统计局网站，https：//www.fengxian.gov.cn/tjj/tjdc/20200305/007004_f1ece09c-6ea6-4d68-bc44-35e92ed7240b.htm。

的基调，坚持把防疫"第一任务"和发展"第一要务"有机统一起来，充分发挥了固定资产投资为社会经济稳定发展"兜底"的作用。

（一）奉贤区固定资产投资总体运行状况

2020年前三季度，奉贤区固定资产投资完成额为379.45亿元，同比增长了9.4%，略低于同时期上海市10.3%的增速。从产业分类来看，第一产业完成了固定资产投资1.35亿元，上年同期第一产业无相应投资；第二产业投资完成额达到82.72亿元，增速高达17.3%，高于同期上海市16%的总体速度；第三产业完成投资300.55亿元，受房地产投资放缓的影响，同比仅增长了8.7%。1~9月，奉贤区房地产投资完成额为238.58亿元，同比增速只有3.7%，与同期上海市9.9%的增速有较大差距。第二、第三产业增速的差异，使得工业投资与房地产投资两大投资领域占全区固定资产投资完成额比重发生一定结构性变化，房地产投资所占比重为60.0%，比上年同期下降3.3个百分点，工业投资占比仅为20.8%，比上年同期增加1.4个百分点。

从构成来看，建筑工程投资额为214.73亿元，同比增长13.3%，增速比上年同期大幅增加近6个百分点；安装工程投资额为5.47亿元，同比增长0.5%，增速下降30个百分点；设备、工具、器具购置投资完成额同比下降23.9%，仅完成19.29亿元；其他费用同比增加14.6%，完成额为145.14亿元，增速下降近25个百分点。

（二）各镇、区固定资产投资情况

2020年1~9月，在奉贤区所辖的区域中，工业综合开发区、临港奉贤分区、杭州湾开发区、四团镇和东方美谷集团固定资产投资相对较高，分别为23.3亿元、22.3亿元、12.4亿元、9.9亿元和9.1亿元（见图10），四团镇固定资产投资总额比上年同期大幅增加6.82亿元。此外未纳入具体某一区域的"其他"固定资产投资总额为39.2亿元，比上年同期大幅增加12.03亿元。

从工业投资来看（见图11），2020年前三季度工业投资总额占比较高

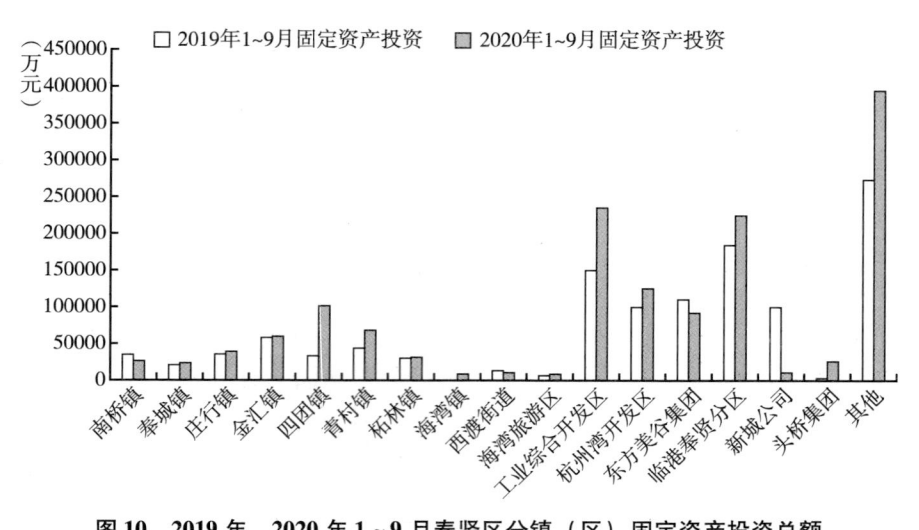

图10 2019年、2020年1~9月奉贤区分镇（区）固定资产投资总额

资料来源：奉贤区统计局。

的镇（区）从高到低为临港奉贤分区、工业综合开发区、四团镇、杭州湾开发区、青村镇和东方美谷集团，工业投资总额分别为20.23亿元、15.40亿元、9.89亿元、8.94亿元、6.34亿元和6.05亿元。其中，四团镇工业投

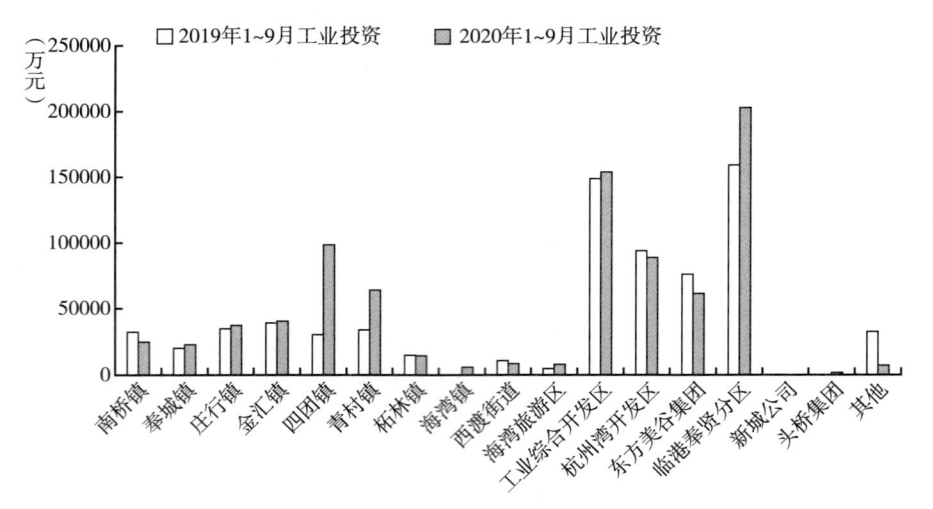

图11 2019年、2020年1~9月奉贤区分镇（区）工业投资总额

资料来源：奉贤区统计局。

资同比增速高达229.3%,青村镇同比增速高达91.6%,临港奉贤分区在基数相对较大的情况下,同比增速仍达到27.3%,上述地区工业投资的迅猛发展,有效地促进了奉贤区工业投资的增长。

(三)2020年1~9月奉贤区固定资产投资特点

2020年1~9月奉贤区围绕"六稳""六保"要求,深入实施"四个一批",坚持招大引强,加强新基建建设,以确定因素对冲不确定影响,创造防疫与发展的最佳结合点,全面提升了政府的主观能动性和服务水平,1~9月固定资产投资完成额逆势实现快速增长,表现出如下特点。

固定资产投资充分发挥"六稳、六保"的作用。2020年1~9月,全区固定资产投资额为397.45亿元,同比增长9.4%。从图12中可以看到,奉贤区固定资产投资额一般在2月相对较低,原因是春节一般在1月或2月,因此工作日较少,投资活动相对不活跃。2020年,受新冠肺炎疫情的影响,1~2月固定资产投资完成额明显少于上年同期。但是,3~9月完成额明显高于上年同期,特别是3~5月投资额是上年的1.5倍左右,5月达到阶段峰值76.8亿元。从2020年以来的月度数据中能明显看到,奉贤区充分发挥了固定资产投资稳定经济发展的作用,逆周期保持本区增长和就业的稳定。

工业投资逆势快速增长。从图13中可以看到,2020年1~9月,工业投资完成70.52亿元,同比增加17.3%,比上年同期增加4.6个百分点。尽管1~2月受疫情影响项目开工时间更短,但本区工业投资仍与上年同期基本持平,4~7月工业投资总量大幅高于上年同期,主要原因在于2020年计划总投资10亿元以上的9个大项目释放了较多投资量。工业投资较快增长得益于奉贤在疫情防控方面取得了积极成效,同时也是因为区委、区政府提前筹备不受疫情影响的相关工作,如对项目方案的设计、审批、土地出让等关键环节均进行了前置性处理。此外,政府还采取了多项创新性的措施,提升了政府服务效能,弥补了部分项目开工延后的时间损失,疫情结束后各重点项目能够第一时间启动集中开工。

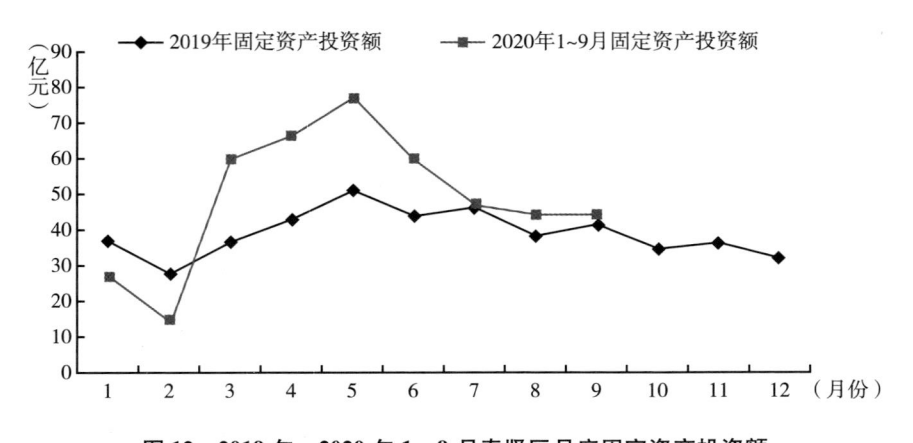

图12 2019年、2020年1~9月奉贤区月度固定资产投资额

资料来源：奉贤区统计局。

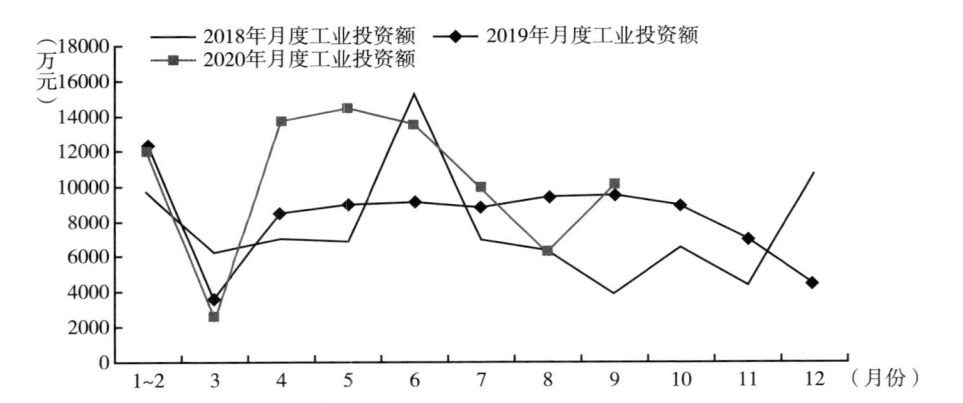

图13 2018年、2019年全年，2020年1~9月奉贤区月度工业投资额

资料来源：奉贤区统计局。

大型项目拉动效应持续。大型化学原料项目、医药制造项目等为"东方美谷"产业注入了强劲的活力，2020年1~9月"东方美谷"完成固定资产投资32.75亿元，同比增长47.9%，其中涉及的大项目包括医药制造业的君实生物科技产业化临港项目、化学原料和化学制品制造业的美乐家日用清洁用品及化妆品研发生产项目、创新型生物医药工艺研发与生物制药合同生产基地（1.38亿元）、邦全（上海）石材经营有限公司产业园项目和九

鼎集团（上海）产业园（1.01 亿元）等。

房地产投资增速放缓。2020 年 1~9 月，房地产开发投资额为 238.58
亿元，同比增速大幅下降了 25.6 个百分点，占固定资产投资完成额的比重
减少了 3.3 个百分点。2020 年奉贤区的房地产投资增速明显下降，低于上
海市整体房地产投资增速水平。由于 2017~2019 年奉贤房地产投资增速均
超过 20%，在前期商品房项目投资集中释放后，短期保持高增速的难度较
大；但是，从区域发展的角度来看，奉贤区交通区位在不断改善、公共服务
不断提升，后期房地产投资仍有平稳上升的预期。

房地产以外的第三产业投资大幅增加。在房地产增速大幅下降的情况
下，2020 年 1~9 月第三产业增速仍取得同比增长 8.7% 的较好成绩，主要
是本时期非房地产第三产业投资增长幅度较大，同比增加 33.7%，投资总
额达到 61.96 亿元。除房地产以外的第三产业投资主要涉及公共设施管理、
水利管理、文化艺术、教育、卫生、居民服务、商务服务等行业，包含的项
目与奉贤区城市基础设施建设、生态环境、社会民生等息息相关。该领域投
资的增加，将能持续改善百姓生活，提高城市总体能级，使得人民群众美好
生活的目标加快实现。①

三　奉贤区固定资产投资优化建议

长期以来，固定资产投资是我国经济发展动力的重要来源。一方面由于
固定资产投资建设的巨大需求，直接支撑了一大批相应产业的发展。另一方
面，则是固定资产投资投入使得产业不断升级，提升了全社会的生产效率。
但是，经过多年投资积累，目前我国的投资存量较大，投资的边际产出相对
减少。在此情况下，如何让固定资产投资更有效地提升总体生产效率，关系
到我国经济的长期高质量发展。

---

① 《奉贤统计月报（九月）》，上海奉贤统计局网站，https：//www.fengxian.gov.cn/tjj/tjsj/
20201020/004001_83e53f69 - cb16 - 47d2 - b944 - c3caf19d5422.htm。

此外，2020年，面对突如其来的新冠肺炎疫情，中国经济下行压力加大，但在较高的治理水平和完善的产业链之下，IMF和OECD预测中国是2020年主要经济体中唯一GDP实现正增长的国家。在未来一段时间，疫情将对中国经济增长、产业发展模式持续产生较为深远的影响，奉贤区在稳定经济发展的同时，应加快推进经济结构转型，更为有效地应对突发公共卫生事件和已发生重大转变的外部环境带来的负面影响，为中国经济实现国内国外双循环贡献积极力量。

（一）引导工业投资实现高质量发展

当前，奉贤区经济规模和总量还不够大，经济密度和发展能级还不够高，部分园区产业基础和产业链水平还较低，仍需要持续加大、引导高质量工业投资进入奉贤，帮助本区打造高端产业圈，提升创新引领发展的能力。可以考虑推进如下几项内容，一方面，以产业链的现代化、高级化、完整化为方向，积极引进具备较高科研创新能力、成长前景良好，同时也有助于完善地区产业链条的龙头性或成长性企业，强化重点产业的要素资源集聚效应，进一步加快本区以人为核心的工业经济发展；另一方面，美丽健康行业符合国家"十四五"规划的发展方向，区委、区政府有必要进一步加大扶持和推进力度，并可以此为依托发展打造医疗、康养一体化行业体系，形成长三角区域范围乃至全国范围内的产业高地。以美丽健康、医疗、康养等行业为载体，奉贤区可以形成别具特色的城市名片，加强产业集群效应。在积极引进高质量投资的"活水"的同时，奉贤区也应该促使区内企业进行设备、技术的改造和更新，充分发挥引导作用，通过资金、政策等优惠措施，使企业跨越升级的成本壁垒，最终提高产品生产的效率和质量，进而使得本区产业现代化能更快地实现。

（二）营造国际一流营商环境，吸引大项目投资

近年来，奉贤区固定资产投资总额能保持较快增长，亿元以上大项目拉动是关键因素。大项目、大企业进入某一地区，很大程度上取决于当地是否

拥有良好的营商环境。因此，奉贤要进一步以国际一流为目标，充分发挥主观能动性，创造良好的营商环境，为新产业提供更优质的服务。一方面，努力为新兴产业提供优质的融资服务，充分发挥政策性金融机构的作用，既要为对本区发展长期有利的重大项目寻求稳定、低成本的资金来源，也要充分利用金融市场，通过优化金融服务，使得企业增加投资的通道和形式多样化。另一方面，需要进一步提升城市建管水平，目前奉贤区重大工程建设的行政审批、项目管理等环节衔接仍需进一步理顺，城市运行和生产安全还有提升空间，生态保护和污染防治任重而道远，社会治理和城市管理需要更加精细高效。

需要注意到，推动乡村振兴也是提升总体营商环境的重要一环。若乡村振兴目标不能有效实现，势必成为奉贤区城市能级提升的短板，制约奉贤打造国际一流的营商环境。当前奉贤撤制镇社区基础还很薄弱，部分村民住房老旧，农民持续增收压力较大，需要出台更多举措实现农业更强、农村更美、农民更富的目标。

（三）保持房地产第三产业投资，提升城市能级

发展第三产业，特别是房地产行业以外的第三产业，对地区经济长远发展有重要作用。近年来，奉贤区第三产业的投资不断加大，房地产开发投资的持续拉动，特别是2017～2019年，房地产投资的增速超过了20%，在房地产投资的驱动下，本区居民的居住条件得到了明显改善，奉贤区经济也保持着稳定增长。但是，根据当前国家调控形势，房地产固定资产投资难以长时间保持高速增长。相关部门已对房地产融资有所收紧，谋划制定"三道红线"，即突破"房企剔除预收款后的资产负债率大于70%，净负债率大于100%，现金短债比小于1.0倍"等，越发严格的政策要求将使房企的融资能力受到限制，房地产投资继续爆发式增长的可能性下降。

从奉贤区发展趋势来看，前几年本区域已释放了较多房地产投资量，短期房地产投资增速出现放缓的可能性较大。2020年1～9月数据显示，房屋建筑竣工面积同比下降18.9%，施工面积同比下降18.2%。尽管"房住不

炒"是中央政策调控的主导方向，但是房地产健康发展对于转型期经济稳定而言仍有不可或缺的作用。不同地区也应该根据自身情况推进房地产发展，不可进行"一刀切"。奉贤区处于长三角一体化的核心地区，人口有持续流入本区域的趋势，同时在上海市核心区建设用地越来越少的情况下，奉贤区增加房地产供给也有助于上海地区居民改善自身的居住条件。从这些角度来看，奉贤区坚持"房住不炒"的前提下，仍可适度地发展房地产，政府应该做好规划工作，增加合理的房地产项目供给。

此外，奉贤区也要继续大力增加工业投资和其他类型的第三产业固定资产投资，使城市的投资结构更为合理。政府可考虑调整和引导全社会多元投资主体的投资方向和投资范围，加强对战略性产业的集中支持，加大力度扶持金融、旅游等行业，有效利用地理位置和旅游资源形成更好的投资环境。

四 奉贤区固定资产投资形势展望

近年来，随着交通基础设施的不断完善，地铁、高速公路的相继建成，奉贤实现了半小时覆盖区域核心圈层，融入了徐家汇商圈、虹桥商务区和迪士尼商圈。奉贤与上海市区的联系更加紧密，公共基础设施的加大投入，使得奉贤区的城市能力不断提升，吸引了大批房地产企业来奉贤投资。展望未来，奉贤区经济正加快向高质量转型，工业投资有望保持较快发展速度，营商环境改善和居住条件提升的需求使得地区仍需进一步加大第三产业的投资力度。

从国家和地区的总体经济形势来看，当前我国的外部环境与以往相比已发生了较大的变化，全球总需求在疫情的影响下水平性下移。虽然得益于较强的治理能力，我国经济较快地从疫情中恢复，但在全球需求下行的背景下，国内经济下行压力较大。在此背景下，基础设施建设等固定资产投资仍是保持经济平稳增长的重要手段。长期来看，疫情也暴露了我国在公共卫生等领域的基础设施建设仍存在较大的漏洞，亟须持续加大投入；疫情加快了"云办公""直播经济"等生产方式的崛起，5G等新基建需要加大投入才能满足经济生产方式转变的需求。此外，城镇老旧小区改造、城市停车场、城乡冷链物流设施建设等补短板工程等也是一项长期工程。综合而言，总体宏观背景仍然支持奉贤区在未来一段时间内持续加大固定资产投资力度。

从奉贤区发展形势来看，杭州湾、长三角两大国家战略叠加让奉贤具备了较强的区位优势，奉贤应抓住一体化的机遇，加大固定资产投资的投入力度，放大国家战略带来的提升效应。此外，《上海市奉贤区总体规划暨土地利用总体规划（2017—2035）》① 指出，奉贤区要对标上海建设卓越全球城市，建设宜居宜业的"东方美谷"、滨海新城。相对上海中心市区而言，奉贤区发展程度还较低，固定资产存量水平仍显不足，内部区域不平衡和奉贤总体规划方向均要求保持较大的投资力度。下阶段，奉贤区固定资产投资的方向应包括重点区域的开发，如轨道交通 5 号线南延伸段站点及周边区域综合开发、"南桥源"老城区有机更新、奉浦大道沿线功能性项目建设等，这些重点基建将为奉贤区实现转型升级贡献力量。

从具体产业项目来看，奉贤区在建设"东方美谷"和"未来空间"两个产业平台，打造"特""优""长"三大体系上仍然还有挖掘的空间，需要让特色更特、优势更优、长板更长。未来奉贤区要有效引导固定投资的方向，以具体项目为切入点，引导工业投资打造现代产业群，引导第三产业投资打造亮丽的城市名片，推动大健康美丽产业从品质到品牌转变，促进经济从低密度到高密度跨越，实现"东方美谷"产业、城市、文化、生态品牌的融合发展。

聚焦 2020 年，奉贤区的工业投资预计将继续快速增长。2020 年 1~9 月计划总投资 10 亿元以上的 9 个大项目释放较多投资量，包括上海蓝湾进平新能源科技有限公司（年度计划投资 10 亿元），后期新建项目协鑫集成科技股份有限公司的协鑫奉贤康美总部园（年度计划投资 1 亿元）等项目如期开工推进，预计工业投资将完成 100 亿元。

---

① 《上海市奉贤区总体规划暨土地利用总体规划（2017—2035）》，上海奉贤规划资源局网站，https://www.fengxian.gov.cn/shfx/zfxxgk/20190617/005002014_ 2d5a75e5 - 562d - 462e - 91c4 - 94e579f86f56. htm。

从房地产投资来看，轨道交通通车后，奉贤区与上海市区通勤时间缩短，奉贤的房地产进入部分人群置业目标范围。在潜在需求的驱动下，大量房地产企业进入奉贤地区开发投资，交通便利使得房地产投资增加效应预计仍将持续。《上海市城市总体规划（2017—2035年）》①中，奉贤新城是5个引领上海市综合发展型城镇圈规划的新城之一。要充分发挥奉贤新城的引领作用，奉贤区需要在固定资产投资方面加大投入力度，交通、教育、公共卫生等城市基础配套设施要进一步完善。随着交通设施的完善和其他基础设施升级，通勤时间将进一步缩短，居住环境将进一步改善，奉贤区位优势将越发凸显，更多的购房需求将被激发，这意味着本区将会持续吸引房地产企业加大投资力度。短期而言，由于前几年各类房地产项目加速建成，短期在项目储备不足的情况下，房地产投资增速可能会相对下降。根据目前项目情况来看，奉贤全年房地产投资将完成300亿元，2020年房地产投资增速下行压力较大。

从除了房地产以外的第三产业情况来看，奉贤区围绕"新片区西部门户、南上海城市中心、长三角活力新城"发展定位，需要通过固定资产投资不断投入，让产业功能更强、交通设施更畅、配套服务更完善，满足人民群众对美好生活的向往，引导经济进行整体跨界融合式发展，使区内形成更多的新业态、新模式、新平台。

当前数据显示，2020年房地产以外的第三产业固定资产投资完成额将明显增加。随着相关项目投资量逐步释放，包括交能集团的大叶公路、金海公路、浦卫公路及教育、卫生、多个水利项目其他政府性投资新增项目，龙殷生物的波顿集团上海生物科技研发中心及运营总部项目的陆续开工，以及殡仪馆迁建工程、中国福利会国际和平妇幼保健院奉贤院区项目、市民活动中心等续建大项目的正常建设，2020年房地产以外的第三产业有望完成100亿元投资，奉贤区的整体公共设施水平将得到较大提高。

---

① 《上海市城市总体规划（2017—2035年）》，上海市政府网站，http://www.shanghai.gov.cn/newshanghai/xxgkfj/2035004.pdf。

　　综合研判，本报告认为奉贤区 2020 年固定资产投资仍将保持较快的增长速度，预计全年完成投资 500 亿元，其中工业 100 亿元，房地产 300 亿元，除了房地产以外的第三产业投资将达到 100 亿元。短期疫情对经济的影响仍将持续，固定资产投资平稳经济增长的作用仍有待进一步发挥。

　　展望未来，奉贤区的区位优势是固定资产投资持续投入的保障。随着长三角一体化的推进，临港自贸区的加快发展，《上海市奉贤区总体规划暨土地利用总体规划（2017—2035）》的进一步推进，城市基础设施的加快升级，可以预期奉贤区仍需保持较大的固定资产投入力度，才能满足城市能级提高、现代化产业集群、地区群众居住条件改善等需求。因此，本报告认为，"十四五"规划期间，在宏观经济形势、政府决策环境总体保持一致的情况下，奉贤区的固定资产投资仍将保持较快增长，为全区经济社会的高质量发展提供有力的支撑。

　　2019 年是中华人民共和国成立 70 周年，是全面建成小康社会、实现第一个百年奋斗目标的关键之年。面对国内外风险挑战明显增多的复杂局面，奉贤区围绕"奉贤美、奉贤强"战略目标，全力打造"四个奉贤"，采取了多项措施，以自身发展的确定性有效应对外部环境的不确定性，延续了总体平稳、稳中有进的发展态势，城乡一体化建设提速，"东方美谷"品牌全面打响，城市功能性项目加快建设。

　　2020 年是全面建成小康社会决胜之年，也是"十三五"规划收官之年。2020 年以来，受新冠肺炎疫情以及全球经济形势波动影响，奉贤区经济开局严峻，下行压力较大。奉贤区迅速实施疫情常态化防控，大力推动复工复产复商，固定资产投资保持较高增速，工业投资逆势加大，经济呈现明显复苏迹象。但截至 2020 年 10 月，全球疫情尚未完全结束，国内仍有小区域反弹，国际疫情持续蔓延，奉贤区稳增长、稳就业、稳需求压力仍然较大。在区委、区政府的正确领导下，奉贤区全力推进固定资产投资项目建设，1～9月全区固定资产投资保持较快增长态势，为 2020 年经济稳定增长奠定了坚实的基础。

B.6
2020~2021年奉贤消费品市场形势分析与研判

邸俊鹏 宋敏兰*

摘 要：
基于奉贤区"十三五"期间与消费相关的数据变化特征，本报告对"十三五"期间奉贤区消费品市场的发展态势及2020年运行特点进行了分析，并结合新的消费发展趋势和政策部署情况提出了2021年消费品市场研判。本报告认为，2020年奉贤区商品销售额略有下降，但降幅正在逐步收窄，2020年底社会消费品零售总额增速有望由负转正。受新冠肺炎疫情影响，居民消费习惯有所转变，改善类的需求稳步提升，网络购物类销售额实现迅速反弹，直播经济迎来快发展期，上海首届"五五购物节"凸显了线上线下联动发力对消费复苏的积极作用。未来奉贤区还须前瞻布局，紧跟消费变化趋势，抢先布局新兴消费热点。

关键词： 消费品市场 消费习惯 直播经济 上海奉贤

2020年暴发的新冠肺炎疫情对我国消费品市场产生了较大的负面影响。疫情期间恰逢春节"黄金时段"，为防控疫情，居民居家隔离、公共

---

* 邸俊鹏，经济学博士，上海社会科学院经济研究所、数量经济研究中心副研究员，主要研究方向为宏观经济形势分析、计量经济学理论及政策评估；宋敏兰，上海社会科学院硕士研究生，主要研究方向为宏观经济形势分析。

场所暂时关闭，以餐饮、线下零售、旅游、电影为代表的线下消费市场受到重创。此外，部分交通运输业路线的中断对线上消费市场也造成了较大影响。疫情初期，农业生产停滞与制造业不同程度的停产更加剧了消费市场的供需矛盾。

在国内疫情得到基本控制之后，扩大内需成为提振经济的重要立足点和战略基点。2020年5月，在全国政协十三届三次会议中，习近平总书记强调面向未来，我们要把满足国内需求作为发展的出发点和落脚点，加快构建完整的内需体系。① 2020年9月，国务院印发的《关于以新业态新模式引领新型消费加快发展的意见》要求坚定实施扩大内需战略，以新业态新模式为引领，加快推动新型消费扩容提质，努力实现新型消费加快发展，推动形成以国内大循环为主体、国内国际双循环相互促进的新发展格局。可见，扩大内需既是应对疫情冲击的需要，又是保证我国经济长期持续健康发展的需要，也有利于更好地满足人民日益增长的美好生活需要。

为了加快提振消费品市场，加大促进经济社会发展工作力度，全力打响上海"四大品牌"，加快建设国际消费城市，2020年4月，上海市出台了《关于提振消费信心强力释放消费需求的若干措施》，提出举办"五五购物节"，推动新兴消费、休闲消费、汽车消费、信息消费和家装消费等"五大消费"发展，打造首发经济、夜间经济、品牌经济和免退税经济等"四个经济"，以此营造浓厚的消费氛围。政策出台后，首届"五五购物节"，以"全城打折季"为主题，时间上横跨5月、6月两个月，线上线下销售额达5397.0亿元，极大促进了消费回补和潜力释放。5月，上海市社会消费品零售总额同比增长0.6%，增速高出全国3.4个百分点。2020年前三季度，上海市社会消费品零售总额达9913.3亿元，比上年同期增长7.2%，消费品市场的活跃度得到大幅提振。

---

① 《把满足国内需求作为发展的出发点和落脚点》，人民网，http：//cpc. people. com. cn/n1/2020/0524/c419242 - 31720903. html。

一 "十三五"期间消费品市场现状分析

（一）商品销售额

"十三五"期间奉贤的商品销售额增速逐渐放缓，受疫情影响，2020年增速有较大幅度下滑。2020年1~9月全区实现商品销售额903.2亿元，同比下降8.3%，相较2020年上半年（-13.8%）降速有较大幅度收窄。如图1所示，"十三五"期间奉贤区商品销售额呈现先升后降的发展趋势。2019年商品销售额（1327.9亿元）降幅较大，降至2015年水平（1368.2亿元）以下。受疫情影响，2020年1~9月商品销售额出现负增长，前9个月的商品销售额仅为2019年的68.0%。

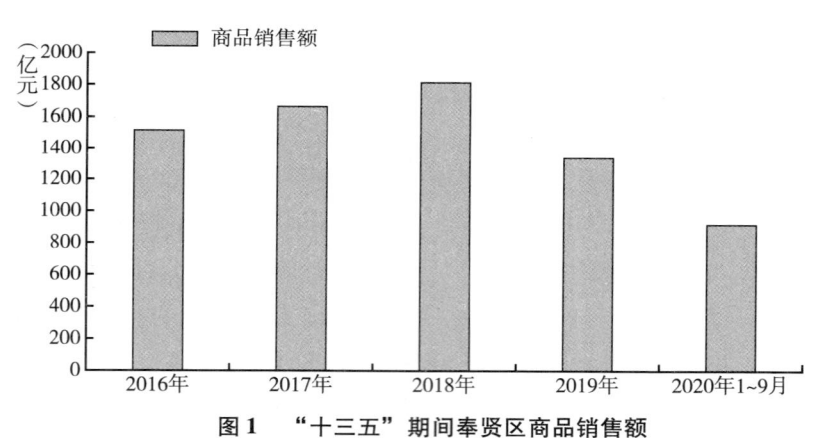

图1 "十三五"期间奉贤区商品销售额

资料来源：历年《上海市奉贤区统计年鉴》；《奉贤统计月报》。

结合图2中的数据来看，2020年奉贤区商品销售额的季度变化特征与前面三年有所不同，疫情影响之下春节所在的第一季度的商品销售额大幅下降，7月、8月的暑期商品销售额也比前三年大幅收缩。但可喜的是，自2020年3月以来，商品销售额增速正逐步攀升，尤其是在全市首届"五五购物节"的拉动下，第三季度商品销售额呈现稳步增长的态势。在第四季度表现优于前三季度的一般情况下，商品销售额有望在 2020 年底至 2021 年初实现累计增长率由负转正。

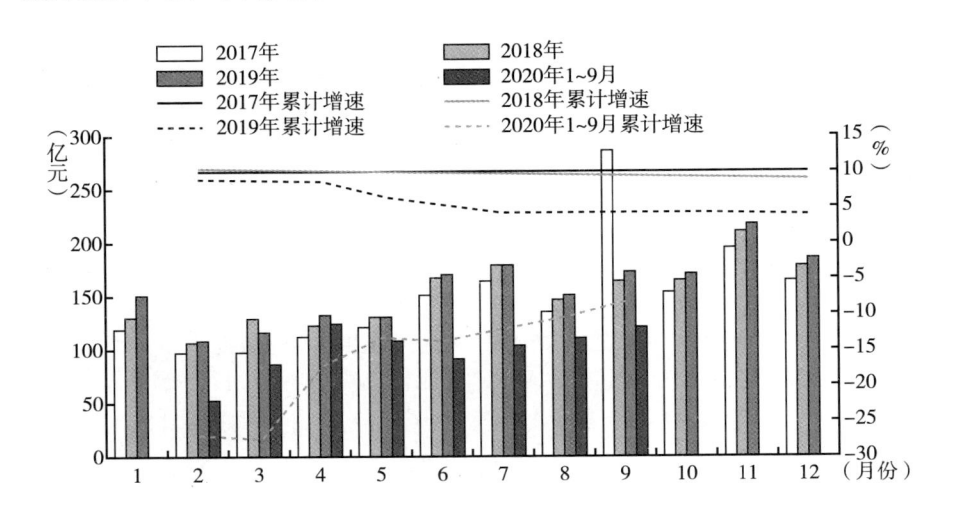

图 2 2017 年至 2020 年 9 月奉贤区商品销售额和累计增速

注：2020 年 1 月数据缺失，余同，此后不赘述。
资料来源：《奉贤统计月报》。

（二）社会消费品零售总额

"十三五"期间奉贤区社会消费品零售总额变化趋势与商品销售额相近，均呈现先增长后下降的趋势。不同的是，社会消费品零售总额增速在前四年均有略微下滑，2020 年受疫情影响出现负值。2020 年 1～9 月全区累计实现社会消费品零售总额 372.0 亿元，同比下降 5.7%。从图 3 中可以看出，总量上来看奉贤区社会消费品零售总额在"十三五"的前四年表现较为平稳，2020 年受疫情影响较为显著，前 9 个月实现的总额为 2019 年全年的70.0%，表现情况略优于商品销售额。

从图 4 中数据来看，与商品销售额的情况类似，2020 年奉贤区社会消费品零售总额累计增速逐月攀升。受疫情影响，春节所在的 2 月社会消费品零售总额较前三年同期有较大幅度的下降，社会消费品零售总额仅为 2019

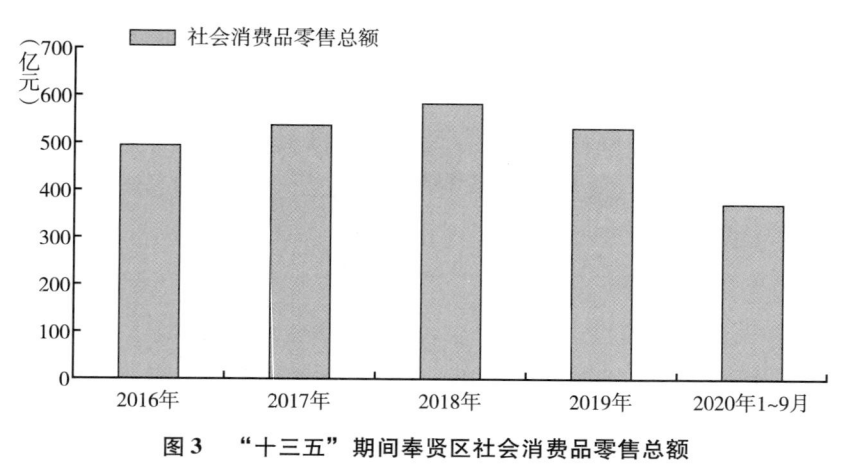

图3　"十三五"期间奉贤区社会消费品零售总额

资料来源：历年《上海市奉贤区统计年鉴》；《奉贤统计月报》。

年2月的42.2%。随着国内疫情得到有效控制，叠加全市提振消费信心，2020年5月奉贤区社会消费品零售总额已经恢复至2019年5月的90.3%。第三季度社会消费品零售总额进一步恢复，在第四季度"中秋＋国庆"长假、进博会、"双十一"、"双十二"等消费利好态势下，预计累计增速为负的态势将在2020年第四季度至2021年第一季度逆转。

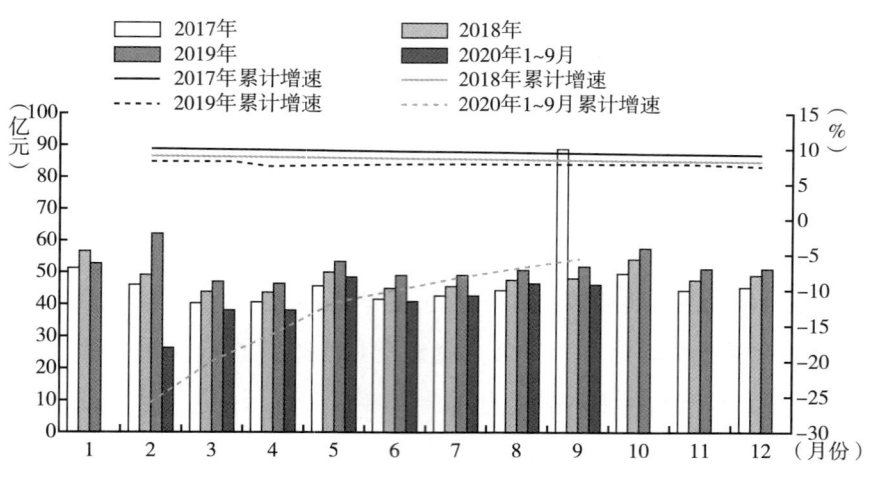

图4　2017年至2020年9月奉贤区社会消费品零售总额及累计增速

资料来源：《奉贤统计月报》。

（三）限额以上社会消费品零售额

2020年奉贤区限额以上社会消费品零售额表现出较大的韧性。在疫情冲击下，2020年1~9月累计实现限额以上社会消费品零售额123.3亿元，同比下降1.2%，绝对值和增长率均优于2019年同期水平（106.6亿元，-2.9%）。从图5中可以看出，2020年前9个月仍为负增长，从总量上来看，2020年前9个月的总额是2019年全年的83.2%，与2017年和2018年全年的实现额已十分接近。

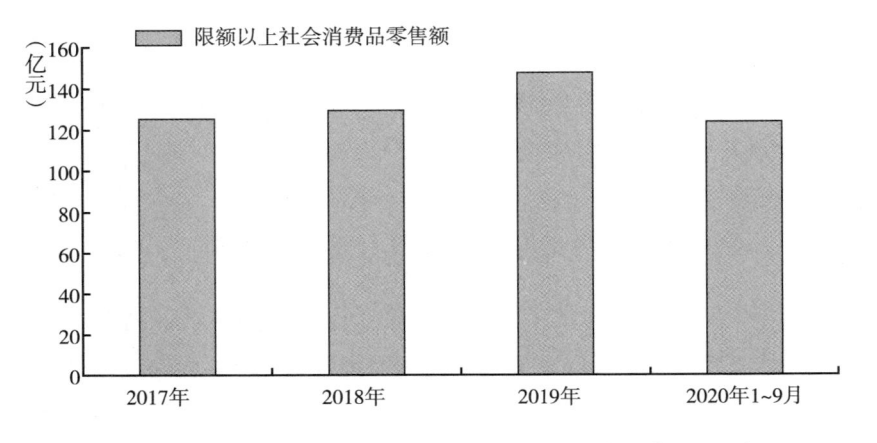

图5 2017年至2020年9月奉贤区限额以上社会消费品零售额

资料来源：历年《上海市奉贤区统计年鉴》；《奉贤统计月报》。

结合图6中的月度数据来看，奉贤区限额以上社会消费品零售额尽管在2020年2月较之前三年同期有显著的下降，但之后的3~9月限额以上社会消费品零售额均远超前三年同期。尤其是在"五五购物节"所覆盖的5月、6月两个月，表现十分抢眼。在政策利好的态势下，奉贤区限额以上社会消费品零售额累计增速逐月攀升，甚至自2020年7月起，累计增速已高于上年同期水平。在经历了2017~2018年的动态调整期及2019年的稳态平衡期后，2020年在新的消费形势下，奉贤区限额以上社会消费品零售额有望迎来新的增长阶段。

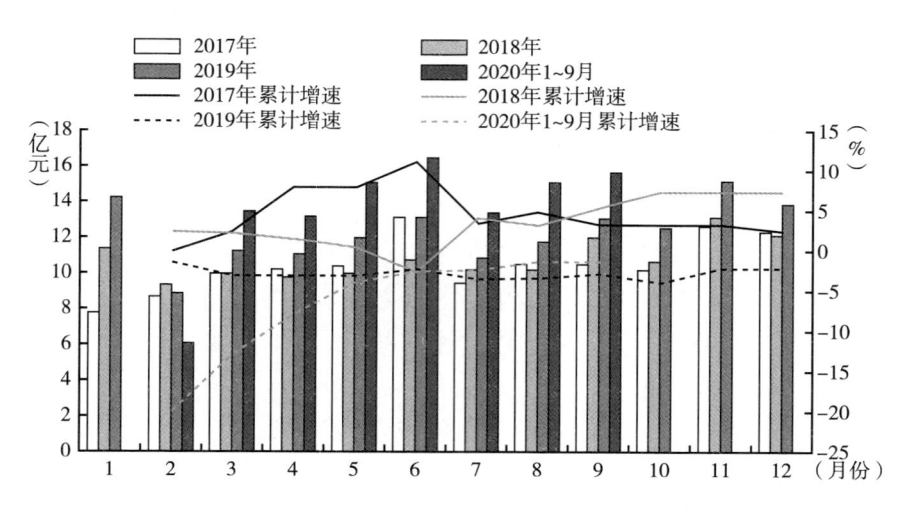

图6 2017年至2020年9月奉贤区限额以上社会消费品零售额和累计增速

资料来源:《奉贤统计月报》。

（四）通过公共网络实现的限额以上商品零售额

2020年奉贤区通过公共网络实现的限额以上商品零售额持续增长,总量和增速迎来新跃升,表现十分抢眼。2020年1~9月奉贤通过公共网络实现的限额以上商品零售额为41.7亿元,同比增长28.2%。如图7所示,从总量来看,2020年仅前三季度的总量和增速已经实现超过2019年全年的表现,预计2020年全年将实现更大的跃升。从增速来看,历经两年的恢复期,2020年前三季度增速已经基本恢复至2017年的水平。疫情培养了消费者在线消费的习惯,使得限额以上社会消费品零售额中通过公共网络实现的限额以上商品零售额所占的比重达到近四年的新高,从2017年的占比12.8%跃升至2020年前三季度的33.8%。

结合图8中月度数据的变化情况来看,受疫情影响2020年前9个月奉贤区通过公共网络实现的限额以上商品零售额较前三年均有较大幅度的增长,其中6月数据提升最为显著。同时,相较于2018年和2019年的平稳增长,2020年累计增速的月度波动较大,较前两年表现出新的特征。其中5~6月由于首届"五五购物节"对线下消费刺激显著,线下消费在一定程度上

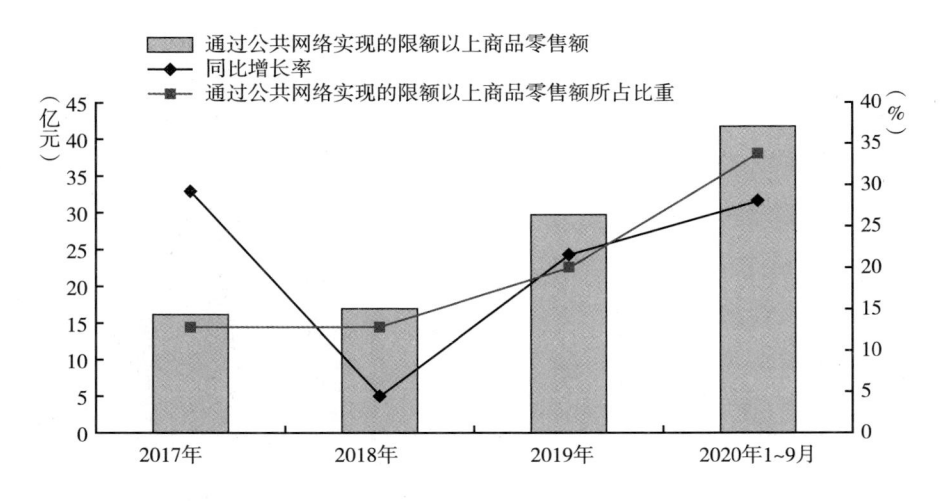

图7　2017年至2020年9月奉贤区通过公共网络实现的限额以上商品零售额、同比增长率及其所占比重

资料来源：历年《上海市奉贤区统计年鉴》；《奉贤统计月报》。

挤占了线上消费的额度，因此5~6月累计增速为负。2020年第三季度的变化特征与前三年的变化类似，呈现总量稳步增长、增长率表现平稳的特征。消费习惯由线下向线上转变，奠定了通过公共网络实现的限额以上商品零售额逐年递增的态势。加之在线新经济、直播经济等新的消费模式的驱动，未来奉贤区通过公共网络实现的限额以上商品零售额有望实现更快增长。

（五）按主要商品分类限额以上社会消费品零售额

按主要商品类值分，2020年1~9月奉贤区限额以上社会消费品零售额排在前三位的为汽车类（27.0亿元）、服装鞋帽针纺织品类（12.8亿元）以及家用电器和音像器材类（12.5亿元）。从图9、图10中可以看出，汽车类消费持续占据限额以上社会消费品零售额中最大的比重，2020年前三季度总量已经高于2017年、2018年全年水平。服装鞋帽针纺织品类零售额表现较为稳定，呈持续稳步增长态势。受疫情影响，家用电器和音像器材类的消费表现较为抢眼，居家隔离、办公、上课等活动增加了居民对该类别产品的消费需求，相比前三年零售额有较大提升。2020年前三季度家用电器

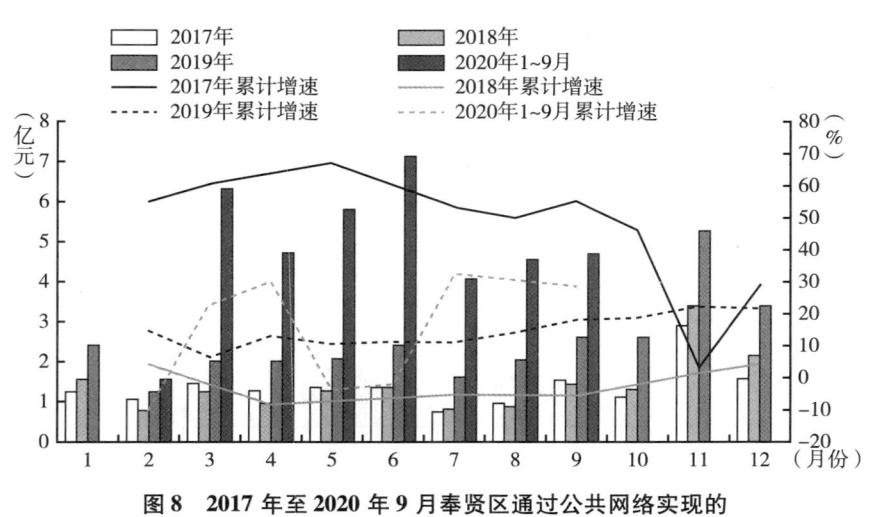

图8 2017年至2020年9月奉贤区通过公共网络实现的
限额以上商品零售额和累计增速

资料来源:《奉贤统计月报》。

和音像器材类零售额已与服装鞋帽针纺织品类看齐。此外,受疫情影响,粮油、食品类消费也较前三年有所提升。石油及制品类、金银珠宝类、中西药品类、烟酒类零售额呈逐年递减的趋势。

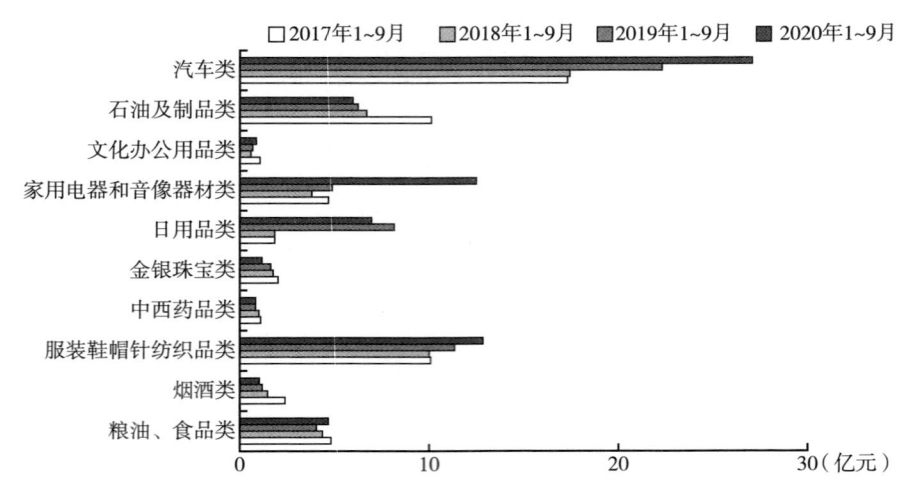

图9 2017~2020年前三季度奉贤区按主要商品分类限额以上社会消费品零售额

资料来源:《奉贤统计月报》。

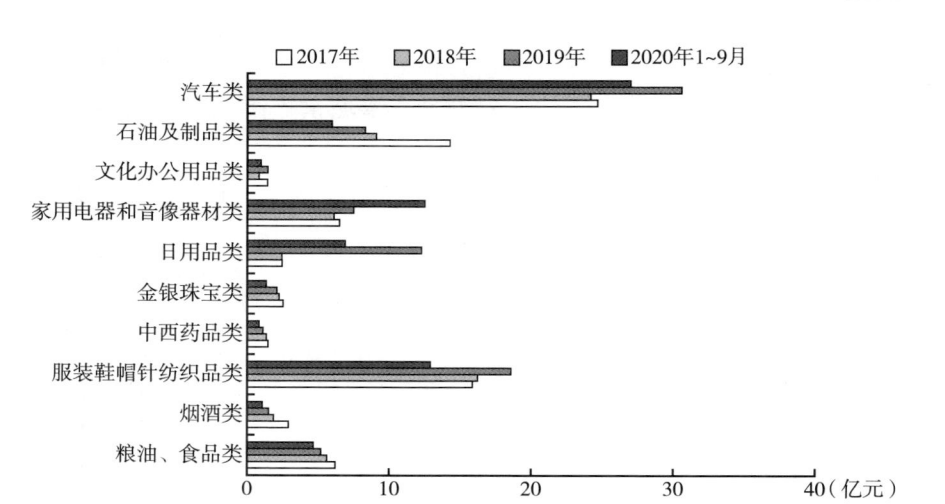

图10　2017 年至 2020 年 9 月奉贤区按主要商品分类
限额以上社会消费品零售额

资料来源：历年《上海市奉贤区统计年鉴》；《奉贤统计月报》。

从增速情况来看，2020 年 1～9 月的累计增速中，仅有汽车类，家用电器和音像器材类，服装鞋帽针纺织品类，粮油、食品类的零售额保持正增长，其余类别的限额以上社会消费品零售额均是负增长。其中粮油、食品类消费是近四年中首次出现正增长；服装鞋帽针纺织品类消费连续四年增长，且在疫情影响下，2020 年前三季度仍实现了 13.4% 的增长；汽车类消费扭转了前两年的负增长态势。

（六）各镇（区）社会消费品零售总额

"十三五"期间奉贤区各镇（区）社会消费品零售总额总体上呈现平稳增长的态势，但 2020 年前三季度表现不及上年，2020 年可能成为奉贤区"十三五"期间各镇（区）社会消费品零售总额同时下降的唯一年份。从图11 中可以看出，2020 年前三季度杭州湾开发区、南方集团和其他同比下滑超 10%，金汇镇同比增速最高为 14.4%，增速相差较大。从总量来看，2020 年前三季度仅有西渡街道、工业综合开发区、东方美谷集团三个镇（区）

在总量上高于上年同期；奉城镇、庄行镇、南方集团、其他镇（区）等较上年同期有较大减少；南桥镇、奉贤新城、奉城镇等镇（区）仍然为奉贤区社会消费品的主要消费地。

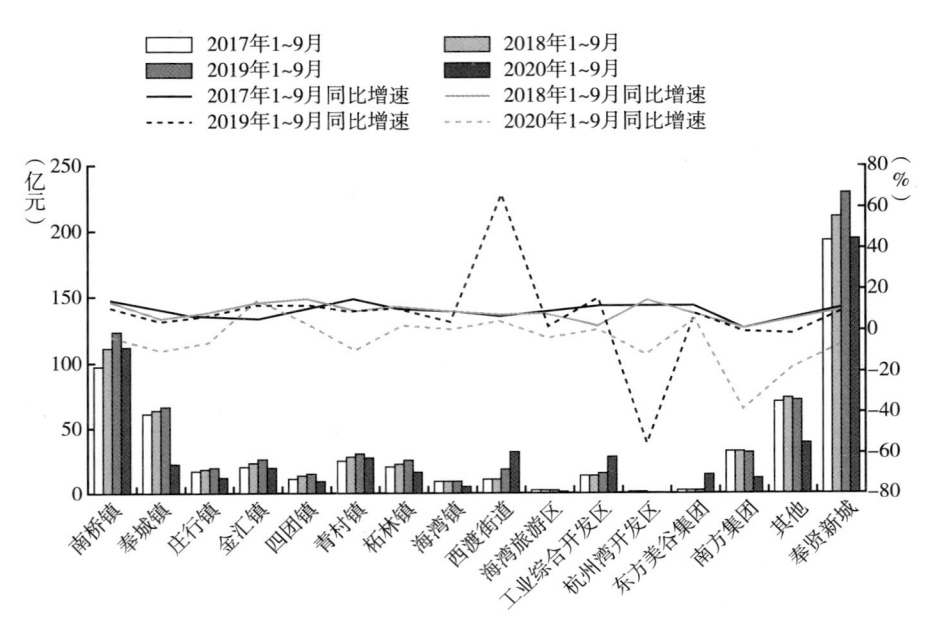

图 11　2017～2020 年前三季度奉贤区各镇（区）社会消费品零售总额及同比增速

资料来源：《奉贤统计月报》。

从图 12 中可以看出，2020 年前三季度是"十三五"期间没有变更名称的镇（区）中社会消费品零售总额呈负增长的镇（区）数量最多的时期。从增速来看，2020 年前三季度除金汇镇外，增速基本上为"十三五"期间历年最低值。从总量来看，"十三五"期间南桥镇一直是奉贤区消费重镇；奉城镇在 2019 年开始呈现下降趋势，2020 年前三季度下降趋势更为显著；庄行镇、金汇镇、四团镇、青村镇、柘林镇、海湾镇在"十三五"期间均呈现先增后降的态势，但总体表现相对稳定；西渡街道和工业综合开发区在"十三五"前期增长并不显著，但后期表现出较为强劲的增长态势；南方集团则在"十三五"前期表现平稳，近两年增长略显乏力；"十三五"期间海湾旅游区和杭州湾开发区社会消费品零售总额基本上是消费重镇南桥镇的1%，且占比大有逐年下降的态势。

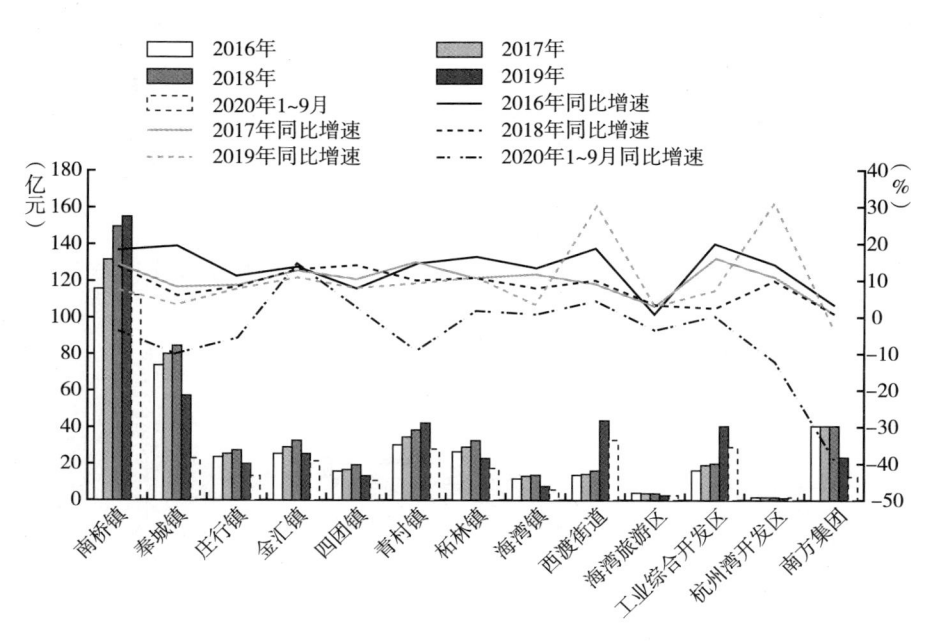

图12　"十三五"期间奉贤区部分镇（区）社会消费品零售总额和同比增速

资料来源：历年《上海市奉贤区统计年鉴》；《奉贤统计月报》。

二　2020年消费品市场运行主要特点

（一）消费降幅持续收窄，扩大内需或促成新增长点

综合商品销售额与社会消费品零售总额的情况来看，如图13所示，2020年奉贤区商品销售额累计增速表现不及全市，社会消费品零售总额累计增速情况从第二季度开始略优于全市。从图13中也可以看出，商品销售额累计增速的波动情况比社会消费品零售总额更显著，体现出居民内需对经济增长影响的韧性。受国际贸易形势严峻的影响，自2019年第一季度起，

奉贤区商品销售额累计增速呈现显著下降趋势。2020 年在新冠肺炎疫情和
国际贸易形势严峻双重压力下，商品销售额和社会消费品零售总额均出现负
增长。随着国内疫情情况的好转，叠加购物节、地摊经济、直播经济等促消
费、扩内需政策活动的贯彻落实，目前无论是全市还是奉贤区其累计增速都
在逐步回升。但目前疫情仍在全球流行，部分国家和地区出现疫情反弹，国
际需求大幅萎缩，贸易壁垒明显增加等，在我国外贸发展面临复杂严峻形势
的情况下，消费增长仍面临较大下行压力。进一步扩大消费、扩大内需，对
于提升经济增长韧性、加快经济发展方式转变，有举足轻重的作用。

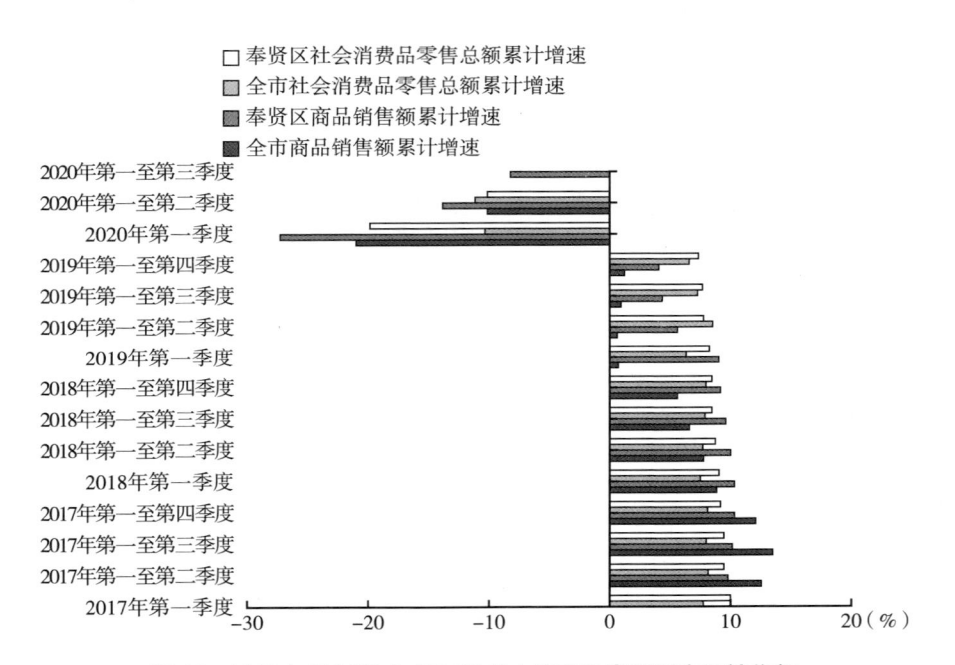

**图 13　2017 年至 2020 年第三季度上海市及奉贤区商品销售额
和社会消费品零售总额累计增速**

注：部分数据缺失。
资料来源：上海市统计局网站；《奉贤统计月报》。

　　从上海市各区的社会消费品零售总额的对比情况来看，2020 年上半年奉
贤区社会消费品零售总额为 238.0 亿元，在上海 16 个区中排第 12 名，排名较
上年同期有所下降，与长宁区的总量规模相近。从增速情况来看，2020 年上

半年奉贤区社会消费品零售总额增速为－10.2%，排名第4，排名与上年持平，增速略高于全市（－11.2%）（见表1）。得益于上半年"上海五五购物节""上海夜生活节""夜上海潮流集市节"等活动的顺利开展，静安区（11.3%）为全市唯一在2020年在上半年实现社会消费品零售总额正增长的区。其他各区上半年表现普遍不及上年同期。由于社会消费品零售总额可以反映出居民在一定时期内对社会商品购买力的实现程度，以及零售市场的规模状况，静安区的逆势表现进一步体现出扩大消费、扩大内需的重要战略意义。

表1　2020年上半年上海市及各区社会消费品零售总额情况

地区	社会消费品零售总额(亿元)	总量排名	增速(%)	增速排名
全市	6946.8	—	－11.2	—
浦东新区	1373.7	1	－11.4	5
闵行区	810.4	2	－15.4	8
嘉定区	695.5	3	－9.3	3
黄浦区	580.8	4	－16.5	12
静安区	559.7	5	11.3	1
徐汇区	445.2	6	－15.4	9
宝山区	363.1	7	－12.4	7
杨浦区	288.7	8	－11.5	6
普陀区	271.2	9	－24.9	16
松江区	267.4	10	－17.2	15
长宁区	242.9	11	－17.0	14
奉贤区	238.0	12	－10.2	4
青浦区	227.3	13	－15.8	10
虹口区	180.9	14	－5.9	2
金山区	170.4	15	－15.9	11
崇明区	56.8	16	－16.9	13

注：考虑到价格因素，全市社会消费品零售总额与各区社会消费品零售总额加总数据不一致。
资料来源：《奉贤统计月报》；《浦东统计月报》。

（二）网络购物类销售额迅速反弹，直播经济热度不减

在新冠肺炎疫情冲击下，产业转型发展的动力明显更强，以互联网经济

为代表的新动能逆势成长，在助力疫情防控、保障居民生活、促进经济增长方面都发挥了非常积极的作用。2020 年 3 月，自企业陆续复商复市以来，许多企业转变经营策略，开辟或拓展线上销售，使得奉贤区网络零售额节节攀升。尽管奉贤区经济委员会对全区重点商业企业的抽样统计范围经常变化，尤其是疫情较为严重的 1～2 月，抽样企业数量由 2019 年底的 31 家变成 24 家。但从图 14 中的抽样统计结果可以看出，2020 年奉贤区居民对网络购物类的消费热情逐渐复苏。疫情培养了消费者网络消费的习惯，且消费习惯的"黏性"有望持续"正反馈"作用于网络购物类销售额的提升。

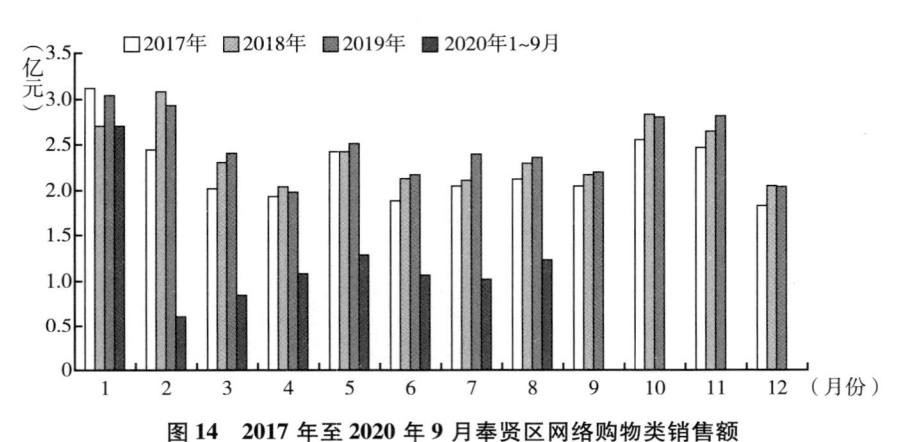

图 14　2017 年至 2020 年 9 月奉贤区网络购物类销售额

资料来源：奉贤区经济委员会。

　　结合图 15 中的网络购物类销售额同比增长率的变化情况来看，2020 年 3 月以来，除 4 月外重点商业企业网络购物类销售额的同比增速在近三年内遥遥领先。且在 2018～2019 年网络购物类销售额表现较为低迷的暑期阶段，2020 年仍实现了较为高速的增长。网络购物类销售额的迅速反弹，得益于奉贤区自 2019 年起就开始探索直播带货。传统消费复苏时间较长，直播带货缩短了供应链的长度，实现了一体式成交，让人们足不出户就可以买到自己想要的货品，避免与卖家的直接接触，此外直播形式的社交属性、更直接的展现形式等优势直接促成了 2020 年疫情下直播经济的"井喷"。根据阿里研究院 2020 年 9 月发布的 2020 年《淘宝村百强县名单》，奉贤区为上海市唯一入围的区，在全国排第 73 名（排名第 1 的是义乌）。直播经济的火热也直接带动了奉贤区化妆品类商品零售额的迅猛增长。根据奉贤区经济委员会的数据，2020 年上半年其零售额占限额以上主要商品零售额的 19.0%，拉动奉贤区限额以上批发零售业商品零售额增长 13.9 个百分点。主要原因是奉贤区部分化妆品企业积极布局直播经济，邀请明星带货，直接促成了化妆品销售量的猛增。

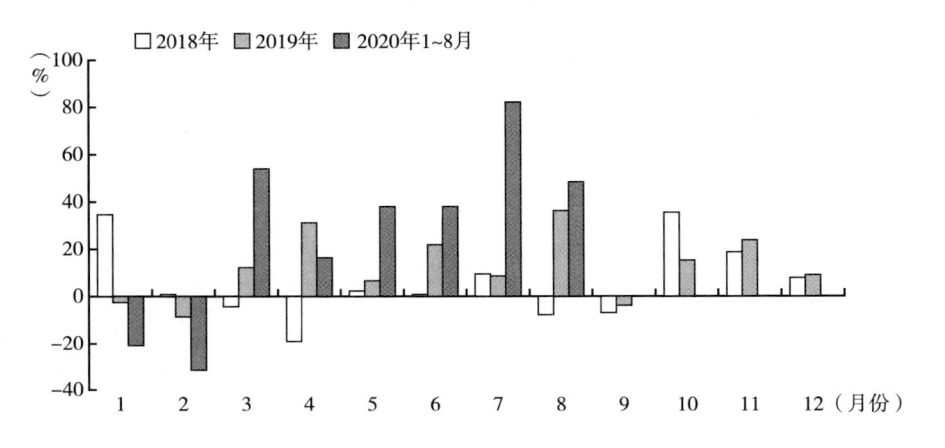

图 15　2018 年至 2020 年 8 月奉贤区网络购物类销售额同比增长率

资料来源：奉贤区经济委员会。

（三）线上线下联动发力，协同助力消费复苏

为积极应对疫情冲击，顺应在线新经济、新型消费逆势上扬趋势，提振消费信心，释放消费需求，上海市于 2020 年 5 月全新推出大规模的消费节庆活动——"五五购物节"。紧接着又迎来了 6 月的"上海夜生活节"，7 ~ 8 月的暑期活动，9 月的"上海旅游节"，10 月的"国庆 + 中秋"超长假期。几乎月月更新消费亮点，加之线上线下互动、直播带货，在大平台、大流量的加持下，在上海各大商圈都能看到崭新的营销手段，为打响"上海购物"品牌带来新契机。

在上海"五五购物节"期间，奉贤区举行了以"绿色奉贤、美味奉

献"为主题的农产品推荐会，20多家当地优质农产品企业、合作社带来了蔬菜、菌菇、鸡蛋、大米等最优惠的特色农产品。依托淘宝直播、抖音等平台开展精准营销，借互联网平台，推动线上流量反哺线下实体消费；奉贤综保区结合地方产业特色和独有的跨境电商功能，为开发区化妆品企业搭建了双线购平台——"美谷美购·跨境购"，并融入了直播、培训、带货、明星等元素，开展以化妆品、日用品、宠物食品为主的展示、销售、体验活动，让奉贤市民在家门口体会到线下体验、线上购买商品的乐趣。

根据奉贤区经济委员会的统计，2020年5月，奉贤区内五大商业业态（购物中心百货类、卖场超市类、专业专卖店类、宾馆餐饮类、网络购物类）19家重点商业企业全线回暖，销售额环比大增120.0%，同比上年增长12.0%。全区200家终端产品企业、外贸出口企业中有20家参与美谷美购线上平台，直接带动各品牌销售额增长；80余家企业参与"东方美谷5·27爱企谷网红直播节"，区内党政主要领导走进直播间讲述老字号品牌故事，累计观看人数达737万人次，当日销售额超过600万元；美谷美购跨境购活动带动56家企业131个品牌实现品牌销售额超8.5亿元。

2020年"十一"国庆黄金周期间，受疫情影响，大多数家庭都选择"足不出沪"，郊区游热度攀升。加之各大电商平台与商家促销活动的齐头并进，奉贤区消费品市场交易火热。根据奉贤区经济委员会对区内五大商业业态18家重点商业企业抽样统计数据，2020年9月24日至2020年10月8日其共实现销售额2.65亿元，同比增长41.28%。

如图16所示，2020年1~8月奉贤区内五大商业业态销售额的月度数据均不及上年，甚至不及2017年水平。一方面是由于奉贤区经济委员会抽样调查样本企业的变更和数量的减少，另一方面也能部分彰显疫情对消费的总体负面作用还较为深远。但同时也能从图16中看出，2020年除2月外五大商业业态销售额与上年的差距正在收窄，线上线下联动促消费活动的正向作用正在逐渐扩散，居民消费信心逐渐得以复苏。

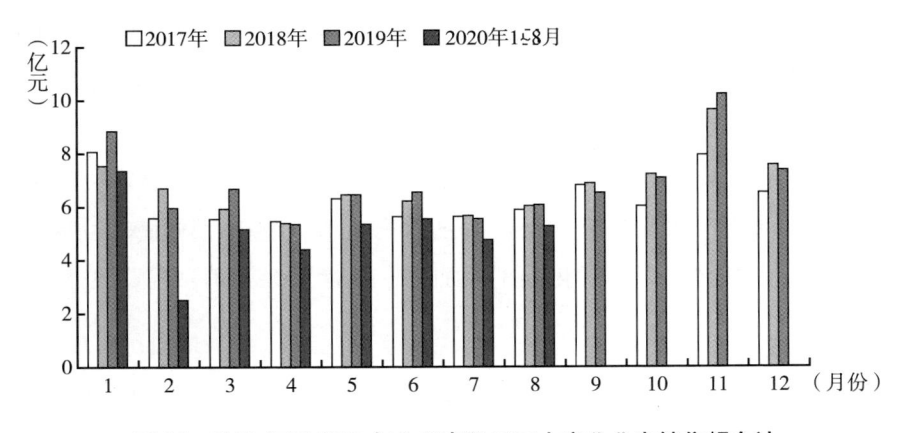

图16　2017年至2020年8月奉贤区五大商业业态销售额合计

资料来源：奉贤区经济委员会。

（四）消费习惯逐步转变，改善类需求稳步提升

疫情期间，旅游、餐饮、线下娱乐等偏服务型的消费受到了较大冲击，线上消费、非接触式服务消费、网络视频消费等新兴消费业态受到消费者的青睐，以在线教育、远程办公、短视频、直播为代表的新型"宅经济"更是迅速发展。疫情重塑了居民的消费习惯，疫情之前或许一部分人对在线教育、互联网医疗等消费模式有所抵触，疫情之后这些新兴消费模式变得让人容易接受，居民这种对新的消费形式认知的提升是不可逆转。此外，在消费心理上，疫情防控常态化后居民也更偏向就近消费、更注重家庭消费、在一定时期内变得更理性消费。消费心理转变也让社区商业的便利性、高频次、强黏性优势凸显，家庭陪护、养老服务等需求提升，家居、家电、汽车等耐用品消费短时间内增加显著，超前消费的冲动有所减弱。

从居民消费支出结构来看，如图17所示，近五年来食品类和居住类的消费一直为奉贤区居民消费支出中最重要的两个领域。其中食品类商品的消费价格弹性较小，食品类消费支出占比在近五年来表现得较为稳定。居住类商品的消费价格弹性相对较大，租房者可以通过调节租住房屋的大

小或通勤远近来保持租金的稳定，已购房者居住类的支出较为稳定，因而近五年来居住类支出表现出逐年递减的态势。此外交通和通信类商品的消费价格弹性相对较小，因而其消费支出占比在近五年内表现得相对稳定。近五年来，消费支出占比稳步提升的是以家庭设备、用品及服务和医疗保健为代表的生活改善类需求。随着居民消费观念的转变，居民对医疗保健的逐渐重视，加之人口老龄化的不断加剧，医疗保健类消费需求的潜力不容忽视。

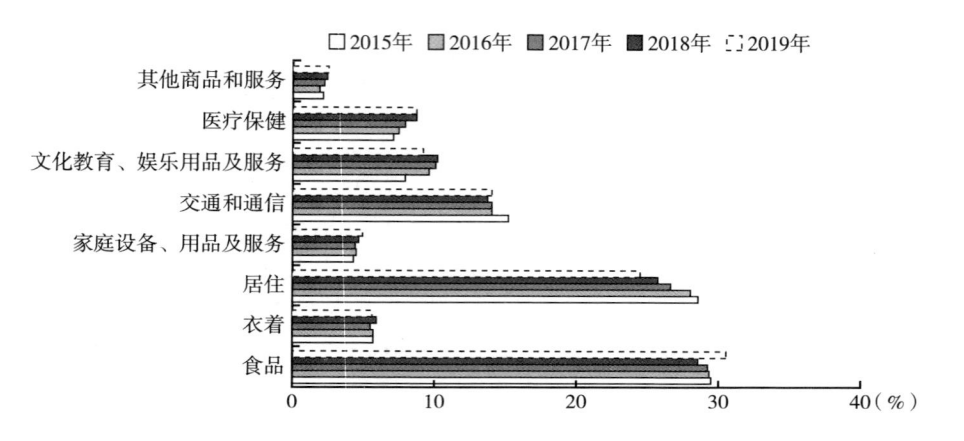

图17 2015～2019年奉贤区全体居民消费支出占比情况

资料来源：历年《上海市奉贤区统计年鉴》。

三 2021年消费品市场研判

通过上述分析可以看出，受疫情影响，奉贤区2020年消费品市场总体来看不容乐观，但从逐月攀升的增速来看，预计社会消费品零售总额累计增速为负的态势有望在2020年第四季度至2021年第一季度逆转。2020年奉贤区商品销售额和社会消费品零售总额降幅逐月收窄，网络购物类销售额先迅速反弹，直播经济表现火爆也带动了化妆品的销售。疫情影响下消费习惯和消费心理有所转变，居民生活改善类消费需求稳步提升。在全国层面扩大内需，上海全市层面提振消费信心、强力释放消费需求的背景下，奉贤区在紧抓常态化疫情防控的基础上，紧紧围绕"奉贤美、奉贤强"的战略目标，全力打造"四个奉贤"，社会消费品市场在经历了疫情初期的短暂下行后开始逐步加快恢复，预计2020年全年社会消费品零售总额增速在1.5%左右。

从收入和人口角度来看，如图18所示，奉贤区2010～2019年的年末总人口整体稳步增长。人口的快速增长意味着奉贤区消费增长的韧性足，未来仍有较大的增长空间。从图19中也能看出，2010～2019年奉贤区城镇居民和农村居民的人均可支配收入一直保持稳步提升的态势。2020年1~9月，全区居民人均可支配收入已达37429元，比上年同期增长3.5%，人均消费支出为20508元，同比下降2.5%。疫情对就业的压力，直接导致居民人均可支配收入增长乏力。对未来收入的悲观预期也进一步压缩了居民的消费支出。但随着国内经济的逐渐恢复，扩大内需、提振消费信心、促进消费等政策的逐渐发力，奉贤区消费品市场有望在2021年重回快速增长轨道。

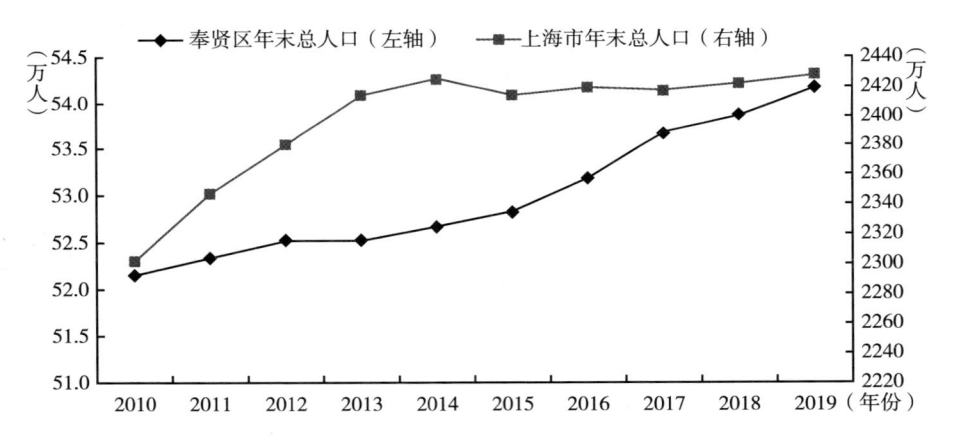

图18 2010～2019年上海及奉贤区年末总人口数

资料来源：历年《上海市奉贤区统计年鉴》；《上海统计年鉴》。

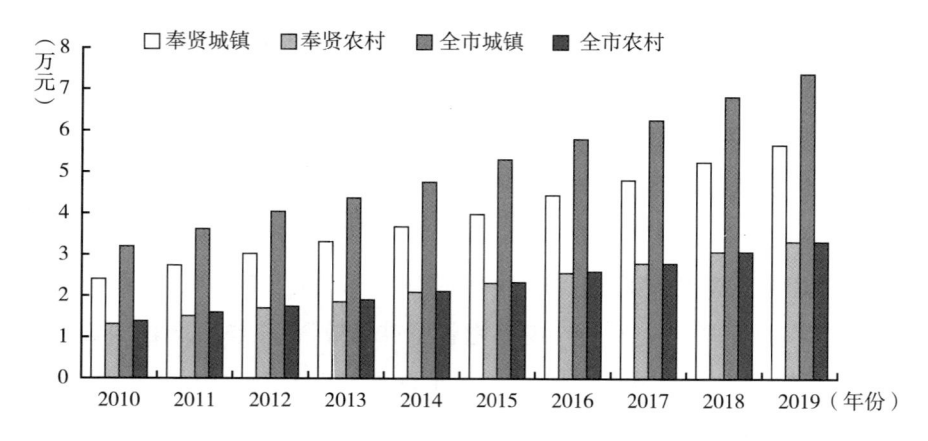

图 19　2010～2019 年全市和奉贤区人均可支配收入

资料来源：历年《上海市奉贤区统计年鉴》；《上海统计年鉴》；《2019 年上海市国民经济和社会发展统计公报》。

四　对策建议

（一）前瞻布局在线新经济，抢先布局新兴消费热点

疫情期间奉贤区网络零售业绩火爆的背后，是奉贤区对直播经济、网红经济等新兴消费热点的前瞻布局和快速响应，但同时数据暴涨也对未来的长久发展提出了新的挑战。大力发展"爱宠经济"便是奉贤"在危机中育新机、于变局中开新局"，抢抓发展机遇，在经济发展中开拓出新领域、新天地的前瞻布局之一。目前，爱宠经济综合体一期范围内，已建成爱企谷数字经济产业园。此外，奉贤除了不断做大做强已有的 4400 家爱宠产业上下游企业外，还在文旅体验区内孕育了全国首个互联网宠物医院。未来，奉贤区还将深化策划、规划，推动爱宠经济与美妆产业、医药产业、传媒产业、乡村振兴等深度结合，打造"宠物电台""宠物报社""宠物网络"，引领消费新风尚、新潮流。

2020 年 4 月 13 日，上海市政府办公厅发布了《上海市促进在线新经济

发展行动方案（2020—2022年）》，提出重点推进四个"100＋"行动目标，到2022年，要将上海打造成具有国际影响力、国内领先的在线新经济发展新高地。该方案指出，加快发展在线新经济是超大城市有效推进疫期防控和疫后经济复苏的重要落脚点，满足生产生活升级需求、技术场景赋能产业转型的重要发力点以及强化科创策源功能和高端产业引领功能的重要结合点。拉动消费新需求、培育经济新增长点是其中的重要抓手。为积极发展在线新经济，积极响应消费热点，奉贤区积极开展了云招商、领导直播宣介、"美谷美购·跨境购"等一系列探索活动。未来奉贤区将在坚持发展爱宠经济、继续做强做大直播经济的基础上，进一步拓展乡村特色旅游、提升文化品牌形象、发展社区农产品团购，并积极发展在线新经济，率先布局新兴消费热点。

（二）线上线下协同发展，大力挖掘释放内需潜力

尽管疫情期间居民消费由线下向线上转移培养了居民的消费习惯，但线下消费的重要意义仍旧不可小觑，线下消费的体验感、获得感并非线上消费所能完全替代的。单纯依靠线上销售或单纯靠线下销售的经营模式都不足以形成一个完备的、可持续发展的经济模式，因此线上线下消费融合是未来居民消费变动的一大重要趋势。线下和线上同步进行销售，可以让消费者多一个消费场景，可以在更大限度上满足消费者的需求。此外，线上线下同步销售可以在实现线上宣传推广的同时，利用线下门店加强对商品实物的体验感、强化购物服务，实现资源的优化配置，更好地适应消费者的需求变化。

2020年5月人民网电商研究院发布的题为《线上线下新经济融合发展"五五购物节"打造提振消费新范本》的研究报告认为，上海市"五五购物节"的开启，不仅是针对短期消费的回补和恢复，还是适应消费变革和社会发展的大方向、大趋势，加速流通和零售现代化进程的举措。同时，"五五购物节"是政企合作模式的创新，将地方促销与企业促销进行"条块结合"，为未来其他区域的促消费、扩内需模式提供了范本。主流电商平台依

托"五五购物节"进一步打破了线上线下的界限，用线上流量反哺实体经济，推动两者融合共生，其正在建构并引领新的消费内容、新的消费方式和模式、新的消费结构和新的消费趋势。未来可进一步探索将类似的线上线下协同发展的经营模式向更多领域拓展，如"线下文旅 + 线上文创""线上农场 + 电商平台""耐用消费品销售 + 以旧换新发展循环经济"等，最大限度释放消费者的内需潜力。

（三）紧跟消费特征变化趋势，动态优化企业营销策略

作为全国首创的大规模综合性消费节庆活动，上海首届"五五购物节"期间线下实体商家业绩持续回暖，线上网络零售额呈爆发式增长，汽车消费增长明显，餐饮消费加速回暖，夜间经济重燃烟火气，中高端消费回流明显，重点商圈消费人气恢复……上海的实践不仅彰显了政策对消费的引导激励作用，也为在全国范围内实施扩大内需战略，以及以新业态新模式为引领，加快推动新型消费扩容提质，努力实现新型消费加快发展，提供了可复制、可推广、可借鉴的范例。尽管奉贤在网络零售消费中迎来发展，但购物中心百货类、宾馆餐饮类等传统消费业态的表现稍显逊色。

根据上观新闻联合上海市商务发展研究中心、美团一起发布的《2020年上海夜间经济发展报告》，夜间消费的主力还是"90后"，其支付意愿更强，客单价更高；为了"颜值"的消费增长速度最快，美容、密室、宠物、付费自习室等新业态迅速崛起；商户周末普遍延长营业时间，步行街、特色集市夜生活精彩纷呈。从购物品类看，购物中心百货、专业专卖店中夜间销售较好的品类分别为服装鞋帽、化妆品、金银珠宝；在以超市、便利店为代表的社区消费场所中，夜间销售最好的是饮料酒水，其次为蔬菜水果、日用品等；家用电器、智能手机等金额较高的商品由于消费者需要做出更多选择思考，在夜间消费中占比相对较少。因为可以紧跟消费者消费特征的变化、实现精准营销，必要的大数据分析、客户画像等新兴的运营管理方式有助于改变传统的购物中心百货类、宾馆餐饮类消费停滞的现状。未来可充分利用

大数据、人工智能等新兴技术手段，积极主动把握消费特征的变化，盘活现有优势资源，动态调整经营策略，加强商、旅、文的结合，提前谋划第二届"五五购物节"期间奉贤的特色活动，为实现奉贤区消费的长久增长布局新动力。

（四）稳定就业形势，保障居民收入增长

宏观经济学的消费理论中，无论是凯恩斯的绝对收入理论，还是杜森贝利的相对收入理论，抑或是莫迪里安尼的生命周期理论、弗里德曼的持久收入理论，它们都强调了收入增长对消费的积极作用。面对疫情对就业、收入等民生问题带来的种种不利影响，上海市委副书记、市长龚正指出："疫情之下，我们更加突出普惠性、基础性、兜底性民生建设，把稳就业作为重中之重，在破解'老小旧远'难题、保障困难群众基本生活等方面持续用力。"[①] 在应对疫情冲击、重振经济的过程中，发挥财政政策的积极主导作用对稳定当前就业形势、保障居民收入增长、提振居民消费信心具有重要作用。一方面要以民生为优先，其中重点补贴低收入群体，特别是农村低收入群体；另一方面要兼顾长期发展动力，以疫情应对为契机，开启"新基建"。这样既可以带动投资，也能增加就业与收入、提振消费信心，为经济社会的中长期高质量发展做出贡献。

从图 20 中可以看出，2020 年奉贤区城镇登记失业人数的累计数量在7～8 月才开始低于前三年同期水平，一定程度上也反映出奉贤区上半年就业形势的严峻。2020 年上半年奉贤区为应对重点人群的就业问题，积极行动，通过政府主导、市场化的方式，在 6 月向区内的零就业家庭、就业困难人员、低收入困难家庭、大学应届毕业生和退役士兵五类重点人群发放就业券。企业在政策有效期内累计吸纳 5 名以上持券人就业，签订一年以上劳动合同，且持券人占比超过企业总人数 5% 的，对其颁发"促进就业社会责任

---

① 《防控中显底色，反弹中见韧性 透视上海经济"半年报"》，百家号网站，https：//baijiahao. baidu. com/s？ id = 1673234397988064152&wfr = spider&for = pc。

感企业"奖牌。累计为 5 名以上持券人缴纳社会保险满一年的，给予一次性奖励 2 万元。此外，奉贤区还积极探索在奉城镇和南桥镇试点开展"就业人员"和"招聘岗位"两个数据库建设，并以"两库"数据为基础，搭建人员岗位双选平台，组织开展双向对接，提高就业成功率。未来奉贤区还可以加快扩大试点范围，实现全区居民数据全覆盖，实现精准帮扶重点群体就业，通过实施农民工免费技能培训、专设中小微企业困难帮扶团队等方式，多措并举减负稳岗扩岗，千方百计创造更多就业岗位，以稳就业保收入，以保收入促消费。

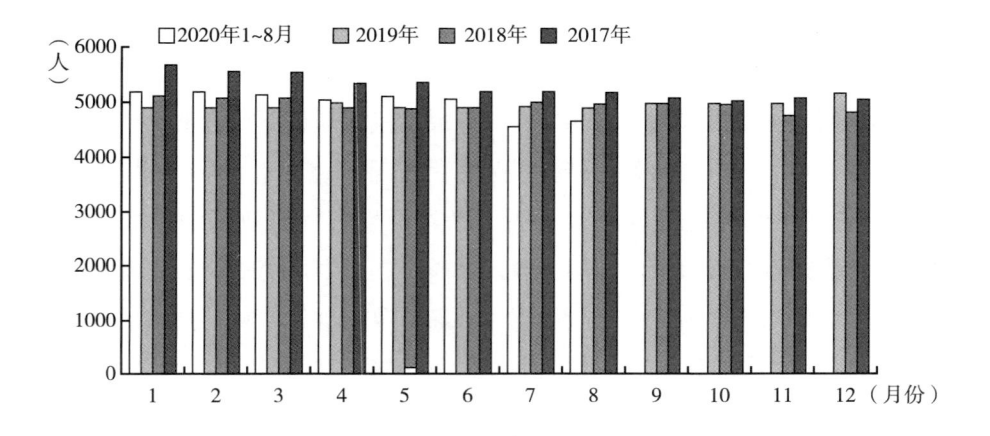

图 20　2017 年至 2020 年 8 月奉贤区城镇登记失业人数累计数量

资料来源：《奉贤统计月报》。

参考文献

《"五五购物节"重点企业经营情况简析》，上海市奉贤区人民政府门户网站，https：//www. fengxian. gov. cn/tjj/tjfx/20200616/006_ f73b1415 - 64de - 44b5 - 95eb - 996691492aec. htm。

《奉贤区 2019 年社会消费品市场运行情况简析》，上海市奉贤区人民政府门户网站，https：//www. fengxian. gov. cn/tjj/tjdc/20200402/007004_ 0c719aa6 - 17d3 - 481b - 9df6 -

cc24aaed46ed. htm。

《2020 年上半年社会消费品市场运行情况简析》，上海市奉贤区人民政府门户网站，https：//www. fengxian. gov. cn/tjj/tjfx/20200907/006＿9747ae25 – 46e7 – 4114 – a84a – eb0720f02869. htm。

《2020 年第一季度社会消费品市场运行情况简析》，上海市奉贤区人民政府门户网站，https：//www. fengxian. gov. cn/tjj/tjfx/20200602/006＿1340b388 – b0dd – 4eed – b596 – 835fa29abc44. htm。

《2020 年 8 月奉贤区消费市场运行综合分析》，上海市奉贤区人民政府门户网站，https：//www. fengxian. gov. cn/shfx/Zfxxgk/20201009/005002004＿711c177c – be42 – 4371 – b539 – 0ccbdf8a2847. htm。

《线上线下新经济融合发展 "五五购物节" 打造提振消费新范本》，人民网，http：//finance. people. com. cn/n1/2020/0508/c1004 –31701657. html。

《"在线新经济" 半年：新消费 "上海模式" 将在双 11 迎来爆发》，澎湃新闻网，https：//www. thepaper. cn/newsDetail＿forward＿9652682。

《布局新经济、孕育新引擎，奉贤抢前抓早打造全场景 "爱宠经济" 综合体!》上海市奉贤区人民政府门户网站，https：//www. fengxian. gov. cn/gzw/001/20200907/001001＿96822f07 – 51f5 – 4783 – 8a7c – 79b76feaec38. htm。

B.7
2020～2021年奉贤对外经济
形势分析与研判

李世奇　朱嘉梅*

摘　要：　2020年奉贤有效应对新冠肺炎疫情带来的不利影响，前八个月奉贤进出口总值为562.7亿元，同比下降1.0%，相比上年同期同比下降3.6%来说，有一定回升。其中出口总值为282.7亿元，月累计同比下降7.3%，进口总值为280.0亿元，月累计同比增长6.3%，预计全年奉贤进口总值将超过出口总值，进口将成为奉贤对外贸易的主导力量。内资企业表现尤为突出，带动一般贸易逐步走出疫情的冲击。得益于自贸区新片区以及服务业对外开放的快速推进，奉贤在对外商直接投资的吸引和落实上均表现不俗，2020年前三季度奉贤 FDI 合同金额为14.1亿美元，同比增长92.7%，实际到位金额为2.71亿美元，同比增长26.8%。综合而言，2020年奉贤对外经济在疫情面前表现出巨大的韧性，"十四五"时期奉贤对外开放的步伐将进一步加快。

关键词：　对外经济　货物贸易　外商直接投资　上海奉贤

---

　*　李世奇，经济学博士，上海社会科学院数量经济研究中心助理研究员，主要研究方向为宏观经济增长与科技创新政策评估；朱嘉梅，讲师，中共上海市奉贤区委党校教研室副主任，主要研究方向为区域经济和公共管理。

一 奉贤对外贸易的主要特点

（一）疫情影响下外贸振幅加大，进口表现相对亮眼

2020 年奉贤对外贸易受到新冠肺炎疫情的影响，在 2019 年进出口总值同比减少 2.8% 的基础上出现了大幅震荡，2020 年前八个月奉贤进出口总值达到 562.7 亿元，同比下降 1.0%，上海进出口总值在 8 月转正，相较 2019 年有小幅回升，前八个月累计同比增长 0.5%（见图 1）。尽管 2020 年奉贤在对外贸易上的表现不及上海的平均水平，但与 2019 年相比其与上海平均水平的差距进一步缩小。疫情对奉贤对外贸易的冲击要大于对上海的平均冲击，2 月上海进出口总值月累计同比下降 5.4%，奉贤则同比下降 10.9%，但在向稳态回归的速度上奉贤更快，说明奉贤对外贸易的韧性较强。

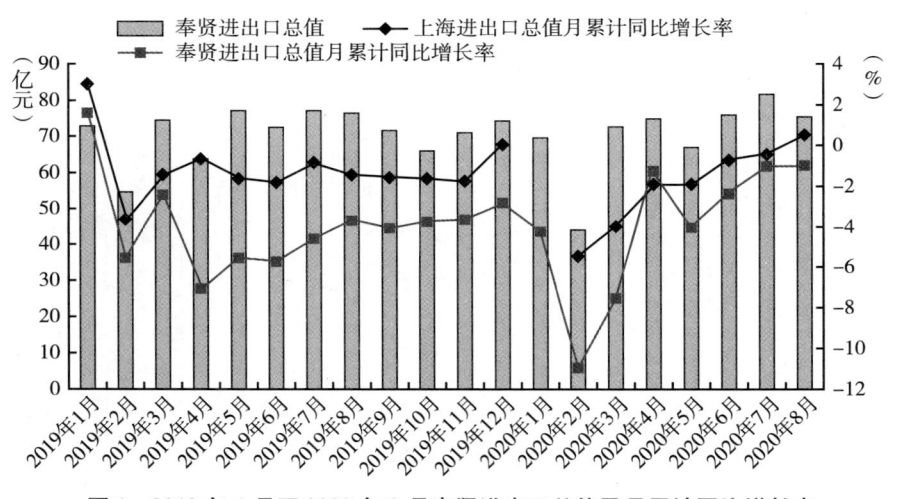

图 1 2019 年 1 月至 2020 年 8 月奉贤进出口总值及月累计同比增长率

注：上海 2020 年 1 月进出口数据缺失，余同，不再赘述。
资料来源：《奉贤统计月报》。

2020 年前八个月，奉贤出口与进口的表现差异较大，进口的恢复速度与程度要明显高于出口。2020 年前八个月奉贤出口总值为 282.7 亿元，月

累计同比下降7.3%，2019年同期的月累计同比增速为﹣7.7%（见图2）。上海的出口总值月累计同比增速则从2019年同期的﹣0.1%回升至1.3%，说明上海出口整体已经充分消化了长期不利的外贸条件，基本走出疫情的影响，上海的出口表现相对稳定，而奉贤受自身产业结构与贸易结构的影响，对疫情瞬时冲击的反映更为明显，再加上对外部不利环境需要一个更长的消化周期，其出口的波动性较大。反观进口，2020年前八个月奉贤进口总值为280.0亿元，月累计同比增长6.3%，2019年同期的月累计增速为1.4%（见图3）。1月的大幅回落主要是受春节因素的影响，2月奉贤进口总值即迅速恢复，基本未受疫情太大的影响，3月奉贤的进口总值月累计同比增长率已经转正，达3.5%。而上海前八个月的进口总值同比增速仅从上年同期的﹣2.2%回升至﹣0.1%，尚未转正，可以看出奉贤的进口表现要明显好于上海的平均水平，这充分说明奉贤依靠亮眼的进口表现，极大"熨平"了对外贸易的波动，为上海进口贡献了力量。

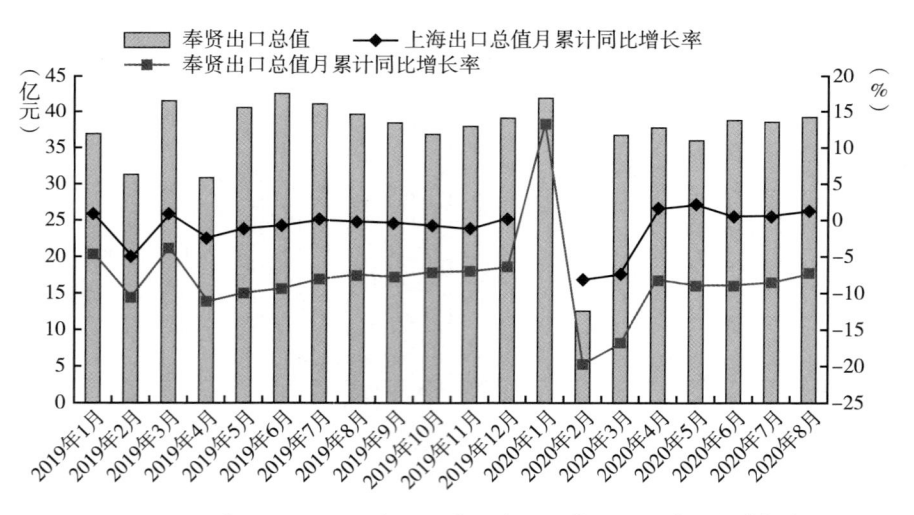

图2 2019年1月至2020年8月奉贤出口总值及月累计同比增长率

资料来源：《奉贤统计月报》。

从长周期来看，奉贤对外贸易的波动性正在减弱，2019年增速处在相对底部的位置（见图4），2020年开始出现反弹，但由于疫情的影响，反弹

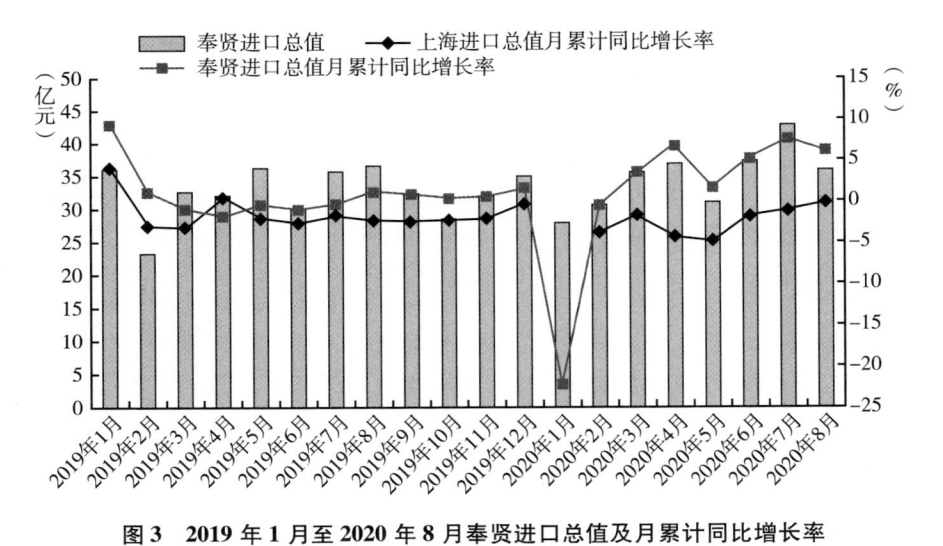

图3　2019年1月至2020年8月奉贤进口总值及月累计同比增长率

资料来源：《奉贤统计月报》。

的力度将比预期有所减弱，预计2021年进出口总值将保持增长，但是由于2020年进口的高基数，增长的幅度不会太大。从净出口来看，2020年前八月，奉贤净出口总值为2.7亿元，同比下降93.5%。2019年奉贤净出口总值占奉贤地区生产总值的比重为5.45%，连续五年下降，与2014年占比

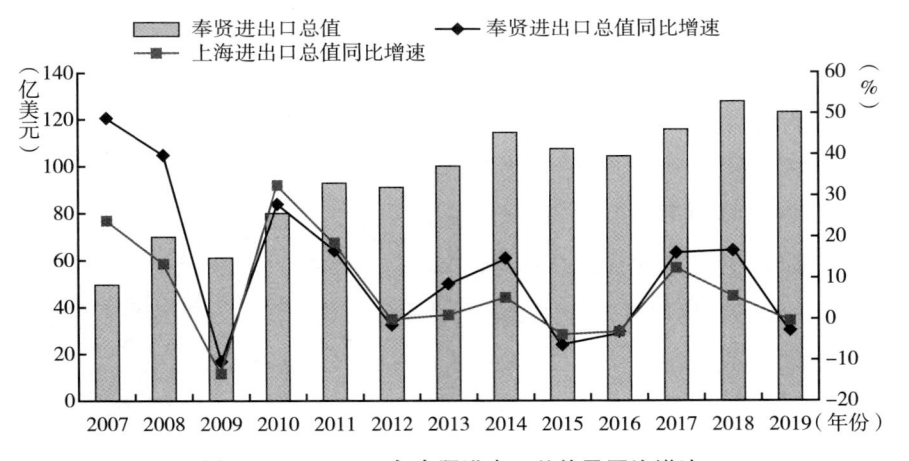

图4　2007～2019年奉贤进出口总值及同比增速

资料来源：《上海市奉贤区统计年鉴》。

29.17%的峰值相比已大幅下降（见图5）。从2020年全年来看，出口总值的降幅将继续收窄，但增速转正的可能性不大，出口总值大概率低于2019年1%~2%，进口总值有望保持较快增长，以当前出口总值与进口总值的增速趋势分析，结合疫情以及外部环境的影响，2020年奉贤将出现历史上首次进口总值超过出口总值的情况，由贸易顺差转为贸易逆差，经济发展对净出口的依赖完全消除，奉贤对外贸易进入发展新阶段。

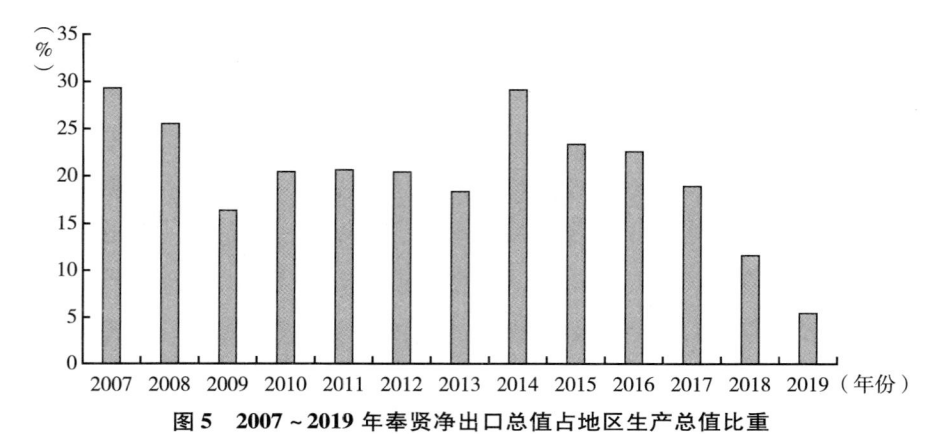

图5　2007~2019年奉贤净出口总值占地区生产总值比重

资料来源：《上海市奉贤区统计年鉴》。

（二）对外贸易依存度有所降低，出超状态可能结束

横向比较2019年上海各区对外货物贸易情况，可以看出奉贤无论出口总值增速还是进口总值增速均相对逊色。在上海郊区中，2019年奉贤851.7亿元的进出口总值低于松江的2703.4亿元、闵行的2098.0亿元和嘉定的1361.2亿元，同时被宝山的946.6亿元超过，青浦的768.4亿元与其相对接近，-2.8%的进出口总值同比增速则低于宝山的9.2%、嘉定的7.6%和青浦的0.9%，高于闵行-3.0%、松江的-3.1%（见表1）。

从对外贸易依存度来看，奉贤72.6%的依存度相比上年的104.1%有所降低，低于浦东新区的161.1%、松江的171.1%和闵行的83.2%，在上海各区中名列前茅，尽管2019年奉贤净出口总值已降至63.9亿元，但同其他区相比，仅低于松江的 1107.2 亿元和青浦的 94.5 亿元，是上海剩余不多的保持顺差的地区，宝山和嘉定则为净进口 371.6 亿元和 25.2 亿元，说明奉贤经济发展对国际贸易的依赖性相对较大，对外部冲击的敏感性较高，所以在 2020 年其对外贸易受疫情影响的程度要高于上海的平均水平。

反观上海中心城区，2019 年黄浦的对外贸易依存度为 27.7%，静安为 16.8%，徐汇为 41.8%，长宁为 42.7%，普陀为 30.6%，虹口为 36.9%，除普陀区以外均较上年有一定程度的降低，且均明显低于奉贤，而且中心城区除普陀以外均为逆差状态，黄浦的净进口总值为 404.0 亿元，徐汇为 256.8 亿元，长宁为 164.5 亿元，静安为 139.5 亿元，虹口为 174.6 亿元。奉贤的对外贸易依存度与净进口将随着产业结构的升级与居民可支配收入的提高逐渐向中心城区靠拢，2020 年出超状态有较大可能结束，但是预计将有一定反复，而且进入入超状态也并不意味着奉贤的经济发展阶段已经与中心城区一致，仍需要保持谨慎乐观。

表 1   2019 年上海各区对外货物贸易主要指标情况

单位：亿元，%

地区	进出口总值	进出口总值同比增速	对外贸易依存度	出口总值	出口总值同比增速	进口总值	进口总值同比增速
奉贤区	851.7	-2.8	72.6	457.8	6.3	393.9	1.6
浦东新区	20514.7	-0.3	161.1	—	—	—	—
黄浦区	715.0	2.8	27.7	155.5	21.8	559.5	4.2
徐汇区	881.6	1.1	41.8	312.4	8.8	569.2	-2.7
长宁区	703.4	5.3	42.7	269.5	3.3	434.0	11.4
静安区	385.7	1.7	16.8	123.1	1.0	262.6	2.0
普陀区	340.0	21.9	30.6	185.0	37.2	155.0	7.6
虹口区	381.6	16.9	36.9	103.5	2.9	278.1	23.1
杨浦区	180.1	9.5	8.6	94.1	18.1	86.0	—
闵行区	2098.0	-3.0	83.2	—	—	—	—
宝山区	946.6	9.2	61.0	287.5	-11.1	659.1	21.2
嘉定区	1361.2	7.6	52.2	668.0	-4.7	693.2	-10.2
金山区	—	—	—	—	—	—	—
松江区	2703.4	-3.1	171.1	1905.3	-0.8	798.1	-8.4
青浦区	768.4	0.9	65.9	431.5	3.9	337.0	-2.7
崇明区	—	—	—	—	—	—	—

资料来源：2019 年上海各区《国民经济和社会发展统计公报》。

（三）贸易结构逐步优化，内资成为出口主力

2020年前八个月奉贤一般贸易出口占比为66.6%，高于2019年同期的63.9%，前八个月加工贸易出口占比为26.5%，低于2019年同期的29.2%，奉贤一般贸易出口占比扭转了2018年下半年开始出现的下降势头。奉贤贸易结构的变化也表现在一般贸易出口当月占比的最低值和最高值上，从当月占比来看，2020年2月奉贤一般贸易出口占比最低，为54.3%，说明一般贸易在疫情暴发初期受到较大影响，占比最高的6月则为73.6%，为2017年以来的最高值（见图6）。2020年前八个月奉贤一般贸易出口总值累计同比下降4.0%，与上年同期-10.8%相比，降幅明显收窄；加工贸易出口总值的下降速度有所加大，从上年同期下降5.4%进一步下降至2020年前八个月的下降14.8%（见图7）。所以一般贸易占比的上升主要是由于其出口值的下降速度慢于加工贸易的下降速度，贸易结构向好的变化说明一般贸易首先从疫情影响中走了出来，成为支撑奉贤出口的关键力量，因此进一步鼓励支持一般贸易出口是奉贤产业能级提升的关键。2020年前八个月其他贸易增速为-7.3%，表现好于加工贸易，其占比也在整体提升。从产业发展趋势来看，加工贸易的规模将进一步缩减，奉贤加工贸易进出口总值已经从2014年的46.43亿美元下降至2019年的23.92亿美元，一般贸易进出口总值则从2014年的60.01亿美元增长至2019年的87.64亿美元（见图8）。

2020年前八个月奉贤内资企业出口值占比为52.1%，显著高于2019年同期的46.2%和2018年同期的48.8%，前八个月外资企业出口值占比为47.9%，低于2019同期的53.8%和2018年的51.2%，奉贤内资企业出口值占比首次超过外资企业，标志着内资企业正式成为奉贤对外出口的主力军，这为构建新发展格局打下了坚实的基础。从当月占比来看，2020年2月外资企业出口值占比最高，达到64.6%，内资企业出口值占比最低为35.4%，说明内资企业受疫情影响较为明显；2020年5月外资企业出口值占比最低为39.9%，内资企业占比最高为60.1%，说明内资企业随着疫情防控常态化，复工复产的进度相较外资企业更快（见图9）。从外资和内资

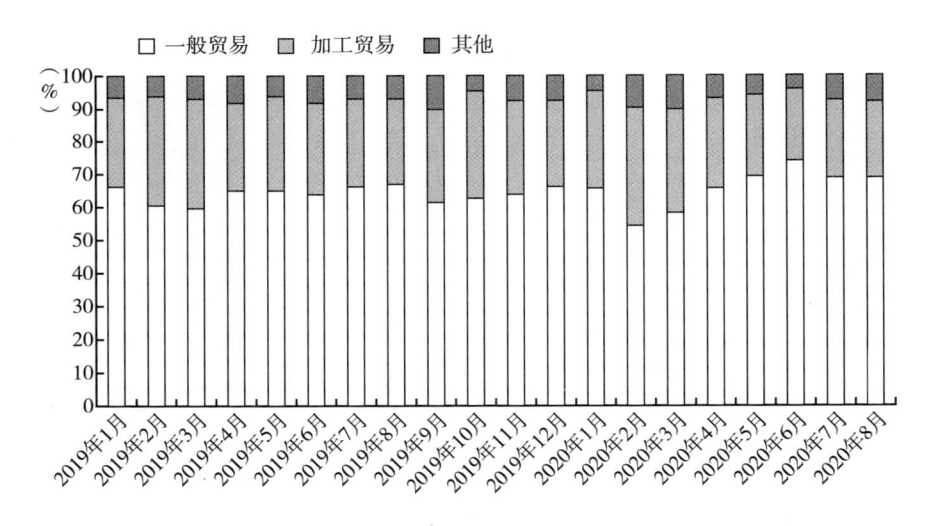

图6　2019年1月至2020年8月奉贤各贸易方式占当月出口值比重

资料来源：《奉贤统计月报》。

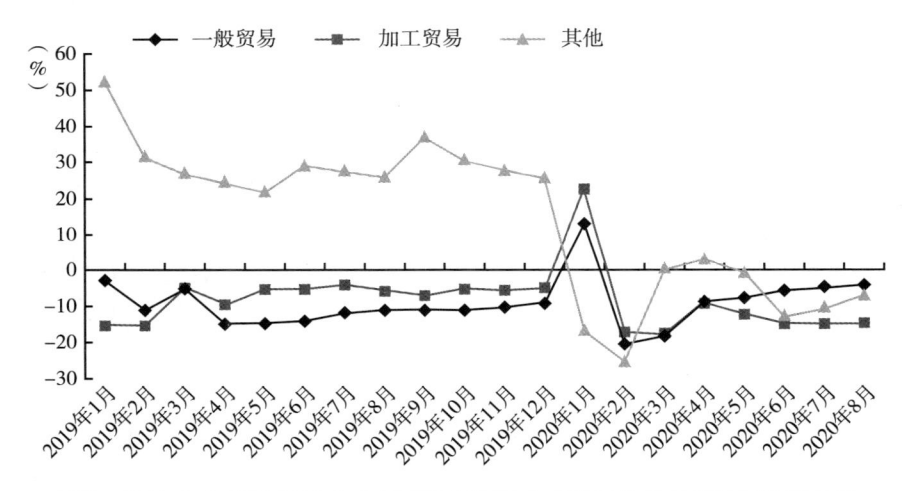

图7　2019年1月至2020年8月奉贤各贸易方式出口值分月累计同比增长率

资料来源：《奉贤统计月报》。

企业当月出口值占比的最高值和最低值也可以看出，内资企业出口值占比自2020年3月开始重新启动上升势头。2020年前八个月奉贤内资企业出口值逆势累计同比增长4.4%，在全球疫情蔓延的情况下奉贤内资企业出口值保

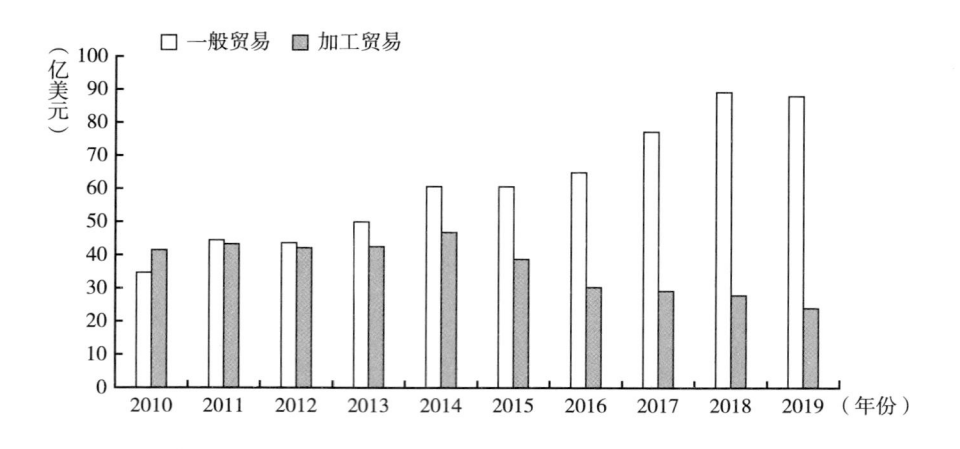

图8　2010~2019年奉贤一般贸易与加工贸易进出口总值

资料来源:《上海市奉贤区统计年鉴》。

持增长的态势殊为不易,相较2019年同期的下降12.4%来说明显提升;2020年前八个月外资企业出口值累计同比下降17.4%,与2019年同期的下降2.8%相比降幅显著扩大(见图10)。内资企业出口值增速由负转正,外资企业出口值降幅整体进一步扩大,说明外资企业在受到疫情影响后恢复较

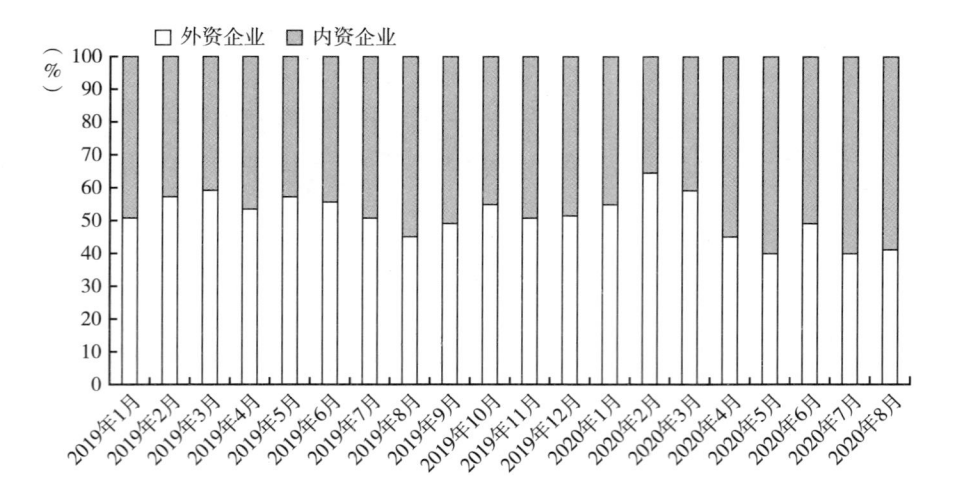

图9　2019年1月至2020年8月奉贤外资企业与内资企业当月出口值占比

资料来源:《奉贤统计月报》。

慢，全球范围内疫情的蔓延进一步加剧了外资企业的脆弱性。从长周期来看，外资企业出口值从2014年的47.1亿元下降至2019年的35.2亿元，内资企业出口值从2015年的22.5亿元增长至2019年的31.0亿元（见图11），2020年奉贤内资企业出口值有较大可能超过外资企业。

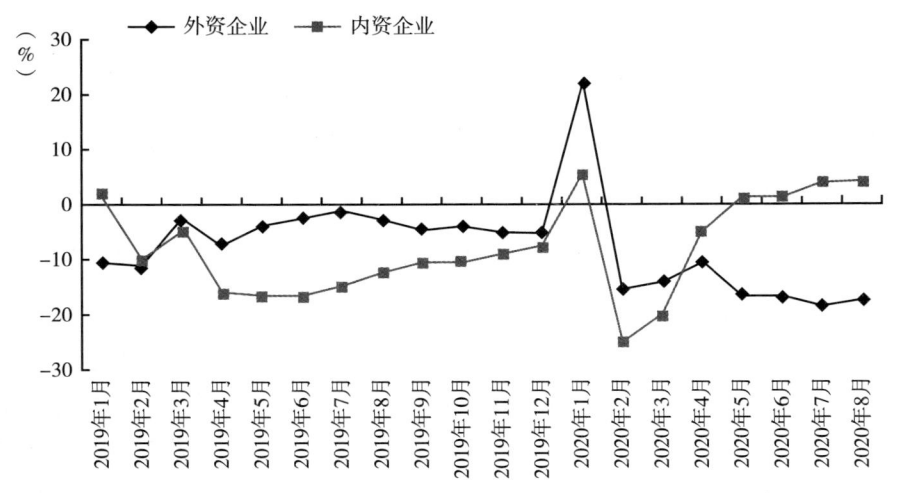

图10 2019年1月至2020年8月奉贤外资企业和内资企业出口值分月累计同比增长率
资料来源：《奉贤统计月报》。

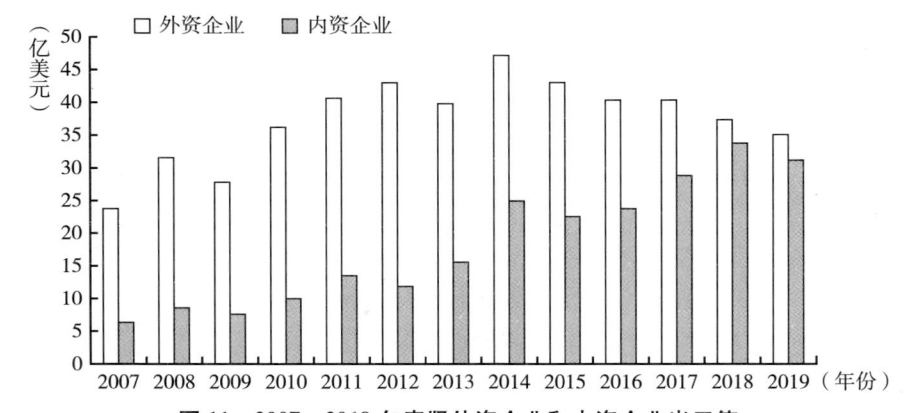

图11 2007~2019年奉贤外资企业和内资企业出口值

资料来源：《上海市奉贤区统计年鉴》。

（四）贸易活动多点开花，重点企业积极变化

从出口区域分布来看，2019 年综合开发区出口 128.3 亿元，同比下降 18.2%，南桥镇出口 61.8 亿元，同比下降 20.7%，两者出口值之和占奉贤出口总值的比重为 41.5%，相比 2018 年的 48.0% 明显降低（见图 12），奉贤对外贸易活动已经进入多点开花的阶段。两者出口值之和占比下降的主要原因是出口值排名第三、第五和第六的杭州湾开发区、四团镇和金汇镇在 2019 年的出口值同比分别下降 12.4%、1.5% 和 5.4%，下降幅度均明显低于综合开发区和南桥镇。从出口企业数量来看，2019 年综合开发区出口企业数量仍为 477 家，单位企业出口值为 0.27 亿元；南桥镇出口企业数量仍为 517 家，单位企业出口值为 0.12 亿元；杭州湾开发区单位企业出口值较高，达到 0.30 亿元。特别值得注意的是，奉贤临港片区出口值逆势增长，出口值超过 37 亿元，进口规模更是达到 74.3 亿元，仅次于综合开发区，主要原因是部分重点企业统计口径从综合开发区调整至奉贤临港片区。

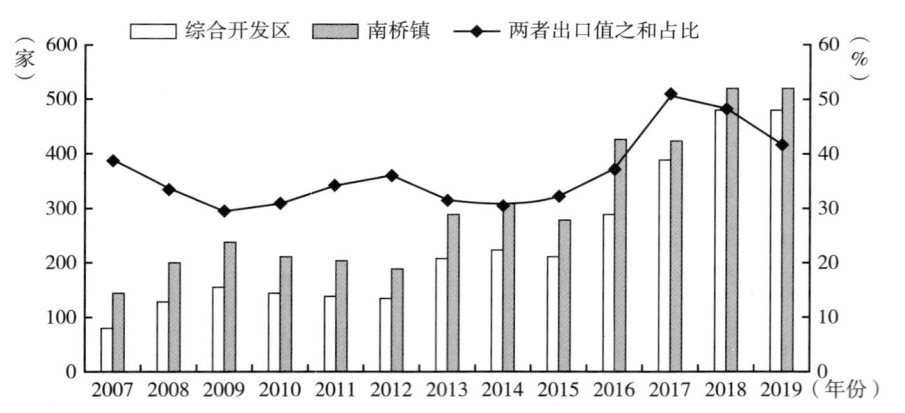

图 12　2007～2019 年综合开发区和南桥镇出口企业数量及其
出口值之和占奉贤出口总值比重

资料来源：《上海市奉贤区统计年鉴》。

从重点出口企业来看，2019 年出口规模排名前十企业的出口值占奉贤出口总值的比重为 31.9%，与 2018 年的 34.3% 相比略有下降（见图 13）。

与此同时进入前十的企业及其具体排名均出现较大调整，反映出随着奉贤双引擎驱动发展的不断推进，重点出口企业也在发生积极变化。

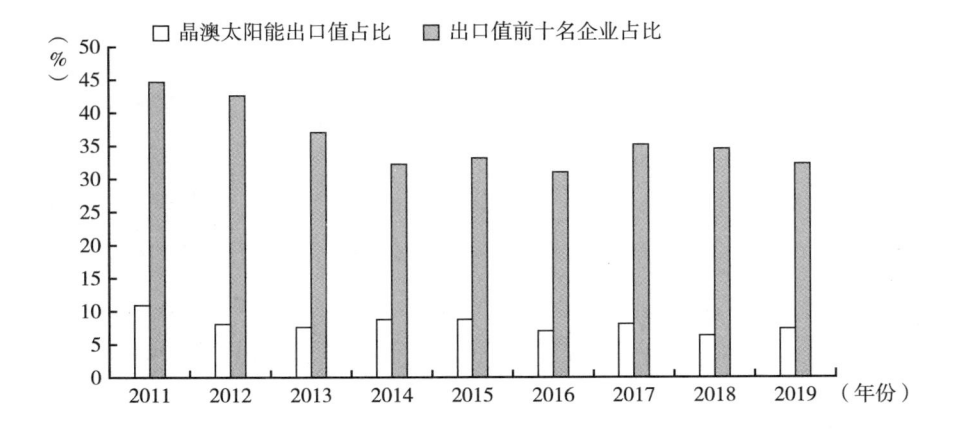

图13　2011～2019年重点企业出口值占奉贤出口总值比重

资料来源：《上海市奉贤区统计年鉴》。

具体来看，晶澳太阳能连续8年排在奉贤企业对外出口规模第一名，晶澳太阳能2019年出口值为33.0亿元，同比增长12.4%，占比为7.2%，相比2018年6.0%的占比有一定程度回升；位于四团镇的海亮铜业出口值为24.8亿元，同比增长20.4%，排名从2018年的第三位上升至第二位；位于临港开发区的三一重工出口值为17.1亿元，同比增长25.8%，排名由2018年的第七位上升至第三位；位于综合开发区的宜家分拨出口值为16.5亿元，同比下降2.7%，排名从2018年的第五位升至第四位；位于杭州湾开发区的柄奥进出口贸易出口值为12.4亿元，作为2017年成立的公司首次登上奉贤出口值前十企业排行榜，居第五位；位于南桥镇的丝唐进出口贸易出口值为12.4亿元，同比下降4.9%，排名从2018年的第八位上升至第六位；位于综合开发区的维宁尔出口值为12.4亿元，同比下降14.6%，排名从2018年的第六位下降至第七位；位于金汇镇的铢怡国际货物运输代理出口值为6.4亿元，首次上榜，居第八位；位于奉城镇的东霞实业出口值为5.78亿元，首次上榜，居第九位；位于南桥镇的京清蓉服饰出口值为5.1亿元，首次上榜，居第十位。总的来

看，2019 年奉贤出口值排名前十的企业中，仅有一家企业排名保持不变，四家企业排名上升，一家企业排名下降，四家企业新上榜。

（五）贸易对象不断丰富，贸易产品层次提升

2019 年，奉贤对亚洲地区出口值为 222.0 亿元，同比下降 6.9%，占比从 2018 年的 48.8% 微降至 2019 年的 48.5%；从亚洲地区进口值为 157.8 亿元，同比下降 10.4%，占比从 2018 年的 45.5% 降至 2019 年的 40.0%。奉贤对北美洲地区出口值为 74.0 亿元，同比下降 12.8%，占比从 2018 年的 17.4% 降至 2019 年的 16.2%；从北美洲地区进口值为 32.8 亿元，同比下降 7.5%，占比从 2018 年的 9.1% 降至 2019 年的 8.3%。奉贤对欧洲地区出口值为 91.4 亿元，同比增长 7.3%，占比从 2018 年的 17.4% 上升至 20.0%；从欧洲地区进口值为 117.4 亿元，同比降低 0.9%，占比从 2018 年的 30.6% 降至 2019 年的 29.8%，奉贤连续四年对欧洲入超，但对欧贸易逆差有所缩小。奉贤对大洋洲地区出口值为 25.2 亿元，同比下降 9.2%，占比从 2018 年的 5.6% 降至 2019 年的 5.5%；从大洋洲地区进口值为 21.8 亿元，同比增长 134.85%，连续两年保持三位数增长，占比从 2018 年的 2.4% 增长至 2019 年的 5.5%。奉贤对拉丁美洲地区出口值为 30.8 亿元，同比下降 15.8%，占比从 2018 年的 7.5% 下降至 2019 年的 6.7%；从拉丁美洲地区进口值为 37.4 亿元，同比增长 58.4%，占比从 2018 年的 4.6% 快速增长至 2019 年的 9.5%。奉贤对非洲地区出口值为 14.4 亿元，同比下降 8.9%，占比从 2018 年的 3.2% 下降至 2019 年的 3.1%；从非洲地区进口值为 26.5 亿元，同比下降 12.3%，占比从 2018 年的 7.8% 下降至 2019 年的 6.7%（见图 14 和图 15）。可以看出，奉贤进出口贸易对象进一步多样化，在自贸区新片区以及"一带一路"倡议的促进下，奉贤进口贸易正快速向大洋洲、拉丁美洲扩展。从具体进出口国家和地区来看，美国和日本连续五年位居奉贤出口目的地第一名和第二名，日本、德国和美国连续五年分别位居奉贤进口来源地第一名、第二名和第三名（见表 2）。

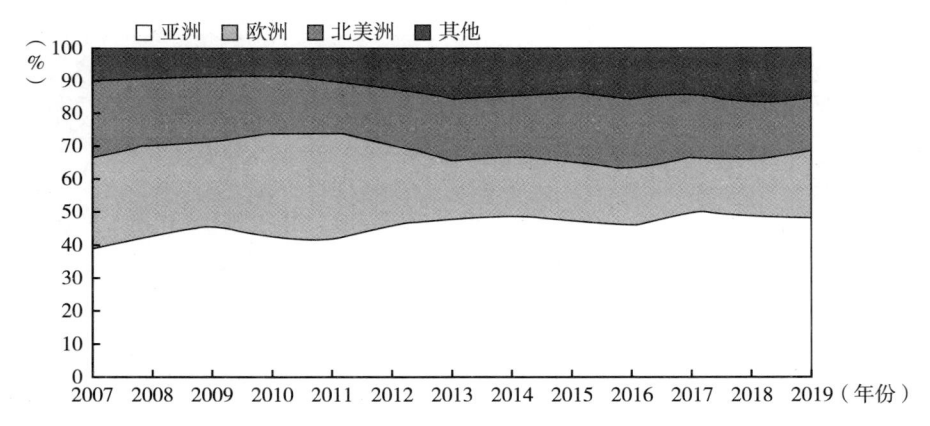

图14　2007～2019年奉贤主要出口目的地出口值占比

资料来源：《上海市奉贤区统计年鉴》。

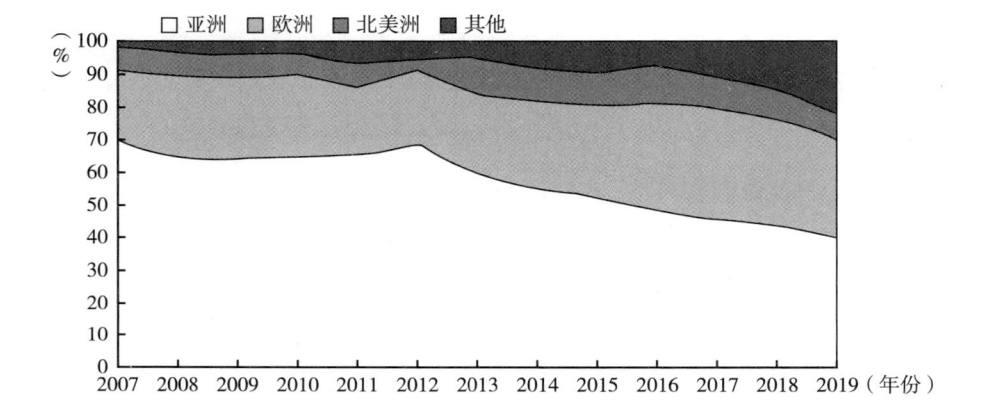

图15　2007～2019年奉贤主要进口来源地进口值占比

资料来源：《上海市奉贤区统计年鉴》。

表2　2007～2019年奉贤出口值与进口值排前五名的国家和地区

年份	第一名		第二名		第三名		第四名		第五名	
	出口	进口	出口	进口	出口	进口	出口	进口	出口	进口
2007	美国	日本	日本	中国台湾	中国台湾	韩国	德国	美国	比利时	瑞典
2008	美国	日本	日本	中国台湾	中国台湾	韩国	荷兰	英国	韩国	美国
2009	美国	日本	日本	中国台湾	中国台湾	韩国	荷兰	美国	韩国	英国

续表

年份	第一名		第二名		第三名		第四名		第五名	
	出口	进口	出口	进口	出口	进口	出口	进口	出口	进口
2010	日本	日本	美国	韩国	荷兰	中国台湾	德国	美国	中国台湾	德国
2011	美国	日本	日本	中国台湾	荷兰	韩国	中国台湾	美国	德国	德国
2012	日本	日本	美国	中国台湾	中国台湾	德国	澳大利亚	韩国	比利时	沙特
2013	日本	日本	美国	美国	澳大利亚	台湾	中国台湾	阿联酋	韩国	德国
2014	日本	日本	美国	美国	澳大利亚	德国	中国台湾	阿联酋	韩国	韩国
2015	美国	日本	日本	德国	韩国	美国	澳大利亚	韩国	中国台湾	阿联酋
2016	美国	日本	日本	德国	澳大利亚	美国	印度	韩国	韩国	意大利
2017	美国	日本	日本	德国	印度	美国	澳大利亚	韩国	韩国	意大利
2018	美国	日本	日本	德国	澳大利亚	美国	印度	韩国	泰国	中国台湾
2019	美国	日本	日本	德国	韩国	美国	澳大利亚	韩国	泰国	中国台湾

资料来源:《上海市奉贤区统计年鉴》。

中美在 2020 年初签订了第一阶段"贸易协议",暂时结束了 2018 年以来快速升温的贸易摩擦,美国作为奉贤最主要的出口目的地和进口来源地之一,其挑起的贸易争端对奉贤对外贸易带来较大影响。2019 年,奉贤对美国出口值为 65.0 亿元,同比降低 15.4%,占比从 2018 年的 15.7%下降至 14.2%;从美国进口值为 27.0 亿元,同比下降 9.6%,占比从 2018 年的 7.7%下降至 6.8%。2019 年奉贤对美国的出口值和进口值及其占比均出现下滑(见图 16)。

图 16　2007～2019 年奉贤对美国进出口值占比及同比增速

资料来源:《上海市奉贤区统计年鉴》。

从出口产品来看，奉贤 2019 年出口产品的集中度略有下滑，出口规模排名前二十产品的出口总值为 393.67 亿元，占比从 2018 年的 87.6%下降至 86.0%。2019 年"核反应堆、锅炉、机械器"出口值连续三年保持较高增速，以 20.2%的占比跃居第一，"电机、电气、音像设备"产品出口值下降 18.5%，占比已经从 2017 年的 24.9%一路降低至 17.7%。2019 年出口值排名前二十的主要产品中增速排在前五位的分别是"特殊交易品及未分类商品"、"矿物材料的制品"、"铜及其制品"、"非针织或非钩编的服装"以及"杂项制品"，以上五种产品中"特殊交易品及未分类商品"和"铜及其制品"连续两年保持较高增速。增速排在后五位的是"钢铁"、"有机化学品"、"电机、电气、音像设备"、"杂项化学产品"和"贱金属杂项制品"，以上五种产品中"电机、电气、音像设备"和"贱金属杂项制品"连续两年出口值出现下降（见表 3）。受疫情影响，海外汽车产业链和供应链恢复较慢，奉贤汽车相关产品出口值降幅较大。

表 3 2018～2019 年奉贤出口的主要产品情况

单位：亿元，%

产品分类	2019 年出口值	同比增速	2018 年出口值	同比增速
核反应堆、锅炉、机械器	92.61	7.2	86.40	10.83
电机、电气、音像设备	81.16	−18.5	99.53	−10.93
塑料及其制品	30.01	−0.6	30.19	3.73
家具；寝具等；灯具	26.89	−6.6	28.79	−2.76
铜及其制品	25.37	19.6	21.22	21.52
钢铁制品	16.37	−7.8	17.76	22.10
有机化学品	15.18	−22.2	19.52	48.74
光学、照相、医疗等设备	12.51	−1.0	12.28	−2.12
车辆及其零附件	12.21	−0.7	12.26	−9.03
针织或钩编的服装及衣着	11.94	3.5	11.54	−2.07
特殊交易品及未分类商品	10.66	30.3	8.18	137.97
非针织或非钩编的服装	10.26	17.1	8.77	5.57
精油及香膏；芳香料制品	9.13	−9.5	10.09	2.84
其他纺织制品；成套物品	8.51	−6.1	9.06	8.66
皮革制品；旅行箱包	7.26	−3.4	7.52	12.20

续表

产品分类	2019 年出口值	同比增速	2018 年出口值	同比增速
杂项化学产品	6.09	-18.2	7.44	0.44
贱金属杂项制品	4.89	-11.2	5.51	-2.35
钢铁	4.24	-82.8	24.59	1972.17
杂项制品	4.20	9.7	3.83	3.95
矿物材料的制品	4.18	22.1	3.42	6.10

资料来源：《上海市奉贤区统计年鉴》。

从进口产品来看，奉贤 2019 年进口产品的集中度连续三年提升，进口规模排名前二十产品的进口总值为 328.06 亿元，占比从 2018 年的 81.4% 进一步提升至 83.3%。2019 年"核反应堆、锅炉、机械器"仍然是奉贤进口值排名第一的产品，占比从 2018 年的 15.0% 降至 12.1%，"电机、电气、音像设备"排名上升至第二，但占比从 2018 年的 10.0% 下降至 8.9%。2019 年进口值排名前二十的主要产品中增速排在前五位的分别是"珠宝、贵金属及制品"、"肉及食用杂碎"、"鱼及其他水生无脊椎动物"、"矿砂、矿渣及矿灰"和"光学、照相、医疗等设备"，以上五种产品除"珠宝、贵金属及制品"外均保持了连续两年的高速增长。增速排在后五位的是"有机化学品"、"其他纺织制品；成套物品"、"车辆及其零附件"、"饮料、酒及醋"和"塑料及其制品"（见表 4）。进口产品总值和增速的变化反映出奉贤对对珠宝等贵重物品以及肉类等进口食品的需求有爆发式的增长，对技术含量相对较低的初级产品的需求不断降低。

表 4   2018~2019 年奉贤进口的主要产品情况

单位：亿元，%

产品分类	2019 年进口值	同比增速	2018 年进口值	同比增速
核反应堆、锅炉、机械器	47.50	0.3	47.26	17.5
电机、电气、音像设备	34.91	-9.6	38.61	21.6
塑料及其制品	34.26	-13.2	39.45	5.6
矿砂、矿渣及矿灰	26.52	52.8	17.35	51.5

续表

产品分类	2019 年进口值	同比增速	2018 年进口值	同比增速
食用水果及坚果;甜瓜等	26.01	14.0	22.77	330.1
铜及其制品	24.46	-7.3	26.40	75.8
肉及食用杂碎	23.84	170.5	8.81	52.4
光学、照相、医疗等设备	15.82	32.7	11.75	28.9
有机化学品	14.24	-28.9	20.03	69.0
车辆及其零附件	10.81	-14.8	12.68	25.1
家具;寝具等;灯具	9.79	-5.8	10.39	7.7
鱼及其他水生无脊椎动物	8.81	82.6	4.73	121.1
钢铁制品	8.76	-10.7	9.81	5.0
杂项化学产品	8.50	-0.4	8.53	13.9
纸及纸板;纸浆、纸或纸板制品	6.52	-6.6	6.98	43.9
矿物材料制品;陶瓷品	6.20	5.2	5.89	6.1
饮料、酒及醋	5.75	-14.4	6.71	15.4
鞣料;着色料;涂料	5.50	-5.1	5.80	16.4
珠宝、贵金属及制品	5.15	2435.5	0.20	-0.3
其他纺织制品;成套物品	4.73	-15.6	5.61	2.2

资料来源:《上海市奉贤区统计年鉴》。

二 奉贤外商直接投资主要特点

(一)吸引外资和落实外资表现亮眼

2020 年前九个月奉贤外商直接投资(以下视情简称"FDI")合同金额迅速走出了疫情影响,为奉贤复工复产提供了有力支撑,2020 年前九个月奉贤 FDI 合同金额为 14.1 亿美元,同比大幅增长 92.7%(见图 17)。奉贤 2020 年在落实外资方面显著好于上海的平均水平,相比 2019 年全年低于上海增速,奉贤 2020 年 FDI 到位金额增速喜人,但与 FDI 合同金额月累计同比增速逐月上升的表现不同,2020 年奉贤 FDI 到位金额在 3 月实现累计同比增长 58.2% 后月累计同比增速略有回落,前三季度奉贤 FDI 到位金额共计 2.71 亿美元,月累计同比增长 26.8%,上海前八个月 FDI 到位金额月累计同比增长 2.9%,奉贤落实外资情况走在了上海前列(见图 18)。

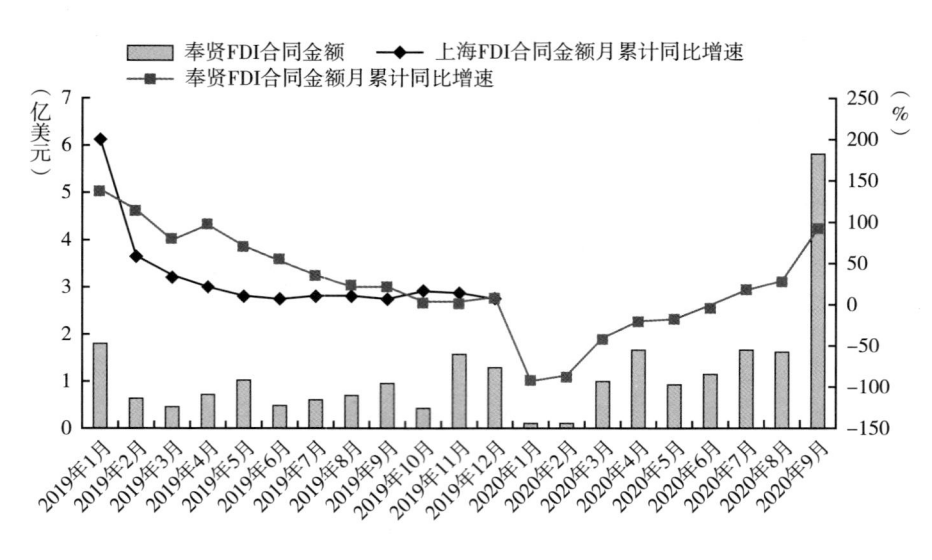

图17 2019年1月至2020年9月奉贤FDI合同金额及月累计同比增速

注：上海自2020年开始不再公布FDI合同金额，上海2019年12月FDI合同金额数据缺失。

资料来源：《奉贤统计月报》。

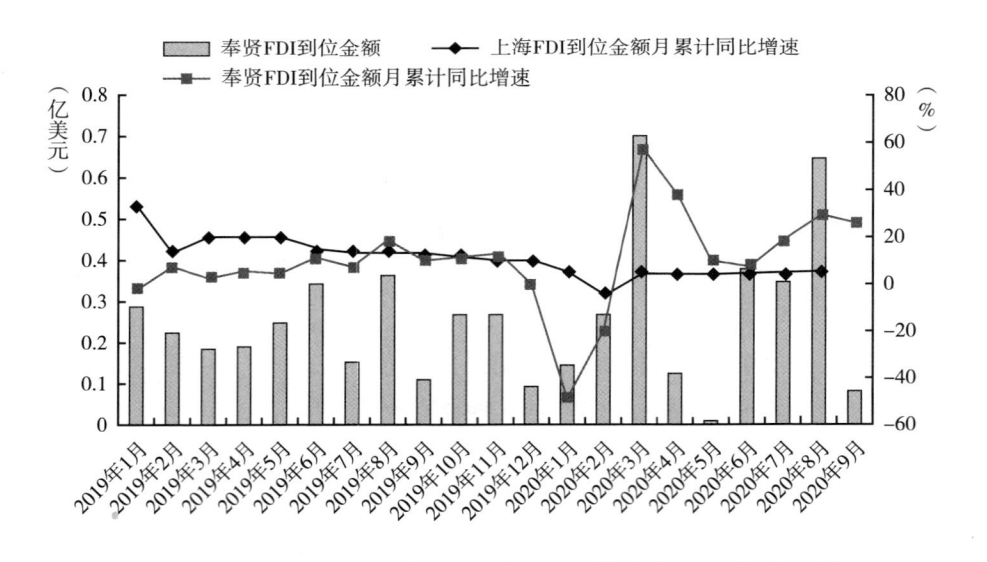

图18 2019年1月至2020年9月奉贤FDI到位金额及月累计同比增速

资料来源：《奉贤统计月报》。

相比2019年前三季度奉贤FDI合同金额21.6%和到位金额10.7%的月累计同比增速，2020年奉贤在吸引外资和落实外资上继续发力。由于2019年第四季度相对较低的基数，奉贤FDI合同金额和到位金额在2020年月累计同比增速有望保持较高水平，但是否能保持2019年前三季度的较高水平仍然有一定的不确定性。长期来看，奉贤FDI合同金额在2019年增长8.3%至10.6亿美元，远超"十二五"末期和"十三五"前中期6.0亿美元的平均水平，到位金额在2019年微增0.5%至2.8亿美元，仍然保持在3.0亿美元左右（见图19）。

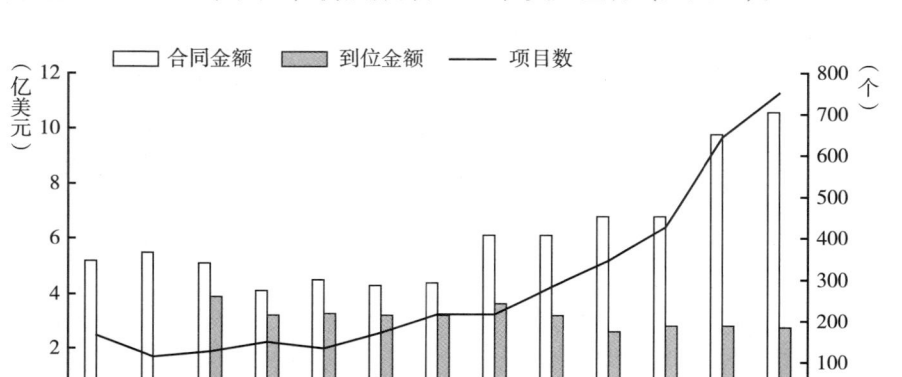

图19　2007～2019年奉贤外商直接投资情况

资料来源：《上海市奉贤区统计年鉴》。

（二）独资项目快速增长，服务业赢得外资青睐

通过比较2019年上海各区的吸引外资和落实外资情况，可以看出奉贤在吸引外资和落实外资上都有较大的进步空间。在上海郊区中，2019年奉贤10.6亿美元的FDI合同金额低于闵行的33.5亿美元、宝山的17.7亿美元、嘉定的31.7亿美元和青浦的14.0亿美元，仅高于松江的8.9亿美元。奉贤2.8亿美元的FDI到位金额低于闵行的7.3亿美元、宝山的4.1亿美元、嘉定的11.2亿美元和青浦的8.0亿美元。从FDI到位金额占各区生产总值比重来看，奉贤1.63%的比重低于浦东新区的4.73%、闵行的1.99%、

宝山的 1.79%、嘉定的 2.95%、青浦的 4.72%，仅高于松江的 1.14%。反观上海中心城区，2019 年黄浦 FDI 到位金额占地区生产总值的比重为 2.08%，徐汇为 2.49%，长宁为 3.03%，普陀为 6.76%，虹口为 8.54%，均明显高于奉贤（见表 5）。可以预见的是，奉贤 FDI 到位金额占地区生产总值的比重能否向上海其他地区的水平靠近仍有赖于奉贤能否在自贸区新片区上持续发力。

表 5　2019 年上海各区外商直接投资主要指标情况

地区	新批 FDI 项目数（个）	FDI 合同金额（亿美元）	FDI 合同金额同比增速（%）	FDI 到位金额(亿美元)	FDI 到位金额同比增速（%）	FDI 到位金额占各区生产总值比重（%）
奉贤区	751	10.6	8.3	2.8	0.5	1.63
浦东新区	—	—	—	87.7	8.2	4.73
黄浦区	163	14.9	0.5	7.8	-37.6	2.08
徐汇区	184	12.5	3.1	7.6	0.5	2.49
长宁区	215	11.3	12.9	7.3	57.7	3.03
静安区	191	12.0	—			
普陀区	297	39.1	109.5	10.9	19.5	6.76
虹口区	116	13.4	0.6	12.8	1.8	8.54
杨浦区	159	20.5	104.4	—		
闵行区	—	33.5	18.0	7.3	2.7	1.99
宝山区	391	17.7	11.8	4.1	45.4	1.79
嘉定区	138	31.7	25.0	11.2	67.4	2.95
金山区	—					
松江区	615	8.9	19.1	2.6	-17.1	1.14
青浦区	—	14.0	55.6	8.0	29.0	4.72
崇明区	—	8.8	135.5	2.4	327.0	4.36

资料来源：2019 年上海各区《国民经济和社会发展统计公报》。

从 FDI 投资方式来看，奉贤 2019 年外商独资项目数达到 650 个，合同金额增长至 9.1 亿美元，同比增长 28.2%；中外合资项目数回落至 97 个，合同金额降至 1.3 亿美元，同比下降 51.1%（见图 20）。从 FDI 产业结构来看，奉贤 2019 年服务业吸收外资达到 10.0 亿美元，同比增长 19.9%；工业吸收外资降至 0.5 亿美元，同比下降 63.1%（见图 21）。从 FDI 合同金额看，2019 年合同金额在500万美元以上的投资项目合同金额达到6.9亿美元，同比增长16.4%，合同金额在500万美元及以下的投资项目合同金额降至3.7亿美元，同比下降3.9%（见图22）。从投资来源地来看，2019年中国香港以164个投资项目排名第一，中国台湾以125个投资项目、韩国以70个投资项目分别排在第二和第三位。从各镇FDI情况来看，综合开发区、杭州湾开发区和南桥镇是2019年奉贤吸引FDI合同金额最高的三个地区。

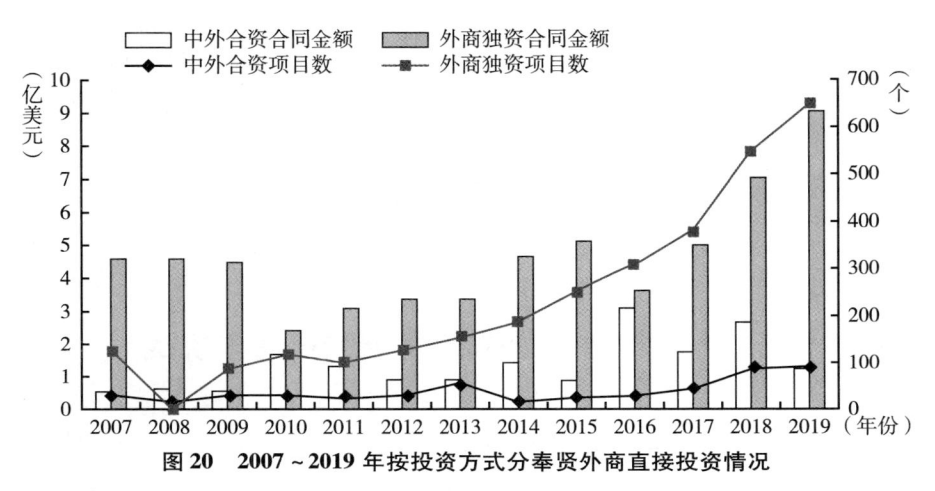

图20　2007~2019年按投资方式分奉贤外商直接投资情况

资料来源：《上海市奉贤区统计年鉴》。

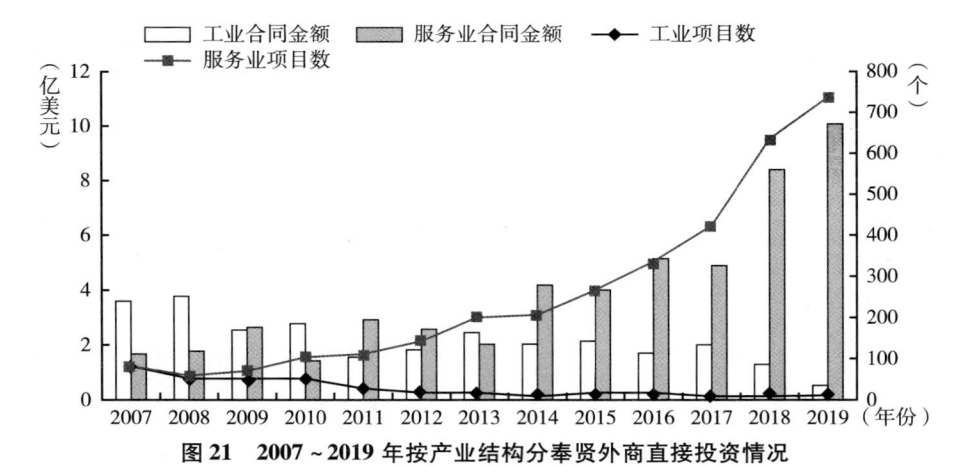

图21　2007~2019年按产业结构分奉贤外商直接投资情况

资料来源：《上海市奉贤区统计年鉴》。

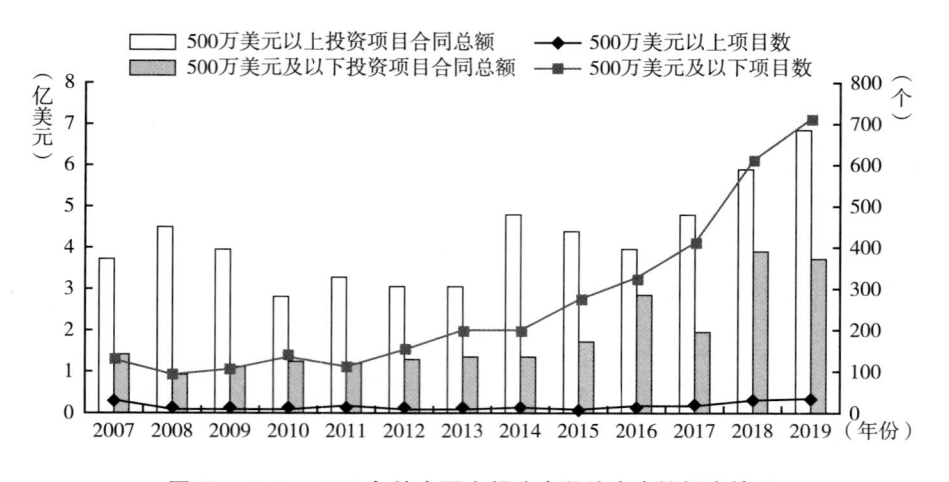

图22　2007～2019年按合同金额分奉贤外商直接投资情况

资料来源:《上海市奉贤区统计年鉴》。

三　奉贤对外经济未来发展的机遇与挑战

2020年面对新冠肺炎疫情的冲击,奉贤对外经济表现出了巨大的韧性,尤其是进口值增速相较其他主要经济指标率先转正,且表现出逆势增长的态势,表明奉贤从事对外贸易的企业积极应对疫情带来的供应链变化,不断增强自身抗风险的能力,2020年奉贤进口规模将大概率超过出口规模,奉贤由此结束长期以来以出口为主导的对外经济模式,进入以进口为主导的新时期,这充分说明奉贤有效利用了进口博览会这一重要开放平台,不断提升自身贸易能级,减少了贸易敞口,进一步提升了经济高质量发展的稳定性。吸引外资规模有望创历史新高,落实外资情况也大幅改善,一改"十三五"以来的平稳态势,这充分说明奉贤充分把握自贸区新片区的历史性机遇,不断提高融入以国内大循环为主体,国内国际双循环相互促进的新发展格局的水平。

经过对奉贤2020年对外贸易方式、企业性质、活跃区域、重点企业、贸易对象、重点产品以及外商直接投资方式的分析,本报告发现出口值下滑的主要原因是外资企业在受到疫情冲击后，出口严重萎缩，随着全球疫情蔓延，外资企业的加工出口情况进一步恶化，内资企业则稳扎稳打，正逐步走出疫情带来的负面影响，表明内资企业更快地适应了外部市场的变化，内资企业正式超过外资企业成为奉贤对外经济的主力军。奉贤的贸易结构也随着内资企业出口情况的好转不断优化，一般贸易占比稳步提升，加工贸易占比逐步下降，奉贤出口产品的技术含量与附加值不断增加。奉贤临港片区外贸活动大幅增加，表明自贸区新片区已经步入发展的快车道。对大洋洲和拉丁美洲进口规模的不断扩大也充分表明自贸区新片区以及"一带一路"倡议正在发挥显著且积极的作用。特别值得注意的是，奉贤充分把握住了服务业对外开放不断深化的机遇，服务业吸引外资规模快速扩大，且大多数为外商独资项目，说明外资对奉贤服务业未来发展充满信心。

2021年在"一带一路"倡议、"进博会"和"自贸区新片区"等的持续助推下，并且考虑到疫情带来的低基数效应，奉贤对外贸易有望迎来反弹，但是对于出口仍不易过于乐观，疫情对全球经济发展带来的不确定性将远超2008年金融危机，整体外部形势导致不宜对出口总值有过高的预期，进口总值则有望继续保持增长，进口总值大于出口总值的态势有望延续。2021年外商直接投资增速相较2020年将有大概率收窄，充分使快速增长的合同外资生根落地才是关键。展望"十四五"时期奉贤对外经济的走势，其抵抗外部市场风险的能力将进一步增强，奉贤对外开放的步伐不会停止，其将通过利用服务贸易快速增长，特别是数字贸易爆发式增长的态势，为上海在更高水平上建设社会主义现代化国际大都市不断提供新的动力。

参考文献

张兆安、朱平芳主编《上海奉贤经济发展分析与研判（2017～2018）》，社会科学文献出版社，2018。

张兆安、朱平芳主编《上海奉贤经济发展分析与研判（2018～2019）》，社会科学文献出版社，2018。

张兆安、朱平芳主编《上海奉贤经济发展分析与研判（2019～2020）》，社会科学文献出版社，2019。

B.8

2020~2021年奉贤财政形势
分析与研判

谢骏鸣 *

摘　要：　受中美贸易摩擦和上海自身产业转型升级所带来的经济阵痛
期影响，奉贤区地方财政收入增长自2019年起就明显承压。
而后暴发的新冠肺炎疫情，不仅给中国社会造成了深远影
响，还严重冲击了世界经济格局。上海区域经济受此冲击影
响，企业经营利润下滑，税收进一步下探；另一方面，疫情
造成的经济社会冲击进一步扩大了财政开支的需求，使得奉
贤区地方财政收支状况进一步严峻。在此环境下，未来的奉
贤区财政收支将呈现何种趋势，收支平衡是否可以得到改善
是本报告研究的重点。本报告利用奉贤区统计局公布的截至
2020年9月的财政数据和数次实地调研考察结果，对奉贤区财
政现状和形势做出细致分析，并对未来奉贤的财政状况做出
预判。

关键词：　奉贤财政　形势分析　收支平衡

2020年的新冠肺炎疫情，不仅对中国社会造成了深远影响，还严重
冲击了世界经济格局。从国内情况看，在初期，疫情对全国经济都造成

---

* 谢骏鸣，上海社会科学院经济研究所西方经济学2017级博士研究生，主要研究方向为计量经
济建模与经济决策分析、科技统计、电力统计。

了巨大冲击，各省区市的封锁政策适当限制了人员的流动和消费，更对跨地区之间的物资流通造成了阻碍。除了金融业以及互联网企业所受影响较小外，各行各业几乎都遭遇了困境。虽然，从 GDP 数据看，国内经济在第二季度就迅速获得了恢复，但 GDP 不能直接等同于财政收入。从各地商铺的热闹程度、国庆黄金周各省区市旅游人数等侧面信息与往年对比情况看，疫情的冲击虽然已极大减弱，但冲击之后的影响并未完全消除，全国经济依旧处于恢复阶段。从国外的情况看，欧美疫情反复，使得原本就摇摆不定的中美关系走向进一步的脱钩和对立。从长远来看，这将改变世界的经济贸易格局，中国作为世界工厂，为经济全球化做出了重大贡献，也从经济全球化的过程中获得了巨大利益和长足发展。目前以美日为首的西方国家考虑到地缘政治因素，将部分产业向印度和东南亚国家转移，甚至向美国本土迁移，并已形成一股趋势。虽然在短期内，受限于基础设施发展水平，东南亚国家无法完全承接来自中国的产业转移，但随着东南亚国家基础设施的发展和劳动力水平的提升，要素成本价格和地缘政治因素所形成的成本优势将逐渐显现，产业转移将是未来的一大趋势。上海作为一个外向型经济城市，对国际产业链的依赖程度要远高于内陆城市，产业转移对经济的冲击必然反映在整体区域经济上，外资企业撤离将导致配套内地企业订单减少、利润下降，造成整体企业税收下滑。另外，疫情冲击、经济遇冷，在医疗以及社会保障方面，增加了政府的开支。一减一增，无形中加大了地方政府的财政压力，为未来的奉贤带来了更多的挑战。

一　奉贤区财政收入状况分析

本部分主要通过回顾历年奉贤区的财政统计数据，在纵向上对区级财政收入状况进行趋势上的跟踪评估；并通过对当期的财政收入进行详细剖析，根据其收入构成、各部分占比以及各镇区和产业园的数据与往年数据的比较，来寻找未来奉贤财政收入可能的增长点。

（一）奉贤区历年财政收入情况

2019年奉贤蓝皮书"财政篇"就曾提到，奉贤财政收入的长期上涨趋势极有可能在2019年被改变。从2020年回顾过去，发现这一判断是准确的。从图1可以看出，自2010年以来，尽管奉贤区财政收入的增长率有所波动，但无论是财政总收入还是区级财政收入，截至2018年其总量一直呈现上涨趋势。但2019年财政总收入为484.65亿元，相比2018年减少了7.35亿元。增长率从22.1%回落至－1.5%。区级财政收入为154.99亿元，虽相比上年基本持平，但增长率也从18%回落至2.5%。从截至2020年9月的数据看，奉贤区累计财政总收入达424.23亿元，低于2019年9月的429.32亿元（见图1）。因此本报告预计奉贤区财政总收入在2020年可能将进一步减少，区级财政收入可能维持在2019年水平上，但财政总收入增长率极有可能持续下探。财政总收入的减少极有可能是因为中美贸易摩擦以及疫情冲击下，企业订单减少、获利能力下降，引发了企业税收缩减。这一状况将随企业订单数量的回升得到一定程度的改善。在美日等发达国家试图将中国的产业链转移至东南亚国家的过程中，东南亚等国基础设施落后，劳动力素质低下等不利因素不断凸显，迫使部分订单重新回流到中国企业。因此预计在2021年初，财政总收入将有短暂的回升。但之后的走势还是要以产业链转移程度来定。如果产业链转移的趋势无法逆转，那么在未来，财政总收入有可能面临长期紧缩。

奉贤区2018年的财政总收入为492.0亿元，相比2017年，增长了近20%，其中前9个月的财政收入之和就已经达到了418.23亿元，超过2017年全年的财政收入。但到了2019年，奉贤区累计至9月的财政总收入只达到429.32亿元，该值与2018年同期表现相近。2019年财政总收入仅为484.65亿元，低于2018年的492.0亿元。截至2020年9月，累计财政总收入为424.23亿元，低于2019年同期水平，因此预计2020年全年财政总收入将进一步下探。着重对比近4年的第二、第三季度的财政收入情况。2017年和2018年的月度财政收入曲线走势基本一致，4月财政收入较高，7月是

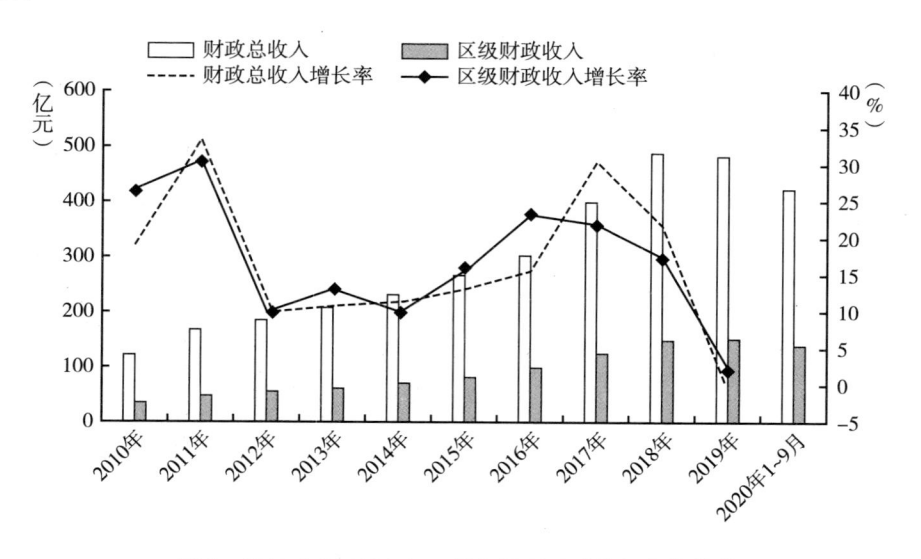

图1　2010年至2020年9月奉贤区财政收入变化趋势

资料来源：历年《上海市奉贤区统计年鉴》；《奉贤统计月报》（2020年）。

一个小高峰，在8月迅速下探，9月与8月基本持平，略微上扬。但这一趋势在2019年被打破，5~7月的上升趋势不再。在2020年，财政收入变化趋势与往年的差异更明显，7月与8月间的落差明显缩小，9月的上扬趋势也被拉平（见图2）。曲线本身与往年曲线出现多次相交。造成月度财政收

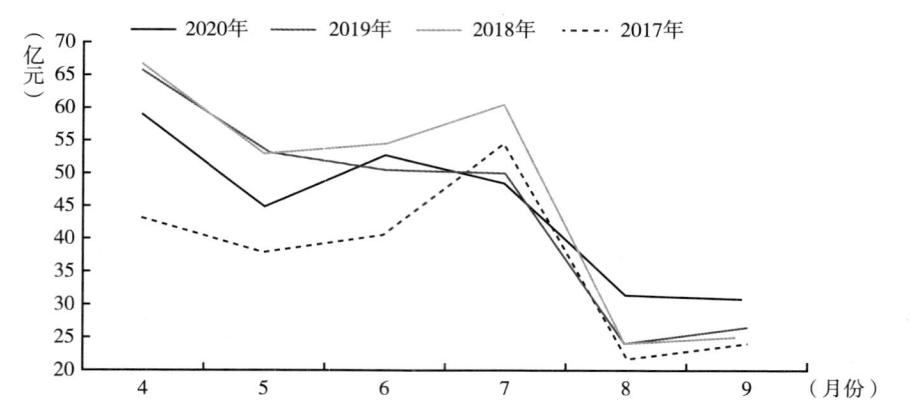

图2　2017~2020年奉贤区第二、第三季度财政收入变化趋势

资料来源：2017~2020年《奉贤统计月报》。

入趋势改变的原因在于，中美贸易摩擦对上海出口企业所形成的冲击使得企业订单的季节性规律被打破。[①] 2020 年又因为疫情冲击，企业的生产经营环境发生了很大变化。从曲线对比来看，很难判断 2020 年的财政收入与 2019 年相比将如何，但与 2018 年相比，可以预计财政收入将有所下滑，经济发展面临较大的下行压力。

（二）奉贤区财政收入结构

2018 年奉贤区区级财政收入占财政总收入的 31%，但从 2019 年的数据看，区级财政收入为 154.99 亿元，占总收入比重提高至 32%，中央财政以及市级财政收入的占比则有所下降。上海常年作为中央财政收入的重要贡献地区，在财政总收入有所下降的背景下，政府压缩中央财政收入以及市级财政收入的比重，将更多的财政收入划拨给区级政府，这也从侧面印证了区级财政收入确实面临较大的压力。而此次疫情冲击叠加中美贸易摩擦引发的经济遇冷，使得政府财政收入更难得到保障，相应的财政开支面临增加的压力，区级层面收支平衡难题将持续。为应对这一困难，在未来短期内，预计区级政府可以支配的财政收入可能将进一步上升。

从财政收入的结构来看，2019 年区级财政收入达 1549857 万元，其中税收收入为 1418799 万元，占 91.5%，与 2018 年相比有所下降。这与经济形势下行，企业利润下滑有关。

表 1 的数据显示，虽然 2019 年营业税和增值税的总额有所提升，但企业所得税以及个人所得税收入都有所下降，其中企业所得税下降幅度（25.8%）尤为突出。另一方面，个人所得税收入也有所下滑。这反映出奉贤经济遇冷，企业利润下降，税收收入减少，并连带影响了员工的工资收入，导致个人所得税总量一同下滑。房产税、土地增值税以及契税收入的下降，则反映出二手房地产交易市场遇冷。

---

① 张兆安、朱平芳主编《上海奉贤经济发展分析与研判（2019～2020）》，社会科学文献出版社，2019。

表1　2013~2019年奉贤区级税收收入中各税种金额

单位：万元

税种	2013 年	2014 年	2015 年	2016 年	2017 年	2018 年	2019 年
增值税	185238.60	219804.70	254074.40	401956.60	668176.00	805820.30	909882.40
营业税	178155.70	182554.50	207830.70	159187.70	11390.00	154.60	0
企业所得税	93525.49	101900.90	99415.91	118776.00	205383.00	269992.70	200212.10
个人所得税	38849.42	44858.60	55492.68	74023.80	87723.00	115258.50	102343.40
城市维护建设税	9750.93	10530.41	11642.57	13825.62	16625.00	20007.03	18443.33
房产税	5104.89	6360.52	7311.12	9872.71	13914.00	16548.51	9922.39
印花税	15113.11	17837.79	18074.28	19630.62	26356.00	28567.36	29708.75
土地增值税	29465.00	35460.54	44574.20	55912.59	55605.00	45561.03	42988.05
契税	44694.61	43680.97	39665.37	78018.37	84617.00	83696.53	81405.00
行政事业性收费收入	12261.02	10855.64	15392.51	13570.89	16329.00	7657.27	9094.38

资料来源：历年《上海市奉贤区统计年鉴》。

（三）分行业税收贡献情况

从各行业的税收贡献来看，2019年奉贤区第一产业和第二产业的税收收入都出现下滑，第三产业税收收入有所增长，但增长量无法填补第一产业和第二产业的下降总量，使得2019年税收总收入同比2018年下降近7.3亿元，降幅达1.6%。

从第二产业来看，衰退主要来自工业，税收收入从2018年的2405423万元缩减至2019年的2299211万元，跌幅近4.4%。衰退的主要原因还是中美贸易摩擦的冲击。在2018年，就已经显示出工业税收收入增长率下滑的趋势，2019年延续了这一趋势并进一步加强。从2020年的状况看，受到疫情冲击，叠加中美贸易摩擦影响，预计情况依旧不容乐观。不同于工业，建筑业税收收入反倒有所上涨，从227014.6万元涨至235820.6万元，涨幅近3.9%（见表2）。

表2 2013～2019年奉贤区分行业税收收入

单位：万元

项目	2013 年	2014 年	2015 年	2016 年	2017 年	2018 年	2019 年
税收总收入	2008391	2251207	2477173	2855609	3808843	4683000	4609800
第一产业	877.4793	1180.532	2125.952	3328.433	3161	5851.466	2866.381
第二产业	1148245	1303261	1405234	1429560	2110225	2632438	2535031
工业	1012285	1146679	1246795	1252807	1924273	2405423	2299211
建筑业	135960	156582.2	158438.9	176752.1	185953	227014.6	235820.6
第三产业	859268.6	946765.6	1069813	1422721	1695456	2044711	2071902
交通运输、仓储和邮政业	42783.15	51912.33	67490.71	64979.52	74076	94399.2	87763.04
信息传输、计算机服务和软件业	11426.91	14543.07	19564.55	22936.48	24538	43775.22	45513.82
批发和零售业	265051.4	309083.7	350507.5	409244.1	521123	717837.2	721580.5
住宿和餐饮业	12793.83	12370.06	12469.85	8222.648	6341	6434.557	5978.297
金融保险业	17842.21	18920.82	24328.85	23818.56	25557	30141.76	33191.81
房地产业	260724.8	263955.4	290965.4	461705.6	503335	464908.5	440598.7
租赁和商务服务业	147992.2	179098.3	196643.6	252012.4	320171	398739.6	443848.6
科学研究和技术服务业	—	—	45416	92278.97	134160	170291.6	182272
居民服务和其他服务业	63899.56	55226.81	50645.34	65366.94	57275	66469.75	57322.89
教育	2050.483	2537.9	3045.657	6224.335	6219	5443.814	4045.958
卫生、社会保障和社会福利业	66.89757	78.33	123.104	239.3546	2047	2308.944	4229.23
文化、体育和娱乐业	1396.006	1488.75	2317.537	5958.344	6105	18625.17	26316.83
公共管理和社会组织	1532.223	1225.68	1690.779	2396.546	4320	10254.53	3294.668
其他行业	2354.155	2763.8	4604.206	7336.968	109	13.19984	5494.011

资料来源：历年《上海市奉贤区统计年鉴》。

从 2019 年第三产业的情况看，对第三产业税收收入贡献最大的依旧是传统的批发和零售业，其占第三产业整体税收收入的 34.8%，其次为房地产业以及租赁和商务服务业，占比均在 21% 左右。这一格局与 2018 年接近，但占比均有所下滑，2018 年批发和零售业的税收收入贡献超过 35.1%，房地产业以及租赁和商务服务业的占比均约为 21%，在各项税收收入基本呈正向增长的情况下，占比却有所下降，这说明其他行业在快速发展，尤其是金融保险业，信息传输、计算机服务和软件业以及科学研究和技术服务业，其增长趋势明显。受到疫情冲击影响，批发和零售业、住宿和餐饮业以及传统的租赁和商务服务业等行业在 2020 年出现了明显衰退，届时金融保险业，信息传输、计算机服务和软件业以及科学研究和技术服务业等技术性服务行业的税收收入占比将进一步提升。

（四）财政收入小节

综合上述分析可以发现，往年历史数据所展现出来的奉贤财政收入的增长惯性已经被打破。短期内，奉贤财政收入将承压明显。这一压力主要来自企业效益降低引发的税收收入下降，并进一步影响企业雇员的薪资收入，从而导致个人所得税下滑。企业效益下降，一方面是因为中国经济面临产业转型升级，本身就处在调整的阵痛期。在这一敏感时期，遇上中美贸易摩擦的冲击，大量外贸企业的业务受到影响。上海作为一个外向型经济体，本身的区域经济对国际环境有很高的依存度，即便是非外贸企业，其业务也可能处在外贸企业的产业链中，依旧将受到外部环境的冲击影响。这一情况将在 2020 年进一步恶化。2020 年初，受到疫情影响，大量企业停工停产。在第二季度恢复生产后，因为海外疫情的蔓延，大量订单流失。虽然这一状况在第三季度有所好转，但从长远来看，西方国家正在试图将对华投资转移至印度和东南亚等国家，这一趋势已经开始。目前因为劳动力素质不高以及基础设施建设落后，东南亚国家尚无法完全承接来自中国的产能，有大量订单回流到国内的生产企业。但是随着未来疫情渐趋稳定，以及东南亚国家对基础设施建设的不断投入，东南亚国家将逐步具备承接中国产业链的能力。考虑到地缘政治因素，以及不断提高的国内劳动力成本，中国将逐步失去在国际贸易中的比较优势，产业链的转移将成为趋势，这将对未来的企业税收造成压力。也正是这一产业转移趋势，使得我国不得不进行产业升级改革，发挥自己的人力资本优势以及科技优势，从而在国际贸易中实现价值链的跃迁。从第三产业细分行业的税收贡献中，已经看到了这一趋势，虽然批发和零售业、房地产业以及租赁和商务服务业这三类传统第三产业门类依旧占据了奉贤区第三产业税收收入的大头，但是信息传输、计算机服务和软件业，金融保险业，以及科学研究和技术服务业等门类的税收贡献有显著的增长。疫情冲击下，传统的第三产业门类税收收入必然将在 2020 年出现萎缩，信息传输、计算机服务和软件业，金融保险业，以及科学研究和技术服务业因为行业特性，受疫情影响较小，反而会因为疫情而获得更多的商业机会，实现进一步发展。但是产业发展充满变数和不确定性，而且目前这些产业在奉贤经济中的体量不够，基数较小，即便长期以高增长率发展，也要多年之后才能形成一定规模。而受疫情冲击以及社会整体经济环境遇冷的影响，三大传统门类的税收收入下滑将是明显的。在 2020 年以及 2021 年，奉贤区财政收入将明显承压，为解决区级财政困境，中央、市以及区级财政收入比重可能将进一步调整。

二 奉贤区财政支出状况分析

（一）奉贤区财政支出概况

2019 年奉贤区财政支出总计 432.5 亿元，与 2018 年相比，增加了近 57 亿元，增加幅度达 15.1%。收入方面，奉贤区财政总收入从 2018 年的 492.2 亿元缩减至 486.65 亿元，缩减幅度达到 1.1%。2019 年奉贤财政盈余为 54.15 亿元，相比 2018 年减少近一半（见图 3）。单纯从区级财政收入来看，区级财政支出为 203 亿元，区级财政收入只有 154.99 亿元，已经出现了赤字。《上海奉贤经济发展分析与预判（2019~2020）》预判，宏观经济

下行，企业利润吃紧，地方财政面临盈余下滑乃至重新回到赤字的风险，这一预判得到了部分印证。结合现在的经济形势，2020年财政收入将继续大概率承压，在支出方面，因为国计民生的刚性需求很难缩减，并且疫情之下政府在公共卫生领域的开支将进一步增加，另外企业效益惨淡，就业率下降，社会保障性支出也将有所增加，因此，2020年奉贤区财政收支平衡压力预计将进一步加大。

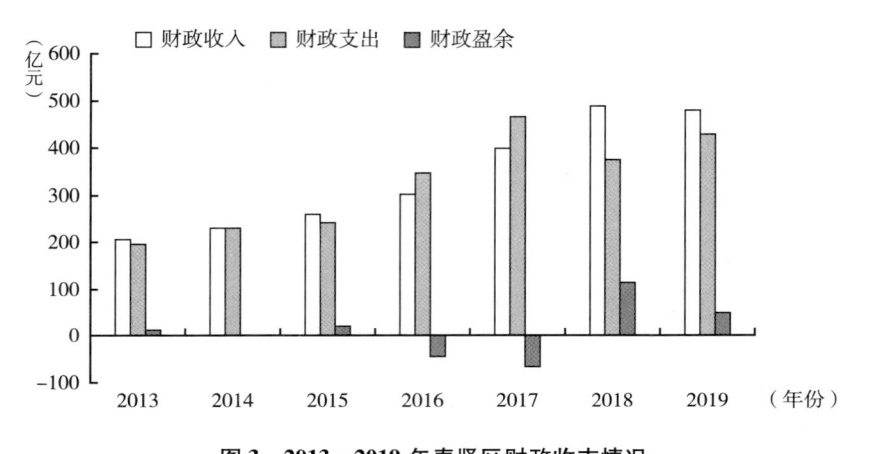

图3　2013～2019年奉贤区财政收支情况

资料来源：历年《上海市奉贤区统计年鉴》。

虽然2019年区级财政支出总额上升幅度仅为6.9%，但从具体的支出来看，2019年各项支出与2018年相比有很大变化。其中城乡社区事务开支上涨幅度最为明显，涨幅为42.1%，粮油物资管理事务以及社会保障和就业开支上涨幅度紧随其后，分别为36.8%和35.3%，国防、医疗卫生支出、住房保障支出等均有10%以上的增长。另外，商业服务业等事务的财政支出缩减了88.0%，金融监管等事务支出缩减了60%，文化体育与传媒、节能环保、资源勘探电力信息等事务支出都有9%以上的缩减（见表3）。从各科目的增减情况来看，2019年政府将更多的精力投放至社会民生保障领域，在一定程度上补还了2018年民生领域的投入缩减。从各预算科目所占区级支出比重看，占比最高的是农林水事务性支出，在区级支出中占

15.8%，共计321889.2万元，与2018年相比，略有下降。其次是教育支出，占14.6%，共计296857.6万元，与2018年相比略有提升。随后是城乡社区事务、社会保障和就业以及交通运输的开支。其中正是城乡社区事务以及社会保障和就业这两个子类支出的大幅上涨，带动了2019年区级财政支出的上涨。

表3　2014～2019年奉贤区财政支出情况

单位：万元

预算科目	2014年	2015年	2016年	2017年	2018年	2019年
支出总计	2322087	2427902	3512035	4691562	3756605	4325234
一般预算支出合计	1518269	1681820	2125776	3127152	2728277	2891485
其中:市专项支出数	224975.7	328507.5	371754.7	1197312	599881.6	634222.2
区本级合计	1155769	1229112	1604087	2508052	1907614	2039933
一、一般公共服务	53770.87	52507.69	60896.57	64605	82993.93	85503.47
二、国防	3896.38	2777.89	2493.57	3135	3305.819	3914.787
三、公共安全	72673.99	81646.61	97067.6	108887	99128.69	98245.95
四、教育	250557.2	226826	243549.4	251257	280588.3	296857.6
五、科学技术	19442.72	21028.29	22515.4	29336	31619.23	33513.26
六、文化体育与传媒	11937.58	11758.52	14922.07	18318	25862.26	23512.7
七、社会保障和就业	96002.11	85424.48	238827.1	161395	163098.5	220639.7
八、医疗卫生支出	77126.93	92230.45	147199.6	118705	107408.3	124634.7
九、节能环保	15928.02	18436.02	22329.6	41903	46511.01	39093.97
十、城乡社区事务	296936.3	401786	174674	221442	198823	282537.3
十一、农林水事务	76466.36	87823.73	197059.5	359756	326647.6	321889.2
十二、交通运输	35660	33634.72	183687	884457	254576.9	220152
十三、资源勘探电力信息等事务	99789.53	57858.67	74350.05	101048	144000.8	119424.8
十四、商业服务业等事务	949.33	1015.58	936.95	1402	1728.631	207.3016
十五、金融监管等事务支出	30	40	0	0	25	10
十六、国土海洋气象等服务	4694.59	5748.35	4689.02	4322	4207.528	5148.268
十七、住房保障支出	19476.87	15997.96	53964.63	60433	51254.12	59308.7

预算科目	2014 年	2015 年	2016 年	2017 年	2018 年	2019 年
十八、粮油物资管理事务	1869.39	5604.57	2798.49	3338	2889.965	3953.566
十九、国债还本付息支出	10942.5	19280.5	53907.26	74018	82666.63	90176.84
二十、其他支出	7618	7686.3	8219.23	296	277.6837	411.4669
转移性支出	362500	452708	521689.5	619100	820662.8	851551.7
基金预算支出合计	795001.4	732411.1	1381175	1539652	1018144	1423700

资料来源：历年《上海市奉贤区统计年鉴》。

（二）农林水事务支出

奉贤地处上海郊区，辖区内有大面积农村以及农业用地，因此，区政府在财政支出方面，维持了 15.8% 的支出比例，以维护好地区内的农林水事务的生产运营。在农林水事务方面，2019 年奉贤区农林水事务财政支出为 321889.2 万元，相比 2018 年下降了 1.5%。其中在林业方面的支出相比 2018 年有明显上涨。2019 年奉贤在林业方面支出 11641 万元，是 2018 年的 3 倍，但林业支出所占比重依旧不高。水利方面总支出为 211058.62 万元，是农林水事务支出中占比最大的部分，其中有 147131.48 万元用于水利工程建设，防汛支出为 158.31 万元，与 2018 年基本持平。其余部分皆为农业以及农村层面的支出。

2020 年，受到新冠肺炎疫情影响，国际贸易体系遭到严重破坏，世界粮食供应也出现危机，世界粮食价格呈现上涨趋势。国内受极端灾害影响，部分地区的粮食产量有所下降。习总书记已经就粮食问题做出重要批示。虽然上海市并非全国主要的产粮区，但是奉贤农业依旧对整个上海的"菜篮子"有重要贡献。保障和鼓励农业生产，离不开进一步的政府激励和扶持。另外，世界气候正在极端化，近年来厄尔尼诺现象频发。2020 年 7 月，长江水患对沿江城市造成了巨大的经济损失，上海虽然位于长江出海口，洪患风险较低，但极端暴雨天气引发的短时间大规模降水依旧有可能引发城市的内涝积水问题。综合这两点来看，2020年以及2021年，奉贤区农林水事务支出将进一步上涨。

（三）教育支出

教育支出是少数长期保持上涨趋势的支出类别之一，从表3可以看出，奉贤区教育支出自2015年以来，一直呈上升趋势，即便在财政收支平衡压力逐年吃紧的情况下，教育支出也并未缩减。在2019年区级财政支出中，教育支出为296857.6万元，占14.6%。其中140102.78万元用于普通教育支出，占整体教育支出的47.2%。在普通教育开支中，初中教育开支最多，花费54612.3万元；高中教育开支最少，花费8451.68万元，但涨幅明显，相比2018年上涨3倍多；学前教育与小学教育开支相当，分别为40057.22万元和36981.58万元，与2018年数据相比，均有略微上涨。职业教育开支为2390.8万元，占教育总支出的0.8%。成人教育开支为1913.24万元，进修及培训花费13151.8万元，占4.4%。教育费附加安排的支出为132736.7万元，占44.7%。

值得一提的是，由于人口流动性问题，区级层面教育投入的增加并不一定能有效提高地区的人力资本水平，但是高质量的教育保障，尤其是中小学义务教育供给是吸引人才定居的一个重要因素。奉贤区作为上海市新兴发展区块，有充沛的活力。尤其是低房价优势可以吸引大批年轻人在奉贤落户定居，配合高质量的医疗和教育公共资源，可以吸引大量人才为奉贤的持久发展注入活力。

（四）城乡社区事务支出

2019年奉贤区城乡社区事务支出总额为282537.3万元，相较2018年，上涨幅度为42.1%。其中，城乡公共设施建设花费119187.62万元。大额的新建城乡公共设施建设花费，反映了奉贤区的快速城镇化进程。从发展程

度看，奉贤区在未来依旧有巨大的发展空间，只要财政收支允许，未来该项目支出依旧将呈现波段式上涨趋势。

（五）社会保障和就业支出

2019 年奉贤区在社会保障和就业方面支出 220639.7 万元，占奉贤区级财政支出的 10.8%，相比 2018 年上涨了 35.3%。其中对就业补助 20311.89 万元，是 2018 年的 1.18 倍。涨幅依旧来自公益性岗位的增加。其补贴占全部就业补助的 98.1%，相比 2018 年上涨了 1.3 个百分点。社会福利支出共 80793.77 万元，其中 72128 万元用于老年福利以及殡葬补助。残疾人失业花费 21196 万元，与 2018 年相比增长了 19.3%。财政对基本养老保险基金的补助为 16863.44 万元，相比 2018 年增长了 9.9%。

社会保障和就业是事关民生的重要领域，从支出涨幅来看，政府正在将着重点投放到保障民生的领域。从社保门类下的具体支出条目来看，其中极大的一部分被用于对老年人口的生活和殡葬补助，这反映了奉贤人口老龄化问题在日益加重。奉贤区相较于整个上海，无论是在发展程度，还是在房价增长空间上，都是相对"年轻有活力"的，奉贤应该抓住机遇，尽量吸引年轻人来奉贤落户扎根，改善地区的人口结构。不然，随着时间的推移，奉贤的人口老龄化问题将越来越严重。

（六）医疗卫生支出

医疗和教育是区域中重要的公共资源，对吸引人才扎根落户有极强的吸引作用。尤其在疫情暴发之后，公共医疗资源充沛是控制疫情蔓延、保障区域经济平稳发展的重要前提。2019 年奉贤在医疗卫生方面支出 124634.7 万元，相比 2018 年上涨了 16%，占区级财政支出的 6.1%。根据政府公开的 2019 年一般公共预算支出决算情况表，增长主要来自对公立综合医院支出的恢复性上涨。2019 年，在公立综合医院项目上支出 36613.15 万元，弥补了 2018 年的缩减。

如今新冠肺炎疫情在国内已经基本得到了有效控制，但是海外已经有暴发第二波疫情的苗头。国内的疫情也尚未根除，外加境外输入病例的可能，伴随秋冬季节的气候条件，为充分应对这类潜在风险，2020年医疗卫生开支预计将进一步上涨。

（七）科学技术支出

科学技术支出在区级财政支出中仅占很少的一个比重。2019年奉贤区科学技术支出为33513.26万元，占1.6%，但该项目支出额度常年保持增长趋势，其中2019年同比增长了6.0%。国家正值产业升级转型的关键时期，也只有实现了关键领域的技术突破、成功转型升级后，才能在失去劳动力成本优势的情况下与东南亚国家实现差异化竞争。技术突破离不开科学研发的投入。但根据奉贤区2019年一般公共预算支出决算情况表，政府的科学技术支持中，只有266.32万元被用于真正的技术研发，剩余的开支都被行政运营等环节摊派了。目前，国际环境形势严峻，在此背景下，政府应该增加真正用于研发的投入，鼓励企业以及机构甚至个人从事技术领域的研究突破。

（八）财政支出小节

经过上述分析发现，2019年奉贤财政收入的上涨趋势被打破，根据现有的经济形势预计，其将进一步延续至2020年。正如前文所分析的，财政收入下滑主要由于经济形势遇冷、疫情冲击和国际贸易环境的恶化。但是这些因素不单引发财政收入的下滑，同时也恶化民生环境，使得政府不得不提高财政支出以保障社会稳定。这一涨一落进一步加大了奉贤区财政收支平衡的压力。

尤其是面对疫情冲击、经济遇冷以及可能的极端气候，政府不得不增加在公共卫生、社会保障以及农林水事务方面的开支。此时外部政治经济环境仍旧充满变数，所以未来的趋势尚无定论，但大概率将延续承压的趋势一到两年，奉贤区政府需要做好应对准备。

三 对"十四五"期间奉贤区财政展望

（一）疫情的冲击

从目前的情形看，新冠肺炎疫情对经济的影响是短暂的，但其后续影响将是长期的，并可能进一步延续至"十四五"期间。从国内情形看，疫情在上半年基本得到了控制，随着武汉封城结束，各地经济逐步复苏，即便有零星的几次暴发也都被迅速控制，没有形成蔓延之势，对社会经济发展未构成严重影响。但是从长期看，海外疫情迟迟无法控制，使得国内面临境外输入的风险，随着再次进入秋冬，疫情二次暴发的风险时刻存在。一方面，疫情冲击使国际贸易环境变局更加复杂，短期内加深了西方社会对中国市场的抵触和误解，叠加中美贸易摩擦和地缘政治因素，部分国家欲将在中国的产业链往东南亚国家迁移，对奉贤乃至上海经济造成冲击。另一方面，因为海外疫情蔓延，许多国家无法及时恢复经济生产，大量的必需品物资订单在短时间内回流至国内，使得 2020 年第三季度的经济数据得到了较快恢复。但这股回流趋势不会长久，当疫情平息，东南亚国家基础设施发展完善，有能力承接从中国外迁的产能时，外贸经济还将大概率承压。

（二）对"十四五"时期奉贤财政的展望及建议

长期来看，疫情也许将长期存在，但其对经济的影响无论在国内还是国外，都迟早会消退。面对国际贸易环境的变化，党中央提出了以国内大循环为主体，国内国际双循环相互促进的发展格局。加之目前正处在变局之年，若能抓住机遇，就能实现进一步的发展突破。因此，虽然从短期看，经济形势促使财政形势不容乐观，但是从长远看，其一定能突破低迷实现反弹。本报告预计财政收支的平衡压力将大概率持续到2022年，之后随着经济发展将逐步缓解。为此，奉贤区需要跟紧时代趋势，抓住机遇，加大对企业以及研究机构科技研发的扶持力度，只有实现关键科技领域的突破，才能在国际贸易链中获得话语权和议价权，才能从根本上破解企业生存发展的困境，从源头上增加企业所得税和个人所得税这两大税源收入，改善奉贤区的财政收支平衡。合理安排财政开支，对于大型项目，合理安排上马时间，量力而行。在"十四五"时期前两年，在经济遇冷时，优先保障社会民生的基本需要，以维护社会稳定。以更好的政府服务和政策条件，吸引优秀的企业以及人才落户奉贤，发挥奉贤"年轻化"的优势，用相对较低的房价和完善的公共服务保障吸引企业和人才，让优秀的"新鲜血液"融入奉贤经济大循环。

参考文献

张兆安、朱平芳主编《上海奉贤经济发展分析与研判（2017~2018）》，社会科学文献出版社，2018。

张兆安、朱平芳主编《上海奉贤经济发展分析与研判（2018~2019）》，社会科学文献出版社，2018。

《2019年三季度奉贤区固定资产投资运行简析》，奉贤统计信息网，https://www.fengxian. gov. cn/tjj/tjfx/20191101/006_ 9bf3429c－9412－4a93－a49a－dd49e625a689. htm。

《奉贤区二季度社会消费品市场运行情况简析》，奉贤统计信息网，https：//www.fengxian. gov. cn/tjj/tjfx/20190801/006_ 6cce77bb－19f7－4c3e－9934－17e95a50878c. htm。

《平稳开局，推进高质量发展——2019年一季度奉贤区经济运行分析》，奉贤统计信息网，https：//www. fengxian. gov. cn/tjj/tjfx/20190423/006_ 75761d7f－f3ce－4991－85b2－548a5d234be9. htm。

《奉贤区2019年一般公共预算支出决算情况表》，奉贤统计信息网，https：//www.fengxian. gov. cn/shfx/Zfxxgk/20200817/005001_ 6a90e30a－a0c8－4b68－8a78－4d209f28e096. htm。

B.9
2020~2021年奉贤房地产发展
形势分析与研判

谢婼青 *

摘　要： 随着长三角一体化的扎实推进以及中国（上海）自由贸易试验区临港新片区的建立，"十四五"期间奉贤区将迎来巨大的发展机遇。奉贤新城作为上海五大新城之一，在"十三五"期间已进行高标准的设计与基础设施建设，成为上海服务长三角的南翼。奉贤区坚持保民生、促发展的房地产市场建设，坚持稳中求进的工作总基调和发展新理念，在强化"全球资源配置功能、科技创新策源功能、高端产业引领功能和开放枢纽门户功能"的基础上，发挥奉贤区自身地理优势，不断提升城市能级和核心竞争力，围绕"新片区、新时代、奉贤美、奉贤强"的战略目标，健全完善奉贤区房地产市场，为打造"四个奉贤"服务。2020年前三季度，虽然突如其来的新冠肺炎疫情使奉贤区房地产市场沉寂两个多月，但是，随着复工复产步伐的加快，奉贤房地产市场在2020~2021年的交易活跃，相比于疫情暴发期间有少量反弹。由于临港新片区的进一步发展和浦东改革开放的再出发，部分地区的房地产市场交易额上涨，呈现房地产市场区块分化的特征。

关键词： 房地产市场　城市治理　住房保障体系　上海奉贤

---

* 谢婼青，上海社会科学院经济研究所助理研究员，主要研究方向为计量经济建模与经济决策分析、金融统计与风险管理、科技统计。

一 2020年奉贤区房地产市场发展概况

（一）上海市及各区房地产市场发展概况比较

2020年第一季度受新冠肺炎疫情的影响，上海市整体房地产市场基本停滞，尤其是1、2月，售楼处关闭、市场观望情绪浓厚，市场销售量大幅下滑。上海市1～3月房屋建筑销售面积为230.38万平方米，同比下降27.4%，其中住宅销售面积为192.87万平方米，同比下降28.3%。在房地产开发投资方面，1～3月全市投资859.97亿元，同比下降8.2%，其中住宅投资431.02亿元，同比下降14.2%。在房屋建筑施工方面，1～3月全市施工面积达12085.79万平方米，同比增长2.7%，说明上海在3月中下旬已经进入复工复产阶段；而新开工面积仅有231.28万平方米，同比下降44.3%，同样地，竣工面积也仅有427.48万平方米，同比下降41.8%。两项指标均与2019年同期相比下降了近一半，体现上海复工复产还未有较好的恢复，新项目开工与项目竣工均需要各方大量的协调与准备。

然而，上海一直坚持"房子是用来住的，不是用来炒的"定位，2020年前三季度经历了疫情冲击和市场的逐渐修复。随着上海复工复产的深入推进，房地产市场在第二季度便逐渐回暖，使上海全市在前三季度的开发投资与施工建筑均较2019年同期有所上涨，销售面积的下降也有收窄（见表1），成交均价小幅上涨。2020年1～9月，上海全市房地产开发投资同比增长10.0%，其中住宅开发投资同比增长0.1%。在房屋建筑和施工方面，1～9月上海施工面积为14627.21万平方米，同比增长7.2%，其中住宅施工面积为7281.47万平方米，同比增长5.2%，这得益于上海较早地进入复工复产阶段；上海1～9月新开工面积为2479.59万平方米，同比增长15.2%，竣工面积为1611.02万平方米，较2019年同期增长9.5%。两个指标均较第一季度有大幅的增长，主要原因一是上海加快复工复产的步伐，相应的开工方、评估方、政府部门均可以相互协调与配合，二是相比于第一

季度的低迷与萧条有一定的反弹空间。但是，1～9月上海全市的销售面积仅有1131.80万平方米，同比下降8.8%，与第一季度相比，降幅有所收窄，可见房地产销售市场还有一定的发展空间。此外，据统计，上海市2020年上半年新房市场的成交均价同比上涨8%，二手房成交均价增长1%，可见疫情暴发后由于复工复产的支持政策和宽松的货币政策，上海房地产市场成交均价有小幅可接受空间内的上涨。

表1　上海市2020年1～9月房地产开发和经营情况

指标	1～9月	同比增长（%）
房地产开发投资（亿元）		10.0
#住宅		0.1
办公楼		21.4
商业营业用房		24.0
房屋建筑、销售面积（万平方米）		
施工面积	14627.21	7.2
#住宅	7281.47	5.2
新开工面积	2479.59	15.2
#住宅	1328.18	16.8
竣工面积	1611.02	9.5
#住宅	851.41	4.6
销售面积	1131.80	-8.8
#住宅	915.29	-7.2

资料来源：上海市统计局。

　　表2是2018年上海各区房地产经营建设和房屋情况。相较于2017年，上海2018年房屋施工面积、竣工面积有不同的表现，房屋施工面积为47436.20万平方米，同比增加15.14%；房屋竣工面积为7886.31万平方米，同比下降2.23%，但是住宅房屋面积有4274.48万平方米，同比增加6.99%。此外，房屋与居住房屋与2017年同期相比分别增长3.77%和2.04%。可以看到，上海的房屋供给逐年递增，为房地产健康发展、平稳运行提供了供给面的支撑。随着奉贤新城建设步伐加快，奉贤区的房屋施工面积在郊县中的排名逐年靠前，2018年奉贤区房屋施工面积为1024.06万平

方米，在上海市各区中排名第八位，相较于 2017 年上升一位，已经连续三
年排名上升，浦东新区、闵行区、宝山区、长宁区、普陀区排名前五位。从
房屋竣工面积来看，奉贤区以 123.84 万平方米仍然居第 12 位，与 2017 年
的排名持平，相较于 2017 年的 173.15 万平方米下降了 28.48%，房屋竣工
面积比较低的主要原因是较多的项目还处于施工阶段，房屋竣工需要进行验
收、质检等各项环节。浦东新区、宝山区、闵行区、虹口区、普陀区的房屋
竣工面积排在前五位，其中浦东新区、宝山区、闵行区、普陀区的房屋施工
面积与竣工面积的排名均位居前列，说明这五个区的房地产经营建设步伐较
快。在全部房屋面积统计中，奉贤区 2018 年全部房屋面积为 6945 万平方
米，在上海市各区中排名第七，浦东新区、闵行区、松江区、宝山区、嘉定
区位列前五；其中奉贤区的居住房屋面积有 2719 万平方米，非居住房屋面
积有 4226 万平方米，居住房屋面积占全部房屋面积的 39.15%，与 2017 年
同期相比增加了 186 万平方米。

表 2　2018 年上海市各区房地产经营建设和房屋情况

单位：万平方米

地区	房屋施工面积	房屋竣工面积	其中住宅房屋面积	全部房屋面积	其中	
					居住房屋面积	非居住房屋面积
总　计	47436.20	7886.31	4274.48	136882	68651	68232
浦东新区	16185.96	2255.10	880.35	31450	16073	15377
黄浦区	326.33	74.90	46.09	3779	1680	2098
徐汇区	807.51	161.05	39.18	6386	3543	2844
长宁区	3781.55	637.19	451.05	4252	2426	1825
静安区	2094.50	386.78	302.83	5871	3072	2799
普陀区	3701.12	777.39	621.72	6198	3746	2452
虹口区	3274.07	793.66	553.56	3692	2183	1510
杨浦区	554.60	139.63	84.21	6074	3382	2692
闵行区	7413.60	871.67	528.47	15303	8055	7248
宝山区	6144.96	915.75	280.34	10645	6154	4491
嘉定区	981.66	392.53	332.77	9887	4390	5497
金山区	248.99	63.59	37.48	5292	1923	3369

续表

地区	房屋施工面积	房屋竣工面积	其中住宅房屋面积	全部房屋面积	其中	
					居住房屋面积	非居住房屋面积
松江区	603.01	184.34	52.87	11124	4913	6211
青浦区	228.89	84.81	28.06	7228	2795	4433
奉贤区	1024.06	123.84	35.50	6945	2719	4226
崇明区	65.38	24.08	—	2756	1597	1159

资料来源：2019 年《上海市统计年鉴》。

2018～2019 年上海大力推进旧区改造，加快建设"租购并举"的住房保障制度。2019 年上海中心城区成片二级旧里以下房屋改造完成 55.3 万平方米，共计 2.9 万户住户，完成 1184 万平方米的旧住房综合改造工作以及 104 万平方米的里弄房屋修缮保护工作。2019 年持续推进租房市场发展，增加供应各类保障性住房 6.3 万套，新建及转化 10.1 万套租赁房源和 12.8 万套代理经租房源，从而促进房地产市场的平稳健康发展。从房屋征收情况来看，2018 年奉贤区征收房屋仅 1 户（见表 3），并且为居民住宅，征收面积为 85 平方米，排名位居前列的是黄浦区、虹口区、杨浦区、长宁区等中心城区。奉贤区紧紧围绕完善住房保障制度，扎实做好"六稳""六保"工作，全力打造"四个奉贤"，即"无边界的奉贤、有品质的奉贤、英雄的奉贤、创造的奉贤"。从 2020 年《奉贤区政府工作报告》中可以看到，2019 年为加快改善居住条件，新开工动迁安置房 6806 套，安置群众达 905 户；加快建设各类保障房，2019 年实现新增保障房 3591 套、租赁房源 4060 套和代理经租房源 4500 套；持续推进老旧小区的综合改造，完成 127 万平方米的小区修缮工作。

表 3 2018 年各区县房屋征收情况

地区	征收户数（户）	其中居民住宅	征收面积（平方米）	其中居民住宅
总　计	16763	16215	627724	524601
#浦东新区	43	32	6358	1536
黄浦区	6826	6706	188403	184350
徐汇区	7	6	787	583

续表

地区	征收户数（户）	其中 居民住宅	征收面积 （平方米）	其中 居民住宅
长宁区	771	767	32977	32833
静安区	1956	1792	—	—
普陀区	565	563	18366	18307
虹口区	4433	4280	154802	147254
杨浦区	2121	2030	98435	78611
嘉定区	1	1	42	42
奉贤区	1	1	85	85

资料来源：2019 年《上海市统计年鉴》。

（二）2020年1～9月奉贤区房地产市场主要指标分析

2020 年以来，新冠肺炎疫情的突如其来给奉贤区各行各业带来了前所未有的冲击，第一季度房地产市场处于低迷的状况，随着全区紧紧贯彻落实中央、上海市复工复产、疫情常态化下的部署，奉贤区扎实做好"六稳""六保"工作，房地产市场在第二季度逐渐回暖。

2020 年初新冠肺炎疫情的暴发使奉贤区房地产开发经营均受到一定的影响，但是随着疫情蔓延扩散势头得到基本遏制和复工复产的有序推进，2020 年前三季度的房地产开发经营情况逐渐恢复，经济长期向好的基本面和内在向上的趋势没有改变。从表4第一季度与前三季度的比较中可以看到，奉贤区第一季度新开工面积为 0 平方米，受疫情影响，新项目基本处于停滞阶段，房地产开发投资在疫情期间难以开工，使房地产完成投资额下降 39.8%，房屋施工面积下降 5.4%；而房屋竣工面积在第一季度为 396554 平方米，同比增长 39.1%，得益于奉贤区近年来优化营商环境所做的努力，使项目的审核、质检环节仍然得以运行，这也为第二季度与第三季度的销售奠定了供给层面的基础。进入复工复产后，房地产开发投资与经营建设的局面打开，1～9 月奉贤区累计完成投资额为 2385837 万元，同比增长 3.7%，基本与 2019 年度持平；房屋施工面积为

13601613 平方米，新开工面积为 2703948 平方米，分别同比增长 3.0% 和 10.0%；房屋竣工面积为 1156975 平方米，同比下降 4.7%，其中住宅竣工面积为 897271 平方米，同比增长 1.3%。可见奉贤区房地产整体投资与经营建设受疫情影响较小。

表4　2020 年 1～9 月奉贤区房地产开发和经营情况

	1～3 月累计	同比增长（%）	1～9 月累计	同比增长（%）
房地产开发企业（户）	124	—	146	—
自开始建设累计完成投资额（万元）	8030156	8.9	100333305	11.4
本年完成投资额（万元）	395552	-39.8	2385837	3.7
房屋施工面积（平方米）	10982628	-5.4	13601613	3.0
#新开工面积（平方米）	0	-100.0	2703948	10.0
房屋竣工面积（平方米）	396554	39.1	1156975	-4.7
#住宅竣工面积（平方米）	359533	37.3	897271	1.3

资料来源：2020 年《奉贤统计月报》。

从销售层面来看，房地产市场转危为机，销售面积与销售金额都增长迅猛，尤其是现房的销售同比增长较高。从《奉贤区统计月报》来看，奉贤区 1～9 月现房销售面积为 717631 平方米，同比增长 148.1%，其中住宅销售面积为 708401 平方米，同比增长 162.7%；但是期房的销售面积比现房略低一些，期房销售面积为 642401 平方米，同比增长 36.9%，其中住宅销售面积为 624263 平方米，同比增长 34.3%（见表5）。可以看到，受新冠肺炎疫情影响，消费者更加追求现房，对期房的需求下降，疫情期间采取的居家隔离措施也在一定程度上增加了消费者对房地产的需求。销售额也体现了这个现象，2020 年 1～9 月现房销售额为 1060278 万元，同比增长 185.4%，期房销售额为 1450031 万元，同比增长 7.5%。从新建商品住房与存量住房的分类上看，奉贤区 2020 年 1～6 月市场化新建商品住房供应 2811 套和 27.74 万平方米，同比分别下降 62.4% 和 61.5%，供应量下降；成交 3096 套和 30.4 万平方米，同比分别下降 0.9% 和 2.7%，供应量下降的速度高于成交量下降的速度，可见受疫情影响，人们的住房需求反而提升；成交均价为29795元/平方米，同比下降8.5%；累计成交金额达90.59亿元，同比下降11.0%。在存量住房方面，全区存量住房成交4434套和40.01万平方米，同比分别上升6.2%和7.8%；成交均价为19777元/平方米，同比上升4.2%；累计成交金额达79.13亿元，同比上升12.3%；可以看出，人们经历疫情对现房的需求比对期房的需求更高。

表5　2020年1~9月奉贤区房地产销售情况

	1~9月累计	同比增长（%）
现房销售面积（平方米）	717631	148.1
#住宅销售面积（平方米）	708401	162.7
期房销售面积（平方米）	642401	36.9
#住宅销售面积（平方米）	624263	34.3
现房销售额（万元）	1060278	185.4
期房销售额（万元）	1450031	7.5
商品房空置面积（平方米）	1609030	36.2

资料来源：2020年《奉贤统计月报》。

二　奉贤区房地产市场主要指标动态趋势分析

（一）2019~2020年奉贤区房地产市场整体活跃

奉贤区房地产市场自2017年以来已实现连续三年正增长，主要依托近年来5号线延伸段地铁的开通与运行，以及5号线沿线奉贤城区上海之鱼的建设和奉浦地区、南桥新城的建设，其中上海之鱼与奉贤中央公园已被定义为上海的市级副中心，同时奉贤区承接临港新片区的政策红利，打造"未来空间"，加大存量资源盘活、增加有效投资、提升产业能级、提高经济密度，这也能吸引更多的优秀人才和高质量的投资落户奉贤，从而促进近三年奉贤区房地产整体市场。2019～2020年的趋势基本符合《上海奉贤经济发展分析与研判（2019～2020）》中的预测和研判。

（二）2019～2020年奉贤区房地产开发经营稳步增长

2019年奉贤区房地产开发计划投资全年实现1528.3亿元，同比增长16.40%，房屋施工面积全年完成1337.57万平方米，同比增长9.55%（见图1），其中，新开工面积为262.43万平方米，同比下降14.60%。

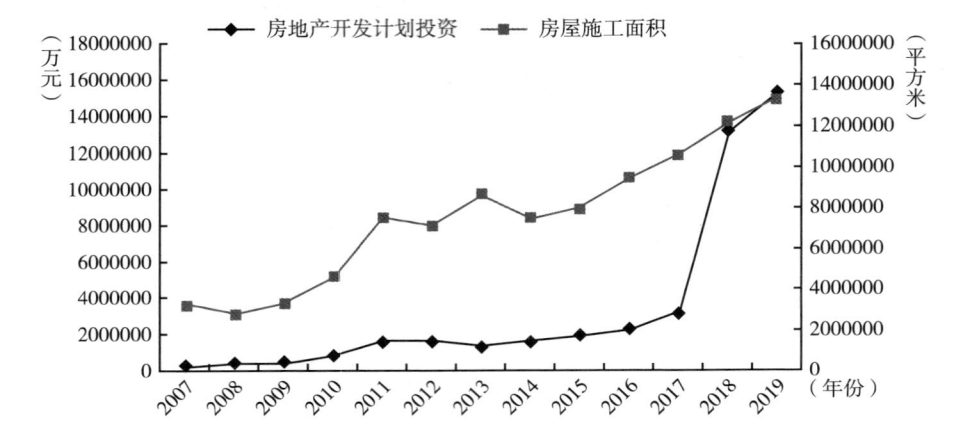

图1　2007～2019年奉贤区房地产开发计划投资与房屋施工面积

资料来源：历年《上海市奉贤区统计年鉴》。

2019年奉贤区房地产开发全年完成投资额为278.70亿元，同比增长22.67%（见图2），其中，住宅完成投资额是201.11亿元，同比增长15.01%，占全年完成投资额的72.16%。在住宅完成投资额中，90平方米小户型住宅完成投资额为113.81亿元，144平方米以上大户型住宅完成投资额为8.87亿元，别墅、高档公寓完成投资额为14.15亿元，整体上奉贤区住宅完成投资额中大部分是90平方米小户型，体现了奉贤区房地产市场以刚需住宅为主。除住宅以外，办公楼完成投资额为10.94亿元，占全年完成投资额的3.93%；商业营业用房完成投资额为19.25亿元，占全年完成投资额的6.91%；其他完成投资额为47.40亿元，占全年完成投资额的17.01%。

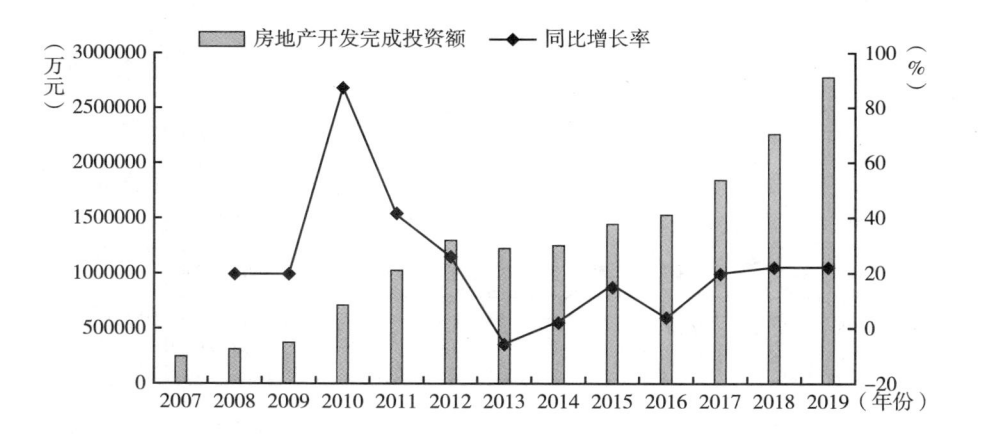

图2　2007~2019年奉贤区房地产开发完成投资额及同比增长率

资料来源：历年《上海市奉贤区统计年鉴》。

2020年第一季度支撑房地产投资的主要是已入库的商品房项目，分别为磐臣房地产（南桥新城16单元36－03地块）、尧乾房地产（南桥新城04单元15B－06地块）、磐圣房地产（南桥新城15单元23A－01A地块）、农工商房地产集团奉发（上海）置业（奉贤区南桥新城16单元29－01地块）4个项目，总投资额已超过2亿元，合计已完成投资额为15.73亿元，占全部房地产投资的40%，而2019年同期有12个大型房地产项目。2020年第一季度的房地产投资额同比下降39.80%。

奉贤区房地产投资在2020年第二、第三季度逐渐回暖。4月入库7个房地产项目，房地产投资量于5月起开始释放，主要涉及维鸿建设发展（奉贤区南桥新城10单元07A－02区域地块）、熙辰房地产（奉贤区南桥镇29－02地块新建商品房项目）、湖垚房地产（南桥新城07B－02号地块项目）等7个项目，计划总投资额为144亿元（其中土地款58.3亿元）。

2019年奉贤区房地产开发新增固定资产为110.28亿元，同比增长154.02%，相应地，全年竣工房屋面积为210.98万平方米，同比增长98.45%。一般而言，竣工房屋面积与新增固定资产大致同步增长，从图3中可以看到这一规律。

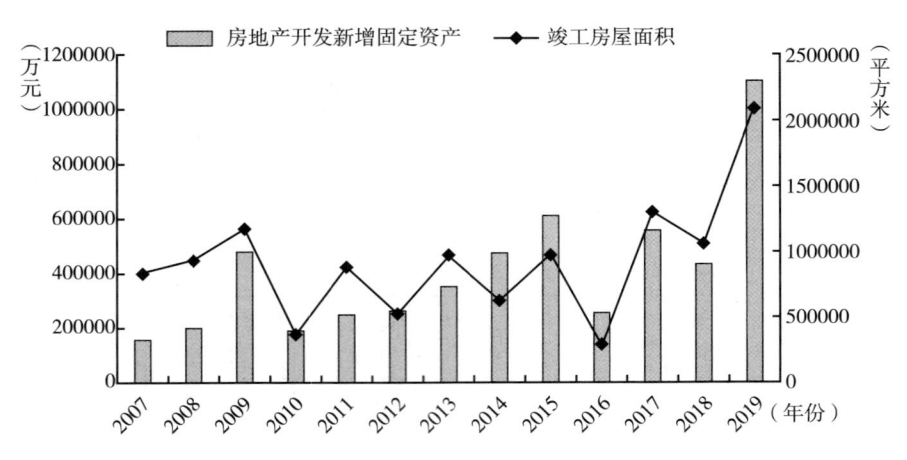

图3　2007～2019年奉贤区房地产新增固定资产与竣工房屋面积

资料来源：历年《上海市奉贤区统计年鉴》。

（三）2019～2020年奉贤区房地产销售市场活跃

2019年奉贤区房地产市场商品房销售面积为103.37万平方米，同比增长25.38%，其中住宅商品房销售面积为98.23万平方米，同比增长24.44%，占奉贤区商品房销售面积的95.03%（见图4）。

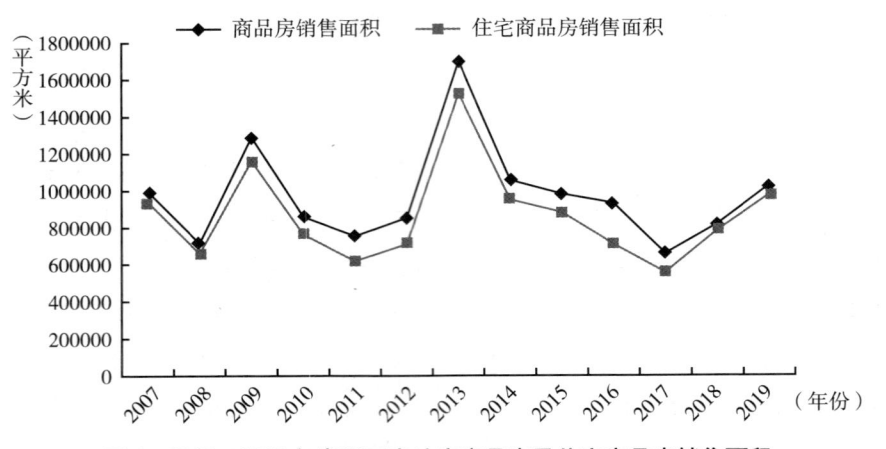

图4　2007～2019年奉贤区房地产商品房及住宅商品房销售面积

资料来源：历年《上海市奉贤区统计年鉴》。

在奉贤区住宅商品房销售面积中，90平方米及以下小户型住宅商品房销售面积为51.99万平方米，同比增长11.80%；144平方米及以上大户型商品房销售面积为6.67万平方米，同比增长274.16%；别墅、高档公寓商品房销售面积为18.44万平方米，同比增长115.97%（见图5）。

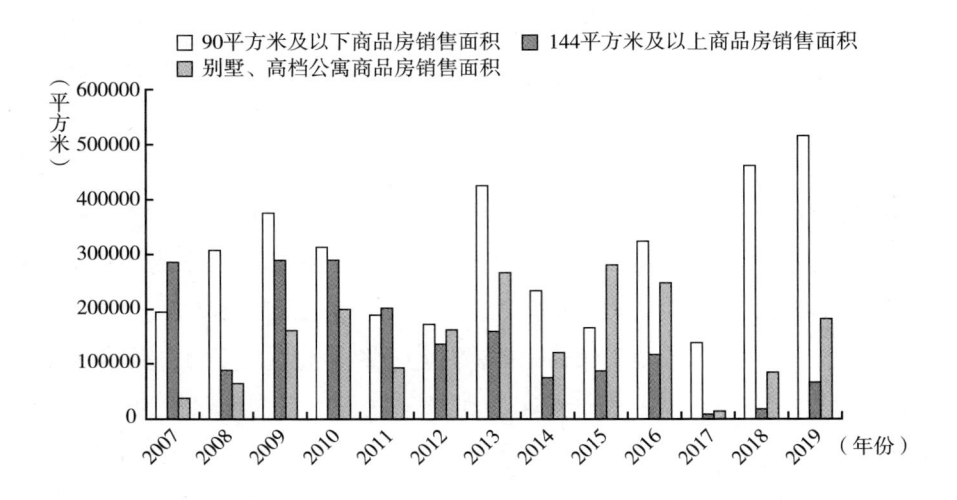

图5　2007~2019年奉贤区房地产住宅商品房销售面积结构分布

资料来源：历年《上海市奉贤区统计年鉴》。

2019年奉贤区房地产市场待售面积共144.32万平方米，其中住宅为74.60万平方米，办公楼为10.87万平方米，商业营业用房为24.22万平方米，其他用房为34.63万平方米（见表6）。按待售年限分，待售1年以内的房屋面积为96.17万平方米，同比增长103.36%；待售1~3年（含1年）的房屋面积是15.71万平方米。快速增长的待售面积为2020~2021年奉贤房地产的活跃交易奠定了基础。

2019年奉贤区房地产商品房销售额全年实现237.45亿元，同比增长21.88%，其中住宅商品房销售额是229.55亿元，同比增长20.30%，占商品销售总额的96.67%（见图6）。全区空置房面积为144.3万平方米，同比增长47.2%。

表6 2019年奉贤区房地产市场待售面积情况

单位：平方米

指标	合计	住宅	办公楼	商业营业用房	其他
待售面积	1443225	745977	108742	242188	346318
其中:待售1年以内	961687	551467	0	135657	274563
待售1~3年(含1年)	157125	52029	20000	37313	47783
待售3年以上(含3年)	324413	142481	88742	69218	23972

资料来源：2019年《上海市奉贤区统计年鉴》。

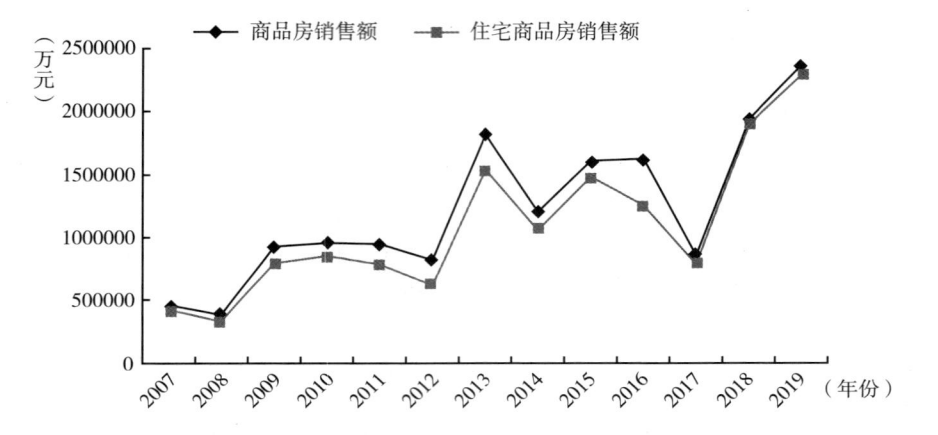

图6 2007~2019年奉贤区房地产商品房及住宅商品房销售额

资料来源：历年《上海市奉贤区统计年鉴》。

在住宅商品房销售额中，90平方米及以下小户型商品房销售额为101.99亿元，同比增长2.46%，占住宅商品房销售额的44.43%；144平方米及以上商品房销售额为22.25亿元，同比增长297.82%，与2018年相比增长近三倍；别墅、高档公寓商品房销售额为63.85亿元，同比增长119.39%（见图7）。2019年，奉贤区增长最快的是144平方米及以上商品房销售额，90平方米及以下小户型销售额占比同比下降7.73个百分点。可以看到，奉贤区住宅商品房销售额在稳步增长的过程中，大户型住宅销售额有上涨的趋势，但是小户型住宅仍然是销售市场的主力。

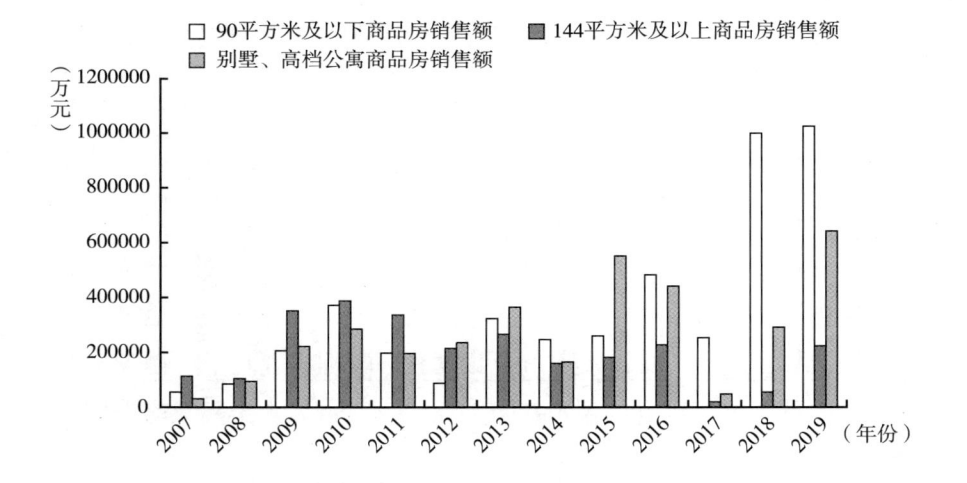

图7　2007～2019年奉贤区房地产住宅商品房销售额结构分布

资料来源：历年《上海市奉贤区统计年鉴》。

（四）2019～2020年奉贤区融资环境持续收紧

2019年奉贤区房地产市场资金来源总计525.51亿元，同比增长7.50%，其中2018年末结余267.68亿元，2019年度新增资金为257.83亿元，与2018年末结余相比有少许的下降（见图8）。在年度资金来源中，主要来源是国内贷款和自筹资金，2019年国内贷款下降速度较快，自筹资金占比提升。2019年，国内贷款总计60.13亿元，同比下降35.27%，占比23.32%，与2018年相比下降12.85个百分点；自筹资金为114.75亿元，同比增长14.42%，占比44.51%，与2018年相比增长5.45个百分点；其他资金来源为9.93亿元，占比仅为3.85%。可见，融资环境较2018年稍有收紧，体现了奉贤区坚持"房住不炒"的原则，审慎把控资金流入房地产市场的渠道，促进房地产市场平稳健康发展。

在银行贷款与个人按揭贷款方面，2019年奉贤区房地产市场银行贷款为43.63亿元，占当年资金总量的16.92%（见图9），较2018年度下降11.27个百分点，已经连续三年占比下降；个人按揭贷款总计11.59亿元，

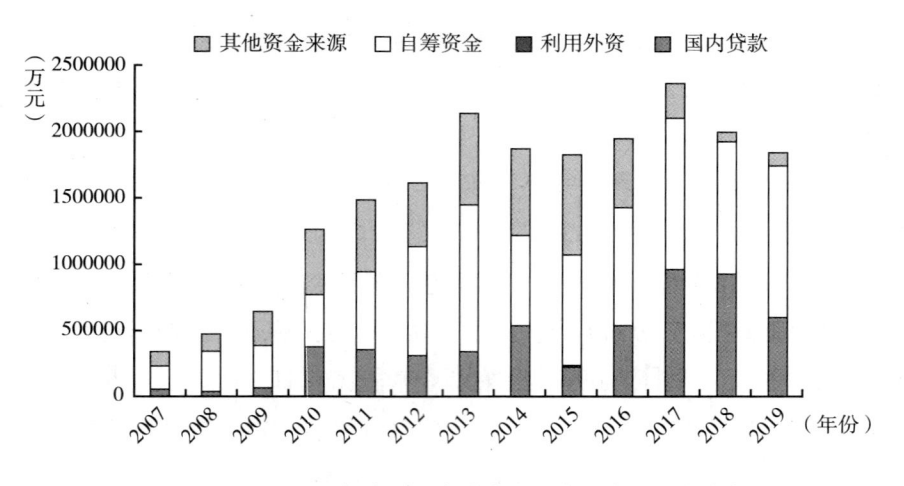

图8　2007～2019年奉贤区房地产市场资金来源结构分布

资料来源：历年《上海市奉贤区统计年鉴》。

同比下降 5.82%，占当年资金总量的 4.50%，较 2018 年度下降 0.30 个百分点，连续三年占比低于 5%。可以看到，奉贤区在银行贷款和个人按揭贷款方面的资金连续三年收紧。2020 年受疫情影响，资金面在未来一段时间依然会呈现收紧的态势。

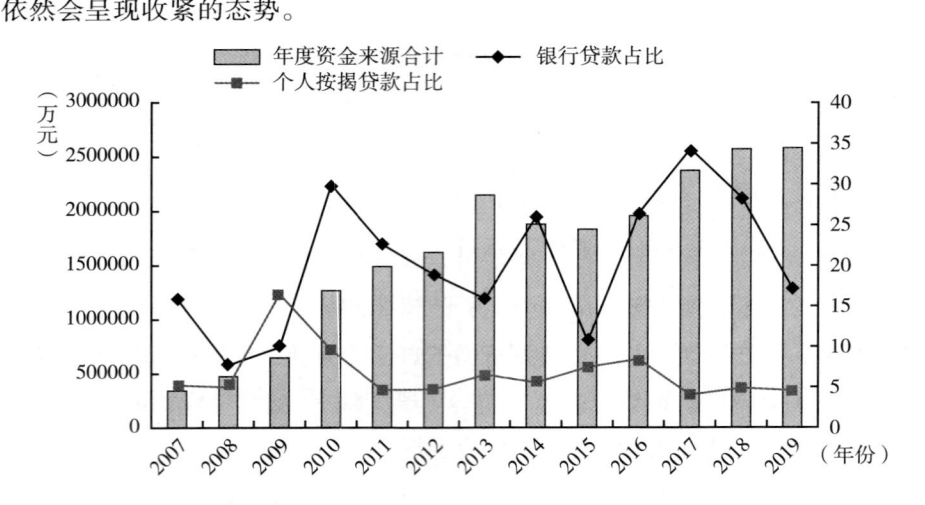

图9　2007～2019年奉贤区房地产银行贷款与个人按揭贷款占比

资料来源：历年《上海市奉贤区统计年鉴》。

三 奉贤区保障房建设和基础设施建设概况

（一）2019～2020年奉贤区保障房建设概况

2020 年上半年，奉贤区房地产新纳项目 20 个，上半年固定资产投资为 2622901 万元，其中房地产投资为 1612237 万元，同比增长 4.7%，占固定资产投资的 61.45%，可见 2020 年上半年即使受疫情影响，但房地产开发投资的影响相对较小。房地产市场对整体经济贡献度有所增加。

近年来，奉贤区城市建设理念发生转变，着力进行存量房屋的更新与修缮，促进新城老城的融合发展。2019 年奉贤持续推进老旧小区的综合改造，完成 127 万平方米小区的修缮，1.8 万户天然气、100 万平方米二次供水设施等改造工程，为 1287 个楼道加装扶手。截至 2020 年 6 月底，肖塘城中村累计动迁 1143 户，动迁率达 99%；泰日城中村签约居民 1097 户、企业 14 户，整体签约率达 97.5%，签约中交钥匙 1090 户，交钥匙率达 99%。奉贤区已推进 35 个小区共 106 万平方米的旧住房综合改造，已有 17 个小区进场施工，累计 1561 个老旧楼梯加装扶手，从而改善人民居住环境，不断增强民生福祉。

奉贤区坚持住房问题既是民生问题也是发展问题，以保障和改善民生为目标，开展保障房建设。2020 年上半年，奉贤区在公共租赁房方面，共完成收储房源 208 套，配租有 161 套；在廉租房方面，发放租金补贴至 457 户，补贴资金共计 391 万元，截至 2020 年 6 月底累计收益的家庭达 1791 户。奉贤区完成第六批次共有产权保障房的选房工作，累计签约户数达 127 户，其中已入住 95 户。在动迁安置房方面，奉贤区 2020 年 6 月底完成两个新开工项目，其中覆盖 16.4 万平方米共 2042 套保障房；竣工 1 个项目，覆盖 4.3 万平方米共 287 套房屋；交付动迁安置房 1 个，覆盖 11.94 万平方米共 1126 套房屋；安置 481 户在外的过渡户。

（二）2019~2020年奉贤区基础设施建设情况

奉贤区地处南上海，承接上海自由贸易区临港新片区，位于长三角东南端，地理位置优越，奉贤区在"十四五"期间要充分发挥自身优势，借助外力东风，强化"四大功能"，主动拥抱"三大机遇"，不断提升城市能级和核心竞争力，加快推进治理体系和治理能力现代化，精心谋划好"十四五"发展。

2019年奉贤区加快建设城市功能性项目，随着上海轨交5号线通车，"上海之鱼"鱼形大湖逐渐繁华，泡泡公园等主题公园陆续建成开放，使"上海之鱼"成为奉贤的城市客厅。此外，"东方美谷"论坛酒店、上报传悦坊、轨交5号线新城站上盖龙湖天街项目有序推进。2019年完成了浦南运河、金汇港两岸重点区域的景观改造工程，基本实现十字水街空间上的贯通。在城市交通方面，奉贤区建成G228国道西段、金海中路、浦卫南路、浦卫北路、航南公路改线段等11个项目，并且加快推进闵浦三期、G228东段等项目。2020年上半年，奉贤区再生能源综合利用中心建设工程（计划总投资7.6亿元）已提交入库材料，交能集团的大叶公路、金海公路、浦卫公路等已陆续开工。奉贤区拥抱"三大机遇"，其基础设施建设与城市竞争能级正逐渐提升，未来也将推进房地产市场的发展，吸引更多人才落户奉贤。

四　奉贤区房地产市场发展形势与发展原则

（一）奉贤区房地产发展所面临的形势

1. 房地产市场将继续保持平稳运行的态势，呈现加速发展的态势

奉贤区房地产市场应当保持健康发展的原则，深入贯彻国家及上海市房地产市场的调控政策，落实"房子是用来住的，不是用来炒的"定位，以及"稳控房价和降低财政等房地产业的依赖程度"的两个"不是权宜之

计"，实现稳地价、稳房价、稳预期的"三稳"目标。但奉贤区作为正在成长发展的新城区，其中奉贤新城是上海2035年城市总体规划中的五个郊区新城之一，有明显的后发优势。从城市、经济、社会全方位的发展看，对奉贤房地产市场健康稳定的发展有必然的要求，并在未来会呈进一步加速发展的态势。

2. 住房保障进入常态化供应阶段，重点逐步转向供后管理

随着奉贤城市能级的提升及产业转型发展，奉贤地区对人才的需求也越来越高。奉贤房地产不仅要满足人居环境，更要为人才落户奉贤提供支持与保障。经过近十年的发展，在房源供应上正逐步走向常态化供应阶段，有房地产交易市场，也有廉租房、公共租赁住房、共有产权保障房等，逐渐构建起"多供应、多渠道保障、租购并举"的住房保障体系。随着时间的推移，保障性住房的供后管理将成为制度优化的重点。

3. 城市更新理念转变，对存量房更新改造提出新的要求

随着城市更新理念由"拆改留"转变为"留改拆"，奉贤区在切实传承城市历史、文化、内涵的基础上，多渠道、多途径改善市民居住条件。奉贤区有三处历史风貌保护区，历史悠久，因此，在更新改造的过程中，更需要突出对历史风貌、历史韵味、历史特征的保留和传承，切实打造具有历史品位的南上海中心城区。

4. 社区基层治理的效能将更加凸显

面对2020年初突如其来的新冠肺炎疫情，疫情防控工作是一场对社区工作的严峻考验。房管行业需要把疫情防控中行之有效的处置流程、应对方法、管控模式固化下来，形成长效机制，提高城市公共卫生水平和健全公共卫生体系，以应对将来可能出现的突发公共卫生事件，未来社区将成为疫情防控常态化和保持社会稳定的基础。

（二）奉贤区房地产市场发展的基本原则

住房发展要为奉贤融入自贸区新片区建设、全面融入长三角一体化发展战略、打造"四个奉贤"、建设宜居生态家园提供更好的基础和服务。奉贤

区房地产市场发展坚持以下五个基本原则。

1. 稳定市场，优化结构

奉贤区房地产市场保持健康发展，保持房价稳定，进一步优化"多主体供应、多渠道保障、租购并举"的住房保障体系，聚焦引进人才，满足居民合理住房需求，从而突出住房的居住功能。

2. 保障基本，改善民生

进一步完善住房保障体系，逐步扩大受益面，做好共有产权保障住房向非沪籍家庭供应工作，体现保基本的特点，兼顾改善民生。加快推进旧住房综合改造，改善人民居住环境；加快老旧楼道加装电梯和扶手，完善自行车、电动车充电设施改造，不断增强民生福祉。

3. 传承历史，保留文脉

奉贤区按照"留改拆"的原则，以保留建筑和历史传承为主，不是将建筑拆除建造高楼大厦，旧住房改造的模式也将随之发生变化。

4. 精细管理，提升能级

立足科学化、精细化、智能化，奉贤提升城区建设和管理水平，提高物业管理的"精度"。推进"一网通办"，完善"一网统管"，依托"绿色、智慧、宜居"的新城建设，利用大数据技术提升智能化管理能级和服务水平。

5. 共享共治，家园共建

坚持推动社会治理和服务重心向基层下移，完善群众参与基层社会的治理机制，善用法治，建设人人有责、人人尽责、人人享有的社会治理共同体。

五 奉贤区住房发展的目标任务

1. 深入开展"美丽家园"建设，巩固乐居奉贤

奉贤区加强党建引领下的"红色物业"，努力扩大"美丽家园"建设覆盖面，将乐居奉贤下沉到物业社区基层，完善社区微基建，加强公共服务设

施建设；健全物业的市场化运作机制，促进物业管理市场的健康发展。

2. 保持房地产市场加速稳定发展，助推活力奉贤

坚持稳定住房市场供需结构、优化住房保障体系、培育住房租赁市场，保持房地产市场开发投资的稳定增长，促进房地产市场加速稳定发展，为服务奉贤拥抱"三大机遇"、吸引人才落户奉贤提供住房保障支持，从而提高奉贤的活力。

3. 发挥好住房保障托底作用，打造有温度的奉贤

奉贤依据"应保尽保"的要求，做好廉租住房、共有产权保障住房的申请审核工作，多渠道筹措各类保障性住房房源，做好对人才和各类人员的住房保障工作，从而发挥住房保障托底的作用，打造有温度的奉贤。

4. 深化落实旧区改造工作，建设品位奉贤

奉贤深化上海市中心从"拆改留"到"留改拆"的旧城区改造思路，积极推进"留改拆"城市的有机更新。保留历史风貌，传承历史文脉；加快旧区改造，改善人居环境，稳步推进"城中村"改造。

5. 推进旧住房修缮工作，建设宜居奉贤

奉贤加快推进旧住房修缮工作，切实推进各类旧住房综合改造。将旧住房综合改造的发展轨迹与城市化进程相结合，将旧住房综合改造的内容与市政基础建设紧密结合。坚持"人民城市人民建，人民城市为人民"，充分考虑民生问题，更好地满足居民生活需要。

参考文献

安辉、王瑞东：《我国房地产价格影响因素的实证分析——兼论当前房地产调控政策》，《财经科学》2013年第3期。

雷根强、钱日帆：《土地财政对房地产开发投资与商品房销售价格的影响分析——来自中国地级市面板数据的经验证据》，《财贸经济》2014年第10期。

许宪春、贾海、李皎、李俊波：《房地产经济对中国国民经济增长的作用研究》，《中国社会科学》2015年第1期。

余呈先:《我国房地产市场供给侧管理的动因与对策》,《宏观经济研究》2016 年第 5 期。

余泳泽、张少辉:《城市房价、限购政策与技术创新》,《中国工业经济》2017 年第 6 期。

张杰、杨连星、新夫:《房地产阻碍了中国创新么?——基于金融体系贷款期限结构的解释》,《管理世界》2016 年第 5 期。

专 题 篇

Special Topics

B.10
奉贤国家级中小企业科技创新
活力区建设动态跟踪

王永水　杜学峰*

摘　要： 打造国家级中小企业科技创新活力区是奉贤区推进中小企业
转型升级、提升创新能级的重要举措。活力区建设以来已初
见成效，具体表现为：创新主体不断增强，创新载体建设持
续推进；创新支撑环境得以逐步优化，创新要素在区内渐趋
集聚；创新产出成效日益显现，多项产出指标态势喜人。但
通过对活力区建设指标进行跟踪研究也发现部分短板，譬如
奉贤区研发经费投入略有不足，尤其是企业 R&D 投入强度明
显偏低。未来工作应在形成系统的科技激励政策上继续发力

* 王永水，经济学博士，华东政法大学商学院副教授，上海社会科学院数量经济学创新团队成
员，上海市软科学研究基地——科技统计与分析研究中心兼职研究员，主要研究方向为人力
资本、科技创新与经济增长、科技政策分析与评价；杜学峰，上海市奉贤区委党校科研室主
任，主要研究方向为城市化与基层社会治理。

并有所创新，以"东方美谷＋未来空间"为产业合力助推区内中小企业实现高质量发展。

关键词： 奉贤　中小企业　科技创新活力区

奉贤区为贯彻落实上海市《关于加快建设具有全球影响力的科技创新中心的意见》，积极融入上海先进制造业的总体布局，承接上海先进制造业、打造现代服务业新高地，主动推动奉贤区中小企业实现从创新驱动转变迈向高质量发展之路。奉贤区人民政府于 2019 年 7 月 16 日印发《奉贤区建设中小企业科技创新活力区三年行动计划（2019～2021 年）》（以下简称《行动计划》）。《行动计划》中按照指标、部门主体责任制，从创新主体载体、支撑环境、产出绩效等三个一级指标明确了活力区建设的目标要求，并具体分解为 33 个三级指标。回顾 2019 年，在建设中小企业科技创新活力区的 33 个三级指标中，有 23 项取得突破，超额完成 2019 年目标值，活力区建设初见成效。

一　创新主体不断增强，载体建设持续推进

奉贤区打造国家级中小企业科技创新活力区，主体在企业，平台是关键。自活力区启动建设以来，奉贤积极引导高校、科研院所、优质企业参与众创空间建设。利用众创空间实现人才集聚、空间集聚和技术创新，打造具有国际影响力的"前孵化—孵化—加速—产业化"的孵化链条。2019 年，上海奉沛、上海汇智天地、上海酷领 3 家企业成功立项市级"三化"培育及培育引导项目，奉美子绵园成功入库市级众创空间。

据上海市奉贤区科委、奉贤区市场监管局等数据统计，2019 年，全区新增院士专家工作站 8 家，累计获批院士专家工作站（园区服务中心）已达 49 家，累计柔性引进两院院士 27 位，入驻工作站团队的专家达 235 位，

综合排名位居全市前列。2019 年"东方美谷"院士专家战略咨询会议成功举办,这是上海市科协自 2000 年创办院士圆桌会议以来,首次在区级层面举办会议。

从图 1 可以明显看到,2013～2019 年间奉贤区市级以上科技企业孵化器数量稳步增加,2013 年全区市级以上科技企业孵化器数量为 3 个,到 2017 年已增加到 9 个,2019 年维持 2017 年和 2018 年的水平。市级工程技术研究中心数量从 2013 年的 6 个增加到 2018 年的 10 个,2019 年维持 2018 年水平。统计数据尚未完全显示奉贤区在企业科技创新平台载体建设上的全貌,事实上,奉贤区政府一直致力于推进平台载体建设,例如与上海应用技术大学共同成立上海"东方美谷"产业研究院,利用"东方美谷"政策优势,吸引上海科研机构生物医药领域人才与技术项目落地,设立"公共信息服务平台"和"公共技术服务平台"两大核心部门。推动生物样本库、生物大数据共享平台、临床检验检测平台等建设,强化资源平台支撑。引进专业管理服务团队,重点支持生命健康(生物医药)领域重大项目引进、自主研发、测试评价、注册审批,仿制药一致性评价,创新产业化,药品上市许可持有人受托生产基地建设、人才培养、专业服务平台建设等。

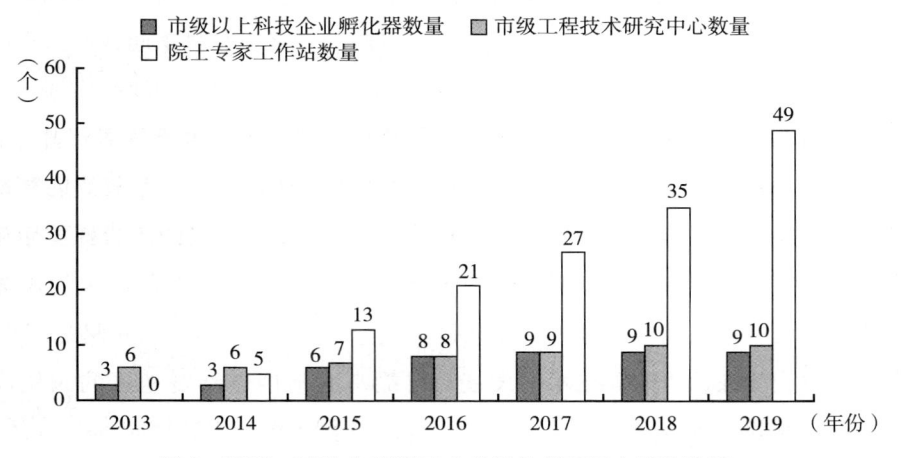

图 1　2013～2019 年奉贤区企业科技创新平台载体数量

资料来源:上海市奉贤区科委、奉贤区市场监管局网站。

"十三五"期间，奉贤区市级以上企业技术中心和工程（技术）研究中心总数从 2016 年的 33 家增加至 2019 年的 48 家，预计到 2020 年将达到 51 家（见图 2）。市级以上孵化器和众创空间面积从 2016 年的 7.30 万平方米逐步增加到 2019 年的 10.10 万平方米，略高于预定目标值，预计到 2020 年可达到 12.0 万平方米。此外，在科技企业孵化器中，2019 年有两家国家级孵化器，顺利完成预定目标，预计在 2021 年将增至 3 家。

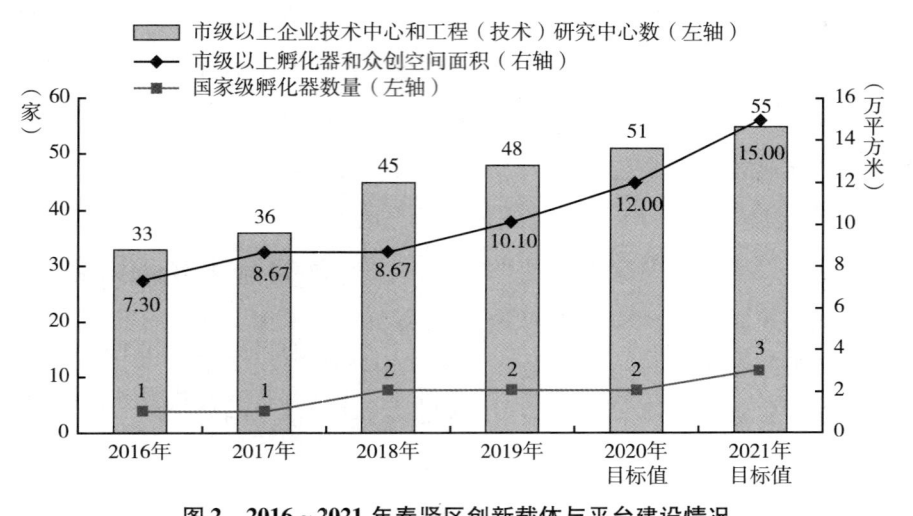

图 2　2016～2021 年奉贤区创新载体与平台建设情况

资料来源：上海市奉贤区科委、奉贤区市场监管局网站。

作为科技创新的微观主体，奉贤区科技企业数量显著增长，从 2014 年的 655 家上升到 2018 年的 898 家。科技企业数量的不断增多为创新集群发展奠定了坚实的基础，也为区域内产业链的互补、上下游之间研发创新相互溢出提供了可能。图 3 为 2016～2021 年奉贤区公开上市企业累计数、市级科技小巨人（培育）企业留存数的变动情况。从趋势来看，奉贤区公开上市的企业累计数自 2016 年的 13 家稳步增加到 2019 年的 18 家，实现每年递增之势，顺利完成 2019 年的预定目标，预计到 2020 年将达到 19 家。市级科技小巨人（培育）企业留存数也呈现快速成长趋势，由 2016 年的 83 家快速增长至 2019 年的 111 家，超额完成 2019 年的预定目标值。

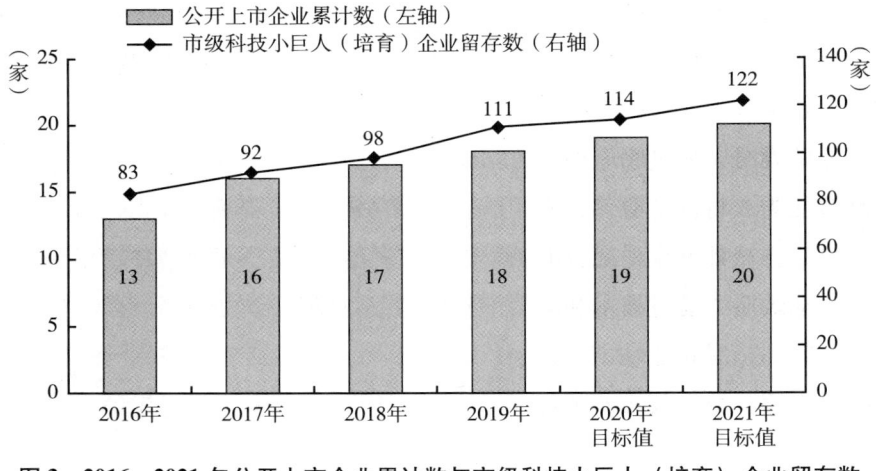

图3 2016～2021年公开上市企业累计数与市级科技小巨人（培育）企业留存数

资料来源：上海市奉贤区科委、奉贤区市场监管局网站。

截至2019年，奉贤区经认定的高新技术企业存续数为972家，接近2020年目标值1000家（见图4）；仅2016～2019年，区内高新技术企业存续数翻了一番。科技型中小企业达1453家，向2020年目标值1600家迈进。据统计，2019年新增企业数达95515家，远高于2020年和2021年目标值（50000家）。此外，奉贤区政府牵头推进"三个一百"重点企业梯度培育

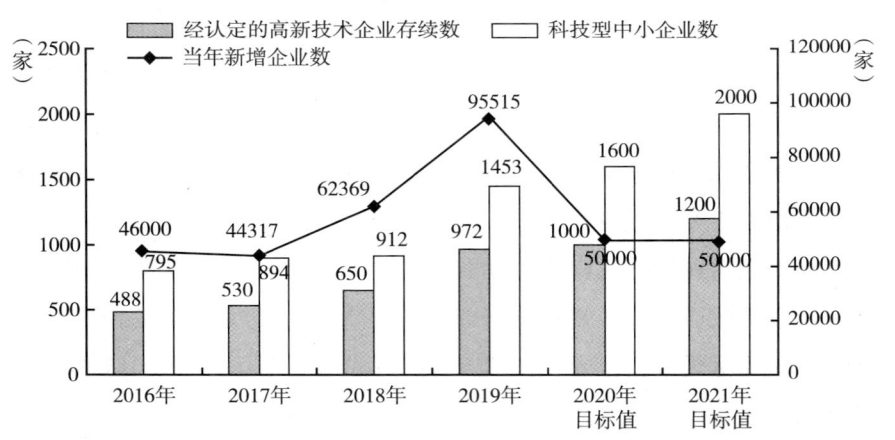

图4 2016～2021年经认定的高新技术企业存续、科技型中小企业及当年新增企业数

资料来源：上海市奉贤区科委、奉贤区市场监管局网站。

工程，针对不同规模企业群体实行差异化政策扶持。2020 年"三个一百"企业库认定名单也正式出炉，全区 259 家企业入选，其中领军型企业 47 家，成长型企业 73 家，科创型企业 139 家。

与此同时，区政府重点扶持智能装备、新能源、新材料、大健康美丽产业等行业龙头企业，培育"专精特新""小巨人""单项冠军"三个梯队的企业，打造一批专注于细分市场、市场占有率高、抗风险能力强的企业，引领和带动区域内更多的企业走"专特优精"的隐形冠军发展道路。

二 创新环境逐步优化，创新要素渐趋集聚

奉贤区着力打造更加优质、高效的政务环境，竭力缩减企业办事流程，将传统政务流程中对企业尤其是中小企业形成束缚的部分予以松绑。自 2019 年起，各部门刀刃向内，删减无价值流程，在全区范围内逐步推进企业登记受理人员独立审查、核准、一人一次性办结的"无科层"审批模式，提升开办企业的行政效能。设置线下开办企业"一窗通"服务专区，率先试点把企业开办整合为一件事，让创业者最快实现体验一表填报、一天批准、一窗领取开业"大礼包"。2019 年，全区新设企业 95515 户，同比增长 53%，日均设立企业 382 户，占全市日均设立企业数的 1/4，这些数据生动地显示政府了以"店小二"的姿态为企业服务所取得的成效。

从科技创新的一般规律可以看到，创新的活跃度往往与一个地区的经济发展水平相适应——越发达的地区其创新活动也更趋活跃。以人均可支配收入及人均地区生产总值为跟踪指标（见图 5），可以看到奉贤区人均地区生产总值和人均可支配收入均显著增长，其中人均地区生产总值从 2016 年的 62476 元/人跃升至 2019 年的 106663 元/人，远高于 2019 年的原定目标值 77600 元/人，且超前、超额达到 2020 年目标值 82000 元/人。全区居民人均可支配收入从 2016 年的 36685 元/人增加到 2019 年 47396 元/人，几乎与预定目标值 47500 元/人持平。

2019 年，奉贤区在宜居、宜业等人才环境塑造上进一步加强统筹协调，

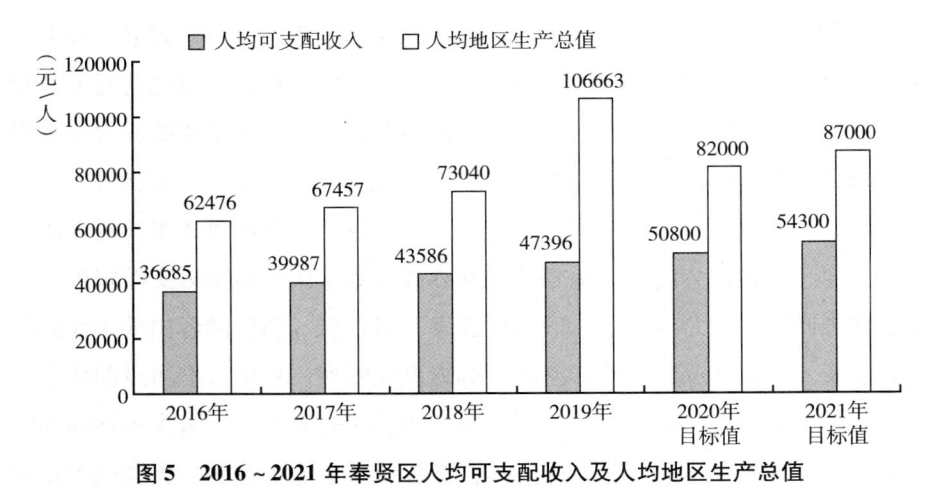

图5　2016～2021年奉贤区人均可支配收入及人均地区生产总值

资料来源：上海市奉贤区科委、奉贤区市场监督管理局网站。

各项综合指标有了明显提升（见图6、图7）。其中，每万人拥有专任中小学教师数达51人，每万人拥有医护人员数41.7人；人均城市道路和公路面积18.2平方米/人，人均绿化面积30.52平方米/人。此外，奉贤区的空气质量优良率指标也提前实现2020年的预定目标水平，事实上奉贤区空气质量优良率在上海各区中一直名列前茅。

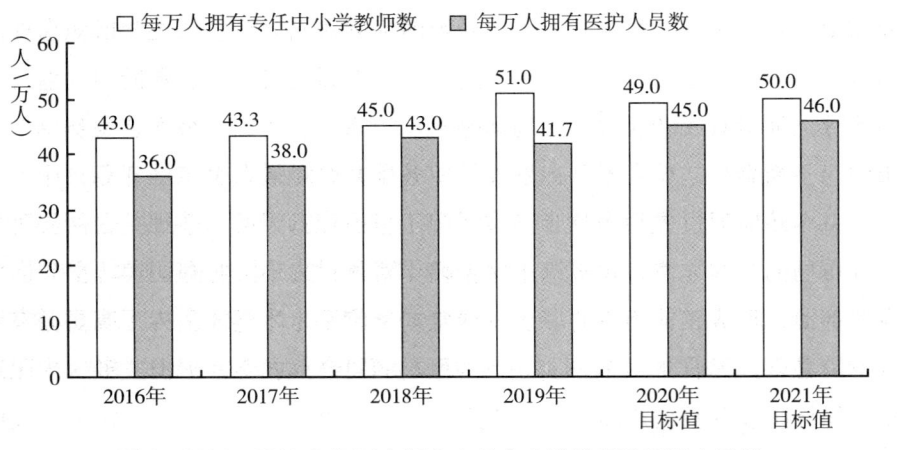

图6　2016～2021年每万人拥有专任中小学教师及医护人员数

资料来源：上海市奉贤区科委、奉贤区市场监督管理局网站。

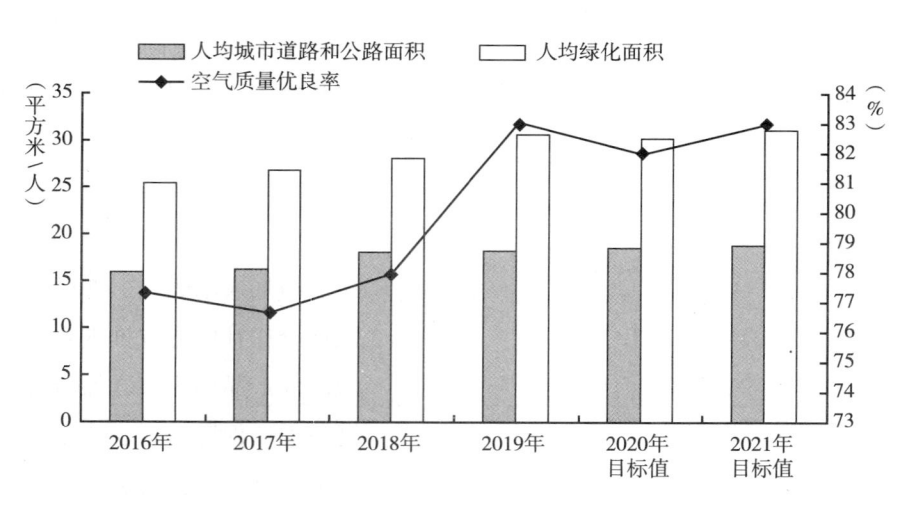

图 7　2016～2021 年道路基础设施、绿化及空气质量

资料来源：上海市奉贤区科委、奉贤区市场监督管理局网站。

奉贤区不断增加公共服务供给，拓宽人才保障体系受益范围。对于中小企业从业人员来说，子女教育和医疗卫生等公共服务是其极为关注的问题，要让科技创新人才进得来、留得下，优质的公共服务供给是必要条件。2019年度，"1＋5"科创活力区系列人才政策继续推进，人才津贴政策 432 人、人才租房补贴政策 306 人、人才购房优惠政策 36 人获批通过。人才子女就学政策 4 人、人才医疗服务政策 55 人完成兑现。制定并实施"1＋10＋X"系列人才政策和相关实施细则：开展"1＋10"系列第一批企业名单认定工作、人才租房补贴政策申报受理工作、人才薪酬激励政策申报受理工作；实现人才政策网上申报和审核。

特别值得一提的是，近年来奉贤区全力打造"国家级生态园林城区"，入奉人才居住环境也大幅改善。聚焦田字绿廊、十字水街和"百座公园"的城市意象打造，完成了金汇港半马跑步道公园景观工程、十字水街—浦南运河南岸绿化（望园路—金海公路）、十字水街—浦南运河南岸绿化（金海公路—金汇港）、上海之鱼环湖绿化景观工程、泡泡公园、红叶公园等公共绿地建设，建成绿地面积由 3280.08 公顷提升至 3417.86 公顷。

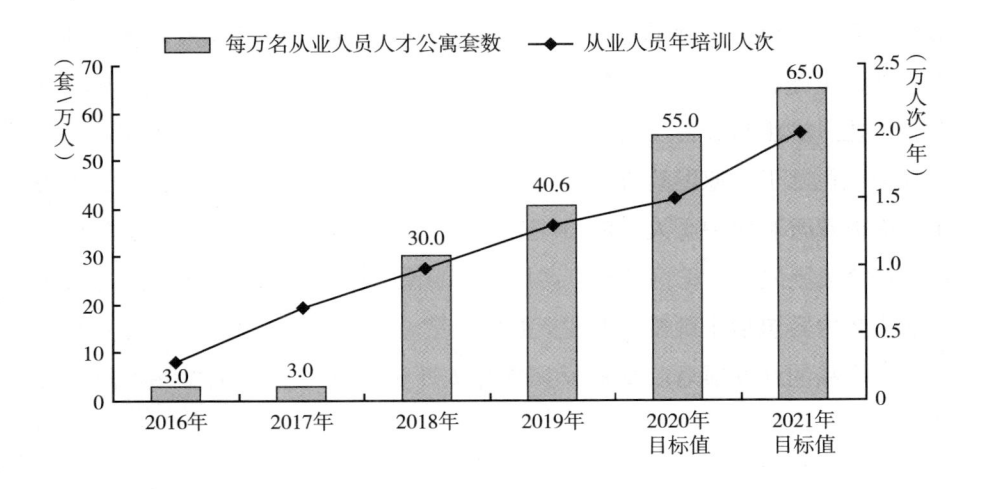

图8　2016～2021年人才公寓及员工培训情况

资料来源：上海市奉贤区科委、奉贤区市场监督管理局网站。

在人才公寓供给方面，公寓从原先的相对稀缺变为常态、充分供给。图8显示每万名从业人员人才公寓数由2016年的3套骤升至2019年的40.6套。在人才公寓申请方面，由原来每年1～2次集中申请改为常态化申请，进一步提升工作效率，提升人才公寓管理服务效率。目前，区属人才公寓总房源100套，已入住房源76套，入住人才80人。此外，奉贤区加大对从业人员的培训力度，从业人员培训人次显著提升，从2016年的较低水平增加至2019年的1.3万人次/年，预计2020年提升至1.5万人次/年。

一切科技创新活动都离不开人才的基础作用，创新要素中人才是至关重要的因素，衡量一个地区创新要素集聚能力时人才指标是不可或缺的。奉贤区在人才引进和培育方面，为充分发挥人才的引领和支撑作用，继续创造人尽其才的政策环境，聚焦重点产业，创业园现已落户生物医药、生物科技、医疗器械、化妆品、新能源、新材料、高端制造、金融、文化教育、信息技术等项目，共计84个。加快高层次人才培养，充分宣传国家、市级人才计划政策，帮助高层次人才申报各类人才计划，为企业和人才自身发展提供助力。加强高层次人才队伍建设，做好国家、市级各类人才计划的遴选申报。开展"滨海贤人"管理服务工作，完善人才结对带教制度，着力发挥"滨

海贤人"系列优秀人才的"传、帮、带"作用。加强高层次人才队伍和区内产业服务平台的对接，发挥高层次人才对奉贤经济社会发展的引领带动作用，优化人才创新、创业、生活环境。在一系列政策环境综合作用下，奉贤区高层次人才引进取得显著成效。据奉贤区科委数据统计，奉贤区引进的院士人数在2013年为6人，2019年达27人，引进高层次专家人才数量在2013年为15人，2019年已快速增加至235人，快速增加的院士、专家等高层次人才为区内企业科技创新和产业发展奠定了坚实的人力基础，也为后续奉贤区科技型企业实现高质量发展所需人才梯队搭建提供了可靠保障（见图9）。

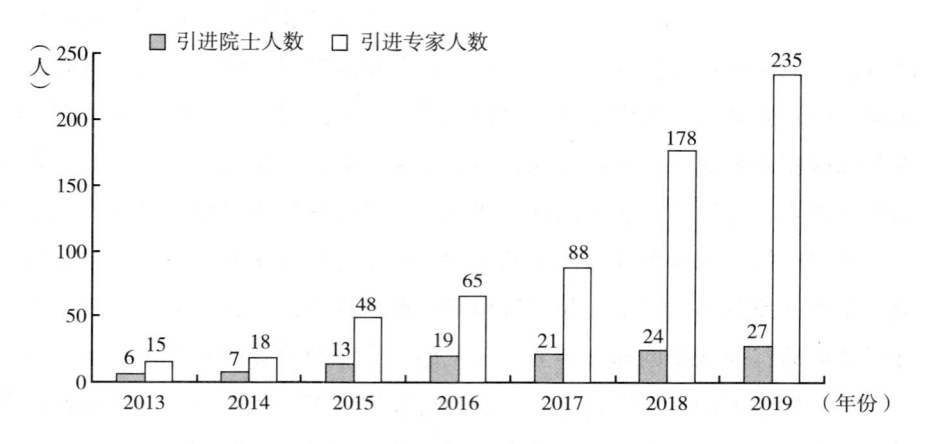

图9 2013～2019年引进院士及专家人数

资料来源：上海市奉贤区科委、奉贤区市场监督管理局网站。

研发经费投入是科技创新不可或缺的要件，其中政府财政科技投入与企业研发投入二者相互补充。从全社会R&D投入来看（见图11），奉贤区全区R&D投入占地区生产总值的比重——R&D投入强度持续维持在3%以上，2019年为3.2%，预计2020达到4%的目标值。近年来，奉贤区在科技创新中的财政支持力度不断上升，2019年区级财政收入共完成154.99亿元，政府财政科技投入在逐渐攀升，从2016年的2.25亿元上升至2019年的3.60亿元，但低于预设目标值4亿元。财政部门积极落实科技创新扶持政策，完善产业转型经费保障机制，明确投入重点，发挥财政资金"四两拨千斤"的放大效应，支持企业自主创新、推动战略新兴产业的发展；确保落实重点产业的扶持政策和高新技术成果转化的配套政策；支持区内企业技术改造，推动新兴产业平台建设，落实张江高新区奉贤园等新兴产业平台的扶持政策。此外，企业 R&D 投入强度持续数年均为 0.75%，该指标值仍然偏低，直接面向市场端的企业应该成为研发投入的主力，从该指标值可以看到奉贤区的企业总体上对研发投入重视程度还存有相当不足。

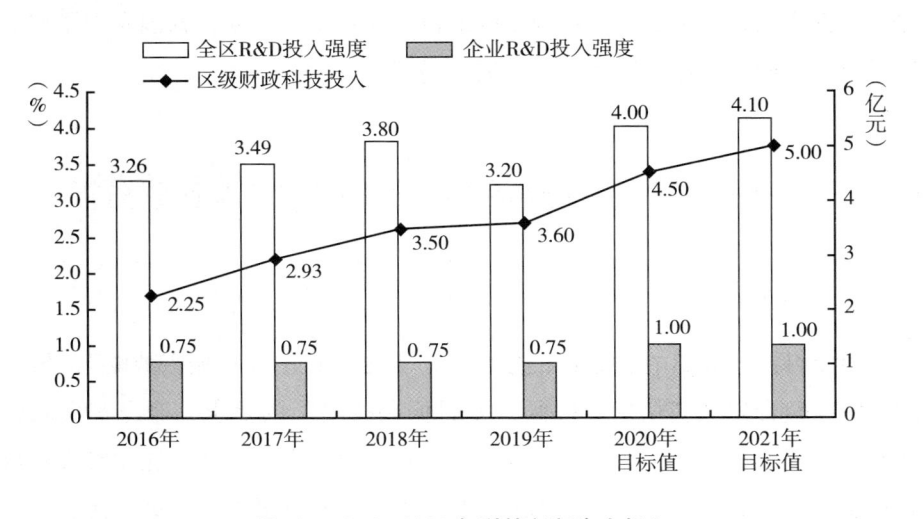

图 10　2016～2021 年科技创新资金投入

资料来源：上海市奉贤区科委、奉贤区市场监督管理局网站。

在专利质押融资数量及金额方面，根据奉贤区科委的统计数据，奉贤区 2017 年的专利质押融资数量为 5 件，总额为 1500 万元；2018 年专利质押融资数量为 4 件，总额为 1038 万元；2019 年专利质押融资数量为 5 件，总额为 1465 万元（见图 11）。

奉贤区自启动中小企业科技创新活力区建设以来，在科技金融上稳步发力，尤其是在专利保险的发展方面取得显著成效，尽管总体规模仍然相对较小，但成长速度喜人（见图 12），科技金融效应进一步放大。2019 年，区内共有 56 家科技企业申请科技企业履约贷款，其中首贷企业 40 家，续贷企业 16 家，资金需求额总计 2.81 亿元，市科委推荐企业 32 家，推荐额为 1.505 亿元，银行放款企业 26 家，放款额为 1.137 亿元。专利保险数量从 2014 年的 180 件增长到 2019 年的 690 件，专利保险金额也相应地从 2014 年 17.8 万元增至 2019 年的 69.14 万元。

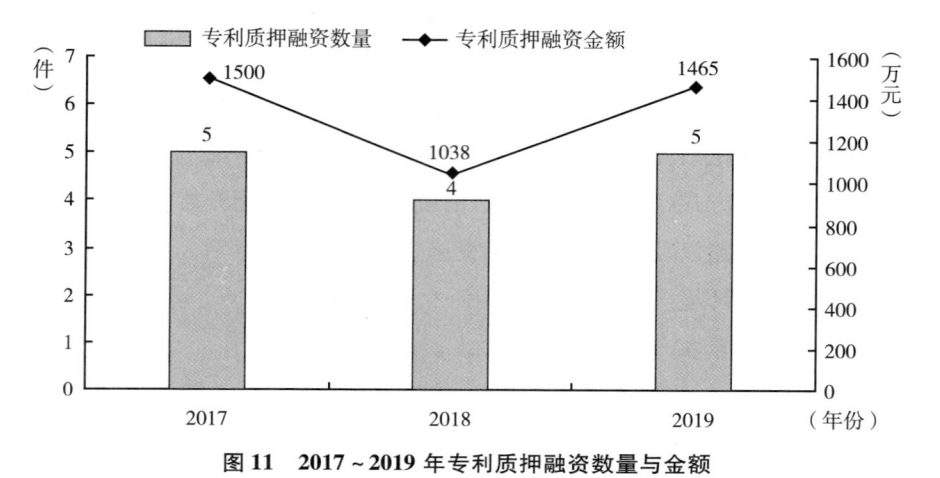

图 11　2017～2019 年专利质押融资数量与金额

资料来源：上海市奉贤区科委、奉贤区市场监督管理局网站。

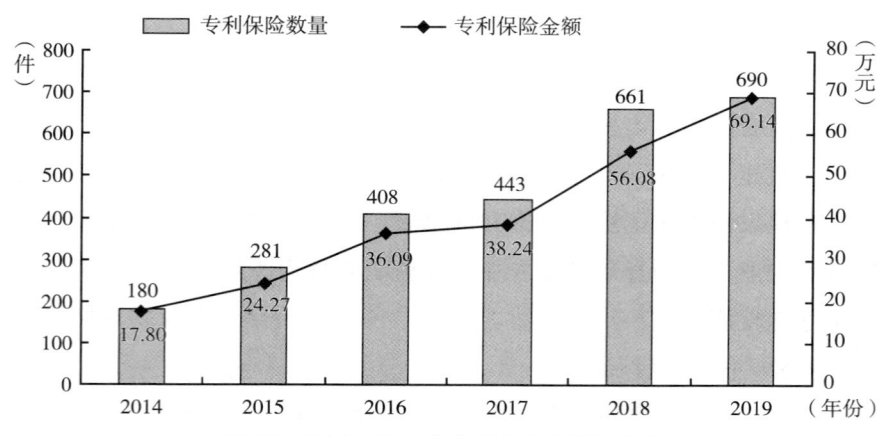

图 12　2014～2019 年专利保险数量与金额

资料来源：上海市奉贤区科委、奉贤区市场监督管理局网站。

此外，奉贤区牢牢把握科创板政策机遇，对于科创板后备库内的企业适当政策倾斜，加强土地、科技、金融等政策供给和制度创新。在同等条件下，支持加快审批后备库企业的改扩建项目。各部门加大支持和联动，缩短各类合规性证明函件的开具时间。免费向在库企业提供证券、法律和会计等上市辅导机构的专业服务。对特别优质的项目，推动区级产业发展基金充当基石投资人。

三 创新成效日益显现，多项产出势头喜人

自从正式启动"东方美谷＋未来空间"的双引擎驱动模式以来，奉贤产业发展的新趋势、新格局日益凸显，产业政策发力更加聚焦。奉贤区正逐步走出"美丽健康＋智能网联"特色产业之路，为此发力全面提升自主创新能力，继续优化顶层设计，建立更加科学合理的政策制度体系。围绕"三年行动计划"，匹配"东方美谷＋未来空间"双引擎战略，使特色更特、优势更优、长板更长，形成具有世界影响力的化妆品和汽车产业集群，引导创新创业项目和市场接轨。

2019 年，制定实施《奉贤区"东方美谷"美丽健康产业发展三年行动计划（2019～2021 年）》《生命健康产业发展规划和三年行动计划》。"东方美谷"规模以上工业企业已达 131 家，实现总产值 363 亿元。全年共引进 60 家"东方美谷"企业，其中新引进亿元或千万美元以上投资项目 13 个，项目投资总额 56 亿元。11 月，成功举办第二届"东方美谷"国际化妆品大会，"东方美谷"品牌展和购物节首次亮相，"东方美谷"品牌价值超 110 亿元。"汽车·未来空间"则围绕项目引进、科技创新、产城融合等方面，以漕河泾南桥园、临港奉贤园、奉城工业区为核心，打造全新集群型产业社区。"东方美谷"核心区域建成集试验、测试、示范、体验等功能于一体的智能网联汽车道路测试示范区。临港奉贤园发挥特斯拉投产后对相关零部件厂商的联动效应。依托奉城工业区现有汽车零部件相对集中的产业优势，加快转型升级，与新片区产城融合区形成梯次

联动的发展格局。

在主打产业"东方美谷"上，奉贤区着力打造本地完整产业链，对于美丽健康高新技术企业的孵化培育给予充分支持，竭力提升已经落地的美妆高科技企业在新成分、新技术等方面的研发能力。在"东方美谷"生物医药产业核心区内，力争实现生物医药产业的集聚化、高端化，加速创新要素集聚、实现全产业链发展。行动计划对"东方美谷"大健康产业产值提出明确目标，力争在 2020 年、2021 年分别达到 350 亿元、400 亿元；事实上，在 2019 年奉贤已经提前实现 2020 年目标值，达到 363 亿元的产值，远高于2019 年的预定目标值 290 亿元（见图 13）。

图 13　2016～2021 年"东方美谷"大健康产业及战略性新兴产业产值

资料来源：上海市奉贤区科委、奉贤区市场监督管理局网站。

在战略性新兴产业产值上，2019 年以高于目标产值的成绩收官，达到583.2 亿元，顺利回升到 2016 年的产值水平。尤其值得一提的是，在"汽车·未来空间"构想与产业选择上，奉贤区聚焦智能网联新能源汽车产业，积极打造上海智能网联新能源汽车核心零部件产业基地、长三角汽车核心零部件产业重要科技创新高地、长三角现代化特色产业新城。2019 年，与临港集团、上海交通大学等合作的智能网联新能源汽车项目已在临港南桥科技城落地，紧密围绕自动驾驶各个分支开展测试、研究，其中"上海奉贤智能网联汽车特殊场景道路测试区"以地下停车库、园区道路及乡村道路等特定场景为特色，与嘉定、临港等智能网联综合测试区实现错位互补、三位一体的互动发展格局。①

税收是衡量创新产出成效的一项重要指标。奉贤区2016年税收总额为285.56亿元，2019年迅速攀升至461亿元，略高于预定目标值460亿元。其中，民营中小微企业税收从2016年102.9亿元增加至2019年184亿元，超额完成165亿元的预定目标值，甚至超过2020年的预定目标值180亿元。奉贤区区级财政收入总额也从2016年的104.81亿元提升到2019年的154.99亿元，略低于2019年的预定目标值158.5亿元（见图14）。

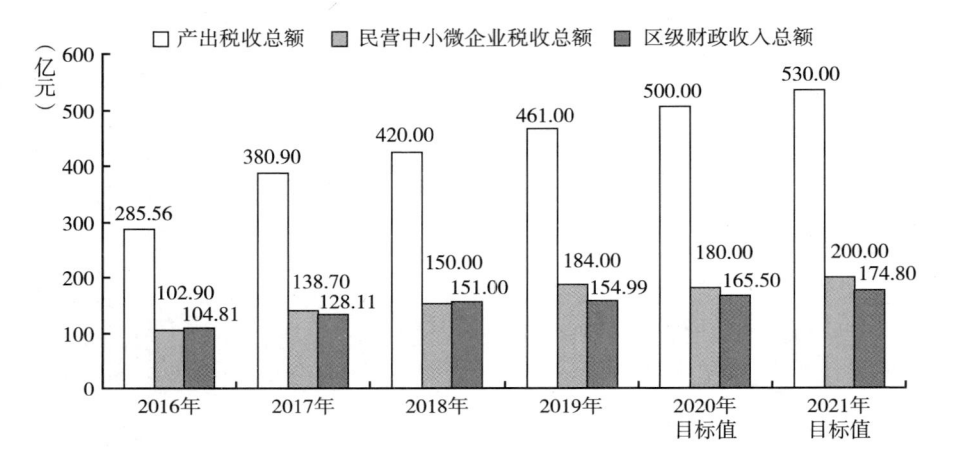

图14 2016～2021年财政收入及税收

资料来源：上海市奉贤区科委、奉贤区市场监督管理局网站。

在知识产权工作方面，2019年，奉贤区知识产权工作取得突破，10家企业被评定为市级专利试点企业。商标有效量达145040件、马德里国际商标总量139件，分别居全市第三、第五位。专利有效量25745件，同比增长23%。2020年第一季度，商标申请量、注册量更是首次双双超越浦东新区，

---

① 《上海奉贤聚焦新片区建设 打造智能网联新能源汽车"未来空间"》，人民网，2019年9月8日，http://sh.people.com.cn/n2/2019/0908/c134768-33333386.html。

位居全市第一；专利申请量、授权量分别同比增长34%、21%，体现了良好的增长势头和市场活跃度。

图15展示的是奉贤区每万人发明专利拥有量及万元增加值能耗指标的动态表现。专利可以简单分为发明、实用新型和外观设计，其中发明专利是三种专利成果中"含金量"最高的，因此作为衡量科技创新时被广泛使用的指标，奉贤区每万人发明专利拥有量从2016年的12.9件增加到2019年20.14件，低于预定目标值25件。而每万元增加值能耗度量绿色产出，是在环保约束条件下衡量经济产出的重要指标，从图中我们可以明显看到奉贤区万元增加值能耗总体呈现下降态势，2016年该指标值为0.456吨标准煤/万元，到2019年下降到0.374吨标准煤/万元，其预定目标值为0.4吨标准煤/万元。

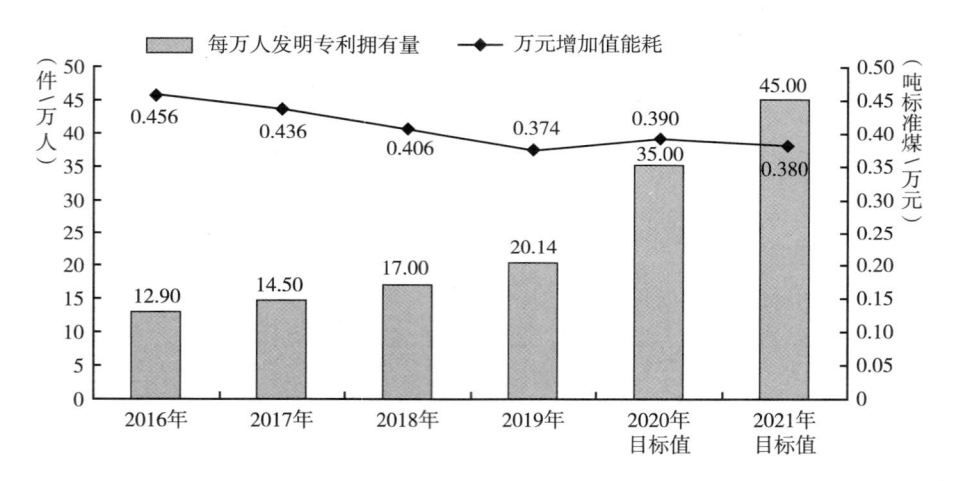

图15 2016～2021年每万人发明专利与万元增加值能耗

资料来源：上海市奉贤区科委、奉贤区市场监督管理局网站。

产学研相结合是国内外主要科技创新中心所共有的重要模式特征之一，也是中小企业迈向创新驱动的重要途径，使得科技创新过程既充分融合了市场需求又兼具研发基础，还取高校、科研院所之长对企业研发能力、研发基础设施形成互补。图16显示奉贤区联盟计划产学研项目呈现稳步增加的态势，2014年区内联盟计划产学研项目数量为15项，2019年已增加到26项。

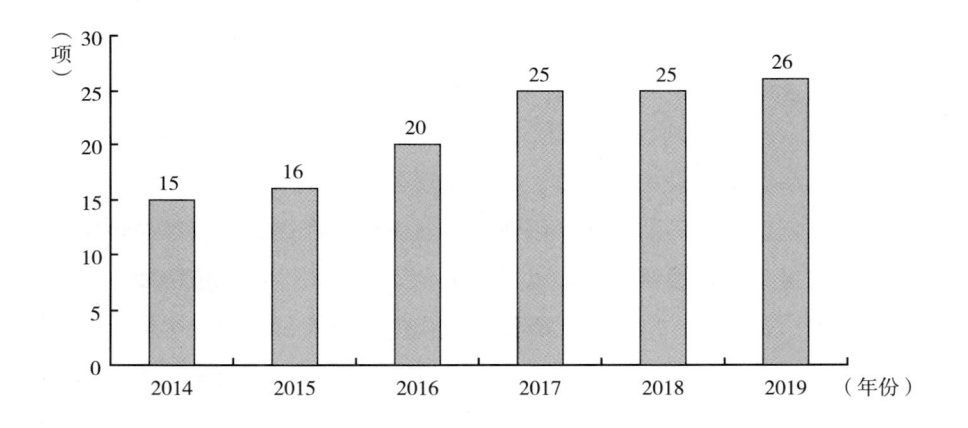

图16 2014～2019 年联盟计划产学研项目

资料来源：上海市奉贤区科委、奉贤区市场监督管理局网站。

从行动计划确定的指标来看，2016 年每万人新增注册商标数为 108.7件，到 2019 年已快速增长达到了 363.15 件/万人，远高于 2019 年原定目标水平 200 件/万人。除此以外，马德里商标国际注册数也从 2016 年的 89 件迅速攀升至 2019 年的 139 件，大幅超额完成预定目标（见图 17）。

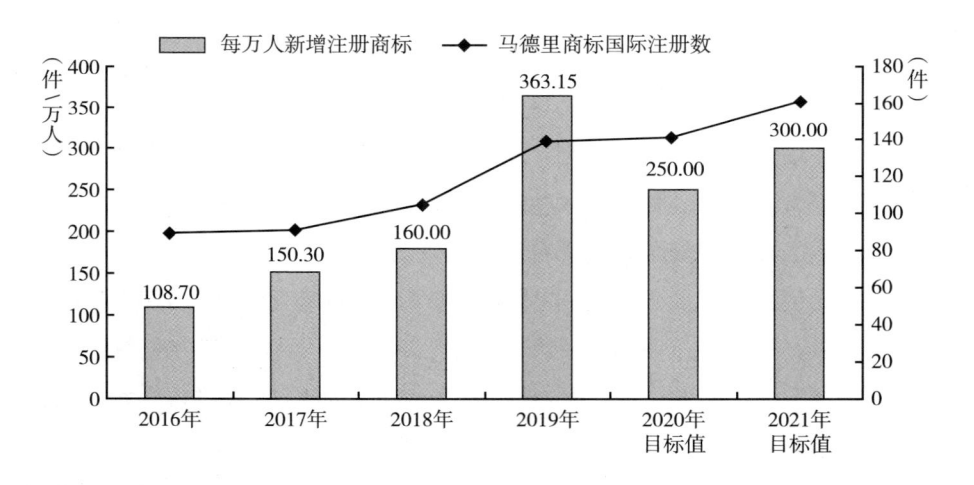

图17 2016～2021 年注册商标

资料来源：上海市奉贤区科委、奉贤区市场监督管理局网站。

四 研究总结

奉贤区活力区建设初见成效，具体表现在以下三方面。

其一，创新主体不断增强，创新载体建设持续推进。市级以上科技企业孵化器、市级工程技术研究中心以及院士专家工作站数量稳步增加，其中国家级孵化器已达 3 家，市级以上孵化器和众创空间面积也逐步增长。奉贤区科技企业数量显著增长，从 2014 年的 655 家科技企业上升到 2018 年的 898 家，公开上市的企业累计数量自 2016 年的 13 家稳步增加到 2019 年的 18 家，经认定的高新技术企业存续数为 972 家，远高于 2019 年预定目标值 800 家、接近 2020 年预定目标值 1000 家，市级科技小巨人（培育）企业留存数也呈现快速成长，由 2013 年的 51 家快速增长增至 2019 年 111 家，超额完成 2019 年的预定目标值（106 家）。

其二，创新支撑环境得以逐步优化，创新要素在区内渐趋集聚。全区人均地区生产总值、人均可支配收入双双提升，每万人拥有专任中小学教师数、每万人拥有医护人员数、人均城市道路和公路面积、人均绿化面积以及空气质量优良率等指标都显著提升，人才公寓供给更加充分、从业人员培训机会大幅增加，奉贤正努力使自身更加宜居、宜业。此外，奉贤区加大院士专家引进力度，充分重视科技创新中人力资本要素的作用；全区 R&D 投入强度逐渐攀升，区财政科技投入稳步增长，科技金融发展态势良好，加速促进创新的人力资本、资金等要素在区内实现集聚。

其三，创新产出成效日益显现，多项产出指标态势喜人。2019 年战略新兴产业以高于目标产值的成绩收官，达到 583.2 亿元。"东方美谷"大健康产业达到 363 亿元的产值，远高于 2019 年的预定目标值 290 亿元。民营中小微企业税收从 2016 年 102.9 亿元增加至 2019 年 184 亿元，超额完成 165 亿元的预定目标值。知识产权工作取得突破，10 家企业被评定为市级专利试点企业。商标有效量达 145040 件、马德里国际商标总量 139 件，分别居全市第三、第五位。专利有效量 25745 件，同比增长 23%。2020 年第一季度，商标申请量、注册量更是首次双双超越浦东新区，位居全市第一；专利申请量、授权量分别同比增长 34%、21%，体现了良好的增长势头和市场活跃度。每万人发明专利拥有量从 2016 年的 12.9 件增加到 2019 年 20.14 件。每万元增加值能耗从 2016 年的 0.456 吨标准煤下降到 2019 年的 0.374 吨标准煤，结构调整、绿色发展成效显著。

但是，通过对活力区建设指标进行跟踪研究也发现了部分短板，譬如奉贤区研发经费投入增长较快但总量仍然较少，尤其是企业 R&D 投入强度明显偏低。未来工作应在形成系统的科技激励政策上继续发力并有所创新，以"东方美谷＋未来空间"为产业合力助推区内中小企业实现高质量发展。

B.11
奉贤"东方美谷"高质量发展研究

朱嘉梅　李世奇*

摘　要：　奉贤"东方美谷"自2015年11月正式提出建设以来，取得了长足的发展，"东方美谷"的驱动力不断增强、竞争力逐步显现、影响力日渐扩大，"美丽经济"引领产业发展，产业核心承载区地位持续加强，生物医药产业加速培育，引进众多具有重量行业影响力的知名企业，品牌知名度大幅提升，消费升级促进效应不断放大。"东方美谷"正在开拓"宠物经济"新蓝海，抓住发展宠物经济的先天优势，以品牌化、平台化、圈层化为路径打造全新增长极。以生物医药"三链协同"为抓手，形成强劲增长动力源，打造生物医药产业链高地，培育生物医药创新链优势，提升生物医药服务链水平。本报告建议奉贤"东方美谷"高质量发展应该做大产业规模，突出产业集聚中心作用；做强品牌影响，推动品牌立体化运用；做细政府服务，提供精准有效保障；做足贤美文化，将新时代"贤美文化"融入"东方美谷"高质量发展之中。

关键词：　"东方美谷"　宠物经济　生物医药

---

* 朱嘉梅，讲师，中共上海市奉贤区委党校教研室副主任，主要研究方向为区域经济和公共管理；李世奇，经济学博士，上海社会科学院数量经济研究中心助理研究员，主要研究方向为宏观经济增长与科技创新政策评估。

一　奉贤"东方美谷"发展现状

（一）"东方美谷"驱动力不断增强

"美丽经济"引领产业发展。截至 2019 年底，"东方美谷"产业规模以上工业企业达 131 家，总产值为 363 亿元（见图1），相关企业利润总额为 66.7 亿元，完成税收 35.6 亿元。2020 年 1~6 月"东方美谷"产业施工项目数达 69 个，同比增长 76.9%；累计完成投资 22.7 亿元，同比增长 73.3%。奉贤区共有"东方美谷"相关企业 2839 家，其中实体型企业 700 家。

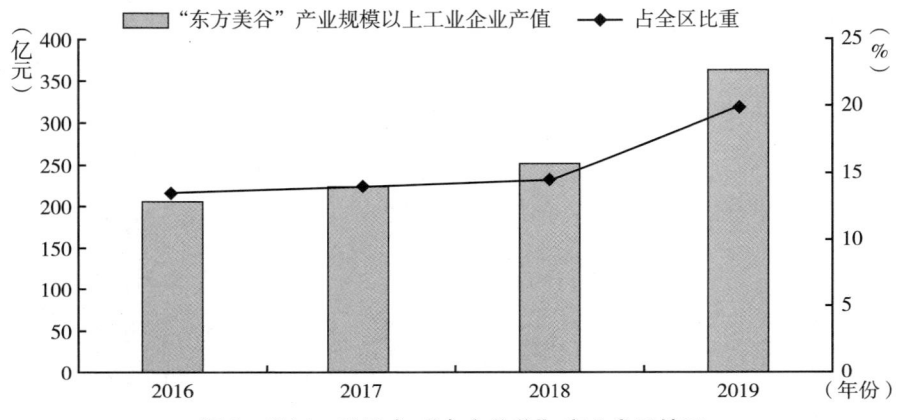

图 1　2016~2019 年"东方美谷"产业发展情况

产业核心承载区地位持续加强。2017 年 9 月，由上海市人民政府印发的《关于推进上海美丽健康产业发展的若干意见》，将美丽健康产业作为上海大健康产业发展的重要支柱，授予奉贤"设计之都、时尚之都、品牌之都"称号。2018 年 11 月上海市发布的《促进上海市生物医药产业高质量发展行动方案（2018~2020）》，明确指出要推动"东方美谷"与"张江药谷"互补联动。"东方美谷"（核心区）、临港新片区"生命蓝湾"产业园入选上海市 26 个特色产业园区和上海五大生物医药产业特色园区。

生物医药产业加速培育。2020 年 4 月奉贤区接连发布《上海市奉贤区生命健康产业发展规划（2019～2030）》《上海市奉贤区加快生命健康（生物医药）产业高质量发展行动计划（2019～2021 年）》，明确"构建全球最强生命健康创新生态、打造全球生命健康产业创新高地"的战略目标。

表 1 2015～2019 年奉贤区生物医药产业发展情况

年份	生物医药规上企业数量（家）	生物医药产值（亿元）	生物医药增速（%）	规上总产值（亿元）	规上总产值增速（%）	占比（%）
2015	58	105.1	-13.4	1507.1	-6.7	7.0
2016	50	112.3	10.3	1526.6	0	7.4
2017	53	152.7	8.5	1565.4	7.3	9.8
2018	53	161.5	7.3	1724.0	9.7	9.4
2019	59	177.7	4.5	1827.4	1.9	9.7

资料来源：历年《上海市奉贤区统计年鉴》。

（二）"东方美谷"竞争力逐步显现

引进具有重大行业影响力的知名企业。资生堂集团正式签约入驻，成为首家入驻"东方美谷"的世界级化妆品企业。伽蓝、如新、美乐家等持续加大投资力度，完美日记、麦吉丽、三草两木等项目落户，和黄药业、君实生物、臻格生物等也纷至沓来。2016～2019 年，全区"东方美谷"落地实业型新项目 193 个，占全区同期引进项目的 23%，其中亿元或千万美元以上投资项目占全区同期引进大项目的近 50%。

建立健全配套服务体系。"东方美谷"产业推进办、"东方美谷"产业促进中心、"东方美谷"公司，形成政府、协会、企业三方协同推进的体制。四大功能、八大中心建设取得积极进展，建设国家级化妆品质量监督检测中心、"东方美谷"产业研究院、展示中心、检察院"东方美谷工作站"等。

科技创新产学研联合。启动"三个一百"企业梯度培育工程。建立以企业为主体、产学研医联合攻关的科技项目立项模式，推动生物医药、化妆品领域的最新成果向企业转化。举办的全球生物医药创新创业大赛，吸引了全球各地近千个生物医药项目报名参赛。

城市核心竞争力提升。立足新片区西部门户、南上海城市中心、长三角活力新城的发展定位，打造"东方美谷大道"成为集城乡统筹、文化展示、智慧生态为一体的复合示范实践区。建设"东方美谷园中园"，实现产城有机融合和土地复合高效利用。"东方美谷"小镇以产业为纽带，让美妆与乡村、乡愁有机融合。

（三）"东方美谷"影响力日渐扩大

品牌知名度大幅提升。2018年、2019年召开"东方美谷国际化妆品大会"，中国轻工业联合总会、中国香化协会授予"东方美谷"为全国唯一的"中国化妆品产业之都"。截至2018年底，"东方美谷"品牌价值已达108.4亿元。在规模以上工业企业中，各类品牌共3000多个，其中国际国内知名品牌有135个。

消费升级促进效应不断放大。2019年举办的首届"东方美谷"品牌展，实现千万元销售额；深度融合"五五购物节"，打造"美谷美购"品牌，创新"精品新零售"模式；开展"东方美谷"网红直播购物节、美谷美购跨境购活动等；与MCN机构进行业务合作，迎接电商新零售、新业态、新模式风口。

国内外交流合作进一步加深。与法国化妆品谷实现"双谷联动"，2019年召开中法品牌文化峰会和法国360美妆峰会。与湖州吴兴"美妆小镇"促进合作共赢，实现长三角美丽健康产业协调发展。

二 开拓"宠物经济"新蓝海，打造"东方美谷"新增长极

宠物经济是"东方美谷"开拓出的新领域、新天地。2020年7月，奉贤区"打造'爱宠经济'新高地"的产业发展新蓝图，从关注人的美丽健康向关注爱宠的美丽健康拓展，推动"爱宠经济＋制造""爱宠经济＋营销""爱宠经济＋旅游""爱宠经济＋服务"四大工程，以"一核两翼一

区"为重点,打造爱宠经济核心区,赋能千亿级产业。奉贤将宠物经济业态和新电商、新经济相结合,通过平台化、国际化、品牌化建设运营,打造一个全场景爱宠经济综合体。这颗"种子"将率先开拓"宠物经济"新蓝海,打造"东方美谷"新的增长极,为奉贤"在危机中育新机、于变局中开新局"孕育新领域、新天地。

(一)奉贤区发展宠物经济的优势

第一,长三角宠物市场潜力巨大。随着长三角居民生活水平的提高以及消费观念的转变,饲养宠物已经成为越来越多都市人生活的一部分,宠物消费也随之形成规模,特别是上海大都市圈,更加展现出庞大的消费潜力,为奉贤区宠物产业发展奠定了消费基础。

第二,上下游产业基础较为完备。从产业集聚讲,奉贤区"东方美谷"产业已经达到一定规模,从"人美"到"宠物美"完全可以作为"东方美谷"的分支产业进行推动发展。从龙头来讲,奉贤区工业综合开发区已经达到龙头企业引领、小企业聚集蓄力待发的状态,杭州湾经济园区也引进了近年来发展速度较快的国内宠物新锐企业——耐威克宠物。

第三,未来规划优势明显。从大规划来讲,星火片区已纳入自贸区临港新片区范围,作为自贸区内的重点产业承载区,东部星火片区将发展以食品、药品、化妆品为主的"东方美谷"大健康产业。杭州湾开发区东部片区是自贸区范围内两大产业园区之一,开发区将充分运用这一优势,吸引国内外著名宠物用品企业和细分领域龙头企业投资设立总部、研发、营销和生产基地。

第四,生态优势适合宠物经济发展。近年来奉贤区大力投资环境改善提升,建设大面积生态绿地和道路绿化体系,整体绿化率不断提高;杭州湾开发区内有市、区两级主干河道,通过河道整治,水体水质达到四类水质标准。区内生态环境优美,宜居宜业,非常适合宠物食品及相关企业长远发展。

第五,资源优势明显助力宠物经济成长。奉贤区拥有充沛的产业承载空间和高端物业资源,为投资落户项目提供了持续良好的发展环境。例如杭州湾经济开发区有 3000 亩左右产业承载空间，为宠物及相关产业发展预留了充足的承载空间。此外，高端的厂房资源、楼宇资源和人才资源也随着奉贤近年来交通等基础设施的发展，与上海市区的差距不断减小。

（二）奉贤区发展宠物经济的不足

第一，宠物经济龙头企业仍然不足。奉贤区 225 家宠物相关企业中，2019 年产值超千万元的只有 5 家实体型企业，其他企业大都是注册型的小企业。要想更上一层楼，还需更多龙头企业支持。

第二，宠物经济产业链有待完善。奉贤区目前宠物经济主要是宠物食品龙头带动起来的产业，其他的宠物医疗、美容等都是一些小型的私人企业；宠物展和宠物赛事等目前都还在规划中，宠物产业链急需统一规划。

第三，行业规范有待重视。例如宠物产品和相关服务缺乏标准，宠物对人、环境的影响等缺少相应的规范，奉贤区作为宠物经济的先行者，需要在行业规范上勇于先行先试，在发展的同时，规范、制定需要的宠物经济各行业发展标准，引导宠物经济健康发展。

第四，缺乏关键核心技术和配方。奉贤区内部分宠物食品加工企业缺乏关键核心配方，主要依赖国外公司总部研发力量，还属于研发在国外、生产和销售在国内，处在产业链中下游，产品附加值较低，抗风险能力差。

（三）奉贤区宠物经济发展壮大的可行路径

第一，走品牌化道路。品牌是质量、服务与信誉的重要标志。要提升产品和服务的质量，实现差异化经营，必须树立品牌意识，重视研发和知识产权保护。一是鼓励区内龙头企业打造属于自己的品牌，提高产业附加值，增强市场竞争优势。二是尽快启动"美谷系列"或"东方系列"商标的注册工作，如"美谷宠物""美谷美宠""东方宠物"等。要像打造"东方美谷"品牌一样，加大新品牌的宣传力度，强化品牌形象推介，切实提升品牌的知名度和影响力，吸引更多国内外领军企业落户奉贤，推进产业集群发展。三是筹办全球峰会和论坛，举办宠物主题展会，对接中国国际宠物水族

用品展（CIPS）、亚洲宠物展等国际国内知名品牌展会主办方，争取推动重大会展品牌和活动在奉贤落地，从而提升奉贤"东方美谷"宠物经济的行业知名度。

第二，走平台化道路。基于移动互联网和平台模式可以有效实现创新转型，必须树立平台经济思维，以无边界、市场化手势推进宠物经济的大平台规划，开辟宠物经济物理空间和云空间。一是搭建"全球宠物联盟"数字平台，发挥奉贤综合保税区优势，深入了解企业需求，打通企业引入和落地服务全流程、全渠道，真正实现产业数据化、数据产业化。二是发挥"金海里·爱宠谷"首个综合体的示范带动作用，打造数个全场景宠物经济综合体，利用产业集聚溢出效应，集合爱宠集市、电商、国际赛事（品牌）等核心业态，充分促进产业间交流和发展。三是充分发挥市场在资源配置中的决定性作用，激发企业活力，鼓励支持皇誉、耐威克等龙头重点企业从食品生产商向宠物综合服务商转型升级，整合其现有生产端、渠道端、用户端、服务端资源，组团发展，以"商品+服务"模式打造一站式宠物全生命周期综合服务平台，发展"东方美谷"特色宠物产业园中园。

第三，走圈层化道路。树立品牌生态圈思维，打造以宠物网红和用户为中心，根据需求图谱拓展经营伙伴、产品和服务的品牌生态圈，为企业提供一站式系统解决方案，增强企业之间黏性和可持续发展能力。一是围绕"90后"和"女性"这两个主力军圈层，打造消费和产业互动模式，吸引宠物电台、综艺、宠物网红直播带货落户奉贤等，鼓励区内国有文化公司打造宠物IP，形成独具特色的宠物次元经济。二是打造奉贤犬赛猫赛赛事中心，争取承办世界杯犬展（World Dog Show）。通过邀请赛事协会入驻奉贤，将常规化赛事落地，为更多企业的进驻和资源投入引流与铺垫，以期获得更长足的发展；同时爱宠人士的集聚，有助于进一步吸引宠物专业人才，增强奉贤的认可度和归属感。

第四，走融合化道路。产业融合化发展是当今产业发展的特点和动力，聚焦宠物食品和医疗产业，拉长奉贤区宠物产业链、服务链，建议将滩浒岛打造成宠物主题旅游岛，将宠物经济与"东方美谷"、乡村振兴、生态旅游、人文精神融合，跨界以致无界推动宠物经济蓬勃发展。一是依托"东方美谷"化妆品产业基础，鼓励化妆品企业开发为宠物量身定制的美妆日化生产线，重点推进宠物口红、宠物洗护、宠物饰品的研发创新。支持企业布局宠物智能家居产品设计、生产，引进一批犬猫智能家居用品研发创新企业，鼓励本土家具、家电生产企业开发宠物家居产品。二是将宠物经济作为乡村振兴的重要发力点，开发以宠物经济为主题的"三园一总部"、生态商务区、总部商务区、田园综合体，无边界、全产业链打造国际化品牌。发展乡村生态旅游，大力开发宠物旅游项目，打造宠物乐园、宠物酒店、宠物民宿，提供可携宠物入住等服务，配备宠物需要的饮食、洗浴、娱乐、医疗、训导等常规服务和流浪动物收养等特殊服务。三是推进宠物友好型城市建设，打造系列工业旅游示范工厂，传播科学养宠理念，开展文明城市、科学关爱犬猫的公共教育。促进文明养宠理念扎根社区，依托文化馆和企业示范参观基地的力量，通过在社区街道定期展开文化讲座，让犬猫文化知识反哺社区。培养中小学生尊重生命、敬畏自然、善待宠物、热爱生活的正确观念，塑造国际化大都市应有的生态文明、文化素养。

三　生物医药"三链协同"，打造
"东方美谷"强劲动力源

从全球新一轮科技革命和产业革命发展趋势来看，数字经济和生物经济一直是最核心的两大领域，而从国内来看，数字经济发展已达到国际先进水平，但生物经济仍明显落后。目前生物经济加速发展态势已显现，国家层面战略布局力度加大，有望成为继数字经济之后的新增长点。在新发展格局下，随着国内、国际市场竞争日趋激烈，过去依靠单个企业规模效益的竞争转向依托整个产业链上各个环节创新能力和服务能力的竞争。以产业链为基础、以创新链为引领、以服务链为重心，"三链协同"提升奉贤生物医药产业发展能级，打造"东方美谷"强劲增长极，助力奉贤在"十四五"时期形成千亿级大健康产业集群。

225

（一）打造生物医药产业链高地

奉贤区打造生物医药产业链高地，有必要建立生物医药产业链"链长"制，围绕产业链"延链、补链、强链"，重点打造创新药物研发产业链、精准医疗产业链、高端医疗器械产业链。

第一，以创新理念加快产业链生产方式转型。一是着力加快质量标准升级。严格实施国家药品、医疗器械生产质量管理规范（GMP），支持企业申请美国、日本等发达国家或地区 GMP 认证。推行产品全生命周期管理，建立健全药品和高风险医疗器械安全追溯体系，落实企业质量安全主体责任。支持药品注册许可持有人按规定建立产品质量管理体系、产品追溯体系和不良反应监测体系，制定相应制度措施，确保药品生产、流通各环节质量可控。加快药品、医疗器械产品标准升级，推动仿制药企业开展质量和疗效一致性评价。二是全面推进绿色制造。大力推广清洁生产技术，推进一批企业开展清洁生产审核与 ISO14001 认证。严格资源利用管理，推广节能节水节地技术装备，应用能源管理优化系统，加强高值医用耗材回收利用管理。建设绿色工厂和循环经济园区，完善管网设施和排污系统，加强对生物医药企业副产物循环利用、废弃物无害化处理和污染物综合治理的监督与管理。三是推进药品和医疗器械生产过程智能化。加快人机智能交互、工业机器人等技术装备在药品和医疗器械生产过程中的应用；强化设备状态、作业操作、环境情况等数据采集，推动制造工艺仿真优化、状态信息实时监测、反馈和自适应控制；鼓励探索大数据、云计算、增材制造等技术在生产制造过程中的应用，构建医药产品新型生产模式。

第二，以服务理念推进产业链开放合作发展。一是加强产业招商。制定完善招商策略，积极吸引行业资深人士担任招商顾问，扩大和加强招商队伍力量，加快招商步伐。围绕创新药物及高端医疗器械领域发展重点，制定产业发展的导向目录，围绕核心产业重点瞄准国内外生物医药领域跨国巨头、国内龙头新产品、新产能以及国内外独角兽企业、高成长性企业，着力招引一批重大产业项目和创新产业化项目；围绕产业链功能薄弱环节，积极招引专业化 CRO、CMO 等配套服务企业，打造完善的产业链。二是促进国际合作。着力引进海外创新人才和团队、孵化器和加速器等。支持生物医药企业开展境外并购投资、引进先进技术，建立海外研发中心、生产基地、销售网络和服务体系。积极引培与国际标准全面接轨的第三方研发和生产服务外包企业和机构。鼓励和支持企业对具有自主知识产权和重大临床价值创新药物、创新医疗器械开展国际临床认证或产品国际认证。三是强化区域合作。深度融入长三角生物医药产业一体化发展格局，挖掘优势资源互补和跨区域联动创新机会，探索产业联动发展模式，通过互利互惠、共建共享模式承建周边地区创新创业平台，加快形成优势互补、协作配套的产业链布局，带动区域一体化发展。

（二）培育生物医药创新链优势

奉贤区培育生物医药产业链优势，需要将重点产业作为关键支撑、将服务环节作为关键要素，提高创新链与产业链的黏合度，提高创新链与服务链的契合度。

第一，聚焦重点产业，推动创新链升级。一是持续推进化学药物创新。支持药明生物、帝斯曼维生素、中西三维、美优制药等企业，积极引进 CRO、CDMO 等第三方创新服务机构，构建完善涵盖基础研究、药物发现、药物设计、临床前开发、临床试验等环节的完整药物研发体系；积极推进基于新结构、新靶点、新剂型、新治疗途径、新作用机制的原研药研发；大力推进仿制药质量和疗效一致性评价，重点开发临床急需、供应短缺、疗效确切、新专利到期药物、首仿药等高质量仿制药，鼓励企业提升药品应急研制能力，根据国家需要开展针对重大传染病防治、罕见病治疗、突发公共卫生事件处置所需药品、制剂、疫苗的生产能力储备；支持龙头企业联合上下游企业开展联合攻关，加强关键药物中间体、高端原辅料的研发与制造；支持企业开展药物晶型、药用先导化合物库、高附加值化学药物剂型改造、药物递送系统等关键技术研究，发展口服速释、缓控释、靶向给药、透皮吸收、黏膜给药、载体给药和吸入给药等新型给药系统，提升高端制剂供给水平。

二是积极发展创新中药。支持凯宝药业、和黄药业、雷允上等企业，针对中医优势病种，加强优势中药复方与活性成分、组分中药、中药制剂、名贵中药材人工替代品等研究，突破中药材有效成分提取、分离与纯化等技术，推动有效组分明确、作用机理清楚、剂型先进、疗效确切、临床价值高的中药创新药的研发和产业化；支持企业强化特色中药饮片、中药经典名方的二次开发，形成一批基于古方、名方、验方和秘方的中药新药及中药独家、保护品种；鼓励发展药食同源植物提取物及其产品，支持发展中药保健品，延伸发展特医食品、健康食品和功能型化妆品，做大做强中药材衍生品产业；推进中药产品自动化生产基地项目建设，构建覆盖中药全过程质量可溯源体系，提升中药工业自动化、信息化、智能化水平，推动中药标准体系国际化建设，加快中药国际化进程。三是强化高端医疗器械、智能诊疗设备及服务的创新能力。开展脑科学及人机交互等前沿技术研究，推动神经科学、人工智能、大数据、物联网、生物信息等技术在医疗器械领域的融合发展；重点突破芯片、算法、核心零部件等关键技术瓶颈，大力发展高端数字医学影像和诊断设备、先进治疗性设备、医用级可穿戴式设备等智能医疗设备；积极攻关医护机器人、手术实时成像、手术机器人、微创诊疗器械等智慧医疗技术和产品；积极发展基因检测、生化检测、POCT 精准快诊等体外诊断设备和快检产品，重点突破一批国家级创新医疗器械。积极发展基于云计算、物联网、人工智能的精准诊疗、AI 辅助诊疗、智慧健康新业态。

第二，完善服务环节，提升创新链价值。一是聚力建设重大创新平台，大力引进国际国内生物医药领域权威研究机构和知名高校科研平台，深化与复旦大学、上海交通大学、华东理工大学、上海应用技术大学、中科院上海巴斯德研究所等高校和科研院所的合作，建设高水平国家实验室。二是加快发展专业科技服务，探索建设创新药物、医疗器械等领域公共技术服务平台，探索建设生物医药科技创新资源共享信息平台，围绕企业创新需求，整理高校先进仪器设备共享信息，帮助企业与共享资源实现精准对接，降低企业研发成本。积极引进高水平医药研发合同外包服务机构（CRO）、第三方安全评价平台、质量可靠性评价平台等第三方创新服务机构，增强创新服务支撑能力。三是不断优化认证报批环境。着力优化服务质量、提高服务效率、便利制药企业临床试验、新药注册及医疗器械注册、生产许可。强化临床实验基地建设，发挥 CRO 企业作用，积极引进药物临床试验机构（GCP），不断提升临床试验服务能力。

（三）提升生物医药服务链水平

奉贤区提升服务链与产业链、创新链的协同效应，关键要在"信息流、人才流和资金流"上下功夫。关键信息不对称、人才供需不匹配、资金循环不畅通往往是影响产业链、创新链整合效率的重要因素。政府部门作为服务链的主体，需要进一步从六个方面继续加强对生物医药产业链、创新链的服务支撑力度。

第一，加强组织协同。合理规划生物医药产业发展与布局，明确发展方向与重点领域，切实加强对生物医药产业发展的组织、协调和推进。第二，加大财政扶持。贯彻落实《上海市奉贤区加快生命健康（生物医药）产业高质量发展行动计划（2019~2021 年)》，强化专项资金对生物医药产业发展的支持力度与深度。重点支持生物医药产业重大项目引进、自主研发、测试评价、注册审批，创新产业化、人才培养、专业服务平台建设等。第三，加强金融支持。支持骨干企业和创新型企业挂牌上市、发行债券，利用资本市场直接融资。加强融资担保服务，鼓励银行机构对生物医药与生命健康企业提供科技贷款支持，引导金融资源向创新型企业、创新关键环节、成果转化等集聚，大力引进生物医药领域专业"天使基金"等风投、创投机构。第四，加快人才集聚。继续大力引进生物医药领域高端人才与团队。加强高水平实用型人才培育，推动企业与第三方服务机构、高校合作建立职业化、专业化人才队伍。加强与相关高校合作，建立生物医药领域专家咨询库，定期为企业提供专业培训。第五，强化空间保障。及时调整优化奉贤区城市总体规划及土地利用规划，加快低效土地开发再利用，推进园区提升改造，为生物医药产业发展腾出更多孵化和产业化空间，切实保障创新产业化加速过程的空间需求。第六，优化政府服务。深化"最多跑一次"改革，强化政

府服务意识，简政放权，加强政策扶持，降低企业经营成本，积极争取创新药品、医疗器械审批快速通道，提升行政审批服务效能，营造良好营商环境。

四 奉贤"东方美谷"高质量发展的对策建议

（一）做大产业规模

做好企业增量增质工作。建立目标企业名录库。以"集卡式"思维，梳理全国业界翘楚、产业链各环节关键企业，形成名录库，以信息化平台为手段，日常维护更新。围绕目录，按照企业规模大小、急缺程度进行标记、跟踪与日常沟通，广泛推介"东方美谷"投资优势。通过不断集聚美丽健康行业的领军企业，强化"东方美谷"品牌影响力，疏通产业链快速激活产业效能，以点带面，吸引更多优质上下游企业落户。突出产业集聚中心作用，加快奉贤区内产品、服务双循环。一方面，通过加强区域间上下游生产要素的流动，降低生产成本、流通成本；另一方面，通过企业点对点的互联互通，增加企业间以及产业间的黏连度。

（二）做强品牌影响

"东方美谷"不仅是产业品牌，也是全面展示奉贤全域之美的综合性城市品牌。要以擦亮"东方美谷"名片为切入点，大力实施品牌战略，培育、打造并着力提升奉贤城市核心竞争力。加强品牌培育塑造，在主导产业内寻找合适的企业，加以培育和宣传，塑造企业品牌的示范和标杆，营造有利于品牌成长的良好环境。加大品牌维护与提升力度，避免区域品牌使用中的"公地悲剧"，尽早建立"东方美谷"品牌的使用监督机制，以确保企业品牌、产业品牌、区域品牌的良性互动。推动品牌立体使用。对已获得授权的"东方美谷"系列商标进行分类使用，以"海派美谷""绿洲美谷""海上美谷"等商标为主打造立体化、多样化、差异化的美丽健康产业商标品牌集群。着力品牌推广运营。打造"东方美谷"品牌特征形象系统，打响

"东方美谷"和"中国化妆品产业之都"品牌。积极主动参与国内外各类专业类展会、论坛、峰会,每年利用线上线下平台面向国内外知名城市、国内大中型城市优质客户召开高质量相关推介会,树立国际自主品牌形象。探索与豪华游轮合作,建立海上"东方美谷"展示馆。

(三)做细政府服务

推动"东方美谷"高质量发展,需要政府的精准化服务,从产业政策到人才政策,从简政放权到知识产权保护,都要针对"东方美谷"产业特色、企业特点,提供精准滴灌式服务。

有效运用产业发展扶持区级统筹平台,整合政策和资金,精准发力,针对处于发展期、具有爆发力的产业和企业,加大政策扶持。培育一批年销售额超过100亿元的行业重点企业、年销售额超过千亿级的行业领军企业。引导相关企业加快技术创新、商业模式创新和组织方式创新,全力打造引领全世界美丽大健康产业技术变革和理论创新的策源地。抢抓科创板机遇,拓宽优质企业上市渠道,建立企业上市后备资源库,加强政策激励,着力降低企业改制成本,推动一批"东方美谷"企业实现上市。防范对外投资风险,引导并购服务实体经济,以市场化、专业化和国际化的资本运作模式推动科技成果产业化,推动以资本促进创新创业,通过资本的力量打通科技成果产业化和高层次人才创新创业的系统。

(四)做足"贤美文化"

文化自信是更基本、更深沉、更持久的力量。"总书记之问"已将"贤美文化"品牌提升到了新的高度,要将向善向美、面向世界、面向未来、面向现代化的新时代"贤美文化"融入"东方美谷"高质量发展中。拓展"东方美谷"文化内涵,构建涵盖历史文化、地理环境、产业发展的综合内涵体系,镌刻上奉贤的独特印记。归纳提炼"贤美文化"的个性和灵魂,结合美丽大健康产业发展规划,以及奉贤"十字水街、田字绿廊、九宫格里看天下,一朝梦回五千年"的城市意境,具象化地描绘出"东方美谷"未来美好画卷。

B.12
奉贤城郊型乡村融合发展研究

冯树辉*

摘　要：　奉贤城郊型乡村融合发展是响应党中央关于乡村振兴战略总
部署的一项重大实践，它要求在农业产业发展中落实新的发
展理念、推进农业供给侧结构性改革、提升农业发展质量。
奉贤城郊型乡村融合发展有助于缓解乡村人员流失和城乡人
地关系趋紧的局面，进一步提高农业生产效率、提高农民收
入、缩小城乡收入差距。本报告在分析奉贤城郊型乡村融合
这一现实意义的基础上，通过总结主要发达国家城乡融合发
展的实践经验，梳理奉贤乡村融合取得的阶段性成果，同时
剖析现存的问题，并对奉贤深化乡村融合发展提出响应的政
策建议。

关键词：　城郊型乡村融合　乡村振兴战略　产业融合　上海奉贤

习近平总书记在党的十九大上作出了"乡村振兴战略"的重大决策部
署，实现乡村振兴目标成为新时期解决"三农问题"的总抓手。城郊型乡
村融合发展是响应党中央关于乡村振兴战略总部署的一项重大实践，它要求
在农业产业发展中落实新的发展理念、推进农业供给侧结构性改革、提升农
业发展质量。奉贤区紧靠上海这座国际化大都市的核心区域，并且作为上海

---

* 冯树辉，上海社会科学院经济研究所西方经济学专业 2019 级博士研究生，主要研究方向为计
量模型构建与分析、科技统计及科技政策评估。

重要的第一产业基地，特别是重要的农业产区，城郊型乡村融合发展有助于奉贤区最大限度地发挥其在上海发展中的功能作用、进一步促进农民增收、有力地推进乡村振兴。城郊型乡村融合发展有助于缓解乡村人员流失和城乡人地关系趋紧的局面，进一步提高农业生产效率。所谓"城郊型乡村融合发展"，其中产业融合发展是第一要义，不仅依赖于城区拉动农村的城乡融合发展，也需要在政府的统筹下，结合自身特点，因地制宜地发挥乡村主体作用，走出一条具有奉贤特色、具有全国乃至世界性示范区作用的城郊型乡村融合发展道路。

一 奉贤城郊型乡村融合发展的意义

（一）进一步打破奉贤的城乡二元结构，促进城乡资源均衡配置

长期以来，我国城乡二元结构抑制了城乡要素的自由流动和基础设施建设以及公共服务等方面的协调发展。城郊居民在享有基本公共服务、社会保障等方面相对居于较低水平，这种城乡资源的不均衡配置限制了城郊乡村人力资源水平的提高、居民收入的增加以及产业结构的升级。奉贤城郊型乡村融合发展有助于打破城乡二元结构，促使城市和郊区资源更加公平合理的配置。城市和郊区乡村资源的均衡配置，有助于乡村产业发展和城市互通合作，优化奉贤乡村产业结构；促进奉贤城乡居民更加均衡的分配基本社会保障，提升郊区乡村基础设置的数量和质量，使城郊乡村居民能享有核心城市发展带来的好处，提高农村人力资本水平，最终实现城郊乡村居民增收。

（二）促进都市现代农业产业结构的优化升级，助推奉贤乡村产业振兴

近年来，在党中央"乡村振兴战略"的指导下，各地区基于城乡居民消费和需求结构的变化，相继出台农村产业融合政策，各地区因地制宜，以

城市的需求为动力，加快农业产业结构调整，大力发展绿色农业、休闲农业、食品加工业、农村电商等新型乡村产业，推动了乡村产业结构优化升级，提升农业附加值，增加了农民收入。城郊之间的产业融合发展是城郊型乡村融合发展的关键，以产业振兴带动乡村振兴是最有效的。城乡融合主要从以下三个方面促进产业结构的优化升级。

1. 提升奉贤农业产业价值链功能

在城乡产业融合的过程中，城市和乡村的不同产业不断突破原有的产业边界，农业产业处在产业价值链的重要位置便得以凸显。因此，提升农业在价值链上的功能可以在融合发展中得以实现。

2. 拓宽奉贤农业产业体系

城郊型乡村融合有助于农产品生产的和产业业态的创新，拓宽农业的功能，提升农产品的质量，催生出包括智慧农业、生态农业、休闲农业等更加多元化的农业产业业态，使农业产业体系的宽度得到延伸。

3. 促进各产业协同发展

产业融合不仅包含单纯的各产业之间的融合发展，也包括产业运行过程中管理模式和技术方面的融合，这将使农业生产更加科技化、规模化，生产效率便由此大大提高，最终实现农业产业结构优化升级。

（三）有利于培育农业产业品牌，增强奉贤农业产业的核心竞争力

目前，总体上来看，我国农业生产仍然处于以传统农业为主体的状态。而奉贤部分区域作为上海核心城区郊区乡村，如果仍然以传统农业发展乡村经济，比较容易和上海周边其他农业地区相互竞争，并且随着"上海都市现代绿色农业发展三年行动计划"执行的深入，上海其他农业产区的农业生产基础设施不断完善，绿色农业和休闲农业等现代农业业态的不断形成，农业保鲜、冷冻、运输等技术的发展，可能有力地削弱奉贤地区的区位优势。奉贤城郊型乡村融合发展是以城乡消费需求结构的不断变化为基础的，需要聚合上海整体的产业结构、居民对农产品的消费习惯和消费倾向等，要以技术支撑精细化管理，通过与其他产业结合的方式不断创新农业产业，发

展培育具有奉贤特色的知名农业产业品牌，建立上海乃至全国地区的行业标杆，增强奉贤农业产业的核心竞争力。

（四）促进奉贤农业供需一体化，大大降低农业交易费用

在奉贤城郊型乡村融合发展中，凭借"互联网＋"、大数据等先进技术形式的三产的融合缩短了农业生产和消费者之间的距离。三产的融合使农业和农业消费产业分工的内部化，不同产业中的企业通过建立产业联盟或者兼并重组等方式实现跨产业的多元化手段经营模式。这种企业组织结构的变革一方面减轻了农民获取需求信息的难度，农民可以借助像互联网这样的技术，以更低的成本获得需求信息；另一方面，根据需求制定的农业产业内部分工，能缩短从生产到消费者之间的地理距离。两个方面实现了农业生产对消费者的精准供给，大大降低了交易费用。

（五）走科技型和功能型融合发展之路，提升城郊农村生态环境

"乡村振兴战略"对农村生态宜居环境提出了具体要求。城郊型乡村融合发展把城市的科技成果运用到农业生产中，通过发展生态农业，促进农业更加优质、高效的发展，增加农业产业的可持续性，提升乡村生态宜居能力。例如，可以把生物链技术与种植业、养殖业、畜牧业和旅游业耦合在生态农业生产中，农业排放物循环利用，能有效降低资源的消耗和农业废物的排放，提高资源的使用效率；生态农业生产中使用环保型生物肥料、农药等农资产品，能减少对城郊农村自然资源的污染。城郊乡村依托城市的客流量，将农业和旅游业融合起来发展，这种功能型休闲农业新业态能使城郊的自然风光成为城市居民休闲、观光、度假的"后花园"。从功能型产业上提升郊区乡村的自然环境，吸引更多的游客，壮大村集体经济收入，进一步增加环境保护投入，提升城郊生态宜居环境。

（六）促进农民增收，缩小城乡收入差距

首先，城郊型乡村融合提高了资源的利用率，消除了农业劳动力和农业

资源的季节性使用特征。通过休闲农业和乡村旅游业，农业生产要素能反复投入使用，使农民获得持续的收入，进而实现农民收入的增长；其次，实现农村产业和其他产业的深度融合发展。通过休闲农业、绿色农业和乡村旅游等产业的融合，通过物联网大数据技术使农业生产、加工、经营和服务等各个环节能为农村创造更多的就业机会，这对于增加农民收入具有积极的意义。最后，城郊型乡村融合能充分发挥第二、第三产业对农业产业功能的提升和带动效应，通过技术和服务创新，引导企业开展深加工，提升农业产品价值空间和拓展农业功能，通过提升农业产业价值链来实现农民大幅度增收，大大缩小城乡收入差距。

二 发达国家城郊型乡村融合发展的实践经验总结

（一）美国城乡一体化发展经验

20世纪初，美国工业化迅速发展造成更多的农村劳动者迁往城市，整个社会把城市作为发展的中心。20世纪30年代以后，随着经济危机的到来，美国经济的衰退使农产品价格下降，农民收入也随之下降，城乡收入差距不断拉大。在随后的几十年内，随着农村人口不断涌入城市，农业进入了萧条阶段，城乡收入差距被进一步拉大。美国政府为了维护资产阶级统治利益，采取了一系列措施来提高农民的收入、改善农民的居住环境和社会环境、建立健全社会保障制度来缩小城乡收入差距，使城乡协调发展。总结来看，美国政府主要通过以下五个方面来缓解城乡矛盾。

1. 制定城乡规划的法律法规

美国联邦政府允许各州根据不同时期所具有的实际特点来制定规划，城乡规划的法律法规涉及范围非常广泛，涉及人们衣食住行的各个方面，还包括环境保护、基础设施和公共服务等多个方面。在制定城乡规划中，注重民众的参与度，同时建立了比较完善的城乡规划调控与监督体系。美国早期的城乡规划使城乡居民的生活环境得到了改善，但是，规划偏重于城市的更新和规划，导致了社会两极化的形成。20世纪70年代以后，美国的城乡规划更加注重公民参与和城乡社区建设，将社会发展与物质建设同步进行，保障每一个居民都能享受社会发展的成果。

2. 制定支农护农政策、建立比较完善的农业补贴体系、提供农业保险和财税信贷促进农村的经济发展

美国的支农护农政策是以提高农业生产效率、增加农场收入、增进社会福利为主要内容制定的。通过推广家庭农场和农业合作社的方式推进农业生产经营的规模化，采取一系列的惠农补贴措施鼓励农产品的出口，保障农场主的利益最大化，从而促进农村经济的发展。通过农业保险增强农业生产者的抗风险能力，提高了农业生产者参与农业生产的积极性。同时美国改革了传统的农业税收制度和农业信贷，以确保农业生产的资金充足，建立由联邦政府、州政府和私人企业一起举办的三级农业科研机构，为农业生产效率的提升以及工业产业的长远发展提供了基础性保障。

3. 重视基础设施建设

建设覆盖全国的交通通信网络，积极推广农村电气化以改善农村的生活环境，有效促进城乡之间的交流，激发经济的稳步增长。进入21世纪后，美国政府成立专项基金项目，用于农村的教育、医疗卫生以及能源等基础设施的建设和维护，进一步提高农民的生活保障、改善农村人口的生活质量，为农业人口创造更多的就业机会。

4. 建立完善的、城乡统一的社会保障体系，实现公共服务均等化建设

中央政府制定法律保障公共服务项目的有效推进，地方政府通过市场化组织提供公共服务。各级政府通过正确处理政府和市场的关系实现公共服务的均等化。美国通过颁布农村教育十部法案提高农村教育水平，通过职业教育有效提高了农民的技术水平和整体素质。将从事农业的工人纳入社会保障范围内，建立比较完善的社会保障体系，有效促进了城乡之间的要素双向流动。

5. 以法律法规保护城乡生态环境，强调污染的综合治理

美国政府通过制定严格的环境控制法案，如出台《国家环境政策法

案》，维持人与自然和谐发展，将环境的影响纳入城乡规划和政府的决策中，有效地保障了城乡居民的生活环境。美国环保局通过运用点源污染和面源污染的综合治理方法，改变了农民原有的不良生活习惯和生产方式，引导农民从自身做起保护生活和生态环境。

在美国大城市的郊区出现了低密度、无计划地空间扩展等不良情况。许多环境、经济和社会问题在低密度的郊区扩展中滋生，包括生活环境恶化、居住空间与工作空间不平衡加剧、社会不稳定加剧等问题。为解决上述问题，在城市郊区，美国新城市规划者规划了新社区或新村，不同于过去那种单一用途的活动区，这些具有步行可达范围、土地混合利用特点的新社区或新村，能为民众提供更为平衡的土地利用方式和更为便捷的多种交通方式。空间和开发项目在新社区或新村成功中相结合，居住、工作、购物、娱乐在新社区或新村中集为一体，不仅能够为居民提供更加丰富多彩的生活，而且步行、骑自行车和乘公交系统等出行方式的普遍使用，使交通阻塞现象得以缓解。

（二）日本的以城养乡、城乡综合开发发展计划

第二次世界大战以后，日本城市化和工业化的迅速发展和小型农用机械的迅速发展，极大地缩短了农业生产劳动时间，并且减少了人力投入，农民只需要很短的时间就能完成对土地的管理，因此，兼业农户大大增加。这便出现了城市资本家竞争购买土地，地价飞涨，而且农民不愿意出售土地，最终导致土地所有权转让等一系列问题出现。并且，由于大量人口向几个大城市圈内不断聚集，城乡不平衡发展的矛盾也日益突出。

日本政府通过先后五次制定"全国综合开发计划"明确了工业和城市分散布局的基本方略，积极缩小城乡收入差距，鼓励工业向农村转移，保护自然环境，形成相辅相成的城乡发展机制，建设一体化的生活区域，实现城乡空间融合。如日本政府通过五个阶段来实施综合开发计划：1973～1976年，初级阶段着重缩小城乡环境建设的差距；1977～1981年，根据地区特色建设各具特色的农村定居社区；1982～1987年，在中期实现各社区居民利用并参与管理各种社区设施；1988～1992年，建设自立又具有特色的区

域；1993 年至今，利用各地区的资源特点，充分挖掘农村潜力，进一步提高居民生活舒适程度。日本政府还出台了"二地居住政策"，打破了城乡地域的界限，转变以工定居的传统观念，使城乡之间的人口流动性增强，为农村的发展注入了新的动力。"全国综合开发计划"使日本城区发展范围扩大，农业和工业、农民和工人、乡村和城市在"城中有乡，乡中有城"的田园城市格局中自然地融合在一起。

日本政府制定"工带农、城促乡"的农业政策来提高农业开发效率和农业产业的效益来促进农民增收，缩小城乡收入差距。具体采取了以下措施。

第一，农业产业协同组合。日本政府通过出台扶持农业产业协同组合的相关法律、积极组织农户参与市场竞争等方式有效克服了农业经营规模小的问题，有效提高了社会化服务水平。农业产业协同组合建立了包含所有农户的合作经济体系，为农民的生产性活动与基本生活提供综合性的社会服务，这些服务主要包括筹集农业资金、办理农业保险、供应农业生产资料、发展农业基础设施以及发展农业教育工作等，极大地提高了农业的生产经营效率。

第二，调整农村产业产出结构。为了适应经济结构和农业消费结构的不断变化，日本政府将农业产出结构由单一的平面生产结构转向综合的立体农业结构。增加农业生产结构中农副产品的比重，改变传统农业生产结构，以改变消费结构和消费方式为基础，在农村发展农产品加工业等多种商业经营模式。进一步地，日本政府也成立了中央批发市场。通过调整农村产业结构，延长农业产业链，日本政府在综合发展的理念下实现了农业企业的经营效益。

第三，转变需求关系。日本的工业化与城市化迅速发展，使大量农民转移到非农产业部门。这使农村的经济结构发生了极大变化。工业与城市区域的发展增加了对农产品的需求，而农产品消费水平的提高和消费结构的变化为市场需求结构变化提供了强大的动力。

（三）德国战后城乡等值发展实践

20 世纪中期，战后的德国发生严重经济危机，工农业均遭受了严重的

破坏，农产品价格急剧下降，许多大中小农户无法承受这种压力而不得不变卖土地，由此德国土地大量集中在少数大农户手中，城乡之间出现了诸如农业和工业、城市与农村发展不均衡的矛盾。20 世纪 50 年代，在这样的经济与社会危机之下，德国政府开始进行改革。改革通过市场机制来合理配置资源，提倡尊重和保护个人自由经济的权利，充分发挥政府的社会经济职能，保障社会公平发展。德国城乡发展道路始终坚持城乡等值发展，城乡等值发展的主要内容包括土地的规划、片区的规划、推广和强化机器化的耕作方式、农产品的开发项目以及农民生活和生产的基础设施建设等各个方面。要求城市和乡村能享受相等的资源，提高农业生产效率，改善生活环境和生态环境，保护和传承乡村的文化。

德国城乡等值发展的主要特征有：第一，城乡空间发展规划体系比较完善。德国是世界上最早建立城乡空间发展规划的国家之一，规划目的是均衡城乡差距，使城乡居民平等地生活。德国政府通过法律保障城乡空间规划体系，将城乡经济的协调发展作为各级政府的共同任务。第二，具有均衡的区域平衡制度。德国的法律对各州财政的适度平衡有明确要求，对公民个人和公司征收附加税，将税收运用到基础建设和社会保障中，有效地缩小了城乡差距，解决了许多社会内部矛盾。第三，工业与农业同步发展。德国实施农业大规模生产经营，通过建立农业合作社，给农业劳动者提供生产、加工、销售、信贷和咨询等各项基本且有价值的服务。发展精准农业，将先进的地理信息技术和农业生产各个环节紧密结合，有效地减少了农业生产成本，大大提高了生产效率。第四，推进"去中心化的"城镇化模式。第五，积极发展城乡职业教育。将职业教育在企业和非全日制职业院校同时进行，法律规定农民职业化的标准，有效地提高了农民的整体素质，推进了农业现代化的发展。第六，建立完善农业社会保障制度。完善的社会保障体系和监督体系，有效地保障了德国农民的基本利益，使城市居民和农村居民享有同等的社会保障权利，有效地提高了农民生产的积极性。第七，制定城乡环境保护法律法规。德国政府高度重视环境问题，通过推广新能源的大规模使用，整体改善城乡生态环境。

（四）韩国的新村运动

20 世纪 60 年代前后，韩国城乡发展失衡问题越发凸显，农村问题矛盾逐渐尖锐化。为推进城乡融合发展，化解城乡矛盾，韩国政府于 1970 年开始在全社会开展新村运动。韩国的新村运动以提高农民生活质量为目的，并且是先易后难逐步推进的，主要包括以下几个方面。

1. 改善农村环境

在初期，韩国政府为农民免费提供水泥和钢筋等建筑物质资源，让各村自行组织去改善生活环境。然后，对于验收好的村，政府通过加拨钢筋、水泥等物质资源的方式，使农民的积极性提高。之后，政府开始设计、组织修建桥梁、农村公路以及农业生产基础设施。为农民修建生活公共设施，不断改善农民的生活环境。

2. 大力发展非农产业

为保证"农工地区"方案的实行，韩国政府制定了《促进农村所得源开发法》。以政府贷款投资、村庄集资相结合的方式建立"新村工厂"。增加对农业的直接补贴和技术支持，调整农业产业结构，鼓励发展特色农业、农产品加工业、畜牧业，通过这些措施将小农经营模式逐步转化为集生产、销售、加工于一体的综合经营模式。

3. 以"农协"为基础提高农民组织化程度

为提高农民的话语权，韩国成立了以农民为主体的农协组织。通过农协组织，组建了遍布全国的农产品销售网络，解决了农民销售农产品的问题。为各地农民提供了法律咨询和信息服务，给农民提供了最新的分享投资信息和农业生产信息。加强农业制导体制并且为医疗条件较差的地区提供了定期体检服务。

4. 开展"一社一村"运动

在新村运动的过程中，韩国的一些大型企业开始认识到，企业的生存和长远发展离不开农业，农业的危机会制约企业的发展。因此，他们通过一个城市企业和一个乡村建立帮扶关系，并且与相应的村庄建立长久的联系，对

其进行支援建设。韩国政府也大力支持这项运动，这项运动得到了广大农民的认可和欢迎，迅速成为全社会积极参与的支农运动。

5. 全面提高农民的素质

韩国利用村民会馆这种形式，通过文艺演出和演讲等方式提高农民伦理道德水平。在学校培养乡村学生的精神风貌，向学生宣传"忠、孝、仁、义"的统一进步思想。在新村运动过程中，韩国广大农民逐渐形成了"勤勉、自助、合作"的精神，也使广大民众自发发扬民族自立的民族精神。

新村运动以支持农村的基础设施建设为核心内容，在韩国工业化和城市化加速推进的过程中起到举足轻重的地位。通过新村运动，韩国实现了城乡居民收入的同步增加和城乡协调发展的局面。

三　奉贤城郊型乡村融合发展的现状及影响因素分析

（一）奉贤城郊型乡村融合发展取得的进展

2019 年，奉贤区在区政府的领导下，大力实施"乡村振兴战略"，努力推进城乡融合发展新格局。按照"乡村振兴战略"的要求，努力实现农村产业兴旺、生态宜居、乡风文明、治理有效、生活富裕，坚持优先发展农村和农业，落实战略规划，让奉贤区的农业更强、农村更美、农民更富。

1. "乡村振兴"配套制度供给不断强化

在 2019 年，奉贤政府强化规划引领，不断优化城乡发展布局。全区共制定或颁布"乡村振兴战略"规划、实施意见和配套政策文件 25 个，优先保障"三农"发展要素配置，新增 300 亩建设用地指标。各街道和乡镇全面开展"乡村振兴战略"规划的制定和执行，村庄布局规划完成。各乡镇的规划也在积极推进，柘林镇总归编制完成，6 个新市镇总规不断深化。农村全面启动规划的编制工作，并且南桥镇、西渡街道率先完成了规划。郊野单元（村庄）规划编制达到了全面覆盖。国家新型城镇化综合试点工作深入推进，新市镇对乡村振兴的重要带动作用得到了充分的发挥，区域组团式网络状发展成效显著。

2. 都市现代绿色农业发展不断推进

上海市农科院与奉贤区农业规划部门对接，深入合作完善了农业科技创新推广体系，2019 年，农业科技贡献率达 72%，鼓励农业生产企业进行绿色食品认证，绿色食品认证率达 16% 以上。进一步强化农业适度经营规模，农村土地承包经营权规范流转率达 90% 以上，并且新增了两家农业龙头企业。奉贤区政府积极发挥互联网平台优势，例如"盒马生鲜"使奉贤特色优质农产品搭上新零售的"顺风车"。大力推进"互联网 + 现代农业"，通过培育休闲旅游、体验民宿和总部经济，促进第一、二、三产业融合发展。

3. 农业结构不断优化，农业部门供给侧结构性改革不断深化

2019 年，奉贤农业总产值达到了 25.8 亿元，比 2018 年下降了 3.7 个百分点。其中，种植业总产值为 16.2 亿元，同比下降 10.5 个百分点；林业总产值为 1.8 亿元，同比增长 2.8 个百分点；渔业总产值 4.0 亿元，同比下降 6.5 个百分点；畜牧业总产值 1.4 亿元，同比增长 7.2 个百分点；农林牧渔服务业总产值增加迅速，达到了 2.4 亿元，同比增长 77.6 个百分点。总体来看，上述几个产业的年末总产值比例为 62.7∶7.0∶5.4∶16.2∶15.7。在区委的深入讨论下，科学划定了 8.5 万亩蔬菜生产保护区、8 万亩粮食生产功能区和 1 万亩特色农产品优势区，轮作休耕农田 12 万余亩。主要粮食作业生产中亩均使用化肥和农药量分别同比下降 4% 和 21%，"三品一标"认证率达到 70% 以上，绿色食品认证率较 2018 年同比提高 2.4 个百分点。在农村土地流转方面，农村承包地经营权规范流转率达 89%，比 2018 年增长 5 个百分点。以科技引领农产品供给侧结构性改革，至年末，奉贤全区建设有农业龙头企业 37 家、农民专业合作社 800 多家。

4. 农村居民不断增收

奉贤在 2019 年的农村居民人均可支配收入达 33517 元，相比 2018 年增加了 9.8%，其中家庭经营性收入和转移性收入分别同比增长了约 14.9% 和 21.3%。组建一批具有奉贤特色的农产品营销联盟，比如"贤城美谷"稻

米营销联盟，拓宽具有奉贤特色的奉贤黄桃、庄行蜜梨等农产品销售渠道。着力推进民宿产业的发展，到2019年底，首批3家乡村民宿已经获颁牌照。非农就业岗位新增10430个，有力推进了农村劳动力转移就业。"绿色田园"工程不断推进，绿色农产品供应数量和质量大大提升，粮食生产功能区、蔬菜生产保护区、特色农产品优势区"三区"划定工作实地落实。"幸福乐园"工程深入实施，农村综合帮扶、全市生活困难农户建档立卡工作基本完成，积极推进全市村级产权制度改革，认定新型职业农民累计增加1.9万余人。"三块地"改革有序进行，首批5个村承包地股份合作制改革试点工作提前完成。新一轮农村综合帮扶不断推进，推动精准帮扶全覆盖，百村科技公司和百村富民公司发展成效显著，百村实业公司年底总分红达到9000万元，同比显著增长，增长率达12.5%。

5. 生态宜居美丽乡村建设不断落实

2019年，奉贤成功完成90个行政村人居环境整治，在创建市级美丽乡村示范工作上，有6个村评为市级美丽乡村、16个村评为区级美丽乡村示范村，基本完成了"市级乡村振兴示范村"吴房村建设一期工程。聚焦"三高、两区、一点"，有限解决农户危房问题，完成8610户村庄改造。以村庄规划为导向，以"三线"、生态敏感区以及10户以下自然村落等区域为工作重心，完成1300户农民相对集中居住。完成8000户农村生活污水处理工程，建成31.3公里"四好"农村路。实施化肥、农药"双减"工程，全年粮食类农作物亩均农药用量控制在581克，化肥用量亩均不超过27.5千克。对2000亩水产养殖场尾水治理设施进行改造和建设，开始创建一座美丽生态牧场。加强农村的乡村新风貌引导，让奉贤农村留得住乡韵，使奉贤人民记得住乡愁。

（二）影响奉贤城郊型乡村融合的不利因素

结合奉贤区乡村融合发展的现状，以及和发达国家城乡融合发展相比较，可以发现：当前阶段奉贤的乡村融合处于迅速发展期，但城乡之间的差距仍然很大。主要存在的不足有以下几个方面。

1. 奉贤现代都市农业建设水平较低

奉贤区都市农业发展中传统种植业、畜禽养殖等仍然占据很大比重，而服务业与农业融合的新产业，比如观光农业、园艺农业等休闲娱乐农业的发展水平低于上海其他区域，而且目前多数还以较低级形式的农家乐为主。奉贤的特色农产品的品牌效应较弱，科技在农附产品中的应用水平不是很高，这就导致了奉贤现代都市农业附加值较低，使奉贤农民的增收难度较大，现代都市农业建设动力不足。

2. 奉贤城乡融合发展的促进政策力度有待进一步加大

美国、日本、韩国和德国等发达国家为促进城乡融合发展，都会出台相关法律促进农业产业的发展，通过财政补贴等方式来激励农业产业的发展，促进农民增收。但是目前，尽管奉贤已经有相当的规划，但是无论是规划的强度和补贴力度都尚有提升的空间。

3. 奉贤城乡要素自由流动的体系尚未完全建立

一是农民进城依旧存在门槛。农村家庭整体入迁市区的政策尚没有明确制定，住房、子女教育等问题成为城乡人口流动最主要的限制因素。二是城乡金融市场发展失衡，资金流动有效性不足。城乡金融机构分布不均衡，现存农村金融机构有效供给过少，而且农村资金外流较为严重，对农村产业的发展和农业结构的升级造成不利的影响。三是土地的城乡融合速度显著快于人口的城乡融合速度。一方面使土地应用效率低，另一方面也使农民无法和城市居民同等分享城乡融合发展带来的福利，使城乡发展的不平衡的局面进一步加剧。

4. 奉贤城乡基本公共服务均等化任务仍然艰巨

近年来，在区委、区政府的统筹下，奉贤的城乡基本公共服务均等化发展取得了显著效果，城乡居民均能享有医疗保障、义务教育以及基本养老保险方面的基本公共服务。但是，城乡居民享有的服务标准仍存在较大差距。城乡人口受教育水平、城乡医疗人力资源配置差距有所扩大，农村人力资源质量有待提升。因此，教育均衡发展和卫生均衡发展仍然需要特别关注。

5. 奉贤的美丽乡村建设仍有较大提升空间

按照党的十九大提出的"乡村振兴战略"要求，奉贤在充分规划建设的基础上，以美丽乡村建设为实践目标的乡村振兴成果不断巩固。然而，即使奉贤的美丽乡村建设在结果上来看成就空前，但按照城郊型乡村融合发展的要求，奉贤在美丽乡村建设上存在诸多薄弱环节，尤其在村庄布局、乡村基础设施、生态环境、文化传承以及村庄治理等方面仍需进一步改善和优化。

四　深化奉贤城郊型乡村融合发展的对策建议

截至 2020 年，奉贤城郊型乡村融合发展成果明显，强有力地推进了奉贤"乡村振兴战略"的实施。在新的时期，奉贤需要结合本地特色、奉贤城郊型乡村融合发展的基础和发展现状、奉贤城郊型乡村融合发展的有利和不利因素，加快打破城乡融合发展的桎梏，不断推进奉贤农业产业的发展，不断提高奉贤农村居民的收入水平，不断推进"乡村振兴战略"的实施。奉贤城郊型乡村融合发展的主要思路如下。

（一）以产业融合为支撑，培育产业融合主体

一是发挥龙头企业的引领示范功能。龙头企业依托现有的产业基础，优化产业布局，发挥农产品加工业，与农户进行直接投资，或者通过参股经营、签订长期合同等方式建设农产品原料生产基地。支持龙头企业建设现代物流体系，健全产业链和供应链管理，形成初具规模的农产品营销网络。

二是要更加注重农业与现代科技和现代管理相结合，引导发展特色化、精深化和创意化农业。一来可以提升农业生产的效率和质量，解决奉贤农地紧缺等问题；二来可以建立奉贤农业品牌，比如正在规划的奉贤农艺公园等，通过生产新型的、品质优良的农产品，使奉贤农业附加值不断提升。积极引导发展农业协会和产业联盟，发挥行业标准制定和品牌营销的作用。鼓励企业与高校和科研院所建立农业产业联盟，不断创新农业生产，建立奉贤现代农业科研应用体系。更加重视区块链、云计算和大数据等先进技术在农

业产业领域中的应用广度和应用深度，不断推进"智慧农业"建设。

三是加大农村三产融合政策支持。首先，优化农村三产融合培训政策，提升参与产业融合的主体，特别是农民尝试或者实施产业融合的能力。其次，优化城乡三产融合中生产要素支持政策。充分利用奉贤现行的土地政策，盘活农地经营权，创新农村三产融合资金政策支持，设立用于支持农村产业融合发展的转向贷款促进产业融合。

四是引导农业产业集聚，鼓励农村第二、第三产业逐渐向产业园集中。培育具有相当规模的种植、养殖、农产品加工、农产品交易的特色产业园，培训农村剩余劳动力，开拓农产品销售渠道。通过政策引领，在奉贤各个乡镇形成"一镇一特、一村一品"的产业集聚新格局，不断培育发展奉贤特色农业。更加注重品牌建设，打造一批优质的公共品牌、企业品牌和农产品品牌，增加奉贤农产品的市场话语权。

（二）进一步强化奉贤城郊型乡村融合发展政策与规划的引领作用

城郊型乡村融合要以"乡村振兴"为目标、以城乡共荣为基础，关注奉贤城区与农村人民的需求，立足于奉贤城市和农村的基础情况，把握好奉贤城乡融合总体趋势，制定评价城乡融合发展的标准，循序渐进地推进融合，实现高质量的融合发展。具体而言，首先，要充分发挥农村农业产业的基本功能，重视农村和城市自然协调的融合发展，在开发农村土地、生态等功能时，要特别注意城郊型乡村融合中各融合主体应相互依存、互为补充。其次，通过政策引导和支持农业与多产业融合发展的新业态。奉贤自然资源丰富，上海核心市区至奉贤的陆地交通和地下交通便利，应设计相应的休闲旅游产品，完善休闲旅游的接待和服务等基础设置建设，在保护奉贤各乡镇自然风景的同时，发展各地特色产业，实现农业与多产业融合发展。再次，要建立健全要素自由流动的政策体系。打破农民进城的门槛。完善农民家庭整体迁入市区的政策制度，持续增加对农村金融机构服务的有效供给，制定土地高效应用的相关土地政策。最后，细化对融合发展过程的评估。制定乡村融合发展公平的评价指标和标准，促进城乡高质量融合发展。

（三）以美丽乡村建设为抓手，提高农村生态宜居能力

积极引入工商资本，持续推进美丽乡村建设，在进行乡村融合发展及经济建设的同时，和谐推进村庄布局、乡村基础设施、生态环境、文化传承等各个方面建设。各乡镇深入总结第一批乡村振兴示范村的经验和教训，积极完成第二批乡村振兴示范村建设任务，并启动建设第三批乡村振兴示范村。继续平稳合理推进农民相对集中居住工作，着重改善农民居住条件和生活环境，解决农村的居住条件和环境比城市差的问题。全面推进《上海市农村人居环境整治实施方案（2018～2020年）》，大力支持"四好农村路"建设，巩固奉贤农村的老旧村庄改造以及农村生活污水处理设施改造的工作成果，使美丽乡村建设具有可持续性。

（四）深入实施"乡村振兴战略"，持续增加农民收入

持续推进国家新型城镇化综合试点和特色小城镇培育建设，不断缩小奉贤城乡发展差距和城乡居民生活水平差距。落实农民学历提升计划、农民技能大师和首席技师培养计划，全面提高农业劳动者和农村劳动力的素质，培训新型职业农民。持续深化农村土地制度改革，完善农村承包地"三权分置"方案，释放集体建设用地活力，继续推进完成镇级集体产权制度改革，大力发展新型农村集体经济，以规模化经营实现效益的提升。继续推进"幸福乐园"工程建设，强化农村综合帮扶"造血"项目遴选，鼓励企业参与精准扶贫项目，深入开展生活困难农户精准帮扶。

参考文献

徐志华、茅丽华、潘卫兵：《国外"三化"发展的理论、实践及启示》，《农业工程》2012年第1期。

靳晓婷、惠宁：《乡村振兴视角下的农村产业融合动因及效应研究》，《行政管理改革》2019年第7期。

丁宁：《中国特色城乡关系：从二元结构到城乡融合的发展研究》博士学位论文，吉林大学，2020。

《关于上海市 2019 年国民经济和社会发展计划执行情况与 2020 年国民经济和社会发展计划草案的报告》，上海市奉贤区人民政府官网，http：//fgw. sh. gov. cn/ndjg/20200402/7e960cf3a8c245f3aab96ad6c180079b. html。

《政府工作报告》，上海市奉贤区人民政府官网，http：//xxgk. fengxian. gov. cn：9000/art/info/5250/90495。

《2019 年奉贤区国民经济和社会发展统计公报》，上海市奉贤区人民政府官网，https：//www. fengxian. gov. cn/shfx/Zfxxgk/20200715/005001_ 9d987e31 – 36fc – 459f – 8959 – e32758a5d108. htm。

B.13
疫情防控常态化背景下优化奉贤区
营商环境路径研究

张美星　沈雪峰　沈鹏远*

摘　要：　2019年，奉贤区营商环境建设取得了显著的成效。2020年，突
如其来的新冠肺炎疫情给中小企业的生存与发展带来了严峻的
考验。本报告通过梳理上海市奉贤区疫情期间优化营商环境的
阶段性成果，评价奉贤区现有优化营商环境政策措施的有效性
和针对性，对奉贤区营商环境治理体系和治理能力现代化发展
水平进行分析，发现其中尚存的问题，从而确定进一步改善奉贤
区营商环境的突破口，探索疫情防控常态化背景下优化奉贤区营
商环境的路径，提出新形势下奉贤区优化营商环境的对策建议。

关键词：　疫情防控常态化　营商环境　政务服务　"一网通办"　上海
奉贤

在新冠肺炎疫情防控期间，受延迟复工复产等综合性因素影响，我国企
业发展面临众多生产经营方面的现实困难，营商环境建设备受关注。习近平
总书记在统筹推进新冠肺炎疫情防控和经济社会发展工作部署会议上的重要
讲话强调，要继续优化营商环境，做好招商、安商、稳商工作，增强外商长

---

* 张美星，上海社会科学院信息研究所助理研究员，主要研究方向为宏观经济计量模型构建与
分析；沈雪峰，上海市奉贤区行政服务中心审改科科长；沈鹏远，中共上海市奉贤区委党校
副教授，主要研究方向为经济体制改革、创新经济学、国有企业改革。

期投资经营的信心①。奉贤区立足"新片区西部门户、南上海城市中心、长三角节点城市"定位，在 2019 年全市营商环境试评价中处于全市领先水平。在新冠肺炎疫情期间，奉贤区努力打造法治化营商环境，为实现疫情防控和经济社会"双发展"做出了前所未有的努力。疫情作为对政府治理体系和能力的一次大考，多方面检验着营商环境的成色。疫情期间上海市政府和奉贤区政府对于营商环境的优化做了哪些工作？取得了哪些突出成果？在疫情防控时期优化营商环境遇到了哪些问题？本报告将试图对这些问题进行解答，同时以问题为导向，针对下一步在疫情防控常态化背景下，奉贤区进一步优化营商环境的路径和措施提出建议。

一　上海营商环境优化概况

2020 年伊始，突如其来的新冠肺炎疫情给我国乃至全世界的经济社会发展带来了严峻的考验。在全球疫情不断加剧、蔓延的态势下，疫情防控逐步常态化，在此背景下，上海进一步优化营商环境，把疫情作为一次特殊的压力测试，以检验现有优化营商环境政策措施的有效性和针对性，寻求新形势下继续优化营商环境的突破口，努力将疫情对经济社会发展的影响降到最低。根据世界银行最新发布的《2020 年营商环境报告》，继 2019 年被评为全球营商环境改善幅度最大的十大经济体，中国在 2020 年继续以积极的营商环境优化措施保持领先优势，在全球国家营商环境排名中居第 31 名，首次跻身全球排名前 40。作为中国两座样本城市之一，上海在获取建筑许可、电力供应、合同执行等方面实施了改革，在优化营商环境方面表现突出，以积极的姿态为我国营商环境大幅优化提供了坚实的基础。

（一）"上海实践"助力企业复工复产，支撑经济加快复苏

在进一步推进疫情防控与经济社会发展的工作中，上海取得的成效显

---

① 胡洋洋：《努力做好稳外贸稳外资工作》，人民网，https：//baijiahao. baidu. com/s？ id = 1662535860454924653&wfr = spider&for = pc。

著，经济快速恢复，截至 2020 年 3 月 15 日，上海制造业、外资外贸等接近全面复工，规上工业企业复工率达 99.3%，中小企业复工率超过 80%①。1月至 10 月，上海外商直接投资实到金额达 171.79 亿美元，同比增长 6.2%，自 2020 年初受疫情冲击以来，实到外资已连续 8 个月保持正增长。在海外疫情形势恶化的背景下，上海各类企业快速复工复产为经济社会平稳复苏提供了强有力的支撑，而这种"上海速度"离不开服务型政府全力打造的优质营商环境。

从世行新发布的《2020 年营商环境报告》中可以看得到，在 2006 年，在上海开办企业需要花费 832 个小时准备、备案等，而到了 2020 年，流程简化后开办企业时间缩减到 138 个小时。从"办理建筑许可"指标来看，2020 年报告中上海全球排名从第 121 位大幅攀升至第 33 位，为有史以来单一指标年度排名最大提升。以办理建筑许可的环节和时间为例，上海由 2018 年世行报告的 23 个环节、279 天，减至 2019 年世行报告的 19 个环节、169.5 天，再减至 2020 年世行报告的 18 个环节、125.5 天。一套"组合拳"下来，两年总计将办理环节压减了 22%，办理时间压减了 55%②。中国连续两年在世界银行营商环境报告中位列全球营商环境改善幅度最大的十大经济体，显示出了大力推进改革、优化营商环境的决心，在获取建筑许可、电力供应以及解决破产问题等方面改革成果显著，形成的"中国经验"被世界银行高度肯定，其中的"上海实践"也成为世界各国营商环境改革中的对标物，逐步沉淀成为"中国经验"，"上海实践"正被纳入全球营商环境改革的成果体系，向全球更多经济体推广。

（二）以法治营造一流的营商环境，推动经济高质量发展

法治是最好的营商环境，营商环境改革需要在法治的轨道上推进。2020

---

① 谢卫群：《上海：疏堵点缓痛点　全面复工支撑有力》，中国新闻网，https：//www.china news.com/cj/2020/03－20/9131695.shtml。
② 郑钧天：《上海：大做"减法"　大幅提升营商环境》，新华网，http：//www.xinhuanet. com/2019－12/23/c_1125379401.htm。

年 4 月 10 日，上海市第十五届人大常委会第二十次会议表决通过了《上海市优化营商环境条例》，这部法规的出台旨在激发市场主体活力，维护市场主体合法权益，推动经济高质量发展，推进政府治理体系和治理能力现代化建设，实现上海对标国际国内最高标准、最高水平，打造国际一流营商环境的目标①。

该条例结合上海实际，进一步确定了上海优化营商环境的路径和目标，聚焦市场主体在经营过程中面临的痛点、难点问题，提出解决方案，协调开办企业的各项服务流程，提高政务服务水平，整合公用事业、公共法律服务、金融机构，为企业提供高效、具有针对性的服务。同时指出应平等对待各类市场主体，依法保障各类市场主体在市场准入方面的平等待遇，保障中小企业公平参与市场竞争，支持中小企业创业创新。近年来，上海对优化营商环境的诸多探索也在该条例中得到了体现，如要求上海市政务服务事项中除法律、法规有规定或涉及国家秘密等情形的，全部纳入"一网通办"平台，推动市场主体办事线上一个总门户、一次登录、全网通办；企业办理政务服务事项，使用符合法律规定条件的电子签名，电子签名与手写签名或盖章具有同等法律效力；在政府服务标准化、规范化建设中，明确线上办理和线下办理标准应当一致，政务服务事项办理条件不得含有兜底条款，相关部门不得限定市场主体政务服务办理渠道等。

（三）优化创新举措和保障制度，为打造良好的营商环境保驾护航

作为近几年的首要重任，自 2018 年以来，上海认真落实习总书记关于上海等特大城市要率先加大营商环境改革力度的重要指示，在全市乃至各区多次召开营商环境大会，市领导多次深入基层开展调研工作，面对面了解市场主体面临的问题，与此同时，高标准、多方面、系统化的营商环境改革也在上海稳步推进。2020 年，上海营商环境改革举措逐步深化，

---

① 《上海市人大常委会立法优化营商环境》，中国人大网，http：//www.npc.gov.cn/npc/c30834/202004/1344ae08d4ba4e159d7d61034bb5886a.shtml。

在提高政务服务水平、推进地方试验、加强政策执行力等方面成效显著，营商环境立体化、多维度持续优化，获得了丰厚的改革成果，部分营商环境报告指标已进入全球领先行列，市场活跃度与城市竞争力不断提升。

同时上海先后出台1.0、2.0、3.0版营商环境改革方案，落实超过300项改革任务，共实施286项针对性改革措施，出台70多项专项改革政策，开发上线了20多个新的办事系统①。2018年以来，上海办事环节平均压缩了41%，办事时间平均压缩了59%，其中合同执行、电力供应等指标已达世界先进水平②。例如在开办企业方面，上海进一步简化企业登记流程和社会保险登记手续，推出网上登记服务，大大提高了开办企业的效率和便利度。在办理建筑许可方面，上海对建筑行业专业人士的资格要求提高，在流程简化的同时毫不放松对建筑工程的质量控制，同时简化了建筑许可证、新建房产登记等的办理流程，降低了对低风险工程建设项目的要求。在电力供应方面，通过扩充电网容量，改善了上海电力供应情况，同时推出移动应用程序，简化了接电申请流程，获得电力的时间从此前的15天进一步压缩到10天。在上海营商环境3.0版改革大力实施的背景下，上海的营商环境将在重点领域推行以市场主体为核心的持续深入的改革，提高数据开放水平，增强政府部门的服务意识，进一步加强跨部门协调，为企业生产经营提供良好的土壤。

二 奉贤区优化营商环境的主要成果

近年来，奉贤区优化营商环境工作以习近平新时代中国特色社会主义思想为指导，以打造全市乃至长三角地区营商环境最优区为目标，按照上海市营商环境建设3.0方案，对标国际国内最高标准、最高水平，实施"聚焦

---

① 张懿：《世行点赞"中国经验" 推广"上海实践"》，中国新闻网，http://www.sh.chinanews.com/jinrong/2020 - 07 - 28/79114.shtml。

② 任鹏：《世界银行报告点赞中国营商环境 上海都做了什么》，光明网，https://difang.gmw.cn/sh/2020 - 07/28/content_ 34036096.htm。

带动"战略,聚焦政务服务、市场主体、法治保障和机制完善,抓好顶层谋划设计"超前一公里"和政策落实打通"最后一公里",将"放管服"改革向纵深推进。以进一步增强市场主体集聚度、活跃度、感受度,全面提升城市软实力,推动营商环境整体水平提高为目标,奉贤区政府部门主动变身"店小二",以解决企业、群众切实的痛点、难点问题为最终目的,积极放下身段,主动以问题为导向,推进"放管服"改革,努力提升政务服务水平。

(一)疫情期间持续推出利企便民举措

2020 年第一季度疫情期间,奉贤区各行政审批部门在深化落实更严、更实、更细的防疫要求,坚决打赢疫情防控阻击战的同时,千方百计地推出政务服务利企便民新举措,加快推动审批服务不断优化,助力企业复工复产,促进奉贤区经济健康有序发展。一是发布"一网通办"线上办理事项清单。"一网通办"线上办理事项共计 404 项 1088 种情形,可实现全程网办事项共计 165 项。各行政审批部门通过网站、微信公众号、告知单等途径发布线上办理事项清单及办事指南,细化办事步骤,加大网办宣传力度,引导办事群众进行网上办理,进一步提高服务事项网上办理率,减少企业、群众跑动次数,为企业、群众办事节约时间成本,降低疫情传播风险。二是推出线下窗口主动"帮办"服务。入驻行政服务中心 22 个部门及各街镇社区事务受理中心安排人员在办事大厅提供主动"帮办"服务,协助办事企业、群众更快、更好地办成一件事,减少企业、群众在大厅停留的时间。对于疑难复杂事项或企业、群众遇有急难险重问题无法到场办理的,区发改委、卫健委、市场监管局、人社局、水务局等 8 部门推行"上门办理"服务,第一时间解决企业、群众难题。三是高效运用"随申码"助推企业复工复产和社会防控。加大"随申码"宣传力度,通过"随申码"实名注册使用,支持线下政务服务,在线下办理相关业务时,借助"随申码"进入政务服务大厅,通过一键亮码或主动扫码的方式进行健康信息核验,有效保障线下办事秩序和安全。为基层社区快速识别重点地区来沪人员、及时落实居家隔

离等各项防疫措施，以及企业复工复产、商户复市，提供了有力的技术支撑。四是实行一般事项"容缺后补、告知承诺"制度。各行政审批部门对于一般事项，确受疫情等影响暂时不能提供相应申请材料的，均采取了告知承诺先发证待疫情结束再补交相应材料的"容缺后补"方式，给予企业、群众更多人性化的温情关怀。

（二）各单位全面深化改革，简化办事流程

2019年，按照奉贤区委提出的"十个一切"改革总要求，围绕"降低一切可以降低的收费，减少一切可以减少的环节，取消一切可以取消的审批，归并一切可以归并的机构，下放一切可以下放的权力，推动一切可以推动的改革，完善一切可以完善的功能，提升一切可以提升的服务，复制一切可以复制的经验，强化一切可以强化的监管"，面对新机遇新挑战，奉贤区各单位继续深化改革，向内挖潜，持续推动191项"十个一切"改革事项全面落地落实落细，经济社会发展取得了新进展，赢得了主题教育中央第三巡回督导组的高度赞誉。一是"放管服"改革进一步深化。紧紧抓住"放管服"改革这个"牛鼻子"，加快政府职能转变，不断激发市场活力和社会创造力，引领改革向纵深发展。如区农业农村委推行审批事项"先证后核"新模式，允许申请人先行承诺，窗口直接发放许可证件，现场检查环节后置，审批事项实现当场办结。区行政服务中心通过一次"改版"、两个"坚持"、三项"服务"和四类"引导"大力推进终端平台的迭代升级。二是社会治理进一步创新。紧紧围绕乡村振兴、垃圾分类等社会治理难题，创新社会治理体系、提升社会治理能力、破解社会治理难题、防范社会风险、优化社会生态。如柘林镇迎龙村以农村公益服务社为试点探索特色乡村治理道路，通过转移农村社会公共事务，有效增强农村老人的幸福感和获得感。金海街道通过创新以群众为主体、第三方共同参与的工作模式，实现垃圾分类智能化、全民化、法治化、全程化。三是"店小二"服务意识进一步提升。紧紧依托"争当金牌店小二、创造梦之队"优化营商环境立功竞赛活动，切实增强企业、群众获得感并提升其满意度。如区卫生健康委将疫苗的采

购、供应、仓储、物流和接种五个环节"五码联动",全程串联跟踪管理,为全区居民提供规范、便利、温馨的预防接种服务。区税务局率先在微信平台推出"微导税·好'减'单"功能,对企业的减税情况进行全程跟踪、自动提醒、后续辅导,使纳税人享受减税政策带来的便利。

(三)"无科层"审批改革收效显著

"无科层"审批改革是全市乃至全国的一项创新性的改革工作。根据奉贤区委书记庄木弟"探索无科层、重监管、少审批乃至无审批的扁平化管理模式"的创造性指示精神,区政务服务办研究制定的《奉贤区推行"无科层"审批改革实施方案》提出了"三个打破"。一是打破审批部门内部科室边界,推进部门审批职能集中、线下审批服务事项向大厅集中、线上审批服务事项向"一网通办"集中。二是打破行政许可科人员科层边界,整合部门职能,建立"许可官"制度,授权"许可官"全面负责现场审批办理、内部流转衔接、外部牵头协同,做到风险可控、责任到位。三是打破审批部门间边界,探索跨部门物理整合,做到"一窗式办理、一条龙服务",来建立一个行政审批管理新模式,逐步实现"一个平台管人员、一枚印章管审批"。推出了第一批"独任制"审批事项77项、"一审一核制"审批事项98项,审批环节比原有模式减少200多个。监管审批科长65名,实现230种审批情形当场办结。在"无科层"审批改革的推动下,区规划资源局把科室设置从以往按业务类型进行"分段管理"的模式调整为按照项目用地类型进行职能划分,实行"垂直管理",实现"一门进、一门出、一门清",做到在建设单位拿地后的24小时内同时颁发开工前必备的5张相关证书,实现"拿地即开工"。对于"五证齐发"的案例,国务院网站做了专门报道。奉贤区《推行"无科层"审批改革,探索极简审批新路径》被编入上海市首批营商环境特色案例。

(四)"一网通办"工作成果全市名列前茅

"一网通办"是这几年政务服务工作的一个"热词",是城市治理的

"牛鼻子"工作。2019 年，奉贤区在全市"一网通办"工作考评中名列前茅，服务质量显著提高。一是推进审批事项"最多跑一次""双减半"。全区 408 项审批事项，90% 以上实现"最多跑一次"，承诺办结时限比法定时限减少 62%，审批材料比原来减少了 54%。二是建立政务服务标准体系。在全市 432 项的政务服务标准体系中，自定 350 项奉贤标准，区行政服务中心成为上海首家国家级标准化试点单位。三是率先投放"自助终端"80 台，实现 6 项"全市首创"，即首个"24 小时不打烊"政务服务大厅、首台进商场的政务终端、首台延伸至村居的政务终端、首创"终端打印证照"、首创"两端融合"服务模式、首创"奉贤自助终端网点"定位小程序。四是升级线上线下开办企业"一窗通"服务专区。开办企业全流程"统一提交，一天批准，一窗领取"，实现一天办照、两天开业。线上全面推行营业执照办理全程"零跑动""零见面"的无纸化登记模式。线下，企业可在一个窗口领取开办"大礼包"。五是设立社会投资项目审批审查中心。对社会投资项目实现"一口受理、并联审批、依次发证、告知承诺、限时办结"，全流程政府审批时间进一步压缩至不超过 60 个工作日（其中工业项目不超过 27 个工作日）。针对社会投资建设项目推出帮办服务。在审批审查中心的帮办推动下，原本需要 3 年时间才能完成的"九棵树（上海）未来艺术中心"建设任务最终以 1 年零 10 个月的骄人成绩完成了从方案策划到竣工交付。

（五）贯彻包容审慎原则，以服务指导企业良性发展

"包容审慎"是李克强总理提出的一种监管方式，要求对未知大于已知的新业态采取包容态度，在严守安全底线的前提下，给新业态、新技术等一个"观察期"。为此，区政务服务办牵头制定了《奉贤区推进包容审慎监管的实施方案》，刀刃向内指向监管者，实施放权松绑，以服务指导企业健康发展为主。一是宣传指导，落实市场主体责任。各监管单位主动服务企业，上门指导 300 多批次，组织各类培训近 50 次，受训人员逾 6000 人次，加强企业守法经营意识，减少企业无意识违规违法经营的可能性。二是分类管

理，实施监管精准服务。重点针对区内"财富百强""三个一百"等企业，实施精准服务。组织区水务局、区应急局等单位对区"财富百强""三个一百"企业开展体检式服务，为企业及时发现并纠正不当行为消除经营隐患，累计排查整治隐患近 2500 条，整改率达 100%，为企业持续发展保驾护航。三是审慎处罚，对企业释放最大善意。进一步细化完善行政处罚裁量权，落实《市场轻微违法违规经营行为免罚清单》，区市场监管局将该免罚清单中涉及市场监管的 28 项拓展到 45 项，全年不予处罚 78 件，适用免罚清单 25 件。区城管执法局、区应急局、区环境监察支队等全年对情节轻微、尚未造成危害后果的违法行为通过发放整改意见书等方式实行"首违免罚制"共计 1000 余起，使企业及时纠正违规违法行为，避免行政处罚。

（六）全力"争当金牌店小二、创造梦之队"

营商环境涉及的内容非常丰富，2019 年初，庄木弟书记提出：只有拼服务、拼信用、拼环境，打造独一无二的营商环境，才能为奉贤区赢来更多、更大的发展机遇。要打造独一无二的营商环境，必须把开展"争当金牌店小二、创造梦之队"优化营商环境立功竞赛活动作为奉贤区优化营商环境的重要抓手，从骨子里促进体制机制改革创新，打造一支"留得住人、请得进商"的服务队伍，真正营造出"人人都为奉贤投资环境代言，人人都为奉贤营商环境添彩"的良好氛围。在全区开展的"争当金牌店小二、创造梦之队"优化营商环境立功竞赛活动中，共有 50 多家单位参与，遴选出 10 位优化营商环境"金牌店小二"、8 个"创造梦之队"团队。

三 奉贤区优化营商环境面临的问题

疫情暴发以来，在深化落实多方面防疫要求的基础上，以及疫情防控常态化的背景下，奉贤区瞄准最高水平，对标国际最高标准，不断努

力打造国际一流营商环境，聚焦"放管服"改革痛点、难点、堵点，进一步简政放权，集中力量营造市场化、法治化、国际化的营商环境，以打造全市乃至长三角地区营商环境最优区为目标，优化营商环境工作取得了显著成绩，但在推进过程中还存在不少短板和问题，主要表现在以下几个方面。

一是少数政府部门思想不够解放，惯性思维、思想僵化的问题时有发生。部分单位领导尚未落实简政放权改革要求，导致一线办事人员权责不清，被体制机制捆住手脚，从而出现尽管部分简政放权事项已经推行，办事人员依旧无法摆脱原有工作习惯，层层推权，将权限返回单位领导处审核把关的现象。"门好进、脸好看、事难办"的现象仍客观存在，部分审批部门及工作人员的能力素质有待提升，敷衍塞责、推诿拖沓现象偶有发生。没有真正把改革扛在肩上、抓在手里，执行不够到位。优化营商环境，说到底是要解决思想观念滞后、体制机制束缚、工作作风不实的问题。而在诸多短板中，思想观念短板是根源，若不转变观念尽快补齐这一短板，其他问题也难以得到有效解决。发展中的许多问题归根结底是思想观念上的问题，观念封闭保守、畏难情绪严重，结果跟不上时代的节奏，制约了发展。以解放思想推动高质量发展，是习近平总书记出的政治考卷，也是推动奉贤区新一轮改革开放的突破口。

二是审批服务流程有待进一步简化、优化。政务服务存在薄弱环节，个别部门办事效率不高，甚至推诿扯皮，少数窗口人员业务能力略显不足，服务质量有待提升。部分单位不敢突破创新，"双减半"（减时间、减材料）没有达到全区平均水平，企业、群众办事还不够高效便捷，部分审批手续仍比较烦琐，审批便利化水平有待提高，审批效率尚有提升空间。同时在审批形式方面，目前容缺办理机制仍不成熟，材料审核要求较为严格，文件电子化程度不够，一旦发生材料遗漏情况，就会极大地影响企业的办理进度，也会为办事人员带来诸多不便。审批服务流程不通畅，将在一定程度上有损市场生态构建，阻碍创新创业良性发展。

三是创新生态仍需进一步完善。创新环境是企业赖以生存的基础，也是企业快速发展的动力。而目前奉贤区企业在生存发展中仍面临诸多问题，如对于刚起步的中小企业，其往往需要面对固定资产少、可抵押物不足、抵押折扣率高、向银行贷款困难重重的问题，而其他融资渠道相对欠缺，融资成本相对较高。在创新产出与转化方面，首先，奉贤区存在创新载体服务能级不高、针对不同企业特点量身定制的"保姆式"服务欠缺、创新企业孵化率偏低等问题，这极大地影响着中小企业的创新产出水平；其次，与上海其他区相比，奉贤科技成果转化服务能力仍较低，缺乏专业的技术交易经理人，科技中介市场发育不完善，科技成果产业化水平不足。作为构建良好创新生态过程中的基础，创新人才留用也是奉贤区亟待解决的问题，而区内生活配套设施尚不完善，教育、医疗卫生等公共资源不足，商业化休闲娱乐空间仍较欠缺，企业员工通勤"最后一公里"等问题仍存在，这极大地影响着引才、留才政策的有效实施。

四 疫情防控常态化背景下优化奉贤区营商环境的对策建议

（一）聚焦政务服务，营造高效便捷的营商环境

一是应切实贯彻落实《上海市优化营商环境条例》，进一步提升营商环境质量。在对该条例进行全方位梳理、培训学习、对照实施的基础上，达成各部门权责明晰、所有服务部门全覆盖的目标。努力减少政府对市场资源、市场活动的直接干预，加大简政放权力度，降低行政运行以及制度性交易成本，最大限度地激发市场主体创新创造活力。二是实现"证照分离"改革全覆盖。所有涉企经营许可事项实行全覆盖清单管理，清单之外不得违规限制企业经营。三是深化"一网通办"改革。提升政务服务事项标准化和便利化水平，聚焦"两个免于提交"和"两个转变"，做到线上线下同标同质，以及"办事指南清单之外无材料"。全面推进公共服务事项接入"一网通办"系统，实现"应进必进"。让数据多跑路、群众少跑腿，实现30%以

上事项"零跑动"。四是建议强化服务代办机制，为企业提供精准化、全方位的贴心服务，落实"项目代办制"和"项目服务群"等创新服务方式，建立企业审批全流程一条龙跟踪服务机制，同时应开辟建设容缺受理、并联审批的"绿色通道"，提高政府部门工作人员的服务意识和水平，充分利用多种网络渠道，为重点项目提供量身定制的审批通道，让企业对审批流程、进度、问题解决方案有更清晰的了解。

（二）加大对中小企业的扶持力度，强化政企沟通机制

2020年初的新冠肺炎疫情对中小企业的生产经营形成了较大的冲击，随着国内疫情逐步得到控制，疫情防控进入常态化，各类企业复工复产稳步推进，而融资渠道单一、转型升级困难、盈利水平偏低、核心竞争力不足等问题在中小企业生产经营过程中逐渐显现。2020年3月31日，国务院总理李克强主持召开国务院常务会议，部署强化对中小微企业的金融支持。一是政府应针对疫情对就业造成的影响，从失业保险返还、减轻企业社保负担、实施培训补贴、灵活用工等方面，着力降低企业用工成本，稳定就业岗位。二是强化政府与企业常态化沟通机制，畅通政企互动网络平台，形成诉求反馈清单式、销项式管理，及时收集汇总、协调帮助企业解决生产经营过程中遇到的痛点、难点、堵点问题，消除企业与职能部门之间的沟通障碍，打通政策落实"最后一公里"，发挥企业诉求兜底处理功能，增强它们发展的信心。三是鼓励中小企业通过"市场拓展"和"战略转型"等策略，展开自救和复苏。同时，应重视企业长期发展的政策需求，充分了解大中小企业面临的现实困境，为企业提供更有针对性的服务。

（三）进一步完善监管体制机制，打造法治化、国际化营商环境

一是围绕"双随机、一公开"的原则，逐步建立健全监管机制，针对监管对象，分别形成风险及信用分级分类的监管机制。对于信用等级评价较高的企业要适当减少监管频次，并提供更加便利的服务；对于信用等级评价

较低的企业要从严监管、协同监管。做好与国家"互联网＋监管"系统的对接，开展跨区域、跨领域的监管数据共享利用。二是加强和完善事中、事后监管。推行"有温度的执法"，对情节比较轻微的市场经营行为，制定免罚清单2.0，遵循包容审慎的监管及执法原则。同时推行"三项制度"，聚焦行政执法的源头、过程和结果三个关键环节：增强社会监督，提高行政执法环节的透明度；严格记录执法全过程，规范执法行为；推行重大执法决定法制审核制度，提高执法水平。推进市场监管领域部门联合监管，实现"进一次门、查多项事"，对企业"无事不扰"，使企业从大量的应付事务中解脱出来，一心一意谋发展。三是推进知识产权创造、保护和运用。进一步优化"东方美谷知识产权综合保护中心"和"奉贤区版权服务工作站"平台，实施质量提升工程，新增一批知识产权示范（优势）企业和园区。加大知识产权保护执法力度，提高知识产权侵权违法成本，为"东方美谷""未来空间"的各类品牌、知识产权保驾护航，把奉贤区从知识产权创造、保护和应用的"洼地"建设成"高地"。四是提升营商环境法治化水平，将营造稳定、公平、透明、可预期的法治环境作为优化营商环境的重要环节，全面推进政务公开，保持政策的相对稳定性、前瞻性和可兑现性，加强司法实践，敢于开展具有突破性、创新性的改革。

参考文献

鲍晓晔：《在更大范围和更宽领域进一步优化上海营商环境》，《科学发展》2020年第8期。

本报评论员：《"战疫"大考，也是营商环境大考》，《解放日报》2020年2月21日。

丁邡、周海川：《我国优化营商环境成效评估与建议》，《宏观经济管理》2020年第2期。

江静：《制度、营商环境与服务业发展——来自世界银行〈全球营商环境报告〉的证据》，《学海》2017年第1期。

李宏伟：《着力营造法治化的营商环境》，《经济日报》2020年10月14日。

《上海市优化营商环境条例》，《解放日报》2020年4月11日。

夏后学、谭清美、白俊红：《营商环境、企业寻租与市场创新——来自中国企业营商环境调查的经验证据》，《经济研究》2019 年第 4 期。

于文超、梁平汉：《不确定性、营商环境与民营企业经营活力》，《中国工业经济》2019 年第 11 期。

B.14
奉贤区打造成为上海养老产业
集聚区的发展路径研究

张鹏飞　廖璇*

摘　要： 尽管近年来奉贤区养老产业有所发展，但是在养老产业链完整方面和产业区域竞争力上，奉贤区依旧存在不足和短板。全国老年人口逐渐增加，上海已进入人口深度老龄化阶段，这为奉贤区建设养老产业集聚区带来契机。为此，奉贤区需要以医养结合为重点，以"东方美谷"为核心，加快在跨区域异地养老等方面进行制度创新，全力打造成为上海养老产业集聚区。

关键词： 老龄化　医养结合　"东方美谷"　跨区域异地养老

随着我国人口老龄化程度的加深、家庭小型化与失能人口的增加，推动养老产业高质量发展成为积极应对人口老龄化、推进经济持续健康发展的迫切需要。养老产业涉及长期照料、医疗康复、居家支持、精神慰藉乃至饮食服装、营养保健、休闲旅游、文化教育、金融地产等方方面面，蕴含着巨大的老年人消费市场。上海已经迈入人口深度老龄化阶段，将奉贤区打造成为上海养老产业集聚区、扩大养老服务供给、促进养老服务消费，不仅是应对人口老龄化问题的长久之计，还是当前扩内需、增就业的关键所在。

---

* 张鹏飞，上海社会科学院世界经济研究所助理研究员，主要研究方向为区域经济学；廖璇，上海市商务发展研究中心国际贸易研究部主管，主要研究方向为国际贸易。

一 奉贤区养老产业发展情况

近年来，奉贤区聚焦"老小旧远"等突出问题，以广大老年人多元化、多层级的养老服务需求为导向，不断完善"五位一体"的养老服务体系，初步形成了"镇有院、片有所、村有点"的农村养老服务新格局。

（一）发展现状

第一，养老服务设施快速发展。截至 2019 年底，奉贤区常住人口 108 万，户籍人口 54.2 万，60 岁及以上户籍老年人口 17.8 万，占户籍总人口的 32.9%，其中城市老年人口约 11 万，农村老年人口约 6 万，老龄化形势严峻。全区养老服务设施共有 870 个，其中养老机构 34 家、综合为老服务中心 18 家、养老顾问点 12 个、居家养老服务中心 13 家、老年人日间服务中心 42 家、长者照护之家 3 家、"四堂间" 422 个、助餐点 40 个、老年活动室等其他服务设施 286 个。

第二，养老服务能力不断提升。在居家和社区养老服务方面，一是落实第三批居家和社区养老服务改革试点工作。已完成特殊困难老年人课题调研，开展了"康养苑""慢慢来"社区健康管理、中医服务进社区、"四堂间"运营、健康巡检等一批试点项目。2020 年 5 月，在全国居家和社区养老服务改革试点工作中期成果验收考核中评级为优秀。二是落实上海市养老服务补贴政策。1132 名养老护理员为 4130 名老年人提供助洁、助行、助浴、助急等居家"十助"服务，护理员持证率达到 99%。三是对社区养老服务设施运营管理进行指导。对全区 800 多家社区养老服务设施运营管理进行指导。开展老年活动室"以奖代补"项目，对全区 265 个老年活动室进行考评分档。对全区 321 家养老机构进行星级评定，对运营的 216 家"四堂间"进行评估，根据评估情况进行挂牌并拨付奖金。四是发展智慧养老服务。运行智慧居家养老服务系统，开发信息化平台，建立紧急呼叫中心，为 4200 名有需求的老年人配置智能腕表。建立"上海市奉贤区综合为老服务平台"，登录平台网站可查看为老服务政策、办事指南及其他实用信息，通过"养老地图"查询本区为老服务机构。奉贤区荣获"第二批智慧健康养老示范基地"称号。五是落实社区养老服务项目。"老伙伴"计划，组织1600名低龄老年志愿者为8000名高龄独居、空巢老年人提供结对上门关爱服务38.4万人次。完成"银发无忧"意外险投保等工作。六是深化"四堂间"互助养老新模式。引入第三方社会组织——上海市新途社区健康促进社以升级管理150家"四堂间"，制定制度规范，创建星级"四堂间"，固化四堂间"堂长+堂主+健康大使、文娱大使"管理团队，打造"四堂间"3.0版。农村宅基睦邻"四堂间"成为首批全国农村公共服务典型案例和2019年度"公益之申"十佳公益项目。

此外，在机构养老服务方面，一是加速推进养老机构公建民营。奉贤区第二福利院交由上海人寿堂国药有限公司经营管理，南桥镇江海敬老院、奉城镇敬老院、柘林镇敬老院、奉浦街道敬老院等一批公建养老机构已经实现或正在推进公建民营。二是推进养老机构医养结合服务。全区34家养老机构中有14家内设医疗机构，养老机构老年人健康管理签约在持续推进中，社区卫生服务中心已与22家托养机构和30家养老机构签订"奉贤区医养结合服务合作协议书"，基本实现全覆盖。

第三，养老产业集群效应逐渐显现。近年来，奉贤区围绕自贸区扩区、科创板上市和长三角一体化三大国家战略，聚焦生命健康等新兴产业，加速形成养老相关产业集群效应。截至2018年底，奉贤区共有生命健康（生物医药）企业183家（其中规模以上企业57家）；工业总产值185亿元（规上161.5亿元），约占美丽健康产业总产值的46%；有帝斯曼维生素（上海）有限公司、上海和黄药业有限公司、上海生物制品研究所有限责任公司等5家产值超10亿元的企业；有痰热清、胆宁片、麝香保心丸等具有自主知识产权的重点产品。奉贤区生命健康（生物医药）产业格局初步形成，明确了"四大核心区"。"东方美谷"生命健康核心研发区（生物科技园区+工业综合开发区）聚焦于新药临床前和临床研究、评估和转化机构等；杭州湾生命健康转化承载区聚焦于国内外主流市场原料药、仿制药等；奉城

生命健康创新拓展区聚焦于 IVD 体外诊断、康养综合体等；临港奉贤生命健康先行示范区聚焦于精准医疗、细胞治疗、基因治疗等。

（二）存在的问题

第一，养老服务有效供给不足。一是养老机构及床位数供给短缺。截至 2019 年底，奉贤区养老机构核定床位数与 60 岁及以上户籍老年人口的比值仅为 1.1%，低于全市 2.7% 的水平，达不到"十一五"规划中早就提出的"9073"养老服务模式目标——3% 的老年人入住养老服务机构以集中养老。2019 年奉贤区养老机构的总体入住率约为 42.9%，低于同期上海市以及中心城区的入住率，二者分别为 57%、68%。奉贤区不同运营性质养老机构资源也存在不均衡问题，部分收费较低的公办养老机构如鸿恩托老所已没有空余床位，想入住的老年人要排队等床位。而兰公馆等民营养老院，受收费标准相对较高或区位配套等因素影响，入住率不足 5%。二是养老机构的资源配置不均衡。就总体供需关系而言，奉贤区养老机构床位供给无法满足民众需求，但从区域入住率来看，相对于上海市中心城区养老机构较高的入住率而言，奉贤区养老机构闲置情况较严重，且奉贤区内不同区域、不同运营性质养老机构入住率也存在较大差异，供求脱节的现象进一步放大了养老服务供给短缺的影响。目前虽然奉贤区总体上养老机构供不应求，部分养老机构却入住率低，主要原因在于奉贤区农村老年人经济收入水平较低、老年人"近家养老"的传统观念根深蒂固、地处郊区的养老机构地理位置不便和基础配套设施不完善等。另外，2019 年奉贤区养老机构入住人数中本区户籍人口占比为 61.7%，外区户籍人口占比为 36.1%，外地及境外人口占比仅为 2.2%，且外区户籍老年人主要入驻公办养老机构，奉贤区养老机构的品牌效应、规模优势以及跨区域吸引力仍未充分发挥。

第二，养老服务缺乏有效竞争。一是多元化、多层次供给的有效竞争市场格局有待完善。目前，奉贤区仍缺乏品牌性综合医护服务提供商，居家养老服务方面仍缺乏专业的远程医养提供商。奉贤区公办养老机构各项服务收费难以体现实际的服务成本和市场供需关系，公办养老服务主要依赖财政补助，在经营中因为资金不足，难以保证较高的服务水平。且政府补贴模式是补贴到养老机构而不是直接给到个人，老年人尚不能自主选择服务机构，这也在一定程度上导致养老机构间缺乏市场化竞争。二是引入社会资本参与养老机构运营的水平仍有待提升。近年来，奉贤区加大力度引进社会力量参与机构养老设施运营。从建设运营模式看，2019年，奉贤区公建民营和民建民营养老机构和床位数占比分别达63.3%、63.9%，但仍低于全市70.9%、68.1%的水平；公建公营养老机构总体入住率仅为25.3%，低于民建民营与公建民营运行方式养老机构总体入住率35.8个百分点，公建公营养老机构运营水平有待提高，奉贤区引进社会力量参与养老机构运营的水平仍有待进一步提升。

第三，医养结合养老发展仍不充分。一是医疗基础设施不足。目前奉贤区主要由社区卫生服务中心承担辖区内的社区养老服务，养老机构内设医疗机构的比例偏低，2019年这一比例仅为41%。总体而言，奉贤区社区卫生服务中心和养老机构内设医疗机构比例仍偏低，且医疗基础设施不足，尤其是能满足老年人养老需求的医疗设施较为短缺，存在供需不匹配问题。二是专业医护人员缺口大。目前，奉贤区仍缺乏专业的医护人员，尤其是能满足社区养老和居家养老需求的专业医护人员不足，且医护人员还面临工作量大、待遇低、年龄较大等问题。另外在专业护理方面的服务水平仍有待提高，大部分医护人员仅能提供简单的护理或生活方面的看护服务。这也在一定程度上导致身体较为健康的老年人不愿意入驻养老机构，而身体失能或失智的老年人虽入住养老机构却得不到相应的医护条件。

第四，养老产业链仍不完善。一是养老产业服务内容仍不全面。尽管近年来奉贤区养老产业以及生命健康等产业已取得长足发展，但养老产业链仍有待进一步完善，如目前养老服务企业提供的服务基本包含日常的照顾，但随着老年人收入的增加和消费观念的升级，对于养老服务的需求也逐渐增加，如精神慰藉、疗养康复、健康保健、金融理财等方面的多样化养老需求不断增加，但能够提供多样化养老服务的养老机构较少。二是养老服务智慧

化程度有待提高。目前，奉贤区养老服务信息平台的智慧化程度仍有待提升，智慧养老个性化服务设施仍不足，开展的智慧化养老服务仅限于佩戴智能腕表等，养老相关的智能设备种类和功能较为单一，难以满足老年人多样化的养老服务需求。

二 奉贤区打造成为上海养老产业集聚区的
背景条件与战略契机

（一）从全国来看，人口老龄化问题加剧，为奉贤区打造上海养老产业集聚区提供战略契机

第一，中国人口老龄化加速为养老产业迅速发展提供推动力。截至2019年底，我国60岁及以上老年人口2.5亿，占总人口的18.1%，我国是目前世界上唯一一个老年人口过亿的国家。根据人社部数据，我国职工养老保险抚养比继续下降，年轻人养老压力持续增大。随着近年来我国人口老龄化的加剧，国家越发重视养老产业的持续健康发展，发布了一系列政策进行扶持。国务院在2016年印发的《"健康中国2030"规划纲要》中首次将"健康中国"上升为国家战略，指出"应积极促进健康与养老、旅游、互联网、健身休闲、食品融合，催生健康新产业、新业态、新模式"。结合当下养老产业发展状况和养老产业政策热点，政府大力支持社区养老模式革新、医养结合深化、智慧养老推进和养老金融市场放开等，推动养老产业快速发展。

第二，居家养老模式难以持续为养老产业带来广阔的市场。目前，我国主要的3种养老模式包括居家养老、社区养老和机构养老，其中居家养老是主流模式。但随着我国平均家庭户规模变小，2~3人家庭成为主体类型，单人家庭、空巢家庭不断涌现，家庭成员互动功能削弱，对家庭外部的社会养老服务产生更大的需求。随着空巢老人不断增加，居家养老模式越来越难以开展，需要加快其他养老模式的发展，这也为养老机构以及养老产业提供了巨大的发展空间。同时，随着中国中产阶级人口比重变

大，人均可支配收入增加，居民对养老服务的支付能力增强，消费趋势变为更关注自身和家人的身体健康，养老服务需求和能级提升要求不断增加。第三，技术支持为养老产业向智慧养老升级奠定基础。近年来，智慧城市的发展为智慧养老奠定了基础。而智能产品技术不断革新，适用于智能健康养老终端的低功耗、微型化智能传感技术，室内外高精度定位技术，大容量、微型化功能技术，低功耗、高性能微处理器和轻量操作系统已经发展起来。5G 技术的应用推动着智慧养老服务转型。在 5G 技术应用、智能产品技术革新、智慧城市快速发展的背景下，养老产业将进入高速发展阶段。

（二）从上海来看，进入人口深度老龄化阶段对奉贤区打造成为上海养老产业集聚区提出现实需求

第一，上海进入人口深度老龄化阶段对奉贤区打造成为上海养老产业集聚区提出现实需求。上海是中国最早进入人口深度老龄化社会的城市，比全国早 20 年左右。截至 2019 年底，上海 60 岁及以上老年人口达 518.12 万，占总户籍人口的 35.2%（2000 年上海这一比例已达 18.3%），高于同期全国 17.1 个百分点；同期全市共有 680 家养老机构，核定床位数 13.8 万张，养老床位数与 60 岁及以上户籍老年人口的比值为 2.7%。根据上海市老龄科学研究中心开展的上海老年人照料护理服务及养老意愿调查，上海 60 岁及以上的老年人中愿意在养老机构接受照料服务的比例约为 11.2%[1]。按照该比例粗略估计，2019 年上海约有 58.03 万名老年人愿意在养老机构接受养老服务，远高于现有养老机构入住人数，可见上海市仍蕴藏着巨大的养老服务需求。

第二，上海养老机构布局不均等问题为奉贤区打造成为上海养老产业集聚区提供了发展契机。近年来，上海市养老设施处于快速补缺和规模扩张阶段，"9073" 养老服务格局[2]已初步形成，但仍旧面临养老设施供给总量不

---

[1] 上海市老龄科学研究中心：《上海老年人照料护理服务及养老意愿调查状况》，百度文库，https://wenku.baidu.com/view/b9f623cebdeb19e8b8f67c1cfad6195f312be839.html。

[2] 90% 的老年人依托社区居家养老，7% 的老年人在社区养老，3% 的老年人在养老机构养老。

足、分布不均衡、配置标准偏低等问题。2019年末，上海市养老机构共计680家，核定床位数13.8万张，这远低于以11.2%比例测算的养老需求，甚至低于上海3%的机构养老的需求。另外，上海市城乡人口分布不均衡，养老人口总量压力仍主要集中于中心城区，而中心城区养老机构设施虽略多于郊区，但床位数量少于郊区，且中心城区受限于土地资源紧张、地价高昂等，新增养老机构设施的可行性较弱。奉贤区打造成为上海养老产业集聚区，不仅有利于积极应对人口老龄化问题，还是当前扩内需、增就业的关键所在，对于提高奉贤区甚至上海市养老服务的供给能力和效率具有重要意义。

（三）从奉贤区来看，国家战略叠加和产业基础雄厚等优势，为奉贤区打造成为上海养老产业集聚区提供可行性支撑

第一，国家战略叠加优势为奉贤区打造成为上海养老产业集聚区提供战略支撑。2019年8月20日，奉贤近2/3的区域划入中国（上海）自由贸易试验区临港新片区，同时奉贤区是上海重要的综合性工业基地、滨海现代化农业园区和生态旅游新区，拥有上海面向杭州湾前沿的区位优势，是上海引领杭州湾城市群的关键节点，也是长三角承接国家"一带一路"倡议的重要基地，其在营商环境、交通条件、人才资金资源、科技创新等方面都接近上海市区的水平。自贸区扩区、长三角一体化等国家战略为奉贤区打造成为上海养老产业集聚区、解决当前养老服务业突出矛盾和问题提供了战略性机遇。

第二，生命健康等养老相关产业优势为奉贤区打造成为上海养老产业集聚区提供产业支撑。奉贤区大力实施乡村振兴战略，以养老为代表的产业业态正是政府着重提出并支持的发展方向。根据奉贤最新发布的生命健康产业发展规划，奉贤将着力把自身打造成上海张江生物医药创新成果重要承载基地、千亿级健康产业集聚区，推动"东方美谷"与"张江药谷""张江医谷"互补联动。经过10多年的发展，奉贤区生命健康（生物医药）产业创新成果迭出、产业初步集聚、制度初步形成，为奉贤区打造成为上海养老产业集聚区提供了较为雄厚的产业基础。

三　国外发展养老产业的经验

（一）日本养老模式简介

第一，日本养老产业以养老护理为中心。日本和我国的家庭观念类似，都注重居家养老。同时，日本强调的发展养老服务业也符合我国的国情，具有较大的借鉴意义。日本养老产业的内容包括老年人住宅、老年人金融、护理服务、养老服务、医疗福利设备、文化生活服务等。其中，护理服务是日本养老行业发展的重点。日本是世界上引进"护理保险"并实行"护理保险制度"的少数国家之一，其养老体系规范，在养老方面具有丰富的经验和优势。护理服务贯穿居家养老、社区养老、机构养老的全过程。

第二，完善养老产业配套措施。一是制定各种法律法规。主要包括《护理保险法》《老年保健法》《老年福利法》《国家养老法》等。日本不断完善养老服务业法律法规，健全养老服务业法律体系。二是建立社区养老服务机制。三是宣传和推广"介户保险"。四是组建专业的养老服务队伍，实行规范、严格的考核制度。五是积极开展老年人教育。日本在建立老年人大学和开办老年人课程方面具有丰富的经验。

（二）美国养老模式简介

美国的独立家庭观念和老年人个体可支配经济状况使得美国的养老模式不同于日本和中国。与日本以居家养老模式为主相比，美国的老年人护理社区和专业护理机构有着巨大的市场空间。美国老年人可以根据自己的养老情况和需要选择自己的养老模式。美国的养老模式主要包括居家养老、社区养老和专业护理机构养老。在这三个领域，美国都有成熟的养老服务公司。

第一，居家养老模式。美国的居家养老可分为以生活为主的居家养老和以医疗为主的居家养老。提供居家护理服务的相应企业可分为生活型居家护

理企业和医疗护理型居家护理企业。这两种机构提供的养老服务侧重点不同。前者主要提供日常生活护理服务，后者主要提供康复护理服务。Home Instead Senior Care 服务公司是美国最大的生活型居家护理公司，采用特许连锁和特许经营模式；Apria 医疗集团是美国领先的家庭医疗保健公司，专注于老年人居家医疗救助护理。

第二，社区养老模式。美国是世界上老年人护理社区发展得最好的国家之一。美国退休社区的主要形式有成人活跃社区、独立生活社区、辅助生活社区、阿尔茨海默病护理社区、养老院/熟练护理机构、持续照料退休社区（CCRC）等。从活跃的老年人社区到专业的疗养院，护理程度逐渐加深，费用逐渐增加。养老社区的经典模式包括太阳城模式（本质上是住宅开发，由房地产开发商主导，通过出售养老概念房，开发商可以收回投资成本并产生利润）、持续照料退休社区模式（房地产租赁只提供享受服务的权利和通过收取房屋租赁费和服务费来获取利润的权利，CCRC 已经发展成为一种复合式养老社区）、REIT 模式（"养老地产＋金融"，金融机构为开发商提供退出机制）。

第三，专业护理机构养老模式。根据美国老年人的身体健康状况、生活自理程度和社会交往能力，将美国老年人分为自我照顾、半自我照顾和完全不能自理三类，不同类型的老年人住在不同的养老院。

（三）对奉贤区打造上海养老产业集聚区的启示

第一，学习居家养老和专业养老的模式。从日本和美国的养老模式来看，居家养老也是国外最重要的养老模式之一。一些有社会需求、经济状况较好的老年人可以选择在老年人社区养老，以及由与房地产开发商合作的老年人服务机构提供日常护理服务，只有少数不能照顾自己或子女没有能力照顾自己的老年人会被送进养老院。因此，加强和推广居家养老模式也是奉贤区可以借鉴的养老解决方案。对于奉贤区收入较高、独立意识较强的老年人群体，社会资本可适当发展"老年人社区＋专业养老"模式。

第二，大力培养养老服务专业人才。日本《介护保险法》规定，在养老机构中，每三个居民必须配备一名合格的中介护士。中介护士和护士是不同的专业。中介护士均为学校社会福利护理专业毕业，并持有二级从业资格证书。日本拥有优质的中介护士培训体系，为养老行业培养了大量的专业人才。专业护士短缺是奉贤区养老行业的痛点，日本在这方面为我们树立了榜样。

四　奉贤区打造成为上海养老产业集聚区的发展路径

（一）挖掘特色和优势，促进养老服务有效供给

第一，优化多层次养老服务。积极培育居家养老服务，巩固居家养老的基础性地位，通过政府购买服务等方式，在全区普遍开展失能老年人家庭照护者技能培训。加强农村留守老年人关爱服务工作，通过设立农村幸福院、养老大院等方式，大力发展农村互助养老服务。鼓励社区养老服务机构为居家养老提供支撑，将专业服务延伸到家庭，为居家老年人提供生活照料、家务料理、精神慰藉等上门服务，进一步做实做强居家养老。大力发展社区养老服务。支持建设医养结合、能力突出的专业化社区养老服务机构，继续扩大社区普惠性养老服务的有效供给。在社区建立嵌入式养老机构或日托中心，为老年人提供生活照料、餐饮和出行、应急救援、精神慰藉等服务。支持有条件的社区通过购买服务等形式为老年人提供上门服务、现场服务等，大力发展老年人急需的餐饮救助、洗浴救助、紧急救助、医疗救助、出行救助、清洁救助等服务。加快推进养老机构提升服务水平。进一步深化公益性养老机构改革，坚持公办养老机构的公益属性，提高护理床位比例。推动养老机构加快提升对高龄和失智老人的护理能力，重点支持发展能满足失智、失能等老年人服务需求的老年人护理机构。

第二，扶持社会组织和机构实现专业化发展。支持各类社会主体参与，鼓励各类社会资本投资养老服务行业，针对不同收入群体设立养老机构和康

复护理机构。支持奉贤区发展外商独资、中外合资养老机构，积极引进国际先进的养老服务模式。引入市场化竞争机制，不断完善政府购买、委托、PPP 等方式，扩大和优化养老服务供给。鼓励养老服务机构专业化、连锁化、品牌化发展。鼓励养老机构、综合为老服务中心、日托所等养老服务设施由专业的社会组织或者企业进行批量化运营，提升服务能级。积极引进和培育一批养老龙头企业和专业社会组织，通过促进形成政府购买评估机制等，助力专业化养老社会组织实现连锁化发展。支持品牌连锁机构在长三角及全国更广范围拓展业务，实现规模化发展。推动农村宅基睦邻"四堂间"规范化运营。继续推进奉贤区特色养老服务工作，利用农村闲置宅基房屋，为农村老年人提供餐饮、休闲娱乐、精神慰藉等各类养老服务。制定农村宅基睦邻"四堂间"创建和运营评估标准，以"以奖代补"的模式委托第三方进行工作评估，提升农村宅基睦邻"四堂间"的养老服务水平，满足农村老年人"不离乡土、不离乡邻、不离乡音、不离乡愁"的养老需求。

第三，促进医养结合深度融合。整合各类服务资源，根据老年人身体状况，实现疾病诊疗、医疗护理、生活照料等服务的有机衔接和有序转介。优化养老和医疗资源配置。鼓励在制订新一轮社区卫生服务中心、村卫生室等的功能与建设指导标准中，充分考虑与社区内养老机构、社区托养机构、综合为老服务中心等邻近或整合设置，推动养老与医疗共同发展。深化医养签约合作。组织社区卫生服务中心等各种类型的医疗机构与养老机构、社区托养机构等签约，完善长期护理保险制度，建立优质高效的机构护理、社区护理、居家护理相结合的老年人护理服务体系。鼓励养老机构护理院共建，扶持养老机构医疗队伍发展，研发失智、失能老年人床位，推广养老机构和护理院结合的工作机制。推动医养结合工作向社区康复医疗方向发展。充分发挥长期护理保险作用，助力提升居家养老以及社区卫生服务中心等的护理康复服务水平。扶持医养结合项目进社区，开展农村宅基睦邻"四堂间"健康巡检等项目，探索建立居家和社区基本养老服务清单制度，为居家老年人提供精准、长期的康复护理服务。

（二）完善产业链布局，繁荣养老服务消费市场

第一，加快发展生命健康产业。积极发展生物医药及保健品、医疗器械、健康医疗服务等与健康有关的生命健康产业。优先创新药物，聚焦高端原料药、新型制剂、医药中间体等产业链各环节，实现原料药产业整体升级。传承优秀传统医学医药产业，重点关注中药饮片、中药配方颗粒，推动有效中药成分研究及中药制剂实现标准化和产业化推广，加快中药产业现代化发展进程和中药产业产品转型升级。聚焦发展保健品相关产业，重点关注膳食补充剂等养老相关细分领域，抓住特殊医学用途配方食品的产业机遇，筹划布局特医食品检测平台，争取特医食品先试政策。积极研究高端医疗器械，重点发展数字探测器、超导磁体、大热容量 X 线管、外科精准定位导航、数据采集和处理分析等关键技术，加快发展涉及核医学成像设备、超导磁共振成像系统（MRI）、彩色超声诊断、医用机器人、健康监测、远程医疗、可穿戴医疗设备、智慧医疗、中老年康复器械等的细分产业。加快发展健康医疗服务业，重点关注老年人养护、运动康复、疾病治疗、临床试验、健康管理、医疗美容等。

第二，大力发展医疗辅助品产业。实施科技助老示范工程，支持开发外骨骼机器人、护理康复机器人、虚拟现实康复训练设备等产品，形成一批高智能、高技术、高质量的老年人康复援助产品。支持企业加大研发设计和智能制造力度，鼓励和支持企业研发、生产可穿戴式、便携式监护、居家监护等智能养老设备，开发适合老年人生活的日用品、食品、服装等产品。鼓励医疗器械企业和创新企业发挥技术优势，加强康复辅助产品的研发，支持合格的康复辅助产品申请医疗器械注册登记。支持商业保险公司加大创新产品设计力度，争取将老年人急需的康复辅具配置纳入保险支付范围。

第三，积极发展老年人宜居产业。积极引进国内外知名地产开发商、保险基金、慈善基金、外资机构等，通过投资养老地产项目进入养老行业，利用自身服务优势打造养老服务连锁品牌。支持社会资本设计开发更多适合老年人的商业住宅产品。鼓励建设青年与老年人共同居住的综合社区和长期租

赁公寓,打造跨代际、充满活力的老年人社区。支持市场主体利用自有土地和房屋开发建设集住房、生活护理、医疗于一体的养老社区设施,鼓励更多市场主体参与,探索多元投入模式,拓展老年人居室适老化改造覆盖范围。

第四,激发老年人教育市场活力。积极培育老年人教育办学主体,支持创新开发适合老年人需求的教育课程的教育机构的发展,适应老年人不断增长的精神文化、健康养生、金融理财等方面的教育需求。鼓励发展老年人数字教育新业态,支持企业和各类社会组织通过网站、手机 App 等平台,开发可实现线上学习、互动交流等的创新教育产品。推动老年人教育与老年人旅游、机构照护等业态融合发展,支持养老服务机构通过外部合作、购买服务等方式,提供主题游学、人文行走、文化培训等增值服务,丰富养老服务内涵。

第五,促进老年人旅游服务健康发展。大力支持红色旅游、生态旅游、健康旅游等适合老年人的旅游业态的发展。鼓励旅游企业依托线下门店、线上平台,创新开发更多适合老年人的旅游产品,打造特色运营模式。在社区文化活动中心、社区综合为老服务中心等社区机构嵌入旅游信息服务,鼓励身体条件适宜的老年人参与"市民游奉贤"等活动。加强景区、酒店等旅游基础设施无障碍建设和管理,提升人性化服务水平,营造安全、便捷的老年人友好旅游环境。

第六,加快发展智慧健康养老。培育智慧健康养老服务新业态。推动智慧医疗服务的应用,推动人工智能、物联网、云计算、大数据等新一代信息技术在养老服务领域的深入应用。推动养老相关企业和养老机构充分利用智能健康护理产品,创新发展慢性病管理、家庭健康护理、个性化健康管理、互联网健康咨询、生活护理、养老机构信息服务等。支持智能交互、智能操作、多机协同等关键技术研发,提升康复训练及康复促进辅具、健康监测产品、养老监护装置、家庭服务机器人、可穿戴老年人服装服饰等适老产品的智能化水平并增强其实用性和安全性。定期发布智慧健康养老服务应用场景需求清单,培育一批智慧健康养老应用示范基地、示范社区和示范品牌。

（三）优化产业空间布局，打造具有影响力的养老产业集聚区

第一，推进"东方美谷"打造上海生命健康产业集聚区。加快推进"健康服务业 50 条"落地，根据全市"5 + X"健康医疗服务业布局，将"东方美谷"作为上海大健康产业的先行先试核心承载区推进升级为"上海东方美谷""健康企业高地"。推进"东方美谷"市级生物医药产业特色园区建设，加快培育发展生物医药及绿色食品产业，推进集聚智能医疗器械及运动装备产业，全力打造上海生命健康产业集群，提供生物医药发展"奉贤方案"。将绿地奉贤健康产业园打造成为医药医疗、医用物资企业总部以及研发中心、生产实践市场总部，以及集医疗商城、健康医疗服务中心、康养酒店等于一体的健康医疗产业园区。

第二，推进临港奉贤园区打造国际健康医疗服务业集聚区。发挥上海自贸区临港新片区战略优势，在临港奉贤园区打造国际健康医疗服务业集聚区，推动前沿临床技术服务、高端医疗服务和先进配套技术服务向园区发展。支持社会力量渗透到专业细分领域，投资组建品牌专业医疗集团，培育一批具有竞争优势的专业医疗品牌。以"名医名技"为核心，鼓励各类医生团体和专科诊所发展。以市场需求为导向，支持一批高水平、国际化、有特色的社会办综合医疗中心的发展，大力培育健康管理平台、研究型医疗中心等。支持医疗检测、病理诊断、医学影像、消毒供应、血液净化、安宁护理等领域高水平、国际化、集团化的第三方专业机构的建设，促进专业技术资源集约共享。

第三，推进杭州湾园区打造康复辅助器具产业集聚区。依托上海以及长三角区域养老产业集聚优势和资金、技术、人才等优势，将杭州湾园区打造成为具有示范性的康复辅助器具产业园区和生产基地，大力发展区域特色鲜明、附加值高、资源消耗低的康复辅助器具产业，着重集聚国际先进研发中心和总部机构。加快推动与康复产业相关的研发和设计、金融租赁、信息技术服务、检验和认证、电子商务、服务外包和品牌建设，大力促进整个产业链的整合和优化。

第四，打造有竞争力的健康旅游和生态养老区。以全域旅游示范区、旅游产业集聚区、旅游度假示范区建设为示范引领，推进健康旅游服务业发展，将奉贤区打造成为集高端医疗、运动康复、休闲养生等功能于一体的健康旅游产业集聚区和具有特色的生态养老区。推动中医与旅游的深度融合，构建假日养生、饮食养生、养生文化等多种服务体系，打造国际中医养生旅游品牌，形成完整的中医旅游服务链。依托乡村振兴计划"示范村、精品村"建设，探索创建养老社区新思路，通过流转农民的闲置房屋，由村级经济合作社或第三方统一管理，发展民宿旅游、养老社区，在养老社区中引入长护险、居家养老、长者照护等服务，建成集乡村旅游和乡村养老于一体的产业链，形成"走民宿规划建设之路，结度假式养老之果"的乡村发展模式。鼓励有实力的企业走跨区域的品牌化、连锁化发展道路，鼓励养老机构跨区联合、资源共享，发展异地互动养老，推动形成一批具有较强竞争力的养老机构，打造一批跨区域养老品牌，吸引上海各区老年人来奉贤养老，实现老年人"住得近、住得起、住得惯"的幸福养老；同时积极发挥上海医学高地优势以及奉贤区生态环境等优势，吸引长三角老年人来奉贤跨区域养老。

第五，打造智慧健康养老集聚区。在获得"第二批智慧健康养老示范基地"荣誉称号的基础上，继续加大工作力度，通过智慧、科技手段，让老年人的生活更健康、更多彩。推动健康大数据和医疗人工智能在社区的应用，打造若干智慧健康养老社区。以综合为老服务中心建设为抓手，搭建综合为老服务信息化平台，整合奉贤区养老政策、服务、产品、设施等信息，推广智能养老产品和技术应用，发挥智慧、科技在社区和居家养老中的作用，让老年人享受智慧健康养老生活。围绕数字化健康产品的研发设计、软件开发、信息系统集成、数据处理、数字内容服务等，打造健康信息产业集群。

（四）完善政策保障，构建具有竞争力的产业政策体系

第一，加强养老财税金融支持。切实降低养老服务成本。监督养老机构取消许可要求，强化服务监管，落实养老服务机构税费优惠政策。对同类养

老服务，逐步做到营利性、非营利性养老服务机构同等享受运营补贴待遇。充分发挥上海市中小企业发展专项资金、上海市服务业发展引导资金、上海市信息化发展专项资金等财政专项资金的引导作用，对符合条件的养老服务、康复辅具、智慧养老等企业和项目给予支持。进一步落实国家和上海市扶持小微企业的相关税收优惠政策，对符合条件的小型微利养老服务企业，按照国家相关规定，给予增值税、所得税等税收优惠。完善养老领域金融保障。继续推进养老机构和社区服务组织综合责任保险工作，完善养老机构建设、经营补贴政策、融资担保等财政支持措施。引导金融机构开发适合老年人的金融、信贷、保险产品，探索老年人住房反向抵押养老保险制度，提升养老服务业金融服务水平。

第二，保障养老设施建设用地。按照镇有"院"、片有"所"、村组有"点"的要求，构建区有福利院，镇有综合为老中心、敬老院，社区有托养场所，村（居）委有老年活动室、"四堂间"的养老服务设施格局。保障新增养老服务设施用地需求，对新建养老服务设施项目符合《划拨用地目录》的，采取划拨方式供地；对营利性养老服务设施项目，以租赁、先租后让、出让方式供应，鼓励优先以租赁、先租后让方式供应。降低养老用地成本，制定体现均质性、公益性和社会性的养老用地新价格，引导整体地价水平与标准厂房类工业基准地价相当。鼓励善用存量资源，增加养老服务设施的供应，并定期发布《存量养老服务设施资源目录》，多渠道增加养老服务设施供给。

第三，加强养老人才队伍建设。大力推进养老服务业吸纳就业，统筹养老服务从业人员的培养培训、职业规划、薪酬激励等各个环节，推动养老服务行业人才队伍建设。多渠道扩大养老服务从业人员规模。推动各类院校特别是职业院校设置养老服务相关专业，按照规定落实学生资助政策，争取放开养老相关专业招生计划和招生地区限制，建议与扶贫、扶智工作相结合，鼓励和支持贫困地区相关人员报考，并减免相关专业学生学费，给予养老服务岗位从业人员相应补贴等，统筹解决医养专业人才匮乏问题。鼓励社会力量支持联合办学，开展老年服务与管理专业人才培养。加强养老服务队伍质

量管理。建立健全养老机构从业人员培训机制和继续教育体系，加强对养老机构负责人和管理者的岗前培训和定期执业培训。按规定落实老年人服务人员培训费补贴、职业技能鉴定补贴等政策。根据国家制定的养老护理员职业技能标准，逐步统一养老服务行业培训教材、技能等级，并根据综合评价标准，完善服务费用支付体系，促进养老护理从业人员的合理流动。建立统一的养老护理员数据库，加强个人诚信管理。探索跨区域培训补贴等政策延伸机制，支持成立长三角地区老年人护理人才职业技能培训机构。

第四，推动跨区域异地养老。以区域内老年人的生命安全与生活需求为本，在跨区域医疗服务、跨区域养老服务、跨区域老年人优待、跨区域公共交通、跨区域养老服务企业注册等方面打破行政壁垒。尽快建立奉贤区养老机构老年人的登记、推荐、预约制度，通过消除信息不对称现象，助推奉贤区养老服务信息和服务资源更好、更及时地与长三角地区其他城市有养老需求的老年人实现对接、匹配。进一步完善养老机构公平、公正、开放的等候机制，促进养老服务供需衔接。尽快申请开展长三角养老一体化试点工作，合理扫除跨区域老年人福利和养老服务方面的身份和户籍障碍，实现医疗保险（门、急诊）异地结算、长期护理保险和养老服务补贴异地对接等。

参考文献

上海市老龄科学研究中心：《上海老年人照料护理服务及养老意愿调查状况》，百度文库，https：//wenku. baidu. com/view/b9f623cebdeb19e8b8f67c1cfad6195f312be839. html。

沈天骄、高鹏飞、张健明：《上海构建智慧养老产业金融支持体系的经验借鉴与政策优化》，《科学发展》2020 年第 10 期。

《上海出台促进养老产业加快发展 20 条意见》，《中国民政》2020 年第 10 期。

《2019 第一届机器人 + 智慧养老产业论坛在上海举办》，《劳动保障世界》2019 年第 2 期。

吴琬婷、杜学峰：《上海人口老龄化背景下养老产业发展研究》，《山西大同大学学报》（社会科学版）2017 年第 1 期。

B.15
奉贤区智慧城市和信息化
发展报告（2020）

丁波涛*

摘　要：　本报告分析了奉贤区2019年以来在信息化基础设施、智慧治理、智慧政务、智慧生活、数字经济、发展环境等方面的进展状况，指出奉贤区面对国内外经济放缓和新冠肺炎疫情的不利影响，克服困难，智慧城市建设各领域都取得了较大进展，在基础设施建设、数字惠民、智能网联汽车产业等方面形成了自身的发展特色，但奉贤智慧城市建设总体水平仍然偏低而且与中心城区的差距呈扩大趋势。为此，奉贤要紧紧抓住"十四五"规划启动、在线新经济发展、自贸新片区建设深入推进等重大机遇，加快城区数字底座升级、智能网联汽车产业集聚、数字惠民应用广域部署，使奉贤成为有活力、有效率、有温度的上海南部智慧新城。

关键词：　智慧城市　数字经济　智慧治理　智慧生活　智慧政务　上海奉贤

2019 年是《奉贤区推进智慧城市建设三年行动纲要（2017—2019）》的收官之年，也是保障上海智慧城市"十三五"规划顺利完成的关键一年。奉贤区根据全市以及奉贤智慧城市建设目标，加快信息化基础设施升级，推

---

* 丁波涛，上海社会科学院信息研究所副所长、副研究员，主要研究方向为城市信息化、信息资源管理。

动经济社会各领域的智慧化应用，培育与发展新型智慧经济，取得了一系列重要进展，推动奉贤智慧城市发展水平再上新台阶。

一 奉贤智慧城市建设进展

（一）信息化基础设施加速升级

2019 年，奉贤区加快推进城区信息化基础设施建设，打造"5G 移动千兆 + 光网桌面千兆"的双千兆宽带城区。全年计划建设 720 个 5G 通信基站，实现 11.8 万户家庭和 65 栋商务楼宇千兆覆盖。截至 2019 年底，已建成 505 个 5G 通信基站，14.35 万户家庭和 65 栋商务楼宇实现千兆覆盖。新建成 2015 个 NB-IoT（窄带物联网）站点，完成奉贤区政府地标、重要交通枢纽、重点产业园物联网建设，并应用于公共安全、公共管理、公共服务三大领域的 10 多个业务场景。

2020 年以来，奉贤区面对新冠肺炎疫情带来的种种不利影响，克服困难，继续按预定规划目标推进信息化基础设施建设。上半年共建设光缆 12.79 万芯公里，累计长度 338.54 万芯公里，覆盖 4.43 万户，累计覆盖 111.28 万户；累计完成 262 个千兆小区覆盖和 100 个千兆商务楼宇覆盖，基本完成全区城市光网全覆盖工作。有线电视农网建设累计已经完成 10 万户，完成建设覆盖 100%。奉贤区无线局域网热点累计 338 个，无线访问接入点 4874 个。

截至 2020 年 6 月底，奉贤区宽带网络覆盖用户共计 90.82 万户；移动通信用户共计 151.8 万户，其中 2G 用户共计 27.3 万户，3G/LTE 用户共计 12.5 万户，4G 用户 112 万户。全区有线电视用户达 18.03 万户，互动电视 5 万端，高清 IPTV 用户共计约 22.4 万户，形成了数字电视与网络电视融合互动、齐头并进的发展格局。

（二）城区智慧治理全面展开

1. 城市大脑

2019 年 7 月，完成奉贤区城运平台（城市大脑）项目一期建设，打破城市管理信息系统的数据资源割裂壁垒，形成奉贤区特色的城市精细化管理模式。按照"1＋12＋N＋3"的总体框架构建区城市运行指挥体系。第一期重点围绕"1"（区城市运行指挥中心）的"五个一"的工作目标开展建设，包括：一张涵盖地上、地面、地下的基础地理信息地图；一张由监督员巡查、12345热线投诉、雪亮工程监控、社会面智能安防感知、其他行业监管信息等组成的全域感知网；一支由300人组成的覆盖全区的市场化专职巡查员队伍；一套与城市运行相关的作业、管理、执法标准；一套基于城市网格化管理六步闭环的城市运行综合管理流程。计划用两年时间，完成"12"的12个街镇城市运行处置中心及村居工作站建设，实现街区、小区、农村、园区运行监管全覆盖、全过程、全天候。已打造完成建设"N"的智慧工地、民防空间等适合行业应用的智能化管理专题。已构建"3"的日常、保障、应急三种指挥模式，针对城市运行的不同状态，调取不同的信息资源，展示不同的应用界面，便于领导坐镇指挥。

2. 食品安全

2019年，奉贤加快建设奉贤区食品追溯管理和公众查询平台，当年已全面完成奉贤区食品生产、流通、餐饮服务9类20项全环节全覆盖。截至2019年12月，平台上已完成注册并录入基本信息的企业数量已达到1721家，其中食品生产企业76家、食品流通企业1019家、餐饮服务企业626家，在奉贤区内食品生产企业覆盖率达到了30%，食品流通企业、餐饮服务企业覆盖率各达到了15%。已录入追溯信息基础数据的食品生产、流通、餐饮服务企业总数已达到1000家。

3. 公共安全管理

一是依托智慧公安建设，强化重点区域智能视频监控覆盖，实现全区主要道路、重点区域、目标智能监控覆盖。截至2019年12月，共建成智能监控4901个，其中人脸识别监控2430个、高空全景智能监控2个、制高点监控20个，视频监控智能化率达到80%。二是推进奉贤区"雪亮工程"建设，截至2019年12月，奉贤区"雪亮工程"共享、联网两个平台已完成建设，视频监控点位服务项目建设顺利启动，为全区视频监控资源的汇聚共

享和智能化应用、支撑社会精细化治理打下基础。三是推进社会面智能安防建设，紧扣社会治理根基，大力推进社会面智能安防项目，加快智能社区、智能楼宇等的建设，通过在居民小区出入口、主要通道、楼道安装感知设备，汇集感知数据，建立模型，提升居民小区、商业楼宇智能化、精细化管理水平。截至 2019 年 12 月，已建成 3 个试点村（江海村、杨王村、新强村）、39 处智能楼宇、7 个重点场所。

4. 环境治理

2019 年 8 月完成"互联网＋"环境监测与"一个中心、三个平台"项目建设。生态环境数据中心收录了与环保相关的法律法规、科技标准、重点排污单位名录、污染源及环境质量监测数据、监测报告等，实现相关科室间数据融合共享、信息交互，为环境监管提供数据服务和信息共享支撑。截至 2019 年 12 月，污染源平台已完成企业在线监控设备安装联网 114 家，基本实现重点排污企业在线监测全覆盖。环境质量监测平台接入空气站 4 个、地表水站 8 个、园区空气特征站 6 个、扬尘监测点 220 多个，均实现在线监测数据的实时传输。公众参与平台对接奉贤市民云 App，公众可随时查看奉贤区空气质量、主要河道水质、工地扬尘等实时监测数据；网页端还增加了环评信息、行政处罚、环境管理等信息展示功能。

5. 水务管理

奉贤区开发完成奉贤区河长制工作信息系统（一期），实现全区河道水系"一张图"，实现水文、环保信息实时监测，实现河长巡河信息化。截至 2019 年 12 月，河长 App 自启用以来共巡河 87529 人次，上报有效巡河案件 856 件，动态结案率 96.5%；"奉贤河长"微信公众号关注数 1360 人，公众共上报涉河案件 220 件，结案率 100%。奉贤区 4690 条河道信息、1190 名河长信息、2.8 万个沿河排口信息、2000 家用水企业信息全部导入信息平台，同时将 2 个水文自动监测点位数据和 9 个环保自动监测点位数据整合，接入河长制信息平台，实现数据共享，截至 2019 年 12 月已累计生成 27259 条水质数据。

（三）智慧政务实现深度应用

1. "一网通办"平台建设

一是持续深化统一受理平台建设，积极对接市级"一网通办"平台，动态调整行政许可类事项，奉贤区 404 项上线事项均已 100% 实现"最多跑一次"，区行政服务中心 256 项入驻事项实现全覆盖预约，网上预约量逾 4.3 万次。二是扩大公共服务事项接入范围，全面梳理奉贤区公共服务事项接入"一网通办"目录，305 项已接入"一网通办"总门户，其中 263 项实现网上办理。三是推进电子证照归集与应用。已归集 237 类市级高频证照入库，完成 13 类区级自发证照的归集和 3659 件历史证照数据的导入，电子证照场景应用事项已达 461 项，截至 2019 年 12 月，累计调用证照 16.7 万余次。四是推动政务服务广泛深度应用。积极对接市大数据中心，强化市、区两级联动，加快政务数据落地。五是电子印章建设。奉贤区按照《上海市人民政府办公厅关于印发〈本市加快推进电子证照应用实施方案〉的通知》要求，按照"统一标准、分步实施、全面覆盖"的原则，积极建设区级电子印章平台，全面服务"一网通办"。

2. 政务自助终端建设

政务自助终端平台已完成从 1.0 版本到 2.0 版本的升级切换，已归集事项 1093 项，部分事项实现证照打印、视频预审等功能。全区已投放终端机 80 台，建成"区—街镇—村居（生活驿站）"三级政务自助体系，业务办理量逾 12 万件次。实现群众办事"减跑动次数""减时间""减材料"。实现 6 项全市首创，分别是全市首个"24 小时不打烊"政务服务大厅、全市首台进商场的政务终端、全市首台延伸至村居的政务终端、全市首创"终端打印证照"、全市首创"两端融合"服务模式及全市首创"奉贤自助终端网点"定位小程序。

3. 推进电子政务云建设

一是根据《上海市人民政府办公厅关于印发〈上海市电子政务云建设工作方案〉的通知》的要求，结合奉贤区工作实际，精细制定了区电子政

务云建设方案，区电子政务云采用"2＋2＋X"（一个"2"是指政务外网主副中心、一个"2"是指互联网主副中心、"X"是指 X 个分中心）的模式设计，在有效对接市电子政务云的基础上，切实保障区政务数据安全。二是全面完成区电子政务云一期建设，实现了区内各部门信息基础设施的共建共用和信息系统的整体部署，进一步强化奉贤区的信息化项目集约化建设，为奉贤区公共数据的全面归集共享打下坚实的基础。

4. 加快公共数据归集共享

一是制定发布《2019 年奉贤区公共数据共享工作方案》和《上海市奉贤区关于贯彻落实上海市公共数据和一网通办管理办法的实施意见》，推进奉贤区已建政务应用系统的数据目录清单编制和数据归集，2019 年完成 58 个应用系统和 18 个表格类数据编目，新增编目 1023 条，新归集各类公共数据 3300 多万条。基于归集的公共数据，搭建奉贤区公共数据服务平台，将各部门资源数据进行脱敏处理后，面向公众和企业提供数据服务，2019 年向市大数据中心上报奉贤区拟开放公共数据 39 项。二是建成区信息资源云服务平台，形成定期更新的法人库、人口库、宏观经济运行库、基础地理信息库、遥感影像数据库、三维景观库等基础数据库群，总数据量达 2800 多万条，为区内约 35 个部门应用提供基础数据（人口库、法人库等）支撑。配合市大数据中心开展公共数据资源目录编制及数据归集工作，完成了 1242 项区级数据资源目录编制、数据归集和数据挂载，归集数据量为 2800 多万条。完成市级办件库、法人库以及人口库的申请订阅，落地"一网通办"办件库数据 173 万条、法人库数据 1531 万条、人口库数据 1352 万条，为"一网通办"应用和其他各部门应用提供数据支撑。

特别是在新冠肺炎疫情期间，奉贤各行政审批部门为疫情防控急需用品生产企业开辟"绿色通道"，采取加急审批等方式，以最高的效率完成相关审批事项，确保疫情防控急需用品的快速生产。如区市场监管局开通应急物资快速审批通道，支持企业边生产防护服边送检，为美迪科（上海）包装材料有限公司以往拿到医疗器械生产"两证"需要的时间从一年压缩至半个月。

（四）智慧生活造福全区民众

1. 智慧交通

一是通过智慧停车项目，提升了城市停车管理的水平。智慧停车系统建设，实现网上动态查看预约、自动识别车牌进出场、即时结算无感支付等功能的智能停车系统，以及全景视屏识别、车牌自动识别、智能语音提示等功能的智能化停车管理，提升了城市停车管理的水平。截至 2019 年底，实现了奉贤南桥城区和奉浦地区智慧停车管理全覆盖；共有 16 万人关注"奉贤停车"微信公众号，车主通过公众号自主下单率提高到 70% 以上，整体缴费率达到 90% 以上，基本解决"停不起、不敢停"、老旧小区停车难问题。二是年内完成了智能交通安全管理系统（一期）建设工作，建成智能信号灯系统 35 套、行人过街系统 5 套、行人和非机动车电子警察交通违法抓拍系统 20 套，提升了交通智能化管理水平，为居民出行提供了安全、有序的交通环境。

2. 智慧健康

一是建成了医疗健康信息查询系统，搭建奉贤区智慧健康移动服务平台，推进建设有奉贤特色的移动预约、移动支付、移动查询三大惠民应用。与"健康上海""随申办"App 进行对接，共享市、区两级相关信息化资源；与奉贤区 22 家社区医院的家庭医生进行上海市社区综改"1 + 1 + 1"签约联动；搭建区级预约专家号源池，预约号源已覆盖 5 家二、三级医院；完成全区 30 家医疗机构移动支付环境的营造任务。系统运行 9 个多月以来，超过 2 万名奉贤区居民注册认证，全区 26 家医疗机构共开通预约专家 272 名，开通预约普通门诊科室 140 个，居民主动发起的咨询超过 1000 次，在线预约超过 8000 人次，院内移动支付总金额 1 亿多元。二是开展"上海健康云"奉贤应用项目建设，通过部署物联网体征感知设备、移动互联网软件（App）、健康管理工作站系统等仪器设备及软件，为社区居民、家庭医生、卫生管理部门提供远程健康管理信息化服务工具，实现"居民预检、平台预警、临床参考、医生管理"的整体服务流程，实现血压、血糖、血氧、身高、体重等健康体征数据测量和远程传输，为医生提供慢性病异常体

征数据查看和干预管理服务，针对糖尿病、高血压等慢性病、妇幼服务业务提供随访提醒等"互联网＋"服务。截至2019年11月，该系统及300套设备已全部安装至相应的社区并完成项目验收，正全面推进使用。

3. 智慧教育

一是加强顶层设计，研究制定了《奉贤区教育信息化五年发展规划（2020—2024年）》和《奉贤区教育信息化创新实践三年行动计划（2020—2022年）》。二是建设安全高效的奉贤区教育局教育城域网，优化信息化基础环境。完成"教育城域网出口双链路改造及新增带宽备线"信息化项目建设，为奉贤教育信息应用提供网络环境支撑。截至2019年12月，全区公办义务教育学校已实现学校无线网络全覆盖、互动式多媒体教室建设和教师移动终端配备。三是打造"三个智慧"。智慧教育，提高教育行政管理和服务信息化水平；智慧校园，提高学校管理和服务信息化水平；智慧课堂，提高教育教学的信息化水平。

4. 智慧养老

2019年，奉贤在2018年完成智慧居家养老系统建设的基础上，以居家服务为基础，打造"全人群、全方位、全周期"的智慧养老，服务于居家生活的"高龄纯老家庭、独居和失智老人"。截至2019年12月，已完成微信端系统功能开发上线；完成与市民云对接；项目面向4200名老人发放智能健康腕表；陆续完成75个居委会3900户老年人的入户调查；组织线下活动32场，培训近4000人次；已累计受理紧急呼叫4181次，处理报警近13000起，主动外呼超30000次，救助多名老人。2019年，奉贤区荣获了全国"第二批智慧健康养老示范基地"的称号，智慧居家养老项目成为上海市智慧养老十大典型案例之一。奉贤区智慧居家养老项目二期已经完成立项并进入采购建设阶段。

（五）数字经济保持总体平稳

1. 软件和信息服务业

奉贤高度重视软件和信息服务业发展，积极组织区内企业申报2019年度上海市软件和集成电路产业发展专项（软件和信息服务业领域）项目，向市经信委推荐 6 家企业的 6 个项目，其中 1 家企业（上海圣熙信息技术有限公司）的 1 个项目获得市级资助；推荐上海牵翼网络科技有限公司申报进入"双推"服务平台名单。

2019 年，奉贤区软件和信息服务业总体发展平稳。从统计数据来看，区内大部分重点企业的营收和利润与 2018 年相比有所增长，51 家上报企业中有 22 家企业的营收较 2018 年有所增长，这些企业增收 6.1 亿元。营收达到亿元以上的有 11 家企业，较 2018 年增加了 3 家企业。但个别营收上亿元企业 2019 年经营数据大幅下滑，对全区总体数据产生了较大影响。具体而言，2019 年奉贤区软件和信息服务业营业收入约为 48.19 亿元，比 2018 年48.47 亿元降低了 0.57%；利润总额约为 3.27 亿元，比 2018 年 3.78 亿元下降 13.42%；研发经费支出约为 3.69 亿元，与 2018 年同期（3.13 亿元）相比增长了 17.81%，从业人员平均人数为 4788 人，与 2018 年同期（3541人）相比增长了 35.22%（见表 1）。

表 1 2018 年、2019 年奉贤区软件和信息服务业运行指标

指标	2019 年	2018 年	增长率（%）
单位数（家）	51.0	45.0	13.33
营业收入（万元）	481912.1	484691.2	-0.57
其中：主营业务收入（万元）	481181.8	484252.4	-0.63
软件业务收入（万元）	347073.2	374095.9	-7.22
营业税金及附加（万元）	1180.3	1241.6	-4.94
销售费用（万元）	104254.7	86604.4	20.38
管理费用（万元）	76849.5	60021.4	28.04
应缴增值税（万元）	2000.1	2560.1	-21.87
利润总额（万元）	32722.8	37796.8	-13.42
营业利润（万元）	33781.1	40597.4	-16.79
投资收益（万元）	2176.6	6543.6	-66.74
从业人员平均人数（人）	4788.0	3541.0	35.22
本期应付职工薪酬（万元）	48995.9	44770.5	9.44
研发（R&D）经费支出（万元）	36930.6	31348.0	17.81
软件著作权数（个）	614.0	475.0	29.26

资料来源：上海市奉贤区经济委员会。

从企业层面来看，区内大部分重点企业的营收和利润与 2018 年相比有所增长，尤其是排名前 10 的企业营收较 2018 年同期有稳步增长，但是有家企业降收比较明显，即上海猎鹰网络有限公司，其营收由 2018 年的 11 亿元降到 2019 年的 5.56 亿元，该企业的营收下降，直接拉低了奉贤全区的数据，导致全区软件和信息服务业总营收下降且几个重要指标出现负增长（见表 2）。

表 2　奉贤区 2018 年、2019 年经营收入前 10 名企业情况

单位：万元

排名	企业名称	2019 年	2018 年
1	上海泛微网络科技股份有限公司	115293.5	94980.4
2	上海格蒂电力科技有限公司	63175.5	—
3	上海汇珏网络通信设备股份有限公司	56653.0	49599.0
4	上海猎鹰网络有限公司	55603.9	110575.7
5	上海志远电子商务发展有限公司	42154.0	33218.0
6	上海易教信息科技有限公司	18739.8	8792.2
7	上海鸿冠信息科技股份有限公司	17061.0	16820.0
8	上海海业信息科技发展有限公司	14197.2	9614.2
9	上海讯飞瑞元信息技术有限公司	12281.6	14186.9
10	上海西信信息科技有限公司	10710.5	11064.8

资料来源：上海市奉贤区经济委员会。

电子商务方面，2019 年奉贤全区通过公共网络实现的商品零售额累计为 29.9 亿元，同比增长 21.6%。其中，限额以上批发和零售业网上零售额占全区限额以上批发和零售企业商品零售额的比重为 20.1%，比重比 2018 年增长 7.1 个百分点，拉动限额以上社会消费品零售额增长 10.1%。全区限额以上住宿和餐饮企业通过公共网络实现的累计客房收入和餐费收入分别为 1497.0 万元和 150.0 万元，同比分别增长 19.5% 和下降 14.1%；快递业务量完成 1.72 亿件，同比增长 5.6%；业务收入完成 8.81 亿元，同比减少 8.4%。

2. 信息化与工业化融合

奉贤区积极贯彻落实国家和上海市关于两化融合文件的精神，积极搭建企业信息化沟通交流平台，鼓励扶持企业进行信息化改造，增强企业综合竞

争能力，实现企业创新驱动、转型发展。

一是推进两化融合贯标。截至 2019 年 10 月，全区两化融合自评估企业数为 473 家，全区自评估平均分数为 38.17 分，其中 60 分以上的企业为 91 家。同时，根据区内实际推进情况，对区内企业贯标指标做出相应调整，并在区级补贴政策和各街镇（开发区）政策的激励以及外部环境的刺激下，逐步推动区内相关企业开展两化融合贯标工作。

二是推动工业互联网建设。组织区内企业进行市级工业互联网专项资金申报，上海吉诺士汽车配件有限公司、奉其奉印刷科技（上海）有限公司、上海兰宝传感科技股份有限公司、上海博复信息科技有限公司和上海君实生物工程有限公司等 8 家企业已完成材料提交和审核；组织区内伽蓝（集团）股份有限公司、上海凯宝药业股份有限公司、奉其奉印刷科技（上海）有限公司和上海阿拉丁生化科技股份有限公司等 19 家企业进行 2019 年市级两化融合管理体系贯标重点企业库申报。通过两化融合贯标企业的基数增长和能级提升，进一步推动后期工业互联网标杆园区的建设。

（六）智慧发展环境不断优化

1. 营造良好氛围

一是开展以"智慧贤城、未来已来"为主题的奉贤区 2019 年"5G + 智慧城市"宣传周活动，活动通过主题日活动以及设立智慧园区、智慧教育、智慧农业等专场，邀请专家宣讲 5G、新型智慧城市建设及各类应用场景等；二是积极组织各委办局和街镇社区的宣传力量，通过海报、电子显示屏以及相关新媒体宣传上海市智慧城市宣传体验活动，引导市民群众参与体验；三是组织电信运营企业开展智慧城市宣讲和体验活动，推动身边的智慧城市建设；四是结合奉贤区十大民生项目、奉贤市民云、上海市民云开展推广宣传活动，让居民有更切实的体验感。

2. 创新体制机制

2019 年修订了《奉贤区公共资金投资信息化项目建设管理办法》，强化对信息化项目的全生命周期管理，启动和完善了 5 个工作机制。一是启动信

息化项目前置初审工作机制，2019 年下半年针对 2020 年信息化申报项目开展了 5 批次前置初审工作。共初审项目 114 个，通过初审项目 97 个，项目金额约为 4.23 亿元；初审不通过 17 个，项目金额约为 2.25 亿元。二是启动信息化项目应用绩效评估机制，2019 年下半年完成对 2014～2017 年建设完成的 30 个项目进行绩效评估，涉及 17 个单位。今后此项工作将建立长效机制，每年进行一次。三是完善信息化项目固定资产登记和移交工作机制，信息化项目产生的国有资产，在项目通过验收并完成验收款支付后 30 个工作日内，由区科委正式和项目建设单位完成国有资产移交工作。确保完成一个移交一个，不欠新账。四是完善信息化项目集约化共建共享工作机制，遵循"五个一"集约共享原则，对已建项目的数据资源进行整合共享，对待建项目的软硬件资源进行共建共享，整合资源，节约投资，提升效果。截至 2019 年 12 月，已有 109 个在用业务系统部署在区电子政务云上。五是完善信息化项目验收工作机制，组织区发改委、财政局、采购中心和行业专家共同进行验收，严格验收要求，对验收不合格项目坚决予以整改。

3. 保障信息安全

完成 2019 年度信息安全检查、重要信息系统等保测评、应急演练、2019 年度奉贤区关键基础设施网络安全检查；完成政务内网相关安全保障；完成国家两会期间、十九大期间、国庆期间、进博会期间等重大活动区域网络安全保障；积极组织参与国家网络安全宣传周上海地区活动，并配合主题活动开展了"网络安全"专题讲座；完成政务网防病毒服务项目；完成2019 年度政务网安全服务项目建设；对全区政府机关及其直属事业单位的软件使用情况进行摸底统计，顺利推进奉贤区软件正版化工作。

二 特色与不足

（一）奉贤智慧城市建设的特色

1. 适度先行，信息化基础设施建设水平较高

奉贤在推进智慧城市建设过程中，注重发挥后发优势、实施基础设施先

行策略，大力推进通信网络、大数据、物联网建设，实现了 4G 深度覆盖、5G 加快部署、光纤网稳步升级、感知网络初步涵盖全区，为奉贤智慧城市建设打下了坚实基础。从上海智慧城市评估结果来看，2019 年奉贤的网络基础设施发展水平整体上高于上海智慧城市发展水平（见表 3）。

表3　上海各郊区网络就绪度指数及排名（2019）

郊区	网络就绪度指数	郊区排名	
		网络就绪度	智慧城市发展水平
松江	120.37	1	4
闵行	115.76	2	2
嘉定	115.69	3	3
奉贤	108.51	4	7
宝山	108.26	5	1
崇明	104.73	6	8
金山	101.36	7	6
青浦	98.83	8	5

资料来源：上海市经济和信息化发展研究中心。

2. 以人为本，智慧城市建设中注重为民便民

奉贤地处郊区，地域较为广阔，人口密度和公共服务设施密集度都比较低，许多信息化服务开展都存在覆盖度不足的难题。针对此矛盾，奉贤区加强信息化服务的供给侧结构性改革，充分利用人工智能、物联网等新一代信息技术，开发智能化的自助服务终端，并深入部署到园区、街道、村居、楼宇，使老百姓能就近享受信息化的便利，让智慧城市建设成果为全区共享，提升民众的满意度、增强民众的获得感。

例如，在推进"一网通办"过程中，奉贤以"纵横交错"为架构，即纵向上打造"区—街镇—村居（园区）"三级政务自助服务体系，横向上在银行、商圈投放终端机，形成 15 分钟政务便民服务圈。截至 2020 年上半年，奉贤已在全区 65 个点位配置共 80 台终端机，市民、企业只需扫一扫自助终端小程序，就能轻松找到离自己最近的终端机，实现"就近办、快速办"。为增强终端功能，奉贤在全市首个实现"一网通办"PC 端和自助终

端的"两端融合"，用户可在自助终端上查到"一网通办"PC端的所有办事信息和记录，未来奉贤还将融入移动端"随申办"超级应用，向"三端融合"进阶，进一步实现"多业务平台，办一件事"的功能。同时，奉贤还根据各终端点位的实际承载办件量，对智能终端的区域部署进行动态优化和调配，办件量大的区域适度增配，办件量小的区域酌情减少或取消终端，以达到终端资源的最大化利用。

3. 突出特色，形成了以车联网为引领的智慧经济发展蓝图

近年来，奉贤充分发挥原有的汽车配件产业基础优势，紧紧抓住特斯拉落户自贸区新片区的重大机遇，以"未来空间"、奉贤新城（南桥）等为载体，大力发展智能网联新能源汽车产业，引领全区智慧经济发展，取得了明显成效。

例如，2019年9月奉贤区与临港集团、上海交通大学签约，以奉贤南桥科技城为基地，共同打造智能网联新能源汽车"未来空间"，正在建设"上海奉贤智能网联汽车特殊场景道路测试区"，这将是国内最大的地下停车无人驾驶测试区，将为长三角乃至全国智能网联汽车产业的核心技术研发提供重要的场景和技术支持。2020年1月，中国电信上海奉贤电信局、中国铁塔上海奉贤分公司与中国"5G＋AI"无人驾驶的开拓者中智行公司正式签署《联合建立5G智能车联网合作框架协议》，将合力打造全国领先的5G智能车联网创新应用。2020年在车联网技术研发和智能网联汽车测试应用领域，上海已形成了嘉定、临港、奉贤三足鼎立的发展态势，共同推动上海智能网联汽车测试由测试端向产业端加快迈进。

（二）奉贤智慧城市建设的不足

1. 智慧城市发展总体水平不高且有掉队风险

根据上海市经济和信息化发展研究中心发布的《2019上海市智慧城市发展水平评估报告》，奉贤在全市16个区中排第15位，在8个郊区中排第7位，无论是从全市还是从郊区来看排名都比较靠后，而且相较2018年均下降2位（2018年奉贤排全市第13位、郊区第5位）。同时从指数的绝对值来看，奉贤与先进城区的差距也呈扩大趋势，2018年奉贤智慧城市发展

水平指数相当于排第 1 位的徐汇的 82.2%，2019 年则只相当于徐汇的 70.7%（见表 4）。

表 4　上海智慧城市发展水平指数（2019）

排序	区	综合指数	分项指数			
			网络就绪度	智慧应用	发展环境	网络安全
1	徐汇	121.59	122.81	140.07	111.30	0.95
2	静安	116.87	114.85	127.63	108.23	0.98
3	黄浦	115.88	117.99	125.60	106.15	0.98
4	浦东	115.73	137.23	123.54	108.70	0.95
5	长宁	112.50	125.99	120.57	109.79	0.95
6	普陀	112.06	138.21	117.77	104.76	0.95
7	杨浦	109.36	118.13	123.36	99.35	0.95
8	宝山	108.99	108.26	123.18	104.95	0.95
9	虹口	108.43	151.34	106.85	101.48	0.95
10	闵行	108.01	115.76	116.21	108.11	0.95
11	嘉定	105.34	115.69	102.94	102.44	1.00
12	松江	98.86	120.37	98.33	92.13	0.98
13	青浦	94.92	98.83	101.28	88.18	0.98
14	金山	94.58	101.36	105.69	88.12	0.95
15	奉贤	86.01	108.51	86.44	85.37	0.95
16	崇明	84.63	104.73	84.18	86.81	0.95

资料来源：上海市经济和信息化发展研究中心。

　　从表 4 数据可以看出，虽然奉贤近年来大力推进智慧城市建设，但其他各区发展速度更快。中心城区利用其区位优势和产业基础，紧紧抓住大数据、人工智能、区块链等发展机遇，加快提升自身智慧城市发展水平；以往落后于奉贤的青浦和金山也不断开拓新的增长点，如青浦充分利用长三角一体化、进博会、华为青浦基地、北斗产业发展等契机，信息化基础设施、智慧治理、数字经济发展水平突飞猛进，金山则突出化工、"三农"等特色，聚焦新型信息基础设施建设、"城市大脑"、"一网通办"、"一网统管"、数字经济、网络安全六大重点领域，加大投入力度，智慧城市发展水平快速提升。因此，奉贤需要进一步增强忧患和竞争意识，对智慧城市建设给予更多关注和更大投

入，发挥自身特色和后发优势，确保在新一轮的智慧城市建设中不掉队。

2. 数字经济体量偏小而波动较大

奉贤软件和信息服务业以中小微企业居多，而且不少企业仅在奉贤注册，实际经营仍在中心城区。新兴的人工智能、大数据、互联网企业尚处于起步阶段，尚无规模较大的知名企业落户奉贤，难以形成产业集聚效应。由于目前奉贤软件和信息服务业企业基数较小，排名前10的企业营收占全区的比重达到90%以上，这种行业高度集中的特点很容易产生少数龙头企业经营不善从而导致全区产业发展受影响的现象。

此外，虽然车联网、美丽健康等行业对奉贤智能经济发展已产生积极引领作用，但实际的拉动效果还不够明显。奉贤现有的重点信息技术企业中较少与车联网、美丽健康行业有深度关联。其中的原因有多方面：一是目前奉贤的新型汽车、美丽健康产业发展还不充分，产业外溢作用尚不明显；二是与车联网、美丽健康相关的数字技术产业，目前多处于研发和测试期，还未启动产业化转型；三是奉贤数字经济基础较薄弱，相关的人才、资金、技术等条件较差，这也非短期内所能改观。

3. 数据共享利用不足制约深层次智慧应用

新型智慧城市是数据驱动的，数据的共享、整合与开发是各类智慧应用的基础。在调研过程中，我们发现部门内的数据资源开放和共享不足，部门外的数据共享由于缺少明确的牵头部门也不充分，"信息孤岛"的现象仍存在（见表5）。

表5　各区在上海公共数据开放平台上展示的数据集数量（截至2020年10月9日）

单位：个

区	数据集数量	区	数据集数量
浦东	221	长宁	56
静安	92	黄浦	49
宝山	78	金山	48
崇明	67	奉贤	40

续表

区	数据集数量	区	数据集数量
松江	65	杨浦	35
青浦	60	闵行	33
徐汇	58	虹口	30

资料来源：上海市公共数据开放平台，http://data.sh.gov.cn，采集时间为2020年10月9日。

4. 信息化建设效益不高造成民众感受度不足

虽然奉贤已上线多项涉及民生的信息化项目，但知晓度及应用率仍相对较低，群众受传统习惯禁锢，以及顾虑网络系统不安全，担心操作错了会扣费、绑定个人信息会泄露隐私及造成经济损失等问题，阻碍了智慧城市项目的推进。

此外，一些信息化项目设计大而全，系统实际上线后，一些功能的利用率不高，在用的功能同预期目标也有一定差距，难以体现整个信息化应用的作用和价值。而很多信息化项目建设目标不清，未能达到简化工作流程、提升工作效能的效果，造成财政资金的浪费。

三　发展形势与机遇

（一）发展形势

1. 全球发展态势对智慧城市建设提出新要求

总体来看，未来五年，全球形势不稳定、不确定性因素增多，经济持续低迷、全球治理体系加速变革、产业格局加速重塑调整、新一轮科技竞争空前激烈。从经济态势来看，全球经济低速增长进入常态，新旧动能加速转换形成有效对冲。从技术趋势来看，新一轮科技竞争空前激烈，各国抢夺战略制高点布局生态卡位。从社会趋势来看，美好生活需求全面升级，发展不平衡不充分的矛盾仍然突出。结合我国智慧城市自身演进脉络来看，整体将体

现五大转变：一是定位转变，从技术支撑转向经济社会发展战略引领；二是重心转变，从城市管理转向城市运营和服务；三是主体转变，从政府绝对主导转向全社会参与共建共治；四是手段转变，从技术单点应用转向技术集成创新发展；五是理念转变，智慧城市从以治理为主转向治理与赋能双核心。

2. 国家和上海为智慧城市建设指明新方向

十九大报告提出了"以人民为中心"的信息化建设新思想和"数字中国""网络强国""智慧社会"等新目标，明确了新时代我国的信息化发展方向；上海加速推进政务服务"一网通办"、城市运行"一网统管"、全面赋能数字经济，不断夯实"城市大脑"、信息设施、网络安全三大基础保障，也对奉贤新型智慧城市建设提出了新要求。

3. 新一轮数字技术变革激发智慧城市新动能

以人工智能、5G、区块链等为代表的新一轮数字技术革命迸发出巨大的创新活力和应用潜力，将驱动智慧城市迈向全新发展阶段；同时新型数字技术与产业发展、城市治理、行政管理以及社会生活深度融合，孕育出数字经济、数字货币、智慧政府、智能治理、孪生城市等新业态和新模式，这都为奉贤智慧城市创新发展提供了新的动力。

4. 智慧城市建设与发展模式呈现新趋势

发展路径上，智慧城市建设将更加注重统筹规划与分类推进有机结合，前端服务与后端机制同步优化，奉贤智慧城市建设也应趁势而上、顺势而为，促进建设与发展模式变轨；建设模式上，统一共建、数据共享、资源共用等集约化模式将成为智慧城市发展的主流；建设主体上，政企合作、众包众筹等多元参与模式将成为新型智慧城市建设的主要方式。

面对新形势，未来奉贤区新型智慧城市建设要抓住新机遇、迎接新挑战、聚集新动能、实现新跨越。突出新理念，更加注重以人为本、集约融合、开放多元，增强民众在智慧城市建设中的获得感、信任感和幸福感；寻求新模式，要培养互联网、大数据和人工智能思维，坚持技术创新、制度创新、思路创新相结合，积极利用新技术、聚集新资源、开发新场景，站在新起点上高标准建设新型智慧奉贤；开拓新空间，要更加关注城乡一体化发展，以智慧城市建设为契机促进新农村振兴，更加关注长三角一体化发展，发挥奉贤地理优势，加快融入长三角智慧城市群；探索新路径，要做到智慧城市规划、建设、管理、运营并重，加强顶层设计、建章立制、多方共管和运维保障，实现智慧城市可持续发展。

（二）发展机遇

1."十四五"规划机遇

2020 年 2 月，上海市发布了《关于进一步加快智慧城市建设的若干意见》，提出到 2022 年将上海建设成为全球新型智慧城市的排头兵、国际数字经济网络的重要枢纽、引领全国智慧社会和智慧政府发展的先行者、智慧美好生活的创新城市。同时上海即将发布智慧城市建设"十四五"规划，加快新兴数字技术在城市各领域中的深度应用，推动城市的数字化转型，建设速度之城、创新之城、效率之城、温暖之城和精细之城。

可以预见，未来上海将着重在 5G、双千兆宽带、物联网、北斗、大数据等"新基建"领域加大投资力度，在在线新经济、工业互联网等数字经济领域加大发展力度，在"一网通办""一网统管"等智慧治理领域加大推进力度，这将为奉贤智慧城市建设提速提质带来新的机遇和新的动力。

2. 在线新经济发展机遇

突然暴发的新冠肺炎疫情，切断了许多传统行业的线下经营通道，倒逼许多企业加快迈上数字化、网络化、智能化的转型之路，因此虽然疫情给我国经济造成了较大的负面影响，但在线新经济逆势上扬、发展迅猛。上海于2020 年顺势推出了《上海市促进在线新经济发展行动方案（2020—2022年）》，将瞄准在线新经济高地目标，鼓励远程办公、"无接触"配送、在线展览展示、无人工厂、生鲜电商零售等 12 个重点领域发展。相比传统的经济形态，在线新经济打破了时空界限，从以往的依赖线下的实体经营渠道转到依赖线上的虚拟经营渠道，企业所处的地理位置将成为次要因素，这种转变将在相当程度上消除奉贤地处郊区的区位劣势，使得奉贤企业可以像位于市中心的企业一样，便捷地开展各类经营业务和商务活动。奉贤应当抓住这

一重大机遇,加快本地远程办公、在线展览展示、农产业电商等行业的发展。

3. 自贸区新片区建设机遇

上海自贸区新片区建设,将带动奉贤区包括智慧城市在内的各方面发展。上海市于2020年初发布的《关于进一步加快智慧城市建设的若干意见》明确提出,将在自贸试验区临港新片区等重点区域打造"未来之城"示范城区和国家级新型智慧城市先导区。

根据相关部门的规划,新片区将成为上海加快新技术创新与应用的重要载体。在大数据方面,制定自贸区新片区跨境数据流通落地实施方案,打造"1+1+N"体系(即1个公共服务平台,1个运营主体,汇聚N家数据存储、加工、安全、产品化等领域的一批周边企业),形成《上海市自贸区新片区跨境数据流通管理办法》,逐步建立起围绕跨境数据流通的产业集群;推动人工智能产业发展,上海将以人工智能创新研发为引领,在新片区建设多元应用场景,形成人工智能与实体经济深度融合发展示范,打造上海人工智能产业优先发展区和国家级人工智能产业集聚区;此外在北斗、工业互联网、区块链等领域,新片区也将是上海推动技术创新和产业落地的重要载体。新片区的数字化建设提速,也将有力带动奉贤东部区域乃至全区的智慧城市建设。

四 未来奉贤智慧城市建设的发展方向

(一)以自贸区新片区为核心,形成新的智慧化增长极

奉贤作为上海的一个远郊区,智慧城市建设不宜平行推进,而是应当寻找智慧化增长极,通过增长极的示范、扩散和引领,带动全区智慧城市建设水平全面提升。未来奉贤应在继续以南桥新城为增长极、带动奉贤西部区域智慧化水平提升的同时,针对新片区中的重点区域,发挥后发优势,加快先进数字基础设施建设、智慧经济发展和智能化应用部署,形成新的智慧城市

增长极，带动奉贤东部区域的信息化水平实现跨越式提升，形成以南桥新城为核心、以郊区智慧新城为特色的西部增长极，以及以新片区为核心、以产城融合为特色的东部增长极。

（二）以数字新基建为引领，推动城区数字底座升级

奉贤要紧紧抓住"十四五"规划启动后新基建提速推进的机遇，着力加强全区的5G和光网双千兆宽带建设，启动"5G＋智慧园区/创新应用先行示范点"遴选工作，先行先试探索5G通信技术在产业园区建设和企业生产经营中的应用场景，总结示范经验并加以推广，促进园区、企业、社区等加速朝数字化、网络化、智能化方向发展。

（三）以智能网联汽车为重点，打造智慧产业集群

奉贤要进一步用好本区已有的特斯拉配套产业体系、智慧交通测试场景等产业基础，推动智能网联汽车聚集。一是吸引更多车联网上下游企业入驻奉贤，扩大产业基数；二是完善车联网产业发展生态，打造一批相关的测试中心、实验室、技术中心等产业创新公共服务平台；三是大力推进各种智慧交通、车联网技术的产业化，在本区集聚形成几个有体量的智能网联汽车生态基地。

（四）以宜居宜业为导向，突出智慧郊区新城特色

着眼智慧养老、智慧医疗、智慧教育、智慧出行等重点领域，推动智慧应用向基层下沉，促进数字资源互通互用，落实数字惠民，消除数字鸿沟，进一步提升郊区人民的整体生活品质；着眼智慧安防、智慧交管等领域，发挥"一网通办""一网统管"优势，促进南桥新城等重点领域的智慧治理；着眼环境测试、工业污染防治等领域，加快物联网、5G、人工智能等技术在环境保护中的应用，保持和优化"大美奉贤"的优质环境。

参考文献

黄沣爵、杨滔、张晔珵：《国内外智慧城市研究热点及趋势（2010—2019 年）——基于 CiteSpace 的图谱量化分析》，《城市规划学刊》2020 年第 2 期。

席广亮等：《2019 年智慧城市研究与实践热点回眸》，《科技导报》2020 年第 3 期。

王操：《城市智慧化理念演进：从工具理性到价值理性——基于上海智慧城市十年发展考察》，《城市观察》2020 年第 4 期。

戴振华、丁绪武：《上海"智慧城市"建设的成效、问题及对策建议》，《经济研究导刊》2019 年第 22 期。

周烨明：《对于我国智慧城市建设发展的认识》，《现代商业》2019 年第 12 期。

陆森、刘岩、辛竹：《〈2018 上海智慧城市发展水平评估报告〉解析》，《上海信息化》2019 年第 5 期。

楚天骄：《借鉴国际经验，建设面向未来的智慧城市——"十四五"期间上海智慧城市建设目标和思路研究》，《科学发展》2019 年第 9 期。

张波：《上海新型智慧城市建设路径与模式创新研究》，《科学发展》2018 年第 12 期。

刘淑妍、李斯睿：《智慧城市治理：重塑政府公共服务供给模式》，《社会科学》2019 年第 1 期。

楚金华：《从"被动接受"到"合作共创"：基于演化视角的智慧城市理论发展框架》，《国际城市规划》2019 年第 4 期。

B.16
奉贤生态园林城区建设研究

纪园园　朱嘉梅*

摘　要：　近年来，奉贤区委、区政府深入贯彻"绿水青山就是金山银山"理念，以创建生态园林工作为主线，全面加强生态环境保护，大力推进区域生态文明建设，把生态资源转化为生态优势和发展优势，奋力打造新时代"奉贤美、奉贤强"的新高峰、新奇迹。奉贤区以构建"核、园、廊、林"相结合的区域绿化生态网络为目标，大力推进绿林地建设；推进生态和生活系统修补修复，着力建设生态宜居城市；开展"水天一色"行动，大力改善生态环境面貌。奉贤区生态格局不断拓展，生态文明建设取得新进展新成效，为全区经济社会事业的发展提供了有力保障。

关键词：　生态文明建设　生态园林　"水天一色"　生态宜居　上海奉贤

为贯彻落实党中央、国务院和上海市委、市政府有关决策部署，牢固树立"绿水青山就是金山银山"理念，奉贤区委、区政府自2017年以来，大力推进区域生态文明建设，提出"创建国家生态园林城区"目标，全区上下以创园为主线，全力推进绿林地建设，全面加强生态环境保护，

---

* 纪园园，经济学博士，上海社会科学院经济研究所、数量经济研究中心助理研究员，主要研究方向为计量经济学与大数据分析、计量经济理论；朱嘉梅，讲师，中共上海市奉贤区委党校教研室副主任，主要研究方向为区域经济和公共管理。

生态空间格局不断拓展，生态文明建设取得新进展新成效，创建主要成果有以下几方面。一是构建了系统化的生态管理体系及制度。奉贤区已形成由区绿化和市容管理局牵头，以镇、街道绿化管理科室为主体的生态综合管理体系，并出台了规范化、系统化的城市生态环境管理制度和法律法规，利用城市数字化平台，建立了城市生态园林的宣传和监察网络。二是形成了"达江通海"的特色城市生态系统，以市、区级的"南北五廊、东西五线"的一级生态廊道为骨架，以沿主干河道及高速道路分布的防护林带，市、区级绿道为主要载体，规划了"达江通海"的生态网络体系。加快推进"万顷林地"、"上海之鱼"、"十字水街"、"田字绿廊"、海湾森林公园修复等林绿地典型工程建设。三是构建了宜居、有活力的高品质绿地环境。奉贤区在努力进行绿地增量的同时，采用了多种措施提高绿地质量。实施了"百座公园"计划，增强了公园绿地布局的均衡性。四是完善了市政基础设施，提升了生态环境质量。完成生活固体废弃物综合处置中心建设，实现日处理量1000吨的目标，建立分类投放、分类运输、分类处置运作模式。

一　奉贤生态园林城区建设现状

（一）着力推进绿林地建设，打好生态底色

2017年以来，奉贤区以构建"核、园、廊、林"相结合的区域绿化生态网络为目标，大力推进绿林地建设。全区共新建各类绿地499公顷，其中公园绿地308公顷，建成绿道87公里，立体绿化6.4万平方米，生态廊道和林地建设2.37万亩。一是聚焦新城建设，打造"十字水街""田字绿廊"城市意象。完成了"十字水街"金汇港半马步道和浦南运河北岸（金海路—环城东路）段的道路贯通，实现"上海之鱼"泡泡公园、年丰公园等五大公园的建成开放。实现"田字绿廊"浦星公路西侧、竹港东侧和G1503北侧的生态贯通。中央生态公园一期、二期生态林抚育项目有序推

进。二是推进百座公园建设，完善区、镇和社区公园体系。以镇级公园建设为重点，建设柘林、庄行、金汇、奉城等镇级公园，实现"一镇一园"全覆盖。推进 300 米和 500 米服务半径"扫盲绿地"建设，构建"小、多、匀"公园绿地系统，完成远东路、解放路等一批街心花园改造建设。截至 2020 年 7 月，全区公园总数已达 174 座，公园绿地服务半径覆盖率达到 94.66%。三是结合市政基础设施建设，打造绿色景观道路。完成了轻轨 5 号线南延伸段、金海公路、望园路森林大道段等一批市政道路绿化配套项目建设，沿线道路景观面貌明显改善。四是实施生态廊道和生态公益林建设，构建生态网络体系。推进"田字绿廊"外圈、S2 和金汇港、浦南运河等沿高速、快速公路及骨干河道两侧生态林建设，完成上海化学工业区奉贤分区生态修复和公益林建设。

（二）推进生态和生活系统修补修复，着力建设生态宜居城市

实施"南桥源"城市更新计划，百年大院沈家花园修缮改造完成并向市民开放，南桥书院综合楼开工建设。推进"东方美谷"大道改造提升，持续优化"五大组团"方案，沿线公园绿地建设、市民活动中心等项目有序推进。实施"三线、百路"整治，率先在全市实现美丽街区创建街镇全覆盖，成功创建 30 个美丽街区，根据"三增三减三守"的发展理念，推进"五违四必"整治、土地减量化、环保违法违规企业关停、生态环境综合整治等工作。截至 2019 年底，累计完成第二轮金山地区（奉贤区部分）环境综合整治任务 211 项，减量化 2505 亩，依法拆除违法建筑 2454 万平方米，累计创建 12 个无违建先进街镇和 275 个无违建先进村居。

（三）开展"水天一色"行动，大力改善生态环境面貌

扎实推进"水天一色"工程。全面完成中央和市生态环保督察整改任务，坚决防止问题反弹回潮。实施新一轮清洁空气行动计划，深入推进大气污染防治，空气质量（AQI）优良率达到 86.3%，较 2019 年同期（81.2%）上升 5.1 个百分点。全区 PM2.5 平均浓度为 34 微克/米^3，继

续保持全市领先水平。深化河（湖）长制，2017 年以来，完成 181 条（段）重污染河道、321 条（段）新增黑臭河道、1885 条（段）劣 V 类河道治理，劣 V 类水体占比下降至 2.7%。开展土壤污染防治工作，加强建设用地储备、出让、划拨、转让等环节的土壤环境监管，累计完成 201 个地块土壤污染状况调查备案；近年来，900 个减量化项目全部完成土壤检测，总面积达 795 公顷。稳步推进垃圾分类处置，实施生活垃圾管理条例，生活垃圾全程分类体系基本形成，成功创建市生活垃圾分类示范区，庄行镇、西渡街道等 6 个街镇获评市生活垃圾分类示范街镇，创建达标居住区 396 个。

（四）全力推进创园工作，落实保障措施

一是强化组织领导。成立了区创建国家生态园林城区领导小组，由区委书记任第一组长，区长任组长，下设办公室。各街镇、社区、开发区以及相关责任单位切实将创园工作作为"一把手"工程。区委、区政府多次召开区委常委会、区政府常务会议和专题会议研究推进，连续四年在春节后上班第一天召开全区创园推进大会。区人大、区政协高度关注创园工作并将其作为监督重点，全力支持。区委、区政府将创建工作纳入全区目标责任考核体系，每年以创建工作领导小组名义下达考核任务。二是坚持规划引领。结合区总规修编，完成奉贤区绿地系统规划、公园体系规划、生物多样性保护规划等一系列规划的编制，以规划为引领，科学布局生态空间网络，保障区域生态安全。三是加大政策供给力度。制定下发了《关于创建国家生态园林城区打造一流生态环境的若干意见》《关于全面加强生态环境保护坚决打好污染防治攻坚战建设"水天一色"美丽奉贤的实施意见》《进一步加快本区绿林建设管理的若干意见》等一批政策文件，确保创园工作的有力推进。四是开展"三级联创"。在全区创建国家生态园林城区的基础上，各街镇积极创建上海市园林街镇，海湾镇通过区级初审。全区有 2317 个村组成功创建"生态村组·和美宅基"，4248 个楼组创建"宜居小区·和美楼组"，占比达到 95% 以上。

二　奉贤生态园林城区建设存在的问题

（一）区域绿林地分布不均，系统性有待增强

绿林地分布不均，新老城区绿地率差距较大。生态廊道建设受基本农田保护的制约，空间资源有限，增量难度较大。林地建设呈现碎片化，系统性不强。全区林地中存在纯林多、混交林少，中幼林多、成熟林和过熟林少等问题，林分结构不合理。边滩近海与海岸湿地的林地资源，受滩涂围垦等因素影响，资源保护总量和比重增长缓慢，保护力度有待进一步加大。

（二）服务设施配套不到位，公园服务功能有待完善

受土地指标的影响，公园绿地建设多采用土地流转方式，地块内只能进行绿化和简单的道路建设，无法进行相关配套服务建筑和活动场地的建设，对公园品质和使用功能造成一定影响。彩化植物观赏以春季观花、秋季观叶为主，夏冬两季较缺乏。

（三）绿林管养水平落后，与城市精细化管理要求存在差距

奉贤区、镇两级绿地养护单价均低于上海市绿地养护定额，养护整体水平不高，与城市专业化、精细化、规范化管理要求还有较大差距。近年来，百座公园建成了大量镇、社区、村级公园绿地，但建成后绿地的养护不到位，造成景观面貌不佳，绿地功能未得到充分体现。

（四）绿化生态保护意识有待增强，执法力度需要加大

近年来受停车难、雨污分流、二次供水改造、百路整治和美丽街区建设等的影响，在不向绿化部门办理审批手续的情况下占用绿地和搬迁损坏绿化的现象频发，执法力度有待进一步加大。随着奉贤区常住人口不断增

加，城市规模不断扩大，人类活动持续影响着野生动物栖息地的安全。非法猎捕等违法获取野生动物资源的行为屡禁不止，日常监管存在很大的困难，保护执法难度大。

三 奉贤生态园林城区建设思路和未来任务

（一）建设思路

紧紧围绕上海建设卓越全球城市和"奉贤美、奉贤强"的总体目标，发挥奉贤区"通江达海"的生态优势，通过"公园体系、森林体系、湿地体系"三大体系和"廊道网络、绿道网络"两大网络建设，完善区域生态网络，增强城市生态空间的联通性、系统性，建立多层次的"核、林、廊、园、湾"相结合的生态空间结构，提升区域生态空间品质，打造美丽生态宜居的公园城市，争取创建成为"国家生态园林城区"。

1. 生态优先，以人为本

以建设美丽宜居公园城市为目标，合理布局绿廊、绿楔、公园绿地、林地等，构建能保持自然过程整体性和连续性的生态绿色网络。形成"园中建城、城中有园、城园相融、人城和谐"的公园城市美丽格局，呈现"通江达海、王字意象"的城市景观风貌。

2. 建管并举，重在管理

在提升绿化总量的同时，以"三全四化"为着力点，按照"最高标准、最好水平"的要求，进一步加强绿化行业管理，整合行业管理资源，完善和固化绿化长效管理机制，创新管理举措，适应社会经济发展新常态，提升区域绿化林业管理精细化水平。

3. 提质增量，注重效益

以创建"国家生态园林城区"为契机，大力推进区域绿林地建设，使奉贤区的绿化总量实现较快增长。积极提升绿林地、湿地质量和效益，保护生物多样性，全面提升公园、森林、湿地等生态系统的服务功能。

4. 功能融合，服务民生

以多元化的社会、文化需求为导向，优化绿地功能布局，完善服务设施，调整绿地群落结构和林相结构，丰富植物品种，挖掘地域文化特色，传承历史文脉；赋予野生动物栖息地科普宣教功能，充分发挥绿林地的综合功能，更好地为广大群众服务。

（二）未来任务

奉贤区接下来主要从以下四方面入手。一要建设"百座公园"。围绕新城建设、乡村振兴等，加快推进区域公园体系建设，构建郊野公园、综合公园、社区公园（乡村公园）和游园的多级公园体系，注重公园特色，满足各类群体对公园功能多样化的需求。二要推进"城市双修"。结合"东方美谷"大道转型提升和"南桥源"老城区有机更新，修复生态环境、城市设施、空间环境、景观风貌，凸显城市特色和活力。结合建设用地减量化和水环境治理，加大对农村地区的生态修复力度。三要开展"三级联创"。各街镇、社区、开发区要积极创建上海市园林街镇，条件较好的海湾镇、金海街道、柘林镇等要率先申报创建，全区建制村开展市、区美丽乡村和生态村组创建。四要坚持"三增三减三守"。继续推进土地减量化、生态环境综合整治等工作，调结构促转型，淘汰高污染、高能耗的落后产能，守牢环境底线，充分释放生态空间。

1. 加快推进区域绿林建设，全力扩大绿林总量

结合奉贤新城和自贸区新片区建设、产业结构调整、乡村振兴、重大工程和基础设施建设，大力推进区域绿林建设。一是打造"王字意象"。推进黄浦江生态廊道、浦南运河生态廊道、金汇港生态廊道、杭州湾沿海防护林建设。开展滨海芦花湿地公园建设、浦江第一湾湿地修复，推进沿线冷江雨巷、南桥源、青溪老街、奉城老街和海国长城遗址公园等公园绿地建设。二是完善新城绿地系统结构。加快推进"十字水街""田字绿廊"工程，实现全线80公里道路贯通；全力推进中央生态林地视觉通廊项目建设，加快推进中央公园东区3000亩土地的改造提升，进一步完善新城生态核心服务功

能，打响新城品牌。同时，积极推进九宫格内街区口袋公园、小微公共空间和绿道网络建设，形成具有特色的"公园—绿道—节点—街区"的游憩系统。三是完善城乡公园体系。大力实施乡村振兴战略，全力推进庄行郊野公园建设。进一步强化绿地服务居民日常活动功能，加快推进建成区"扫盲绿地"建设，构建"小、多、匀"公园绿地系统，建设"扫盲绿地"43块，公园服务半径覆盖绿地达到95%以上。四是推进市政道路配套绿化建设。实施浦卫公路、大叶公路沿线绿化景观工程，改善道路景观面貌。五是推进生态廊道和公益林建设。加快推进金奉、浦奉、金汇港和浦南运河等生态廊道建设；推进沿路沿河农田林网与农村"四旁"林，以及规模化、标准化经济果林等林地建设。推进碎片化林地小班整合，窄带变宽、断带合拢，确保林地成片成带。六是推进区域绿道建设。按照市、区绿道专项规划，结合绿化带、生态廊道和林地提升改造等，推进金汇港、浦南运河和"田字绿廊"等绿道贯通建设，构建都市圈绿道、城镇圈绿道和生活圈绿道体系，打造集休闲和生态等多种功能于一体的绿色安全慢行系统。

2. 有序推进"四化"建设，提升绿化品质

按照《上海市公园绿地"四化"规划纲要》，结合城市更新、"美丽街区"和"美丽乡村"建设，在扩大绿化总量的过程中，落实"四化"要求，加强品质管控。一是各街镇和相关绿化建设单位在征集公园绿地、道路绿化、立体绿化等项目的设计方案时，把"四化"要求作为设计必备条件，落到图纸上，做好方案审核。二是依托重点项目，增加彩化乔木、珍贵化树种的种植比例，彩化树种比例达到70%以上，珍贵化树种比例达到10%以上。三是结合老公园和街心花园等改造提升，有针对性地提出实施方案，体现不同的植物主题特色。四是推进"一街一景"建设，增加新优色叶、观花行道树树种的运用比例，每年推广色叶、观花新优树种5种以上，建设绿化特色道路2条、林荫道路5条。五是加强古树名木的保护，建立资源档案，运用"互联网+"等现代科技手段，加强古树名木的保护监测，建设南桥古牡丹公园、新塘古银杏公园等。六是着力打造开放休闲林地。开展黄浦江涵养林、G1503南侧林带抚育和功能的提升改造，满足人们对林地的开

放要求。建成 1000 亩以上开放休闲林地 5 个、300 亩以上开放休闲林地 5 个。

3. 下好绣花功夫，全面提升城市管理精细化水平

一是提升绿化管理水平。以城市网格化综合管理信息平台为依托，构建城市园林绿化数字化信息管理信息系统，促进绿化管理与大数据、3S 技术等智能手段的融合，提高绿化精细化管理水平。进一步加大园林绿化执法力度，建立绿化部门、城管执法部门大联动和社会监督的协调机制，坚决消除毁绿占绿现象。深入推进养护作业市场化改革，完善本区绿林地养护考核办法，逐年增加绿化养护资金，改善绿林地景观面貌。

二是提升市容环境质量。加大住宅小区综合改造力度，着力提升物业行业整体服务水平，持续改善住宅小区居住环境。加强对城乡接合部、背街小巷、高架桥下等薄弱地区和薄弱环节的城市管理，着力提高地下管网、人行道砖、路灯、窨井盖等设施的完好率。加强户外广告、店招店牌和景观照明管理，完成重点区域、重点类型的违法户外广告设施整治工作。

三是提升公园服务水平。按照公园分级分类管理原则，完善公园管理体制机制，提升公园服务质量。落实公园游艺设施的安全责任制，防止各类安全事故的发生。推广公共绿地"3＋X"管理，继续推行公园绿地市民园长制度，形成全社会参与绿化管理的良好氛围。丰富公园人文内涵，利用公园绿地开展各类公益、宣传、教育活动，丰富人民群众业余文化生活，增强市民获得感。对已列入市级城市公园名录的西渡公园等实施综合改造，完善功能布局，消除安全隐患。到"十四五"规划末，争取将 30 个镇社区公园纳入市级公园名录。

四是加快构建"智慧园林"管理体系。深化绿化林业地理信息系统平台建设，完善南桥中心城区、镇、开发区绿化基础数据调查，整合信息数据资源，完善数据库。建立市、区管绿林地养护信息化平台，实现智能办公、养护监管、信息发布等服务功能，提高养护管理效率。试点推进"智慧公园"管理系统建设，对园内的环境进行数据监测，以及视频监控和远程智能化控制，为游客提供游园信息数据和科普知识，提升游园的感受度。规范

信息化工作机制，确保绿化信息渠道畅通和信息资源的共享与利用，为绿化行业的科学化、规范化管理提供技术支撑。

4. 坚持常态长效，继续打好三大保卫战

聚焦三大保卫战，全面实施"水天一色"工程。一是坚决打赢蓝天保卫战。深入推进新一轮清洁空气行动计划，实施多污染物协同控制，统筹推进大气污染防治各项措施。突出源头防治和精细治理，大力调整产业结构，严格建设项目环境准入。深化工业废气治理，推进燃气燃油锅炉低氮燃烧提标改造，加强 VOCs 源头替代和末端治理。完善绿色综合交通体系，推广新能源和清洁能源汽车。大力推广绿色建筑和装配式建筑，深化扬尘治理，实施工地、道路、码头等扬尘精细化管理。二是着力打好碧水保卫战。进一步夯实河长制，巩固中小河道治理成果，加强控源截污和水岸联动，督促各街镇加强农村生活污水处理设施管理，指导各街镇不断完善排水设施排查与维护工作机制，不断巩固截污纳管工作成效，实施 45.6 公里消除劣 V 类水体河道综合整治，打通 158 条断头河，完成 94 个住宅小区雨污混接改造，实施 1.25 万户农村生活污水处理设施改造，确保 2020 年全面消除劣 V 类水体。三是扎实推进净土保卫战。进一步完善全区土壤污染防治工作协调机制；加强农用地污染风险防控，持续开展复垦农用地的土壤环境污染调查与分级安全利用评估工作；落实重点监管单位的土壤污染防治责任，强化监测、监管，提升风险防控能力；开展奉贤区原塘外化工区详细调查、风险评估工作，积极推进生态修复或管控工作。

5. 树立生态文明价值观，营造爱绿护绿的良好氛围

引导全社会牢固树立生态文明价值观，推进生态文明和生态文化教育示范基地建设。广泛发动社会组织和个人参与绿化建设和管理，以上海市民绿化节为主题，深入开展园艺大讲堂、睦邻花园、上海市民海派插花花艺大赛等群众绿化活动。组织开展义务植树、网上认养、志愿服务等活动，进一步丰富全民义务植树的尽责形式。强化部门联动，整合管理资源，形成国土绿化工作齐抓共管的良好格局。依托传统媒体和新媒体平台，全方位、多视角地宣传绿化建设成果，营造良好氛围，提高市民爱绿护绿意识。推动各街镇

积极创建上海市园林街镇和森林乡村；加强企事业单位和居住区绿化的培训指导，以区级绿化合格单位、园林式居住区为抓手，为市级绿化合格单位、花园单位、园林式居住小区创建储备资源，不断提升群众绿化管理水平。争取创建市级花园单位 5 家、区级绿化合格单位 50 家、区级园林式居住区 30 家。

6. 贯彻落实科学发展观，推进节约型园林建设

因地制宜地进行海绵城市建设，运用生态修复手段，恢复自然水体，增加水域面积，减少园林绿化中不透水面积比例。研究制定立体绿化推广鼓励政策，提高立体绿化保存率和养护水平，确保立体绿化面积逐年增加且效果良好。以行政审批为抓手，发动社会及企事业单位进行不同形式的立体绿化建设。推进一镇一粉碎场建设，探索粉碎物的资源化利用途径，提高植物废弃物的循环利用率。

四　奉贤生态园林城区建设机遇

（一）"生态文明建设"作为国家战略，高度与地位前所未有

党的十八大以来，"生态文明建设"作为国家战略，高度与地位前所未有。习近平总书记指出："走向生态文明新时代，建设美丽中国，是实现中华民族伟大复兴的中国梦的重要内容。"生态兴则文明兴，生态衰则文明衰，从人类命运共同体出发，加强生态文明建设，是功在当代、利在千秋的事业。

（二）"长三角一体化"上升为国家战略，走向区域融合深度协同发展

"十四五"时期是长三角一体化国家战略的实质突破期，奉贤必须全方位融入长三角一体化，打破行政边界限制，把奉贤作为上海南部城市中心融入长三角绿色生态发展，在绿化和生态环境建设方面取得突破。

（三）"上海自贸区新片区"等战略的实施，为奉贤的城市发展开创了新的局面

在上海建设"卓越的全球城市，令人向往的创新之城、人文之城、生态之城"总体目标下，奉贤的发展迎来新机遇和新希望，随着"上海自贸区新片区"等战略的实施，奉贤明确"杭州湾北岸综合性服务型核心城市、上海南部中心城市"定位，打造与"奉贤美、奉贤强"目标相匹配的"城在园中、林廊环绕、蓝绿交织"的生态空间，城市发展必将开创更新的局面，以形成生态良好、宜居宜业的城乡环境。

五　保障措施

（一）加强组织领导，充分发挥统筹推进作用

区创建指挥部要切实加强对全区创建工作的领导，充分发挥统筹推进的作用，及时协调解决重大问题。各部门特别是牵头部门，要形成合力、跨前一步，按照各自职责，加大协调推进和督查督办力度。各属地单位对辖区内创园工作负总责，明确属地主体责任，与区级部门加强沟通配合，齐心协力确保责任落实到位。

（二）加大政策扶持力度，制定相关鼓励优惠政策

结合创园工作推进现状，增加制度供给。在公园服务设施建设土地指标、立体绿化、村级公园养护资金保障等方面进一步出台相关配套政策，加大区级财政倾斜和扶持力度。此外，各部门和各单位在清单化、开展项目推进工作的同时，要主动对标，加强和市级相关部门的纵向沟通对接，积极争取各类项目资金和政策的支持。

（三）加大资金投入力度，建立多元化绿林投入机制

建立市、区、镇、村财力投入和社会融资、个人捐资以及绿地冠名权拍

卖等多元化的绿林发展投入机制，坚持政府主导、社会参与、市场化运作新机制，充分调动社会各方面参与绿化建设和管理的积极性。

（四）强化监督考核，切实加强生态环境建设

要建立"督查督办、检查考核、问责奖惩"的检查激励机制，加强督查问责，确保创建工作顺利推进。区创园办要定期和不定期开展专项督查和考核，要将考核结果列入区政府效能监察和年度绩效考核体系。区委、区政府督查室也要加大对生态创园推进情况的督查力度，各责任单位也要建立内部督查制度，开展自我检查。

（五）广泛宣传发动，提升公众参与度

打造共建共治共享的社会治理格局，实现人民城市人民建、人民城市人民管。以"三个美丽"创建为抓手，充分发动群众、依靠群众，运用群众自治、社会参与的方式方法，继续组织开展园林式居住区（单位）创建活动，以创建促管理，全面提升群众绿化单位的管理水平。要全力办好上海（国际）花展奉贤上海之鱼会场巡览活动，落实各项保障措施，确保活动安全圆满，提高市民对生态环境建设的感受度。要进一步加大宣传力度，加强舆论引导，推出一批创建典型和评优活动，使创建活动家喻户晓、深入人心，形成全民动员、全社会参与的强大合力。

参考文献

奉贤区：《奉贤区环保局坚决打好污染防治攻坚战》，《上海节能》2019 年第 3 期。

上海市奉贤区委、奉贤区人民政府：《"生态村组·和美宅基"积分制夯实乡村治理根基》，《农村经营管理》2019 年第 9 期。

姚芸：《林地改造提升建设中的实践与思考——以奉贤新城中央生态林地一期抚育工程为例》，《中外建筑》2020 年第 3 期。

B.17
疫情冲击下"未来空间"抢占发展先机研究

马艺瑗　张　淼*

摘　要：　当今，世界正经历百年未有之大变局，全球经济发展前景不明朗且逆全球化趋势加剧，中国社会主义现代化建设进入高质量发展新阶段，经济发展"危"中有"机"。"未来空间"在新时期面对消费模式重塑、企业洗牌、全球产业链调整、全球秩序变革的情况下，内、外部的机遇和挑战并存，只有充分发挥自贸区新片区政策红利的"溢出效应"、新消费模式的"机会效应"、国内市场的"升级效应"，并清醒认识到政策落地的"磨合期"和疫情影响的"恢复期"，在统筹发展、产业转型、优化营商环境、加快人才集聚上做足文章，才能在新的历史发展阶段率先抢占高地。

关键词：　"未来空间"　自贸区新片区　奉贤区

一　引言

2019 年，南上海"未来空间"被纳入奉贤的空间规划布局当中，成为

---

* 马艺瑗，上海社会科学院经济研究所西方经济学博士研究生，主要研究方向为计量经济学、劳动经济学；张淼，中共上海市奉贤区委党校经济与区域发展研究中心副主任、副教授，主要研究方向为区域经济学、金融学。

继"东方美谷"之后奉贤再次举全区之力重磅打造区域经济的"新引擎"。长期以来，对"未来空间"的讨论主要围绕着"'未来空间'是什么、'未来空间'在哪里、'未来空间'怎么打造"等议题。

进入 2020 年，国内外形势更加复杂多变：新冠肺炎疫情在全球流行，美股多次熔断，贸易保护主义势力和地缘政治冲突对全球化造成重大冲击，大范围内经济被唱衰。其中，突如其来的新冠肺炎疫情成为影响最大、最深远的事件，在全世界范围内引发了一系列社会、政治事件和问题。

国内虽挺过了疫情流行阶段，但疫情对企业尤其是中小企业造成较大伤害，全年经济整体下行压力依然很大。与此同时，中国对新冠肺炎疫情蔓延及时有效的遏制，为重启经济创造了有利条件，也为企业保持就业、稳定生产提供了重要保障，在全世界病例持续攀升、疫情范围仍逐步扩大之际，中国成为全球经济增长的重要推动力。

当今，世界正经历百年未有之大变局，国际形势正在发生深刻变化，国内进入高质量发展的新阶段，进入新时期，经济发展"危"中有"机"，新冠肺炎疫情及其引发的一系列问题迫切要求各国企业在竞争与合作中共同发挥巨大的协同作用，为经济复苏创造有利条件，推动全球贸易和经济走出困境。"未来空间"如果能在国内经济更新换代、全球经济秩序重构的阶段主动蓄势、抢先一步规划产业并行动，必然将在下一个发展阶段率先抢占高地。随着奉贤临港招商引资政策陆续落地，如何充分与自贸区新片区对接，将政策红利充分释放并将其转化为产业发展的实际优势，打造"未来空间"产业更高水平的发展，引领奉贤经济甚至使其成为上海经济发展的亮点，值得重点关注。

二 "未来空间"的发展背景

疫情对消费模式进行重塑。新冠肺炎疫情给消费领域带来较大改变，一方面，春节期间餐饮、住宿、旅游、文化消费等被大幅抑制，春节之后日常的出行、工作、休闲等活动大幅受限，但与此同时，在线教育、远程办公、

在线医疗等新兴行业获得飞速发展。目前，之前被抑制的消费需求正在逐步复苏，在疫情期间得到检验和潜力挖掘的在线经济将深刻改变居民的消费模式乃至生活模式，新型消费、升级消费等"新消费形态"将重新定义市场消费，新的业态处于孕育当中。

疫情对企业进行筛选。疫情对企业而言是一个极大的考验，在疫情中存活下来的企业在产品品质、盈利能力、抵御风险等方面处于平均水平以上，在应对风险、降本增效、开源节流上将积累难得的经验，在全球经济被唱衰的背景下将更大程度上承担产品输出的任务、更大范围内获得世界订单，这一部分优质企业将有望成长为推动经济发展的中坚力量。

疫情对全球产业链造成影响。"二战"之后，随着经济的全球化发展和产业分工的专业化、精细化发展，西方发达国家专注于研发、设计、文化等高附加值产业，同时"去工业化"，将工业制造部门转移至发展中国家。而疫情之下，"去工业化"带来的物资供应断链风险使得西方国家不得不重新审视"去工业化"的利弊，发达国家制造业回流的考虑将对全球产业链的布局造成深远影响，有可能重塑全球价值链、产业链格局。

疫情推动全球秩序进行变革。新冠肺炎疫情是在全球逐步步入低利率周期、世界范围内经济下行压力加大、西方国家逆全球化势力借机抬头的大环境下暴发的，疫情导致普遍意义上的经济雪上加霜、失业率上升与社会矛盾进一步激化等问题，疫情将导致世界经济发展不平衡的矛盾更加突出。尤其是对于经济基础本身更为薄弱、经济系统稳定性更弱的发展中国家而言，其内部治理将出现更多难题，外部发展环境也更加不利。此外，新冠肺炎疫情可能使得本已持续较长时间的中美贸易摩擦变得更加复杂，保护主义、孤立主义等将为全球化进程蒙上一层阴影。

三　新片区发展现状及奉贤区对接新片区情况

（一）新片区成立一年多来的发展概况

2019年8月20日，中国（上海）自由贸易试验区临港新片区挂牌成立。一年多以来，新片区深入贯彻落实习近平总书记"五个重要"指示要求，围绕政策制度创新、特殊功能打造、现代化新城建设等全面发力，从国务院发布的《中国（上海）自由贸易试验区临港新片区总体方案》（以下简称《总体方案》）中分解出的78项政策和制度创新任务完成过半，已落地45项，另有22项已形成方案；国家、上海市、新片区管委会累计制定发布各类政策107个，形成典型案例32个。企业名称告知承诺制、商事主体登记确认制等投资自由化、便利化措施落地实施；挂牌设立洋山特殊综合保税区，亚马逊中国华东采购分拨中心等18个国际、国内龙头企业项目签约落地；启动建设滴水湖金融湾，外资外贸企业开展跨境业务、离岸业务的便利化程度进一步提升；15%的企业所得税政策正式落地；高端资源要素加速向新片区集聚，共计签约项目358个，涉及总投资2713.63亿元。

2020年8月20日发布的《关于以"五个重要"为统领加快临港新片区建设的行动方案（2020—2022年）》，提出新片区到2022年初步形成"五个重要"基本框架，初步建立高标准的投资贸易自由化、便利化制度体系，初步体现上海"十大功能"核心承载区的综合优势，为2035年全面建成"五个重要"奠定扎实基础。

机构调整方面。在市委的高度重视和全力推动下，在市委编办的大力支持下，管委会机构方案从酝酿到批复，仅历时2个月，创造了市委编办批复新机构的速度记录。管委会已按照市委批复要求，基本完成了内设机构和相关人事的调整工作，管委会各项工作全面步入正轨。事权下放有序推进，梳理991项下放事权清单并报送市审改办，已开展全市层面的征询工作，下一步将根据征询结果对事权承接清单进行优化。同时，积极推进市场监管、公安、税务机构设置相关工作和启动管委会下属事业单位、综合执法部门的设置工作。

政策效应方面。不仅配合推动《总体方案》《关于促进中国（上海）自由贸易试验区临港新片区高质量发展实施特殊支持政策的若干意见》《关于支持浦东新区改革开放再出发实现新时代高质量发展的若干意见》相关政策的落地，更发挥自主改革、自主创新的体制机制优势，对标国内最优政策，在金融、产业、人才等领域密集出台了一系列政策，受到了企业和人才

的普遍欢迎，不少企业和机构在政策发布后，主动与管委会联系洽谈项目落地事宜。此外，以贯彻落实习近平总书记考察上海重要讲话精神为着力点，聚焦"五个重要"领域，谋划出台相关政策。

产业项目集聚方面。在新片区成立 100 天时已完成企业注册 2580 户（含外资公司 75 户），管委会和各开发主体累计洽谈项目约 1734 个，签约落地项目 101 个。华润微电子、杜邦、盛美、中微、聚力成、Crossbar、药明康德、臻格、西班牙莫德斯、德国 SAS 驾驶舱和圣戈班汽车玻璃等集成电路、生物医药、航空航天、新能源汽车项目落地。2019 年 11 月 28 日，新片区设立百日之际，发布了新片区产业地图，揭牌了临港新片区投资促进服务中心，迈出了强化招商统筹和推进专业招商的坚实步伐。同日，7 个重大产业项目签约落地，涉及总投资超 150 亿元。项目建设也持续加快，核发施工许可证 46 个、实现项目开工 44 个、竣工 66 个。市城投公司、百联集团、上海建工等市属国资项目实质性落地或启动，与中建股份有限公司、中建八局等央企签订战略合作协议，拟全面深化合作。

金融集聚方面。建行等四大行和交行、浦发银行、上海农商行、上海银行 8 家银行先后设立新片区分（支）行，陆续开展金融创新业务，并明确了一批理财、期货、科技保险、资管子公司和总行级相关业务中心的落户意向。在新片区成立 100 天时，浦银租赁在新片区已设立 3 家 SPV 公司，25 家投资类企业有意向在新片区设立公司，15 家提交了工商注册前置审核申请材料，注册资本总规模约 388.6 亿元，3 个项目完成新片区管委会审核流程，已报送至市金融局审核。上海建银长三角战略新兴科创基金、上海自贸区临港新片区科创产业投资基金、上海毅达鑫业一号基金正在开展工商注册工作。上交所和中国人民银行数字货币研究所在新片区设立相关功能性金融机构的前期工作有序推进。金融业务也取得积极进展，实现 742.24 亿元跨境人民币收付款、2.96 亿美元外币收付汇。在离岸业务上取得突破，建行搭建了新片区首个跨境双向人民币资金池，农行办理了新片区首笔境外银团 3500 万欧元贷款，浦银租赁与法国达飞轮船有限公司落地新片区首单 1.09 亿美元的跨境船舶租赁业务。

规划建设方面。启动了新片区空间规划相关工作，梳理新片区社会经济和人口发展现状，全面评估新片区发展情况和规划实施情况，完成了先行启动区基本农田调整补划方案，提出了城市开发边界调整需求。同时，开展了新片区近期重点地区的概念设计和规划研究工作，启动特殊综合保税区控制性详细规划编制，与浦东对接机场南侧 8 个地块收储工作，启动围网工程和协调相关单位开展围网区域清障工作，研究明确机场南侧和芦潮港围网区域开发机制和产业规划；定位为现代服务业开放区的 105 社区已形成初步城市设计方案，启动开展了首发地块控规编制工作；定位为国际创新协同社区的 103 社区拟规划 2.5 平方公里建设顶尖科学家社区，正在开展 1.1 平方公里核心区控规编制工作，计划两年内建成。一批重大基础设施项目加快推进，S3 高速和两港大道快速化改造工程实现开工，启动研究明确两港联络线站点位置，临港水厂新建工程年内开工。

（二）奉贤区对接新片区情况

组织机构方面。成立奉贤区全面对接融入临港新片区建设领导小组，区委副书记、区长郭芳任组长，区委常委、宣传部长向义海和区委常委、副区长连正华、顾耀明分别任副组长，区有关部门和有关镇、开发区行政主要负责人任组员。领导小组办公室设在区发改委，负责汇聚新片区管委会相关要求，全面承担奉贤区与新片区沟通联络任务，统筹协调奉贤区域内相关事务等。

规划资源对接方面。全面分析新片区奉贤部分经济社会发展现状，开展相关战略规划研究；积极配合新片区管委会、市规划资源局开展新片区空间规划编制，聚焦用地规模、生态走廊建设、交通系统规划等回复规划意见；做好产城融合区域内动迁前期准备工作。

产业对接方面。开展头桥未来空间产业承载区项目评估和规划；加快园区转型和产业链布局，启动研究创新型产业规划，启动 12 个高标准厂房项目开工建设；设立新片区奉贤区四团镇投促分中心；主动对接特斯拉集团，成立"未来空间"智能网联汽车技术中心前瞻研究所。

基础设施和生态环境建设方面。配合完善 S3 高速公路调整方案研究；

完善两港大道西延伸方案；完成大叶公路全线改扩建工程的三个标段供地工作；梳理产城融合区域基础设施和生态环境建设项目需求清单。

四 "未来空间"面临的机遇与挑战

（一）外部机遇

1. 自贸区新片区政策红利的"溢出效应"

临港新片区成立一年多以来，通过空间扩容与制度创新、功能创新、产业创新的联动，正逐步形成一个服务能级更高、辐射半径更长、带动领域更广的空间极核。对于奉贤而言，新片区的溢出效应将为推进奉贤战略性新兴产业升级提供重要机遇。一是先行启动区内的临港奉贤园区，是临港新片区着力打造的高端制造产业基地，目前聚焦"4＋X"产业导向：生命科技、智能网联汽车及高端配件、高端智能装备，园区产业能级不断提升，有利于形成新的经济增长点。二是释放东部五镇发展红利，为奉贤东部区域转型发展带来新的变量，为推动奉贤区域协调发展提供更多的选择与机会，有助于改变奉贤区域发展"西强东弱"的现状，真正做强上海南部城市中心功能。三是新片区以构建国际化、法治化、市场化的营商环境为核心，在投资环境、贸易监管、国际人才流动以及税收等核心环节，提出了一系列配套措施，营造了良好的营商环境。

2. 新消费模式的"机会效应"

疫情不仅验证了中国消费的韧性和活力，更刺激了消费的新模式和增长点，新型消费和升级消费将创造出诸多外部机遇。一是新的销售模式得以大力发展，如直播销售、无人销售、无接触销售等模式得到广泛推广。二是数字消费展现出客观的前景，如远程医疗、远程办公、远程教育等数字消费逆势发展。三是在疫情防控常态化的趋势下，医药防护用品等的消费成为刚需。新消费模式在未来一段时间内将成为拉动经济增长的亮点，"未来空间"的产业谋划应抓住现有的特殊外部机遇。

3. 国内市场的"升级效应"

自贸区作为中国经济对外开放的特殊阵地，承担着与国际市场交流互动的历史使命，是"国际大循环"的重要环节。2020年7月30日，中央政治局会议指出"当前经济形势仍然复杂严峻，不稳定性不确定性较大，我们遇到的很多问题是中长期的，必须从持久战的角度加以认识。加快形成以国内大循环为主体、国内国际双循环相互促进的新发展格局，建立疫情防控和经济社会发展工作中长期协调机制"。以国内大循环为主的双循环格局意味着，当外部环境面临较大不确定性、边际收益可能发生递减的情况下，国内超大规模市场的优势和畅通国内大循环将成为培育新形势下中国竞争优势的关键所在，在这一历史时期，国内市场的地位和作用升级，内需的激活也将创造更多商机。

（二）内部机遇

1. 区位条件

奉贤地处上海南部，长三角地区的地理圆心位置，南临杭州湾，北枕黄浦江，拥有31公里杭州湾海岸线和13公里黄浦江江岸线，通江达海，是上海对接苏浙的南大门和重要交通枢纽。奉贤距虹桥、浦东两大国际机场均在40分钟车程以内，也是除浦东以外距离洋山深水港最近的区域。东部五镇中，各镇区位优势各有特色：四团镇紧邻临港地区，是位于奉贤区最东边、最前沿的新片区先行启动区；金汇镇北联市区、南接奉贤新城，是奉贤的北大门、新片区的西部门户；奉城镇位于临港新片区的中心区位，是连接新片区和奉贤新城的重要节点；青村镇地处奉贤区地理中心，与奉城镇、金汇镇、南桥新城等均有接壤；海湾镇地处新片区最南端，是杭州湾北岸融入大上海的门户节点。

2. 空间规模

纳入新片区的五镇镇域总面积451.83平方公里，现状城镇建设用地约11255公顷，约占全区总建设用地的52.3%，建设用地可供未来规划空间充足。其中，海湾、金汇、青村等镇还有大量战略留白区，为新片区未来发展

提供了土地、规划等方面的空间。同时，相对于临港新片区浦东区域，奉贤区域内的土地成本优势较明显，对自贸试验区"区内注册、区外办公"特别是成本要素较敏感的企业有一定吸引力，能够满足自贸试验区注册企业的土地需求。

3. 产业特色

近年来，奉贤"1+1+X"主导产业引领创新发展的路径越发清晰。"东方美谷"美丽健康产业集聚了上海市化妆品行业25%以上的企业和40%以上的产值。工业经济总量和效益齐升，"四新"经济和新能源、高端装备、生物医药、信息技术、新材料等战略性新兴产业快速发展，为新片区打造具有国际竞争力的前沿产业集群提供了良好根基。

4. 生态环境

近几年，奉贤区通过基本生态网络和体系建设，形成"五廊五线"的生态廊道，传承并提升江海河湖相互融合的城市总体水系格局，"十字水街""田字绿廊"的城市意象初步形成。东部五镇绿林建设量逐年增加，多个区域划定了文化保护控制线。如，奉城老城厢历史文化风貌区占地111.7公顷，青村港历史文化风貌区面积为30.5公顷，上海海湾国家森林公园总面积约7732.2公顷。

（三）外部挑战

1. 政策落地需要"磨合期"

临港新片区成立一周年以来，推出的一系列政策中有很大一部分具有首创性，并无先例可循，在政策落地过程中，必然需要一定时间去磨合和不断完善。一是先行启动区和产城融合区管理。目前，奉贤45平方公里区域的经济事权由新片区管委会统筹管理，社会管理则由属地负责。但在具体管理权限划分，社会管理费用核算、拨付等方面，还处于初期探索阶段。二是统筹规划区发展方向不明确。对于统筹规划区的394平方公里区域暂时没有明确的政策导向，导致这部分区域在发展中存在无所适从的现象。新片区并没有给出开发统筹规划区的具体时间节点，相关区域由于担心与新片区发展规划不符、政策变化较大等，不敢放开手脚大规模招商引资，反而放缓了上述

空间布局的重大战略部署。奉贤区作为连接新片区和长三角的重要通道，要充分发挥"通江达海，左右逢源"的特殊地理位置优势，积极加强与长三角一体化示范区的联动，完善交通网络体系，推动形成东西两个扇面、内外两个维度的开放格局，打造东部沿海一体化发展廊道，成为区域发展的战略新枢纽。

三是有助于奉贤从全域性维度均衡发展，拓展上海南部发展的新空间。新片区将对标东京、纽约等全球一流城市的最高建设标准，确保高起点规划、高水平建设，这将有助于奉贤释放东部五镇发展红利，解决"西强东弱"的发展不均衡问题。同时，奉贤东部经济发展密度较低，土地资源相对丰富，将在新片区培育面向全球的竞争新优势中，为上海发展打开新空间，真正做强上海南部城市中心功能。

四是有助于奉贤推进产业优化升级改革，打造上海高端产业的新载体。新片区将"建设具有国际市场竞争力的开放型产业体系"放在了更加突出和重要的位置，强调聚焦集成电路、人工智能、生物医药等重点产业，在投资环境、贸易监管、国际人才流动等核心环节提出了一系列配套措施。奉贤具有承接新片区溢出效应的天然优势，借助高质量生产要素的自由流动，调整产业结构，提升产业能级，以新发展理念引领高质量发展，与新片区共同打造世界级的先进制造业集群和国际开放新门户，努力成为上海未来高质量发展的主引擎。

六 "未来空间"抢占发展先机思路

奉贤区是新片区的主要承载区，是建设特殊经济功能区的主战场。面临疫情对消费模式的重塑、对企业的筛选、对全球产业链布局的调整、对全球秩序的重塑，只有充分了解自身发展的内、外部优势和劣势，对未来发展做出清晰规划，才能在变革中抓住大势、在"危"中寻"机"。

一是统筹发展规划。把握"十四五"规划的窗口期，将新片区"十四五"、奉贤区"十四五"以及新片区中长期规划衔接起来，尤其是对新片区

东部五镇的功能定位、产业布局等进一步细化明确，统筹推动奉贤区与临港地区的规划设计、开发节奏、功能节点建设。尤其是加强交通基础设施建设，在新片区大交通体系规划内，构建以"公路＋铁路＋轨道交通"为支撑的综合交通体系，使新片区奉贤区域具备交汇"南北"和连接"东西"的功能。同时，配合推进S3高速、两港大道西延伸、浦东铁路电气化改造等重大交通基础设施建设，织密奉贤东部地区的交通网络。

二是推动产业转型。对标新片区打造世界级前沿产业集群目标，结合奉贤已有的产业基础与空间优势，关注新型消费模式，加大优质资源导入力度，引入重点龙头企业，注重产业链布局。除了已有的产业布局，主要围绕生物医药产业，建设高端产品研发制造与服务中心，联动"东方美谷""张江药谷"，推动高端生物医药产业化，以及围绕新能源与智能汽车产业，在四团、奉城等地布局特斯拉汽车配套产业园区，打造核心部件及整车装配的配套产业集群。此外，首先要在数字经济领域抢抓先机，迎合疫情中新兴的消费需求，加大数字经济相关产业的谋划、招商和落地力度；其次要更加注重适应"内循环"市场的相关产业布局。

三是持续优化营商环境。充分把握新片区政策制度先行先试的重大机遇，加大制度创新力度，推动新片区制度创新成果加速惠及奉贤。推动试点商事主体登记确认制，按照新片区总体规划推进部署，率先选取若干重点开发区域、重点产业园区探索商事主体登记确认制，要加大对接力度，争取试点落地。推广复制"一业一证"改革。借鉴浦东新区经验，推进"照后减证"，将一个行业市场准入在"政府侧"涉及的多张许可证整合为"企业侧"的一张"行业综合许可证"，实现一个行业准入"最多一张证"，持续深化"政务服务一网通办""城市运行一网统管"建设，打造国际一流的营商环境。

四是加快人才集聚。人才是第一资源，争取新片区内关于集聚全球人才的相关政策，在奉贤东部五镇复制推广，吸引人才、集聚资源、提升功能，实现更加自由的人才就业、更加自由的人员进出。注重营造人才创新创业和集聚发展的良好环境，继续加大人才政策支持力度，给予人才购房优惠、租房补贴、优秀人才津贴，为人才提供良好的医疗服务和子女就学条件等，强化对高层次人才的吸引力。同时，充分利用奉贤良好的生态人文环境优势，打造宜居宜业的发展环境，努力实现人才引得进、留得住、用得好。

参考文献

李锋、陆丽萍、樊星：《聚焦重点产业加快推进自贸区试验区新片区重大制度创新举措落地》，《科学发展》2019 年第 9 期。

《中国（上海）自由贸易试验区临港新片区总体方案》，《城市规划通讯》2019 年第 16 期。

《关于促进中国（上海）自由贸易试验区临港新片区高质量发展实施特殊支持政策的若干意见》，上海市浦东新区人民政府官网，http：//pdxq. sh. gov. cn/shpd/news/20200119/006005103003_ 331ad36a－bf34－4e6c－b3e6－7b7f3a8f2d90. htm。

《关于以"五个重要"为统领加快临港新片区建设的行动方案（2020—2022 年）》，《经济展望》2020 年第 4 期。

B.18
奉贤文化创意产业发展研究

廖辉　吴康军*

摘　要：　奉贤始终坚持文化自信，努力打造上海文化品牌，大力发展
　　　　　文化创意产业，助力上海实现高质量发展。近年来，奉贤不
　　　　　断推进文化创意产业布局，打造南上海文化创意产业集聚
　　　　　区。凭借着深厚的红色文化和传统文化底蕴以及"东方美
　　　　　谷"产业基础，奉贤文化创意产业发展格局已初步形成。然
　　　　　而奉贤仍然缺少顶级的文创主体，缺少成熟的文创市场以及
　　　　　对应的基础设施。数字赋能文化，文化点亮城市。疫情期
　　　　　间，奉贤正好借力数字经济，利用自身资源禀赋优势，实现
　　　　　文化创意产业弯道超车，打造上海文化品牌。

关键词：　奉贤文化创意产业　上海文化　文创主体　资源禀赋　数字经济

一　前言

（一）背景与意义

党的十九大报告指出，我国社会主要矛盾已经转化为人民日益增长的美
好生活需要和不平衡不充分的发展之间的矛盾。这表明，随着人民生活水平

---

* 廖辉，上海社会科学院数量经济研究中心博士生，主要研究方向为科技统计分析、时间序列
分析、文本挖掘与大数据分析；吴康军，讲师，中共上海市奉贤区委党校经济与区域发展研
究中心主任，主要研究方向为区域经济与农村经济。

的提高，在消费中关注的不仅仅是使用价值，也关注附带文化要素的价值，而文化创意产业正是赋予商品以文化附加价值，满足人们美好生活中的精神需求和个性化消费需求。

在 2008 年全球金融危机以后，发展文化创意产业已经成为助力经济恢复的关键抓手。因此，国家提出要坚持文化自信，建设社会主义文化强国，上海提出要打响上海文化品牌，这进一步强调了文化创意产业的战略地位，将文化创意产业作为转变经济发展方式和优化产业结构的重点领域。当前，国际逆全球化趋势加剧，在新的挑战下，发展具有我国特色的文化创意产业不仅仅是促进经济发展的必然要求，也是维护国家和民族文化安全，完善中国特色文化体系的必经之路。

奉贤区作为上海东南侧的门户，拥有深厚的历史文化积淀，是发展创意文化产业的沃土。发展具有奉贤特色的文化创意产业，将文化产业与科技、服务和数字经济等行业结合，不仅能增加产品附加值，扩大就业和创造财富，促进奉贤经济增长，也是彰显奉贤魅力、擦亮奉贤名片、提升奉贤竞争力的必然要求。

（二）文化创意产业的概念

文化创意产业是一种新兴的产业，到目前为止，在世界范围内尚没有统一的定义。我国对文化创意产业的研究大多是建立在国外相关研究的基础上，一般将其分为创意产业和文化产业。文化创意产业与传统的国民经济产业的统计概念截然不同，笼统概念下的文化产业只是简单地释放文化商品化的某些特征，而文化创意产业强调的是文化的积累和创意的功能，它对传统概念下的产业链进行重组和分解，同时与其他产业链进行相互渗透融合。

文化创意产业是文化产业和创意产业在逐渐且持续融合的过程中产生的文化产业的新形态。与传统产业相比，文化创意产业更多的是以中小企业为主，呈现出集群化、网络化的特点，具有较高的产品附加值和资源高效利用、环境相对友好等特性。因此，文化创意产业与其他产业相互渗透程度较

高，收入弹性较大。发展文化创意产业对促进产业结构优化升级、经济持续发展、扩大就业等具有积极的作用，具有良好的经济和社会效益。

二 国内外文化创意产业发展现状

（一）国外的情况

经过多年的发展，国外发达国家已经形成了一套成熟的文化创意产业发展模式，英国和美国作为其中的佼佼者，是文化创意产业发展的代表性国家。我们首先简要介绍一下英国和美国在发展文化创意产业上的理念。

作为文化创意产业的发源地，英国将发展文化创意产业定位为国家战略，并构建了对应的文化创意产业政策体系。英国认为文化创意产业是指"起源于个体创意、技巧及才能，透过智慧财产权的生产与利用，而有潜力创造财富和就业机会的产业"，其将本国的文化创意产业分为 13 类，包括广告、建筑、设计和出版等产业。虽然英国在发展文化创意产业时，突出"创意"、弱化"文化"这一带有政治色彩的元素，但是从英国对文化创意产业的分类可以看到，英国的文化创意产业并未跳出文化产业的范围。

美国注重保护知识产权，通过制定对应的法律法规保护版权，从而实现版权产业在市场经济中自由发展。虽然美国并没有制定明确的文化创意产业发展战略，但其将版权产业分为核心版权产业、交叉产业、部分版权产业和边缘支撑产业，这实际上已经在通过实践版权保护来发展文化创意产业。正是这一实践为美国在国际贸易中赚取了巨大利益。

（二）国内的情况

上海是国内较早发展文化创意产业的城市，通过不断地创新发展，上海文化创意产业在文化地标、文创主体等方面始终保持国内领先地位，比如田子坊、城隍庙等具有较高知名度的地标式集聚区；工业设计、游戏电竞、影视会展等发达的创意产业领域；高水平的海内外文化创意人才；等等。

截至目前，上海有大量高度发达的文化创意产业园区，集聚了来自美国、日本等多个国家的优秀文化创意人才。但是上海的文化创意产业一直没有统一的产业政策，相关部门对于创意产业的界定不清以及各相关部门的协调分工不清一直制约着文化创意产业的发展。因此奉贤在发展文化创意产业的过程中，借鉴国内外经验并解决这些问题是很有必要的。

三　奉贤文化创意产业发展状况

通过厘清文化创意产业的概念，我们深刻了解到发展文化创意产业的重要性。前面介绍了国外文化创意产业发展的理念以及上海在文化创意产业发展中存在的问题。接下来，我们将深入分析奉贤文化创意产业发展状况，从文化源泉、文创产业、文创主体和文创政策与文化活动四个方面详细介绍奉贤文化创意产业的发展，以便后面分析借助数字经济发展的车道，奉贤文化产业发展的机遇与挑战，探究奉贤建设南上海文化创意产业集聚区的可行政策。

（一）文化源泉

经过4000多年的发展，奉贤逐渐形成以红色文化、历史传统文化（包括海派文化和江南文化）为主体的"贤文化"，这些文化资源是奉贤文化创意产业发展的基因。通过梳理奉贤的文化源泉，可以从根本上了解奉贤建设南上海文化创意产业集聚区的优劣，为下一步的工作提供源头上的指导。

1. 红色文化

1921年7月，中国共产党在上海成立。自此，红色文化便成了上海文化血脉中不可或缺的一部分，上海在传播马克思主义、建设社会主义和改革开放中不断形成对应的红色文化。奉贤的红色文化自然也是上海文化血脉中的一部分。从新中国成立前的庄行暴动等农民运动，到新中国成立后的海滩拓荒农垦，再到奉贤改革开放中的发展历程，处处都体现着奉贤的红色文化基因。

当前，奉贤已经有多处完备的爱国主义教育基地，如：中共奉贤县委旧址、中共南桥支部旧址、李主一烈士纪念碑、赵天鹏烈士纪念碑、庄行暴动烈士纪念碑、北宋烈士纪念碑、奉贤区烈士陵园、上海中国人民志愿军纪念馆、奉贤区少年军校、奉贤博物馆、上海知青博物馆、奉贤区档案馆、上海警备区海湾女子民兵哨所、预备役高炮五团长城园、上海农垦博物馆、包畹蓉中国京剧服饰艺术馆、华亭东石塘和贤园（"贤文化"主题展示园）等。

2. 历史传统文化

2000多年前，先贤言子游学南下，道启东南，开启了这方水土文明教化的先河，成就"滨海文墨之区"。溯古及今，奉贤民风淳朴，敦本重学，破浪勇进，"好家风"培养贤德之人，"贤美"文化润育大众。"贤美文化"形塑了这座城市独有的精神骨骼，幻化为万千重形象在城市中徜徉。

民间舞蹈奉贤滚灯已经被列入国家级非物质文化遗产名录。另有15项非物质文化遗产被列入市级非遗名录，包括打莲湘、金汇清音班和彩蝶演奏技艺、孙文明民间二胡曲及演奏技艺、皮影戏、奉贤乡土纸艺、奉城木雕、鼎丰乳腐酿造工艺、奉贤山歌剧、白杨村山歌、京剧服饰制作技艺、土布染织技艺、神仙酒传统酿造技艺、风筝制作技艺、青团制作技艺和羊肉烧酒食俗等。

奉贤有宋代的通津桥，明代的万佛阁、古城墙，有300多年前的邬桥古牡丹，还有极富江南水乡神韵的明清建筑一条街——庄行老街。青村镇的青村港、庄行镇的南桥塘、奉城镇的老城厢等都被列为"上海历史文化风貌保护区"。涵养深厚的历史文化底蕴为奉贤的文化创意产业发展留下了独有的地方烙印，富饶的文化特色资源融进奉贤文化创意产业的既往，也必将影响其未来。

（二）文创产业

在了解了奉贤的文化基因和源泉后，我们进一步了解奉贤文化创意产业的发展情况。结合奉贤发布的最新的奉贤区文化创意产业三年行动计划，我们从产业布局、重点领域和文化地标三方面分析奉贤文化创意产业的情况。

1. 文化创意产业布局

为打造南上海文化创意产业集聚区，加快文化、旅游、体育、科技、金融等领域融合发展，让奉贤文化创意产业集群结构更加合理、特色更加鲜明、功能更加强化、环境更加优化。奉贤重点打造文创产业"1＋5"空间布局，其中"1"指的是奉贤新城都市文化创意产业核心区，"5"指的是"东西南北中"五大产业板块。

（1）"1"：奉贤新城都市文化创意产业核心区

聚焦演艺、时尚、设计产业，围绕新城核心区域，重点打造以九棵树（上海）未来艺术中心为核心的演艺平台，以奉贤区城市博物馆为标志的文化展示平台，以青少年活动中心、工人俱乐部、文化馆为重点的艺术教育平台，以"东方美谷"论坛酒店为基础的会务平台，以"十字水街"沿线中小型文化设施为主体的静态艺术展示平台，以城市更新"南桥源"为依托的群众艺术和非遗活态展示平台，以"东方美谷"产业基地为核心的时尚发布和设计展示平台，以杨王文化创意产业园为重点的"影视＋匠人"空间，形成奉贤新城都市文化产业集聚，引领都市文化消费，打响南上海艺术名片。

（2）"5"："东西南北中"五大产业板块

东部文化装备板块重点发展智能装备、文化装备产业，依托上海唯一的大曲酒生产企业——上海神仙酒厂有限公司，建设"百酒庄园"，努力打造集会议会务、生产博览、传统民俗、酒文化体验等功能于一体的酒主题庄园集群。同时借助迪士尼乐园辐射影响力，改善周边环境和旅游接待能力，积极打造奉贤东部"工业旅游"线路。

西部文化生态休闲板块以四季文化节庆活动为载体，借助浦江两岸开发的契机，依托黄浦江自然生态水岸，在庄行、西渡区域内打造"农艺公园"，并借助现有汉光陶瓷、紫顶艺术等原有文化产业平台，做实文化内容，吸引更多文化名人和活动载体入驻，真正做到农耕体验、教育展示、文化传承的功能叠加，实现工业文明、城市文明、农耕文化和生态文明思维跨界联动。

南部文体旅产业板块依托海湾森林公园、碧海金沙、渔人码头、国际风筝放飞场等知名景点积极打造赛事经济，推动"文化+体育""文化+旅游"融合发展，依托海湾大学城的资源，重点推进海佳路、海湾路和海马路三大街区建设，围绕文化休闲娱乐、艺术展示交易等内容进行功能创新开发。努力打造具有奉贤特色的文体旅产业融合品牌，充分挖掘良渚、柘林遗址等历史文化资源。

北部数字出版板块借助上海出版印刷高等专科学校迁址金汇镇的有利契机，利用高校的艺术设计与影视动漫、印刷工程与包装设计、出版传播与文化管理等专业优势，积极建设"上海出版传媒融合发展试验区"，引进若干大型国企或民营出版业巨头，吸引上市文化企业落户，借鉴"环上大"影视产业园、"环东华"时尚产业园、"环同济"设计产业园等的成功经验，全力打造国家级产业园区——"南上海出版园"。

中部文化科技板块依托恒润科技、晨光文具等大型文化创意企业的带动作用，推进文化、创意与科技之间的深度融合，集聚一批产业链上下游企业，打造文化科技产业园，通过对奉城木雕、万佛阁、青村老街等传统文化元素的提炼，推动文化与影视特效制作、动漫原创、虚拟现实体验等现代科技的深度融合，用科技和创意更好地讲述"奉贤古城""青村老街"的故事，打造具有科技特色的文化创意产业集群。

2. 文化创意重点领域

2017年，"中国化妆品产业之都"称号花落奉贤；同时，上海市政府明确"东方美谷"的核心地位，授予奉贤"设计之都、时尚之都、品牌之都示范实践区"称号，推出13条推进政策，并注入20亿元政府产业引导基金，推动美丽健康产业发展。目前，为构建文化创意产业的"美丽健康联盟"，奉贤正在整合资源，推进美丽健康、创意设计、艺术演绎、数字出版、影视动漫、旅游休闲等产业相互渗透和融合。

"东方美谷"产业基地覆盖奉贤新城西北部的产业片区，美容化妆产业和生物医药产业是该片区的主导产业。未来，基地将大力引进全球最有影响力的美丽健康行业企业入驻，集中行业内最丰富的技术资源和先进设备，广泛吸收行业内引导技术变革和创新的先锋元素，加强企业、机构之间创新网络的建设，推动现代生物科技与美容保健产业的融合，构建起集研发、设计、生产、推广于一体的美丽健康产业链。

发挥创意设计贯穿于经济社会多行业、多领域的特点，强化创意设计的引领和支撑作用，加快塑造奉贤创意设计产业高峰。依托晨光文具、水星家纺、邑通道具、易教信息等企业，做强工业设计，大力发展符合东方文化特质的美丽产业。

打造南上海艺术演绎高地，推动九棵树（上海）未来艺术中心建设，充分利用孙文明二胡艺术、东海观音寺梵音、柘林滚灯等奉贤本土资源，发展具有文化旅游特色的演艺产品。吸引专业运营团队、演出集团或演出经纪公司落户，鼓励举办全国性乃至世界级的艺术类赛事，扩大"言子杯"品牌赛事影响力，吸引海内外文化名人落户奉贤。发扬奉贤历史传统文化，发挥艺术品产业在传承历史文化和推动业态创新中的带头作用，支持知名机构、艺术家等携海内外艺术精品来奉贤办展。

积极适应技术变革趋势和市场新需求、环保新要求，大力发展数字出版，探索各种"印刷＋"融合新业态，加快传统出版印刷产业数字化、自动化转型发展步伐，扩展产业边界，提升竞争力，依托上海出版印刷高等专科学校，重点聚焦规划建设南上海出版园，集聚文化创意企业，打造有成长潜能的产业生态圈。

参与上海影视创制中心建设，积极构建影视制作投资类、人才培育孵化类、及时取景拍摄类等三类特色影视摄制服务功能区。把影视动漫产业当作奉贤文化创意产业发展的催化剂，切实加大对影视产业园区建设、影视旅游融合发展、影视制作技术创新等方面的支持力度。鼓励开展影视动漫类赛事、节庆、沙龙、论坛等活动，发挥影视动漫行业强大的粉丝经济作用，全面助推奉贤文化创意产业发展。

3. 文化地标

建设九棵树（上海）未来艺术中心，打造南上海演艺高地；建设奉贤城市博物馆，传承发扬中华民族传统文化。奉贤逐渐形成九棵树（上海）

未来艺术中心、奉贤区城市博物馆、传悦坊、上海之鱼、南桥源、青村老街和吴房村以及华亭古海塘等文化地标。

九棵树（上海）未来艺术中心位于奉浦大道以南、望园路以东、金海公路以西的中央生态林地内，处于林地核心位置，是一个水绿交融的"森林剧场"，用地面积 76670 平方米，总建筑面积 71700 平方米，建筑高度 24 米，包括多个大型剧场和创作中心，未来将成为南上海和北杭州湾文化新地标。奉贤区城市博物馆位于上海之鱼——金海湖畔，整体建筑由日本新生代建筑师——藤本社介设计，造型上由三个既相互连接又相对独立的单体组成，外立面由通格栅和玻璃幕墙组成，使建筑内外自然过渡连接，同时融合了水系丰富的自然优势和"大珠小珠落玉盘"的传统文化意境。

传悦坊由国际建筑大师限研吾设计，位于奉贤新城核心区域南奉公路与望园南路交汇处，是上海报业集团文化地产平台运行的首个力作，以及集文化、商业等于一体的综合体。上海之鱼又名"金海湖"，由国际规划设计大师、迪拜"棕榈岛"主创设计师拉瑞·奚伯斯设计，以大地雕塑的手法，开凿形成金鱼造型的人工湖，其水系将联通黄浦江和东海，成为奉贤区的标志。"南桥源"项目区域内有 4 个文保单位、20 多处历史文化遗存，既是原县政府所在地，又是曾经的商业中心，项目将涉及 9 个地块的更新改造，称为"南桥九景"。青村老街位于奉贤的青村镇，原为青村港镇，古称清溪，也是被上海市列为 44 处历史文化风貌保护区之一。华亭古海塘位于奉贤西南柘林境内，建于清朝雍正年间，"北有古长城，南有古海塘"，两侧林木葱葱，景色十分宜人，奉贤将打造集文化传承、历史教育、实践体验、旅游观光于一体的古海塘生态文化景观。

（三）文创主体

文化创意产业主体的培育是发展文化创意产业的关键一步。奉贤积极培养多元化的文创主体，以市级园区为主，结合区级园区、企业，充分利用区内外高校与事业单位资源，引进高层次人才。区内多种文创主体快速发展。

1. 市级园区

术界创 E 园于 2017 年 1 月开始筹划，7 月正式获批为奉贤首批区级文创园之一，2019 年 1 月取得了"上海市文化创意产业示范园区"的称号，是由上海术界文化发展有限公司通过老旧建材市场升级改造形成的文化创意产业园区。园区以非遗手工艺术、高科技影视娱乐的跨界创意为主导，同时以顾客需求为中心，结合传统工艺底蕴、活态传承、影视演艺及生活美学理念，集合匠人工艺、活动演绎、影视娱乐、文化交流、艺术家工作室、创新设计、商务办公等元素的花园式艺术影视文创社区。目前术界创 E 园已经成功举办了几十场文创活动、艺术表演和展出，吸引了上千人次参加。

南上海文化创意产业园成立于 2011 年 3 月，是奉贤区最早获评"上海市文化产业园区"的单位。目前，园区以文化演艺经纪为特色产业，逐步形成集演艺明星经纪公司、演出场馆租赁、演出设备租赁、电子商务票务代理、广告投放等于一体的演艺经纪产业链。同时园区引进以中视金桥、中视浩诚和世纪润华等为代表的龙头央视广告代理公司，逐步形成广告产业集聚区，打造上下游的广告产业链。

恒润文化创意产业园是上海市文化创意产业示范楼宇，面积达 4 万平方米，是业内最大、集聚效应最强的集创意设计、虚拟体验产品研发、影视文化制作、主题乐园投资运营管理于一体的高科技文化创意产业园。

汉光国匠创意空间——上海市文化创意产业示范空间由中国陶瓷艺术大师、工艺美术大师——李遨宇先生创办。上海汉光陶瓷股份有限公司自主研发、设计、生产了被国内外公认为超过历代官窑和当今世界顶级品牌的"汉光瓷"，具有极高的艺术价值与工艺价值。产品是全手工制作及彩绘，工艺苛求，冶艺严谨，完整体现了中国陶瓷的时代精神和美学风范，具有极高的附加值。

2. 区级园区

通过采取针对性的培育方式，当前奉贤已经有 7 个区级文化创意产业园区。上海魏晋文化创意产业园是专业从事传统国学文化传承、影视艺术、创业创新及科技企业培育孵化的园区。海湾旅游区文化创意产业园是以上海天

之畈文化发展有限公司为龙头的，集文创、科创、体创于一体的商业联盟园区。临港"东方美谷"科技城立足区域资源禀赋和发展要求，以"东方美谷核心区、智能网联新能源汽车核心技术创新承载区"为发展定位，重点打造服务于奉贤"东方美谷"美丽健康主导产业的文化创意产业集群。上海今田文化产业园是集合"智能设备研发设计＋智能制造"、能源研发、电子商务、装修设计、文化传播、"互联网＋新零售业"、广告设计策划与总部经济的产业集聚区。上海奉工源文化创意产业园是集创意人士雅集、文化精英汇聚、融理念创新与实践创新于一体的新型城市老旧工业厂房改造的文创园区。"原创空间"文化创意园是由上海杭州湾综合市场改建而成的品牌装饰材料的展示基地、高科技高智能化家居的示范区、家装文化的交流场所、装饰设计师的工作室、市民家居体验休闲的乐园。"东方美谷"聚惠文创园由"东方美谷"集团公司和百村公司联手打造，园区大力扩展文创众创空间，为初创期的文创企业提供免费的孵化服务，为符合条件的文创企业提供必要的资金支持。

3. 文创企业与特色民宿

培育和引进优质文创企业，进一步做大做强现有龙头企业，提升文创企业竞争力。支持"专、精、特、新"文化创意产业发展。当前区内已有斯尔丽、震亮化妆、原际画传媒、水星家纺、和汇安全、龙利得、森蜂园蜂业、邑通道具、紫顶艺术、恒润集团、艾樱健康、祺天文化、中翊日化、凡哥餐饮、英科实业、笑果传媒、朱胜萱、伽蓝集团、易教信息、猎鹰网络和晨之科等20多家文创企业。

深入挖掘老字号品牌活力，支持鼎丰、人和堂等老字号企业发展，支持百雀羚、神仙酒积极申报老字号。推动老字号品牌与文化创意和时尚设计的深度融合，赋予老字号品牌更多文化元素。对区内非物质文化遗产进行深度挖掘和统计，充分利用当地非物质文化遗产技艺制作的产品发展特色民宿，区内已有李记民宿、南亭集序和东篱竹隐等多家民宿。

4. 高校与事业单位

奉贤区内汇聚了华东理工大学、上海师范大学、上海应用技术大学、上海商学院、上海旅游高等专科学校、上海工会管理职业学院等多所院校。高等院校的汇聚为奉贤经济建设提供了大量的人才储备，建立起文化产业发展的人才梯队和基础。这些高校不仅为奉贤文化创意产业的发展提供理论支撑和技术支持，同时其丰富的教育研究资源可为各类文化创意型、创新型中小微企业提供个性化、专业化的研发设计服务。未来，奉贤文化创意产业崛起的背后除了深厚的传统文化底蕴、优越的生态环境以及现代独特的创意环境和商业环境之外，高素质的人力资源、高效的智力支持系统必定不可或缺。

5. 高层次人才和非国有博物馆

奉贤文化底蕴深厚，文化资源丰富。近年来，全区上下扎实推进文化事业发展，推动文化凝聚引领能力、文化惠民服务能力、文化队伍建设能力不断提升。2018 年区政府颁布《关于"文化基因工程"的实施意见（试行）》，旨在引导社会力量积极参与，加快培育引进文化名人、群众文化团队、群众文化项目，促进非国有博物馆建设，优化奉贤文化人才发展环境，推动区内文化事业快速发展。

（四）文创政策与文化活动

结合奉贤发展文化创意产业多个政策文件和行动计划中的任务，奉贤在培育文创主体和引进文创名人等方面出台了多项财政资助政策。依托"东方美谷"产业基础，奉贤近年来举办了数十场线上和线下的文化活动。

1. 文创政策

"文化基因工程"旨在通过每年 1000 万元财政资金扶持，资助文化名人、群众文化团队、群众文化项目和非国有博物馆，引导社会各界力量积极参与奉贤文化创意产业发展，进一步提升区域文化软实力。

《加快南上海文化创意产业集聚区创新发展的意见》进一步明确了奉贤在完善文创产业市场体系、打造多元融合的文创载体、健全文创产业政策体系和强化文化品牌竞争力方面的资金支持政策。如对区内优质文创企业发展和落户的奖励、对文创园区和文创产业示范空间发展的奖励、区财政每年出资 3000 万元支持文化创意产业发展、文创产业规划用地优先、文创企业参加国内外知名文创产业类展会提供补贴等政策。

2. 文化活动

依托"东方美谷"扎实的产业发展基础以及奉贤深厚的历史文化底蕴，近三年来奉贤举办了多场相关的大型文化活动。如"东方美谷"国际化妆品大会、"东方美谷·诗漫贤城"诗歌节活动、"唱响新时代·纪念改革开放四十周年"音乐会、"言子杯"儿童故事大王选拔活动和国际学生书法大赛、非遗精品展、滚灯艺术节和戏剧节等活动。

四　奉贤文化创意产业发展的机遇与挑战

（一）机遇

1. 国家提出要坚持文化自信，建设社会主义文化强国

根据《中共中央关于制定国民经济和社会发展第十四个五年规划和二〇三五年远景目标的建议》，繁荣发展文化事业和文化产业，提高国家文化软实力，需要提高社会文明程度，弘扬和提倡红色文化和各种历史传统文化；需要提升公共文化服务水平，发展出版、影视和艺术等事业，保护古籍、非物质文化遗产等；需要健全现代文化产业体系，推动文化产业数字化，发展文化园区，建设文化产业。奉贤在这些方面都有着一定的积累，当下正是响应国家发展需要、大力发展文化创意产业的时机。

2. 党的十九大提出实施区域协调发展的重要国家战略

奉贤坐落于上海的南部、长江三角洲东南端，南邻杭州湾，北枕黄浦江，是上海的南大门和重要交通枢纽。在这里，你将触摸历史的印记，追逐发展的足迹；在这里，既能领略江南水乡的宁静秀美，也能发现国际都市的时尚浪潮。在长三角一体化发展的国家战略背景下，奉贤可以充分发挥自然资源禀赋的优势，以突出的空间载体资源和商务成本优势，致力于"文""商""旅""会""体"融合发展。

3. 打响"四大品牌",助力上海高质量发展

打响"上海文化"品牌明确指出要大力发展文化创意产业,整合文化资源,建设文化地标,聚集文创人才。奉贤正好利用自身红色文化和历史传统文化资源,依托文创园区,引导资源要素向文化产业集聚,在文化创意领域培育一批兼具创新性与生命力的新兴产业业态。这样不仅能助力上海高质量发展,更有助于平衡上海城市内部结构。

4. 作为上海郊区重点建设的五大新城之一

奉贤是上海城市空间结构由单中心向多中心格局发展的关键性实践的产物,也是上海下一轮大发展的重大战略和增长极所在。奉贤区内浦南运河横亘东西,金汇港纵贯全境,十纵六横的公路网,已形成综合性的现代化交通设施体系。区内土地资源丰富,多所院校的汇集也为奉贤发展提供了充足的人才储备。依托自身区位优势、资源禀赋和美丽健康产业基础,让奉贤文化产品和文化服务向高品质、专业化的价值链顶端延伸。

5. 数字经济兴起、5G 建设和人工智能发展的新一代技术革命机遇

数字赋能文化,文化点亮城市。随着社会变化的加剧,当代艺术生成机制正在变得越来越复杂与多元,数字经济和在线经济的发展正好为文化创意产品的创造和传播提供了多元化的手段和途径。奉贤正好发挥自身环境、自然资源和场地的优势,借力数字经济,在文化创意产业领域实现弯道超车,打造"上海文化"品牌。

(二)挑战

1. 受新冠肺炎疫情、中美贸易摩擦的影响,文化创意产业相关的活动和人才引进等都将受到影响

虽然国内疫情基本得到控制,但是举办相关的大型文化活动依然存在较大的潜在风险,此外随着年末气温降低,疫情也存在第二波反扑的可能性,这也为举办大型文化活动增加了不确定性。中美贸易摩擦也使得引进海外文化名人受限。当然,奉贤可以依托自身地广人稀、自然资源富足和乡村环境优美的特色,打造一些限流的网红景点和地标,结合线上直播等渠道展示奉

贤的文化产品，来发展奉贤文化创意产业。

2. 对于文化创意产业的概念和重要性理解不够，也没有相关部门进行定期跟踪和统计

基层部门对于文化创意产业的概念不了解，也不明白文化创意产业的重要性，这样即使是与本地相关的文创基因，也无法将其挖掘出来，进而打造相关产业。对于文化创意产业的统计也只是浮于表面，只是统计建了几栋楼、有几个景点、办了几场活动，并未统计对应的产值和人次等，对于文创主体也无后续定期跟踪机制。

3. 顶级文创主体的缺失

奉贤缺少文化创意产业的龙头企业，同时由于交通、医疗、教育、居住环境等基础设施的劣势，奉贤在引进高层次文化名人时也相对受限。

4. 文创产业不够集聚，发展基础薄弱

奉贤当前有4家市级文创园区、7家区级文创园区，但是除了"东方美谷"美丽健康产业相对集聚外，其他领域的文创产业基本是零零散散分布在各地，发展也相对落后，对于这些领域后续发展的规划和重点也不明确。

5. 文化创意产业相关法规的缺失使得无法形成一个完善的文创市场

文创产业是一个很重视知识产权和原创保护的产业，由于奉贤缺乏相关的法律法规，也缺乏相对应的申诉渠道，这使得奉贤原创性文创成果一直较少，也无法形成一个有效的文创交易市场，阻碍了文创产品和文创服务的推广。

五　总结和建议

首先，当前，奉贤、上海乃至全国的文化创意产业蓬勃发展，在坚持文化自信和推进"上海文化"品牌建设的过程中，上海文化创意产业产值占总产值的比重已达一定规模，上海和奉贤也已经形成了一些知名文化地标。然而，对于文化创意产业的界定不清、管理部门不明确等问题依然制约着文化创意产业的发展，也缺乏具体的产业政策和规划来引导文化创意产业发展。因此，建议在国民经济行业分类中划分文化创意行业，打破行业壁垒，建立对应的管理和协调部门来引导和制定具体的国家级产业政策以发展文化创意产业。

其次，奉贤积累了深厚的红色文化和传统文化底蕴，这些文化基因在文化园区中生根发芽，对应的文化创意产业发展格局已初步形成，多个文化地标逐渐完善。然而，奉贤的文化创意产业发展之路才刚刚起步，奉贤应当以"东方美谷"为基础，进一步集聚文化创意产业，打造文化创意各领域特色产品，加强奉贤文化创意成果的品牌竞争力，让奉贤文化产品和服务名扬上海和长三角、享誉全国乃至全世界。

再次，新冠肺炎疫情对我国经济产生了较大的冲击，刺激了数字经济和在线经济的发展。奉贤正好可以利用自然资源禀赋的优势，打造全市人民休闲娱乐的好去处，让全市人民漫步"十字水街"，体验奉贤文化风情。数字经济的发展正好可以弥补奉贤相对于市区的交通劣势，奉贤可以借助在线直播等平台打造网红地标，建设对应的物流通道，线上推广和宣传奉贤文化产品。

最后，奉贤缺少顶级的文创主体，主要在于缺少让文化主体落地生根的文创市场，以及对应的基础设施。奉贤应当自上而下明确文化创意产业发展的重要性，建立对应的法律规范来完善文创市场制度，完善教育、医疗等基础设施来引导文创人才落户奉贤。

参考文献

祝福恩、张滨：《切实坚持高校立德树人根本任务——学习党的十九大报告体会》，《继续教育研究》2018 年第 5 期。

厉无畏、王慧敏：《创意社群与创意产业的持续发展》，《社会科学》2009 年第 7 期。

康正发：《上海奉贤发展美丽健康产业的 SWOT 分析》，《商业经济》2019 年第 11 期。

董文静、权锡鉴：《我国创意产业发展存在的问题及对策分析》，《学术论坛》2014 年第 11 期。

Abstract

The year 2020 will be the decisive year for completing the building of a moderately prosperous society in all respects and the final year for completing the 13th Five-Year Plan. Since 2020, the COVID-19 epidemic has brought profound changes to the international situation and the world is undergoing profound changes unseen in a century. Fengxian adheres to the new development concept, and under the new development pattern, closely focuses on the strategic goal of "the beautiful and powerful Fengxian", and endeavors to create "Four Fengxian". This book deconstructs Fengxian's economy from the perspectives of agriculture, industry, service industry, fixed assets investment, consumer goods market, foreign economic situation, financial situation and real estate development situation. At the same time, it makes a detailed thematic analysis on the characteristic industries of Fengxian District, such as optimization of Fengxian business environment under the normalization and prevention of epidemic, the high quality development of Oriental Beauty Valley and Future Space which is twin-engine of Fengxian, the construction of Fengxian technological innovation zone for small and medium-sizede enterprises, the integration development of Fengxian suburban and rural area, building Shanghai pension industry agglomeration area, construction of Fengxian wisdom city and ecological garden city, the development of culture creative industry. The whole book is divided into one general report, eight analysis, research and judgment, and nine thematic studies. It reviews and summarizes the economic operation of Fengxian District from different angles, and puts forward corresponding analysis and judgment.

First of all, this book gives an interpretation of the overall economic performance of Fengxian District in the first three quarters of 2020. Since the outbreak of the epidemic, Fengxian District has been actively promoting epidemic prevention as well as economic and social development, and its economy has been steadily recovering. The region's economy hit the bottom at the beginning of the first quarter, and showed obvious signs of recovery in the second quarter. In the third quarter, production and life order were further restored on the basis of the first half of the year, and economic activity continued to increase. In 2020, fengxian's economic development shows three characteristics: the overall economic recovery is accelerating and show resilient economic growth; Industrial investment is growing against the impact of pandemic, and online consumption leads new trend. Financial funds are relatively tight, housing security gradually improved. Based on the international and domestic economic situation, Fengxian's economic development will enter a key stage of high-quality development in 2021 and the 14th five-year periods. In the long run, with the development of Yangtze River Delta integration and the accelerated development of Lin-Gang Special Area, it can be expected that Fengxian's tourism, culture, health, pension and other industries still have a large space for development.

Secondly, this book analyses and judges the economic development of Fengxian District from the angles of production, expenditure and income. The research shows that from the production point of view, the adjustment of industrial structure is gradually accelerated, the output value of agriculture is further narrowed, the development of modern agriculture is accelerated, the negative impact of industrial economy needs to be digested, the strategic emerging industry takes the lead to resume growth, the service industry maintains a rapid development trend, and the tax revenue from service industry exceeds that from manufacturing industry for the first time. From the perspective of expenditure, fixed asset investment gives full play to the role of "six stabilizes and six guarantees", industrial investment grows rapidly against the trend, the decline in consumption continues to narrow, online retail rebounded quickly, the impact of the epidemic on foreign trade increases, import performance is relatively bright, and the real estate market generally operates smoothly and is less affected by the epidemic.

Finally, this book reviews and forecasts the highlights and characteristics of

Fengxian District's economic development. Fengxian is actively connecting with the Special Area of Free Trade Zone and seizing new opportunities for the development of "future space" of South Shanghai. The driving force of "Oriental Beauty Valley" has been constantly strengthened, creating a new plateau of "pet economy", continuous upgrading of industrial policies, and accelerating development of the biomedical industry. Notable achievements have been made in building Fengxian technological innovation zone for small and medium-sizede enterprises, and the leading role of enterprises in innovation has been constantly strengthened. Covid-19 prevention and control has been normalized, and the business environment has entered a new stage of development. Focusing on the combination of medical care and nursing care, it will strive to become Shanghai's pension industry cluster. Great progress has been made in all fields of smart city construction, with its own development characteristics formed in infrastructure construction, digital benefiting people, intelligent internet-connected automobile industry and other aspects. Fengxian ecological space pattern has been continuously expanded, and new progress has been made in ecological civilization construction. Fengxian strives to promote the integrated development of business and travel culture and strives to build the Shanghai cultural brand.

Keywords: Fengxian Econmoy; High-quality Development; Lin-Gang Special Area

Contents

Ⅰ General Report

Abstract: Since novel coronavirus pneumonia and the global economic fluctuation since 2020, the international situation is undergoing profound changes. The world is undergoing a great change in the past century. In 2020, Fengxian's economy will fully accelerate its recovery, and its economic growth will be full of resilience. Specifically, agricultural output value further narrowed, and strategic emerging industries took the lead in restoring growth; Financial funds are relatively tight, and housing security is gradually improved. Combined with the international and domestic economic situation, it is expected that the economic growth rate of Fengxian District will continue to maintain growth trend as the third quarter in the fourth quarter of 2020 and achieve a small growth in the whole year. However, due to the repeated international epidemic situation, the aggravation of the downward risk of the world economy, the rise of the anti-globalization trend and other factors, the risk of external uncertainty has increased, and the foundation for the upward development of Fengxian District's economy still needs to be consolidated. In the future, Fengxian needs to guard against the risk of population aging and accelerate the digital transformation of the city in the future when the impact of the global epidemic situation is superimposed on the national trade environment changes. It is suggested that Fengxian seize the new opportunity of "Future Space" development in South Shanghai, continue to

strengthen and expand the "Oriental Beauty Valley" industry, and continuously enhance the innovation vitality of small and medium-sized enterprises. By expanding the scale of effective investment, boosting consumer confidence, and promoting the integrated development of business, tourism and culture, Fengxian's economy will be boosted to cultivate new opportunities in the crisis and start a new situation in the changing situation.

Keywords: Fengxian Economy; Future Space; Recovery Momentum

II Analytical Studies

B.2 Analysis and Judgement of Agricultural Economic Situation in Fengxian District (2020 −2021)

Zhang Pengfei, Wu Kangjun / 019

Abstract: As of 2020, Fengxian will focus on modern green agriculture and gradually improve the ability of agricultural science and technology innovation, so that the agricultural structure is continuously optimized, the level of rural ecological livability is significantly improved, the efficiency of agricultural industry is gradually enhanced, and the living standards of farmers are steadily improved. The COVID-19 in early 2020 has brought challenges to Fengxian's agriculture. Fengxian has taken measures to actively respond to it and ensure the effective supply of agricultural products. The spillover effect of the Lin-Gang special area section on Fengxian's agriculture continues to expand. Fengxian needs to continue to focus on the development of modern agricultural regional headquarters and the construction of a bridgehead for foreign trade in agricultural products. In the future, Fengxian's modern urban agriculture still needs to focus on green countryside, beautiful homes, and happy paradise, and comprehensively improve Fengxian's modernization level and core competitiveness.

Keywords: Modern Agriculture; COVID-19; Lin-Gang Special Area

B.3   Industrial Economy of Shanghai Fengxian: Analysis and

Forecast (2020 −2021)   *Wang Yongshui* / 032

Abstract: In 2019, The gross industrial output value and added value of Fengxian follows the previous growth trend, but the growth rate reduce to some extent. The asset-liability ratio of Fengxian industrial enterprises gradually reduced and the operating profit rate steadily increased, meanwhile the energy consumption per unit of output gradually reduced. The overall operation of the industrial economy in Fengxian keeps relatively stable. In 2020, the uncertainty as well as the internal and external risks increasing sharply, which make us need to face more challenges. The negative impact on economy from COVID-19 ask for a long time to restore. As the same time, the external environment change and the internal high quality development requirement of enterprise force to promote technological innovation. Therefore, Fengxian needs to devote itself into improving the business environment and also providing sufficient R&D incentive for the industrial enterprises.

Keywords: Shanghai Fengxian; Industrial Economy; Oriental Beauty Valley; Future Space

B.4   Service Industry of Shanghai Fengxian: Analysis and

Forecast (2020 −2021)   *Ji Yuanyuan, Zhu Jiamei* / 063

Abstract: In 2020, the service industry in Fengxian maintains the advantages, and the ratio in the entire industry will continue to increase, which plays an important role for the total economy. In 2019, the added value of the service industry in Fengxian was 40.948 billion yuan, an increase of 6.9% by year over year, accounting for 46.2% of the total industry, forming a "two-wheel drive" economic growth pattern with industry. From January to September in 2020, the tax revenue of service industry is 20.627 billion yuan, an increase of

19.2% by year over year, accounting for 51.48% of the total industry. The fixed asset investment of the service industry was 30.054 billion yuan, an increase of 8.7% by year over year, the growth rate has fallen, accounting for 75.61% of the total industry, occupying a leading role in the total industry. From the perspective of segmentation industry, the wholesale and retail industry has accelerated recovery, the real estate market has gradually recovered, and the financial market has developed rapidly. It is expected that in 2021, the consumer goods market in Fengxian will be in an accelerated recovery phase, the real estate market will rise steadily, and the financial market will continue to grow rapidly.

Keywords: Service Industry; Fixed Assets Investment; Tax Revenue

B.5 Analysis and Forecast of Fengxian's Fixed Assets Investment
in 2020 −2021 *He Xiongjiu, Fu Kaibao* / 086

Abstract: The chapter researches on the Fengxian's fixed assets investment from different aspects, such as growth rate, structure, and the comparison with the counties adjacent to Shanghai. It is found that during 2009 to 2019, the fixed assets investment of Fengxian grew rapidly, and the investment structure had been optimized, but some problems still exist, such as excessive dependence on the investment of real estates. Further, the chapter discusses the situation of fixed assets investment of Fengxian from January to September 2020, with the methods of structural and horizontal analysis. After comprehensive analysis, it is found that since the 13th Five − Year Plan, the growth rate of fixed assets investment in Fengxian is higher than some of the counties adjacent to Shanghai, which means Fengxian's ability to attract funds has been strengthened. It is expected that in the long run, as the inflows of resources such as human resources and capital continue, the fixed assets investment of Fengxian will maintain steady growth, thus better supporting Fengxian's economic development.

Keywords: Fixed Assets Investment; Industrial Structure; Major Project

B. 6　Consumer Markets of Shanghai Fengxian: Analysis and

　　Forecast（2020 −2021）　　　　*Di Junpeng*, *Song Minlan* / 110

Abstract: Based on the change characteristics of consumption related data in Fengxian District during the 13th Five Year Plan period, we analyzed the development trend of consumer goods market in Fengxian District and the operation characteristics in 2020. Combined with the new consumption development trend and policy deployment, the paper puts forward countermeasures and suggestions. We believe that the overall consumption growth of Fengxian District will decrease slightly in 2020. Fortunately, the decline rate is gradually narrowing, and the growth rate of total retail sales of social consumer goods is expected to change from negative to positive at the end of the year. Affected by the epidemic, the consumption habits of residents have changed, and the demand for improvement has increased steadily. Online retailing has rebounded rapidly, and the live broadcast economy has ushered in a period of rapid development. The first "May 5 Shopping Festival" in Shanghai highlights the positive effect of online and offline linkage on consumption recovery. In the future, the development of Fengxian District needs to be forward-looking layout, closely follow the characteristics of consumption changes, and preempt the layout of emerging consumption hot spots.

Keywords: Consumer Goods Market; Consumption Habits; Live Broadcast Economy

B. 7　External Economy of Shanghai Fengxian: Analysis and

　　Forecast（2020 −2021）　　　　*Li Shiqi*, *Zhu Jiamei* / 136

Abstract: In 2020, foreign trade in Fengxian showed effectively respond to the negative impact of COVID-19 outbreak. In the first eight months, the total value of imports and exports in Fengxian was 56. 27 billion yuan, down 1. 0%

compared with down 3. 6% in the same period of last year, the export value was 28. 27 billion yuan, down 7. 3% , and the import value was 28. 0 billion yuan, up 6. 3% , the imported scale has been larger than the exported. Domestic enterprises showed particularly prominent performance which drive general trade gradually out of the impact of the epidemic. Thanks to the new area of the Free Trade Zone and the rapid opening up of the service industry, Fengxian performed well in attracting and implementing foreign investment. In the first nine months of 2020, the contract amount of FDI attracted by Fengxian was \$ 1. 41 billion, up 92. 7% , the actual amount in place of FDI was \$ 271 million, up 26. 8% . Overall, Fengxian's external economy showed great resilience in the face of the epidemic, and Fengxian's opening-up will be further accelerated during the 14th Five-year Plan period.

Keywords: External Economy; Trade in Goods; FDI

B . 8   Government Finance of Shanghai Fengxian: Analysis and

Forecast（2020 −2021）   *Xie Junming* ／ 161

Abstract: Because of the China − US trade war and the industry transformation and upgrading in Shanghai, the local fiscal revenue growth in Fengxian District has been under obvious pressure since 2019. In addition, the outbreak of the COVID-19 epidemic not only had a profound impact on Chinese society, but also had a serious impact on the world political and economic structure. Shanghai's regional economy is affected by this impact, the business profits of enterprises decline, and the tax revenue goes down further. On the other hand, the economic and social impact caused by the epidemic situation further increases the demand for financial expenditure, which makes Fengxian District's local fiscal revenue and expenditure situation more severe. In this environment, the future Fengxian District fiscal revenue and expenditure will show what trend, whether the balance of revenue and expenditure pressure can be improved is the focus of this paper. This paper will use the financial data released by the Statistics

Bureau up to September 2020 and several field surveys to make a detailed analysis of the financial situation and situation of Fengxian District, and make a certain forecast for the future financial situation of Fengxian District.

Keywords: The Finance of Fengxian; Situation Analysis; Balance of Financial

B.9 Real Estate of Shanghai Fengxian: Analysis and Forecast (2020 −2021) *Xie Ruoqing* / 178

Abstract: With the progress of the integration of the Yangtze River Delta and the establishment of Lingang section of Shanghai Pilot Free Trade Zone, Fengxian District will be facing great development opportunities during the "14th five year plan". Fengxian, as one of the five new towns in Shanghai, has carried out high standard design and infrastructure construction during the "13th Five Year Plan" period, and will become the south wing of Shanghai serving the Yangtze River Delta. Fengxian District adheres to the construction of real estate market to protect people's livelihood and promote development, and adheres to the general principle of seeking progress in stability and the new concept of harmonious development. On the basis of strengthening "global resource allocation function, science and technology innovation strategy source function, high-end industry leading function and opening hub portal function", Fengxian District will develop its own geographical advantages, and constantly improve its urban energy level and core competitiveness. Around the strategic goal of "new zone, new era, Fengxian beauty, Fengxian strong", Fengxian District improves its real estate market, and serve to create "four Fengxian". In the first three quarters of 2020, the sudden outbreak of the COVID-19 has brought more than two months of silence to the real estate market in Fengxian District. However, with the acceleration of work and production, Fengxian real estate market will be active in 2020 − 2021, compared to the beginning situation of the COVID-19. Due to the further development of Lingang New Area and the reform and opening-up of Pudong, the real estate market transactions in some regions are rising, showing the characteristics segmentation of real estate market.

Keywords: Real Estate Market; Urban Governance; Housing Security System

Ⅲ   Special Topics

B.10   Performance Evaluation Research on the Construction of
National Science and Technology Innovation Area for
Small and Medium Enterprises in Fengxian

Wang Yongshui, Du Xuefeng / 199

Abstract: Fengxian district engaged in constructing national science and technology innovation area for small and medium enterprises, by providing convenient policies. The government of the district has made the "Three-year action plan", a short-term plan. According to the detailed indicators listed in the plan, the main responsibilities of all departments will be clarified. With the policies from the Shanghai Pivot Free Trade Zone, Fengxian district should still fix deficiencies, make systematic plan, and search actively for district-based characteristic policies. The industry aggregation driven by the Oriental Beauty Valley and the Future Space Innovation Area can promote the aggregation of small and medium enterprises of science and technology. In addition, the indicators in the action plan can still be optimized. We suggest to include the statistical indicator that supervises the science and technology innovation.

Keywords: Shanghai Fengxian; Small and Medium Enterprises; Science and Technology Innovation Area

Contents

Abstract: "Oriental beauty valley" in Fengxian since November 2015
formally put forward the construction, has made great development, which
driving force appeares gradually expanding as well as the influence and
competitiveness, "beauty economy" leads the industry development, the position
of this industry core bearing area continues to be strengthened, biological medicine
industry is accelerating under cultivation, introducing many famous enterprises
which have lots of industry influence, brand awareness is increasing, promotion
effect of consumption upgrade is unceasingly enlarged. "Oriental beauty valley" is
developing a new blue ocean of "pet economy", grasping the inherent advantages
of developing pet economy, and creating a new growth pole through branding,
platform and circle. With the "three-chain synergy" in biomedicine as the starting
point, it will form a strong source of growth, build a high level of the industry
chain of biomedicine, foster advantages in the innovation chain of biomedicine,
and upgrade the service chain of biomedicine. This paper suggested high quality
development of "oriental beauty valley" in Fengxian should expand industry scale,
make industrial agglomeration center function prominent, and stronger brand
influence, promote brand three-dimensional apply, supply fine government
services to provide accurate and effective safeguard, put "virtuous beauty culture"
in new ear into "oriental beauty valley" high quality development.

Keywords: Oriental Beauty Valley; Pet Economy; Biological Medicine

Abstract: Fengxian suburban rural integration development is a major
practice in response to the Party Central Committee's strategic headquarters for

Rural Revitalization. It requires the implementation of new development concepts in the development of agricultural industry, promoting the structural reform of agricultural supply side, and improving the quality of agricultural development. The development of Fengxian suburban rural integration helps to alleviate the situation of rural personnel loss and the tight relationship between urban and rural people, further improve agricultural production efficiency, increase farmers' income, and narrow the income gap between urban and rural areas. Based on the analysis of the practical significance of Fengxian suburban rural integration, this paper summarizes the practical experience of the development of urban-rural integration in major developed countries, combs the phased achievements of rural integration in Fengxian, analyzes the existing problems, and puts forward corresponding policy suggestions for deepening the rural integration development in Fengxian.

Keywords: The Integration Development of Suburban Villages; Rural Revitalization; Industry Integration

B.13 Research on the Path to Optimize Business Environment of Fengxian under the Background of Normalization of Epidemic Prevention and Control

Zhang Meixing, Shen Xuefeng and Shen Pengyuan / 250

Abstract: In 2019, the construction of business environment in Fengxian District has achieved remarkable results. In 2020, the coronavirus pandemic brought severe challenges to the survival and development of SMEs. In this chapter, by combing the results of optimizing the business environment in Shanghai and Fengxian District during the epidemic period, the effectiveness and pertinence of the existing policies and measures to optimize the business environment in Fengxian District are evaluated. The management system of business environment and the modernization development level of governance capacity are

analyzed, and the remaining problems are found. We could find breakthroughs in further improving Fengxian's business environment, explore the path to optimize the business environment of Fengxian in the context of normalized epidemic prevention and control, and put forward countermeasures and suggestions to improve the business environment in Fengxian District under the new situation.

Keywords: Normalization of Epidemic prevention and Control; Business Environment; Government Services; One Network

Abstract: Although Fengxian's elderly care industry has developed in recent years, Fengxian has shortcomings and shortcomings in terms of the completeness of the elderly care industry chain and the competitiveness of the industry. The country's elderly population is gradually increasing, and Shanghai has entered a stage of deep aging, bringing opportunities for Fengxian to build an elderly care industry cluster. To this end, Fengxian needs to focus on the integration of medical and elderly care, with Oriental Beauty Valley as the core, accelerate institutional innovation in cross-regional and remote elderly care, and make every effort to build it into a cluster of Shanghai elderly care industry.

Keywords: Aging; Combination of Medical and Elderly Care; Oriental Beauty Valley; Cross-regional Elderly Care

Abstract: This paper analyzes the progress of Fengxian in ICT infrastructure, smart society, smart government, smart life, digital economy, development environment and other aspects since 2019. It points out that Fengxian has made great progress in various fields of smart city in the past year, while overcoming the negative shock caused by the global economic slowdown and covid-2019. However, the smart city level of Fengxian is still low, and the gap between Fengxian and the downtown districts is widening. Therefore, Fengxian should seize the important opportunities such as the launch of the 14th five-year-plan, the emergence of online new economy, and the in-depth promotion of the construction of new free trade zones, and accelerate the upgrading of urban digital base, the agglomeration of intelligent Internet connected automobile industry, and the wide area deployment of digital Huimin application, so as to make Fengxian an active, efficient and warm smart city.

Keywords: Smart City; Digital Economy; Smart Society; Smart Life; Smart Government

B.16   Research on the Construction of Fengxian Ecological Garden City   *Ji Yuanyun, Zhu Jiamei* / 305

Abstract: In recent years, the Government of Fengxian District has thoroughly implemented the concept of "green water and green mountains are golden mountains and silver mountains", focusing on the creation of ecological gardens, comprehensively strengthening ecological environmental protection, vigorously promoting the construction of regional ecological civilization, and turning ecological resources into ecological advantages, and strive to create a new peak and new miracle of "Fengxian beauty, Fengxian strong" in the new era. Fengxian District aims to build a regional greening ecological network that combines "nuclear, garden, corridor, and forest", vigorously develops the construction of green forest land; promotes the restoration and restoration of the ecological and living system, and strives to build an ecologically livable city; Take action to vigorously improve the ecological environment. The ecological pattern of

Fengxian District continues to expand, and the construction of ecological civilization has made new progress and new results, providing a strong guarantee for the development of the economic and social undertakings of the entire district.

Keywords: Ecological Civilization Construction; Eological Garden; Water and Sky; Ecological Livability

B. 17 Research on "Future Space" Seizing Development
Opportunities Under the Impact of Epidemic Situation
Ma Yiyuan, Zhang Miao / 318

Abstract: The world is undergoing major changes unseen in a century. The global economic development is uncertain and the trend of anti-globalization has intensified. China's socialist modernization has entered a new stage of high-quality development. There are "opportunities" in the "crisis" of economic development. If "Future Space" can actively accumulate momentum and take the lead in planning and taking actions during the period of domestic economic renewal and global economic order reconstruction, it will inevitably take the lead in seizing the high ground in the next stage of development. Analyzing the development status of the new area and Fengxian District's connection with the new area of the Free Trade Zone, and clarifying the opportunities and challenges facing the "future space" will give Fengxian District a more forward-looking idea of connecting the new area of the Free Trade Zone.

Keywords: Future Space; New Area of Free Trade Zone; Fengxian District

B. 18 Research on the Development of Fengxian Cultural
Creative Industry *Liao Hui, Wu Kangjun* / 332

Abstract: Fengxian always adheres to cultural self-confidence, strives to

build Shanghai's cultural brand, vigorously develops cultural and creative industries, and helps Shanghai to achieve high-quality development. In recent years, Fengxian continuously promotes the layout of cultural and creative industries and create a cultural and creative industry cluster in Southern Shanghai. With the deep red and traditional culture deposits as well as the industrial foundation of "Dong Fang Mei Gu", Fengxian cultural and creative industry has begun to take shape. However, Fengxian still lacks top cultural and creative subjects, mature cultural and creative market and corresponding infrastructure. Digital empowerment culture, culture lights up the city. In the post COVID-19 era, Fengxian just takes advantage of digital economy and its own resource endowment advantages to realize the overtaking of cultural and creative industries and create Shanghai's cultural brand.

Keywords: Cultural and Creative Industries; Shanghai Cultural; Cultural and Creative Subject; Resources Endowment; Digital Economy

权威报告·一手数据·特色资源

皮书数据库
ANNUAL REPORT(YEARBOOK)
DATABASE

分析解读当下中国发展变迁的高端智库平台

所获荣誉

- 2019年，入围国家新闻出版署数字出版精品遴选推荐计划项目
- 2016年，入选"'十三五'国家重点电子出版物出版规划骨干工程"
- 2015年，荣获"搜索中国正能量 点赞2015""创新中国科技创新奖"
- 2013年，荣获"中国出版政府奖·网络出版物奖"提名奖
- 连续多年荣获中国数字出版博览会"数字出版·优秀品牌"奖

成为会员

通过网址www.pishu.com.cn访问皮书数据库网站或下载皮书数据库APP，进行手机号码验证或邮箱验证即可成为皮书数据库会员。

会员福利

- 已注册用户购书后可免费获赠100元皮书数据库充值卡。刮开充值卡涂层获取充值密码，登录并进入"会员中心"—"在线充值"—"充值卡充值"，充值成功即可购买和查看数据库内容。
- 会员福利最终解释权归社会科学文献出版社所有。

数据库服务热线：400-008-6695
数据库服务QQ：2475522410
数据库服务邮箱：database@ssap.cn
图书销售热线：010-59367070/7028
图书服务QQ：1265056568
图书服务邮箱：duzhe@ssap.cn

S 基本子库
UB DATABASE

中国社会发展数据库（下设 12 个子库）

整合国内外中国社会发展研究成果，汇聚独家统计数据、深度分析报告，涉及社会、人口、政治、教育、法律等 12 个领域，为了解中国社会发展动态、跟踪社会核心热点、分析社会发展趋势提供一站式资源搜索和数据服务。

中国经济发展数据库（下设 12 个子库）

围绕国内外中国经济发展主题研究报告、学术资讯、基础数据等资料构建，内容涵盖宏观经济、农业经济、工业经济、产业经济等 12 个重点经济领域，为实时掌控经济运行态势、把握经济发展规律、洞察经济形势、进行经济决策提供参考和依据。

中国行业发展数据库（下设 17 个子库）

以中国国民经济行业分类为依据，覆盖金融业、旅游、医疗卫生、交通运输、能源矿产等 100 多个行业，跟踪分析国民经济相关行业市场运行状况和政策导向，汇集行业发展前沿资讯，为投资、从业及各种经济决策提供理论基础和实践指导。

中国区域发展数据库（下设 6 个子库）

对中国特定区域内的经济、社会、文化等领域现状与发展情况进行深度分析和预测，研究层级至县及县以下行政区，涉及省份、区域经济体、城市、农村等不同维度，为地方经济社会宏观态势研究、发展经验研究、案例分析提供数据服务。

中国文化传媒数据库（下设 18 个子库）

汇聚文化传媒领域专家观点、热点资讯，梳理国内外中国文化发展相关学术研究成果、一手统计数据，涵盖文化产业、新闻传播、电影娱乐、文学艺术、群众文化等 18 个重点研究领域。为文化传媒研究提供相关数据、研究报告和综合分析服务。

世界经济与国际关系数据库（下设 6 个子库）

立足"皮书系列"世界经济、国际关系相关学术资源，整合世界经济、国际政治、世界文化与科技、全球性问题、国际组织与国际法、区域研究 6 大领域研究成果，为世界经济与国际关系研究提供全方位数据分析，为决策和形势研判提供参考。